2014

CHINA RURAL STATISTICAL YEARBOOK

中国农村统计年鉴

国家统计局农村社会经济调查司 编

中国统计出版社
China Statistics Press

图书在版编目（CIP）数据

中国农村统计年鉴. 2014/ 国家统计局农村社会经济调查司编. -- 北京 : 中国统计出版社，2014.10
ISBN 978-7-5037-7309-9

Ⅰ. ①中… Ⅱ. ①国… Ⅲ. ①农村经济－统计资料－中国－2014－年鉴 Ⅳ. ①C832-54

中国版本图书馆 CIP 数据核字（2014）第 226785 号

中国农村统计年鉴—2014

作　　者 / 国家统计局农村社会经济调查司
责任编辑 / 许立舫
出版发行 / 中国统计出版社
通信地址 / 北京市丰台区西三环南路甲 6 号　邮政编码 /100073
电　　话 / 邮购（010）63376909　书店（010）68783171
网　　址 / http://csp.stats.gov.cn
印　　刷 / 河北天普润印刷厂
经　　销 / 新华书店
开　　本 / 880×1230 毫米　1/16
字　　数 / 804 千字
印　　张 / 26
版　　别 / 2014 年 10 月第 1 版
版　　次 / 2014 年 10 月第 1 次印刷
定　　价 / 248.00 元

如有印装差错，由本社发行部调换。

《中国农村统计年鉴—2014》编辑委员会

顾　　问　马建堂

主　　编　张为民

副 主 编　宋跃征　黄秉信　王明华　徐志全　李永强

编　　委　（以姓氏笔画为序）

万忠兵　韦　革　王　瑜　刘桂才　刘建杰　安新莉

乔根平　阳俊雄　余秋梅　吴　优　余新华　武　央

侯　锐　宫少军　唐铁军　钱春林　浦　捍　黄加才

魏永利

编辑人员　（以姓氏笔画为序）

万国强　王庆莉　王挺漳　且淑芬　吕昱晨　伍娟花

孙腾蛟　任宝莹　许亚婷　李玉萍　李漫雪　汪传敬

谷亚丽　宋勇军　尚　东　陈成云　陈　浩　张　兰

张延华　张明梅　张珍琴　范小玉　柏先红　郝安民

郝彦宏　周　巍　施开分　唐　平　徐海霞　阙小青

曹　扬　崔益康　蔡　旭　魏锋华

编者说明

《中国农村统计年鉴—2014》由17部分组成：一、发展综述；二、综合与概要；三、农村基本情况与农业生产条件；四、农业生态与环境；五、农村住户投资；六、农林牧渔业总产值、中间消耗及增加值；七、主要农产品种植（养殖）面积与产量；八、农村市场与物价；九、农产品进出口；十、农产品成本与收益；十一、收入与消费；十二、农村文化、教育、卫生及社会服务；十三、国有农场；十四、区域农村经济；十五、各地区主要农村经济指标排序；十六、国外主要农业指标；十七、如何使用《中国农村统计年鉴》。

《中国农村统计年鉴—2014》收录了2013年农村社会经济统计资料及建国以后各关键历史年份全国主要统计数据。本年鉴中所涉及的全国性数据均未包括台湾省及港澳地区。

《中国农村统计年鉴—2014》中，执行新国民经济行业分类标准，自2003年起，农林牧渔业包括农林牧渔服务业。

《中国农村统计年鉴—2014》第十四部分的资料，仅包括县和县级市部分，没有包括市辖区部分资料。由于行政区划的调整和部分单位数据的修正，本书中不同区域农村经济历史数据也相应调整。

《中国农村统计年鉴—2014》第十六部分的资料，因国际组织数据库进行了调整，所以往年部分数据也随之做了修正，指标设置也有调整。

《中国农村统计年鉴—2014》中的符号："…"表示数据不足本表最小单位；"空格"表示缺或无该项数据；"#"表示其中项，未标年份的数据均为当年数据。

在本书的编辑过程中，得到了国务院有关部门、各省（自治区、直辖市）统计局和国家统计局调查总队的大力支持，在此谨致谢意。

目录

第一部分　发展综述

第二部分　综合与概要

第三部分　农村基本情况与农业生产条件

第四部分　农业生态与环境

第五部分　农村住户投资

第六部分　农林牧渔业总产值、中间消耗及增加值

第七部分　主要农产品种植（养殖）面积与产量

第八部分 农村市场与物价

第九部分 农产品进出口

第十部分 农产品成本与收益

第十一部分 收入与消费

第十二部分　农村文化、教育、卫生及社会服务

第十三部分　国有农场

第十四部分　区域农村经济

第十五部分　各地区主要农村经济指标排序

第十六部分　国外主要农业指标

第十七部分　如何使用《中国农村统计年鉴》

1

发展综述

2013年农业发展综述

2013年我国农林牧渔业发展面对复杂的气候条件和春季H7N9禽流感等严峻考验，积极采取应对措施，保障了农业生产的稳定发展。粮食生产实现了新中国成立以来首次连续十年增产；蔬菜种植面积有所增加，设施蔬菜和南菜北运基地规模继续扩大；植树造林绿化取得新进展，重点工程建设扎实推进；畜牧业生产稳定发展；渔业生产继续保持较好发展态势。

一、2013年农业生产的基本特点

(一)农林牧渔业全面发展

2013年我国农林牧渔业全面发展，农林牧渔业增加值56966亿元，增长4%。其中：农业增加值33147亿元，增长4.1%；林业增加值2569亿元，增长7.2%；牧业增加值13763亿元，增长2.2%；渔业增加值5843亿元，增长4.6%。

(二)农业结构进一步调整

2013年农业产值51497亿元，其中，粮食、棉花、油料、糖料、蔬菜、水果产值分别占农业产值的32.1%、2.8%、4.4%、1.4%、31.6%、13.5%，粮食、棉花、油料、糖料的比重比上年略有减少，蔬菜、水果比重上升。

(三)粮食再获丰收

2013年全国粮食总产量60194万吨，比上年增加1236万吨，增产2.1%，再创历史新高，为保障国家粮食安全、稳定经济发展奠定了坚实基础。其中，粮食播种面积11196万公顷，比上年增长0.7%；粮食平均亩产358.5公斤，比上年增加5公斤/亩，提高1.4%，单产水平提高对粮食增产的贡献率为68%。主要粮食品种中，稻谷产量20361万吨，减产0.5%；小麦产量12193万吨，增产0.6%；玉米产量21849万吨，增产5.9%，玉米增产的贡献率连续4年提高，贡献率达98%。13个主产区粮食产量占全国的比重达76%，其中，除湖南、安徽减产外，其他主产省(区)均不同程度增产。

(四)棉、油、糖有增有减

油料受国家粮油托市收购政策和效益好影响，2013年油料种植面积1402.3万公顷，增加9.3万公顷，产量3517万吨，增产2.3%。棉花受价格低迷和市场因素影响，2013年棉花种植面积434.6万公顷，比上年减少34.2万公顷，产量630万吨，减产7.9%。糖料受国际市场糖价剧烈波动和进口糖冲击、糖料生产机械化程度低等不利因素影响，糖料种植面积199.8万公顷，比上年减少3.2万公顷，产量13746万吨，增产1.9%。

(五)畜牧业生产稳定发展

2013年猪牛羊禽肉产量8373万吨，比上年增加144万吨，增长1.8%。其中，猪肉产量5493万吨，比上年增加150万吨，增长2.8%；牛肉产量673万吨，增长1.7%；羊肉产量408万吨，增长1.8%；禽肉产量1798万吨，下降1.3%；家禽存栏57亿只，比上年减少1.6%。家禽生产下滑主要是受H7N9禽流感冲击。年末生猪存栏47411万头，下降0.4%；生猪出栏71557万头，增长2.5%；禽蛋产量2876万吨，增长0.5%；牛奶产量3531万吨，下降5.7%。

(六)林业生产取得新成绩

围绕生态文明和美丽中国建设，林业继续深化集体林权制度改革，全面落实并长期稳定农民林地承包经营权，重点工程稳步推进，2013年完成造林面积609万公顷，其中人工造林418万公顷。林业重点工程完成造林面积249万公顷，占全部造林面积的40.9%。截至年底，自然保护区达2697个，其中国家级407个。新增水土流失治理面积5.7万平方公里，新增实施水土流失地区封育保护面积2万平方公里。2013年木材产量8367万立方米，比上年增长2.3%。

(七)渔业保持较好发展态势

2013年渔业产值9634.6亿元，增长5.2%。其中，海水水产品产值增长4.4%，淡水水产品产值增长5.9%。水产品供给充足，2013年水产品产量6172万吨，比上年增长4.5%。其中，养殖水产品产量4542万吨，增长6%；捕捞水产品产量1630万吨，增长3.5%。

（八）农畜产品生产价格普遍上涨

2013年受农产品成本上升推动和农产品供给波动的影响，农产品生产价格普遍上涨，总水平比上年上涨3.2%。其中，粮食、棉花、油料、蔬菜、水果生产价格分别上涨3.6%、3.9%、2.4%、6.9%、6.2%。生猪价格波动较大，出现前低后高走势。一、二季度生猪生产价格分别下跌3.1%、7.3%。下半年，受国家政策调控和市场供求关系改善的影响，生猪价格回升，三、四季度生猪生产价格分别上涨4.1%、3.2%。牛、羊价格受生产发展慢和需求增长快的影响，生产价格持续上涨，2013年分别上涨13.1%、9.1%。

二、农业生产发展的影响因素

（一）政策支持落实力度不断加大

1. 财政支农资金继续增加。2013年在财政收支矛盾突出的情况下，国家财政支农资金继续较快增加。据财政部统计，2013年全国公共财政农林水事务支出累计达13228亿元，比上年增长9.7%。

2. 农业“四补贴”政策继续实施。为了促进粮食生产发展，保护农民种粮积极性，2013年国家继续实施农业“四补贴”政策，资金达到1700亿元。

种粮农民直接补贴资金151亿元，与上年持平。

良种补贴261亿元，对水稻、小麦、玉米、棉花、东北和内蒙古的大豆、长江流域10个省市和河南信阳、陕西汉中和安康地区的冬油菜、藏区青稞，每亩补贴10元。东北、南方水稻产区综合施肥促早熟和农作物病虫害防控，以及南方旱区改种补种，专项安排了近40亿元补助资金。

农资综合补贴资金1071亿元，比上年减少7亿元。

农机购置补贴217.5亿元，继续覆盖全国所有农牧业县，补贴机具种类涵盖12大类48小类175个品目。

3. 小麦、水稻最低收购价提高。继续在粮食主产区实行最低收购价政策，并适当提高了粮食最低收购价水平，其中，小麦最低收购价1.12元/斤，比上年提高0.1元/斤；早籼稻、中晚籼稻、粳稻最低收购价分别为1.32元/斤、1.35元/斤、1.5元/斤，比上年提高0.12元/斤、0.1元/斤、0.1元/斤。

4. 继续实施产粮（油）大县奖励政策。2012年中央财政安排产粮（油）大县奖励资金280亿元，并按照建立完善动态奖励机制的要求，对奖励办法进行了适当调整和完善，在奖励产量大县的同时，对13个粮食主产区的前5位超级产粮大省给予重点奖励。产油大县奖励由省级政府按照“突出重点品种、奖励重点县（市）”的原则确定。2013年中央财政继续增加奖励资金，产粮（油）大县奖励资金达319.2亿元。

5. 继续实施生猪大县奖励政策和畜牧良种补贴政策。2012年国家安排35亿元专项资金，养殖场（舍）改造、良种引进、环境治理、购买农资、贷款贴息和疫情防治支出，发展生猪生产，2013年国家继续实施这一奖励政策。

为推动家畜品种改良，提高家畜生产水平，带动养殖户增收，国家从2005年开始实施畜牧良种补贴政策，2012年畜牧良种补贴资金12亿元，2013年国家继续实施这一畜牧良种补贴政策。

6. 扶持专业大户、家庭农场和农民合作社等新型农业经营主体的政策。2013年中央一号文件着力培育新型农业经营主体，为落实一号文件，国家加大对专业大户、家庭农场和农民合作社等新型农业经营主体的支持力度，实行新增补贴向专业大户、家庭农场和农民合作社倾斜等政策。

（二）农业生产条件改善

1. 农田水利基础设施建设继续推进。各级政府继续推进农田水利设施建设，2013年新增有效灌溉面积129万公顷，新增节水灌溉面积211万公顷，为农业丰收打下了基础。

2. 农业机械化水平进一步提高。各地认真落实农机购置补贴政策，农机装备速度加快，农业机械化水平提升，有效保障了农业生产的进度和质量，为粮食“十连增”和农业综合生产能力建设提供了有力的装备支撑。2013年我国耕种收综合机械化水平超过59%，农业机械化水平进入新阶段，农业机械总动力达到10.4亿千瓦，比上年增长3%。大中型拖拉机和配套农具分别增长9.5%、8.2%。水稻插秧机、联合收获机分别达60.6万台、144.5万台，分别增长18.1%、13%。2013年水稻机械种植、收获水平超过35%、72%，比上年提高4个和2个百分点，玉米机收水平超过49%，比上年提高7个百分点。

（三）农业生产结构不断优化

蔬菜、水果等具有相对比较优势的农产品发展空间越来越大。2013 年蔬菜、水果种植面积分别为 20899 千公顷、14827 千公顷，比上年增长 2.7%、1.9%，产值分别为 16262 亿元、6969 亿元，占农业比重分别为 32%、14%，比上年略有提高。

（四）科技支撑发挥重要作用

近年来，国家对农业的科技投入不断提高，伴随良种良法的配套，农机农艺的融合，我国在高产品种、栽培技术、农机化水平等方面形成了有效的技术示范和推广体系，农业科技进步对农业发展的推动力继续加强。据科技部统计，2013 年我国农业科技进步贡献率达 55.2%，主要农作物良种覆盖率达 96%以上。在粮食“十连增”的因素中，单产提高的贡献率达 68%。

（五）防灾减灾效果明显

2013 年，我国春季东北低温春涝、冬麦区出现“倒春寒”，夏季“南旱北涝”，国家和各级政府及时启动自然灾害救助预警响应和应急响应，积极开展抗灾救灾，确保资金和物资到位，有效地减轻了灾害对农业生产的影响。

三、农业生产发展面临的问题

（一）农业基础设施落后，农业抗风险能力弱

一方面，我国是水旱灾害频繁的国家，受季风气候影响，降水情况变化大，温室效应导致的极端天气增加，2013 年自然灾害和部分地区病虫害，给农业生产带来一定损失。另一方面，农业生产的基础条件保障能力不足，农田水利等生产设施仍比较欠缺，二十世纪六七十年代建立的农业基础设施还在发挥作用，灌区工程基本完好率仅 1/3，年久老化，效益衰退。

（二）稳定粮食播种面积难度加大，农业生产后劲不足

一是随着农村青壮劳动力外出务工增多，从事农业生产的劳动力相对不足；二是部分农田因耕作条件不好、水利设施年久失修、生产条件恶化、无法流转等原因南方地区有弃耕现象。减少耕地抛荒、稳定粮食播种面积的难度加大。

随着人均资源占有量的减少，耕地资源的流失以及水资源的浪费，农业生产率降低，部分地区地下水超采、农田掠夺性经营以及化肥农膜等长期大量使用，耕地质量下降、水土流失、水源污染、面源污染，影响粮食的质量和效益，增加了农业增产难度，提高了农业生产的成本，农业生产后劲不足。

（三）畜禽疫情防治难度加大，养殖户生产成本上升

养殖户因为自身技术手段与资金投入的制约，对疫病防治认识不到位、程序不合理、随意性较强；而基层防疫设施落后，不能完全适应现代生产发展要求。近年来，各种畜禽疫病频现，特别是“H7N9 禽流感”疫病的反复发作为畜禽业的健康发展再次敲响警钟。随着饲料、人工、防疫、运输等成本上涨，养殖户的利润空间缩小。

（四）设施农业发展水平较低，制约农业现代化发展

虽然我国的设施栽培面积不断增加，但是设施装备的水平比较低下，大部分的地区仍然以简易型的设备为主，无法对设施内的环境生长因素进行综合调控。虽然低水平的设施能够满足落后的农村农业生产需要，但是其整体设施水平比较低，无法满足现代农业发展的需要。

四、农业生产发展的几个建议

（一）继续强化政策效应

坚持贯彻“多予、少取、放活”方针，加大强农惠农政策执行力度，各级财政适当扩大优势农产品补贴范围和提高补贴标准，落实好公共财政和社会服务进一步向农村倾斜的政策，特别是要加大对粮食生产的补贴和引导力度，在强调家庭主体地位的基础上，扩大粮食经营规模，引导农民发展合作组织，提高政策的边际效应。

（二）加强农业基础设施建设，提高农业生产抗风险能力

一是加大财政对农业基础设施建设的资金投入，加快小型农田水利设施建设、改造步伐，健全农用水费征收管理体制，破解小型水利工程维护保养难题，改变农业生产条件，增强农业生产的抗风险能力。二是做好自然灾害和农作物病虫害监测与预报工作，指导农民群众做好防灾减灾和病虫害防治，力争把农民的损失降到最低。三是大力培育、引进、推广优质粮食品种，全面推行测土配方施肥，着力开展粮食高产创建，旱作农业和特色产业规模发展等活动。

（三）多举措稳定粮食面积，增强农业生产后劲

在继续稳定粮价、强化补贴保护农民种粮积极性的同时，加快土地流转，克服农业劳动力不足带来的耕地抛荒，稳定粮食面积。鼓励种养大户、龙头企业等实施土地流转，推动土地的适度规模经营。各级财政部门设立农村土地流转扶持资金，促进粮食生产适度规模经营。

发展绿色农业，建设资源节约型农业，实现农业的可持续发展。大力推进节能节水，加强资源的有效利用，形成低消耗、低排放和高效率的节约型农业，实现农业发展与生态平衡协调。国家实施行政措施，发展生态农业，防止水土流失和土地荒漠化，增强农业生产后劲。

（四）加大投入力度，促进畜牧业健康发展

一是继续加大草食畜牧业的投入力度。重点扶持的省（区），要积极争取国家资金，继续加大对牛羊生产的投入力度。二是加强主体培育，提高抗风险能力。加大“标准化、规模化、良种化、产业化”建设扶持力度，逐步提高规模化程度，引导养殖户向“适度规模”发展，确保畜牧业生产增量增收。三是进一步优化畜牧业经济结构，加快畜禽品种改良和仔畜繁殖，加大大型良种繁育场和养殖小区建设、防疫体系建设以及优质饲草基地建设，改变传统的粗放型畜牧业生产方式，促进畜牧业的持续健康发展。

（五）加大设施农业支持力度，培育现代农业生产经营组织

着力提高重点、优势生产领域的生产能力。继续加大对全国重点区域、优势产业政策扶持，制定配套政策，增强财政资金在规模种养业发展中的支持效应，引导和加强信贷、社会资金的投入方向，破解农业发展的资金瓶颈，培育具有市场主体地位的现代农业生产经营组织。加快设施农业科技示范园（区）建设，统筹安排科技园区和设施农业区域布局，推动新型设施农业的发展。

2

综合与概要

2－1　农村经济主要指标

指　　标	单位	1990年	1995年	2000年	2011年	2012年	2013年
一、农业机械总动力	亿瓦特	2870.8	3611.8	5257.4	9773.5	10255.9	10390.7
二、农林牧渔业总产值	亿元	7662.1	20340.9	24915.8	81303.9	89453.0	96995.3
三、农林牧渔业增加值	亿元	5062.0	12135.8	14944.7	47486.1	52373.6	56966.0
四、主要农产品产量							
粮食	万吨	44624.3	46661.8	46217.5	57120.8	58958.0	60193.8
棉花	万吨	450.8	476.8	441.7	658.9	683.6	629.9
油料	万吨	1613.2	2250.3	2954.8	3306.8	3436.8	3517.0
糖料	万吨	7214.5	7940.1	7635.3	12516.5	13485.4	13746.1
黄红麻	万吨	72.6	37.1	12.6	7.5	6.8	6.1
烤烟	万吨	225.9	207.2	223.8	287.0	312.6	314.9
猪牛羊肉	万吨	2513.5	4098.5	4743.2	6101.0	6405.9	6574.4
牛奶	万吨	415.7	576.4	827.4	3657.8	3743.6	3531.4
禽蛋	万吨	794.6	1676.7	2182.0	2811.4	2861.2	2876.1
水产品	万吨	1237	2517.2	3706.2	5603.2	5907.7	6172.0
水果	万吨	1874.4	4214.6	6225.1	22768.2	24056.8	25093.0
五、农村物价总指数(上年＝100)							
农产品生产价格总指数	％	97.4	119.9	96.4	116.5	102.7	103.2
农村商品零售价格指数	％	103.2	116.4	98.5	105.5	102.2	101.8
农业生产资料价格指数	％	105.5	127.4	99.1	111.3	105.6	101.4
农村居民消费价格指数	％	104.5	117.5	99.9	105.8	102.5	102.8
六、农村居民人均纯收入	元	686.3	1577.7	2253.4	6977.3	7916.6	8895.9
农村居民人均生活消费支出	元	584.6	1310.4	1670.1	5221.1	5908.0	6625.5
七、农村教育、卫生							
在校学生数							
＃普通中学	万人	2739.0	2773.0	3586.3	1266.3477	1057.5	
普通小学	万人	9595.6	9306.2	8503.7	4065.1984	3652.5	
农民高等学校	人	353	966	800	1366	1072	
农民技术培训学校	万人	1050.0	4948.7	6209.6	3497	3563.2	
卫生院床位数	万张	72.3	73.3	73.5	102.6	109.9	
卫生技术人员	万人	77.7	91.9	102.6	98.1	101.7	

注:1.2000年以前农产品生产价格总指数为农副产品收购价格指数。

2.从2003年起,农林牧渔业总产值、增加值、中间消耗核算执行新国民经济行业分类标准,包括农林牧渔服务业。

3.从2003年起,水果产量含果用瓜。

4.2011年新疆生猪数据调整,全国生猪存栏、出栏、肉产量等指标相应变化,下同。

2—2 按人口平均的主要农产品产量

单位:千克/人

年 份	粮 食	棉 花	油 料	糖 料	猪牛羊肉	水产品
1949	208.9	0.8	4.7	5.2		0.8
1952	288.1	2.3	7.4	13.4		2.9
1957	306.0	2.6	6.6	18.7		4.9
1962	231.9	1.1	3.0	5.7		3.4
1965	272.0	2.9	5.1	21.5		4.2
1970	293.2	2.8	4.6	19.0		3.9
1975	310.5	2.6	4.9	20.9		4.8
1978	318.7	2.3	5.5	24.9		4.9
1980	326.7	2.8	7.8	29.7		4.6
1985	360.7	3.9	15.0	57.5		6.7
1990	393.1	4.0	14.2	63.6		10.9
1991	378.3	4.9	14.2	73.2		11.7
1992	380.0	3.9	14.1	75.6		13.4
1993	387.4	3.2	15.3	64.7		15.5
1994	373.5	3.6	16.7	61.6		17.9
1995	387.3	4.0	18.7	65.9		20.9
1996	414.4	3.5	18.2	68.7	30.3	23.1
1997	401.7	3.7	17.5	76.3	34.6	25.4
1998	412.5	3.6	18.6	78.8	37.0	27.2
1999	405.8	3.1	20.8	66.5	38.0	28.5
2000	366.0	3.5	23.4	60.5	37.6	29.4
2001	355.9	4.2	22.5	68.1	38.0	29.9
2002	357.0	3.8	22.6	80.4	38.5	30.9
2003	334.3	3.8	21.8	74.8	39.5	31.6
2004	362.2	4.9	23.7	73.8	40.4	32.8
2005	371.3	4.4	23.6	72.5	42.0	33.9
2006	379.9	5.7	20.2	79.8	42.6	35.0
2007	380.6	5.8	19.5	92.5	40.1	36.0
2008	399.1	5.7	22.3	101.3	42.4	37.0
2009	398.7	4.8	24.0	92.2	44.4	38.4
2010	408.7	4.5	24.2	89.8	45.8	40.2
2011	425.2	4.9	24.6	93.2	45.4	41.7
2012	436.5	5.1	25.4	99.8	47.4	43.7
2013	443.5	4.6	25.9	101.3	48.6	45.5

注:按年平均人口计算。

2-2 续表

单位:千克/人

年 份	黄红麻	烤 烟	水 果	牛 奶	禽 蛋	茶 叶
1952	0.3	0.4	4.3			0.14
1957	0.2	0.4	5.1			0.18
1962	0.1	0.2	4.1			0.11
1965	0.4	0.5	4.5			0.14
1970	0.2	0.5	4.6			0.17
1975	0.4	0.8	5.9	1.0		0.23
1978	1.1	1.1	6.9	0.9		0.28
1980	1.1	0.7	6.9	1.2		0.31
1985	3.9	2.0	11.1	2.4	5.1	0.41
1990	0.6	2.0	16.5	3.7	7.0	0.48
1991	0.4	2.3	18.9	4.0	8.0	0.47
1992	0.5	2.7	20.9	4.3	8.8	0.48
1993	0.6	2.6	25.6	4.2	10.0	0.51
1994	0.3	1.6	29.4	4.4	12.4	0.49
1995	0.3	1.6	35.0	4.8	13.9	0.49
1996	0.3	2.4	38.2	5.2	16.1	0.49
1997	0.3	3.2	41.4	4.9	15.4	0.50
1998	0.2	1.7	43.9	5.3	16.3	0.54
1999	0.1	1.7	49.8	5.7	17.0	0.54
2000	0.1	1.8	49.3	6.6	17.3	0.54
2001	0.1	1.6	52.3	8.1	17.4	0.55
2002	0.1	1.7	112.3	10.2	17.7	0.58
2003	0.1	1.6	112.7	13.6	18.1	0.60
2004	0.1	1.7	118.4	17.4	18.3	0.64
2005	0.1	1.9	123.6	21.1	18.7	0.72
2006	0.1	1.7	130.4	24.4	18.5	0.78
2007	0.1	1.7	137.6	26.7	19.2	0.88
2008	0.1	2.0	145.1	26.8	20.4	0.95
2009	0.1	2.1	153.2	26.4	20.6	1.02
2010	0.1	2.0	160.0	26.7	20.7	1.10
2011	0.1	2.1	169.5	27.2	20.9	1.21
2012	0.1	2.3	178.1	27.7	21.2	1.33
2013	0.1	2.3	184.9	26.1	21.3	1.32

注:从 2002 年起,水果产量含果用瓜。

2—3 农村经济在国民经济中的地位

单位:亿元、%

年 份	国内生产总值	#第一产业	所占比重	社会消费品零售额	#县及县以下	所占比重
1952	679.0	342.9	50.5	276.8		
1957	1068.0	430.0	40.3	474.2		
1962	1149.3	453.1	39.4	604.0		
1965	1716.1	651.1	37.9	670.3		
1970	2252.7	793.3	35.2	858.0		
1975	2997.3	971.1	32.4	1271.1		
1978	3624.1	1027.5	28.4	1558.6	1053.4	67.6
1980	4517.8	1371.6	30.4	2140.0	1406.4	65.7
1981	4862.4	1559.5	32.1	2350.0	1506.7	64.1
1982	5294.7	1777.4	33.6	2570.0	1649.5	64.2
1983	5934.5	1978.4	33.3	2849.4	1792.1	62.9
1984	7171.0	2316.1	32.3	3376.4	2027.7	60.1
1985	8964.4	2564.4	28.6	4305.0	2430.5	56.5
1986	10202.2	2788.7	27.3	4950.0	2932.0	59.2
1987	11962.5	3233.0	27.0	5820.0	3393.0	58.3
1988	14928.3	3865.4	25.9	7440.0	4179.2	56.2
1989	16909.2	4265.9	25.2	8101.4	4434.6	54.7
1990	18547.9	5062.0	27.3	8300.1	4411.5	53.1
1991	21781.5	5342.2	24.5	9415.6	4885.8	51.9
1992	26923.5	5866.6	21.8	10993.7	5523.4	50.2
1993	35333.9	6963.8	19.7	12462.1	5237.2	42.0
1994	48197.9	9572.7	19.9	16264.7	6603.5	40.6
1995	60793.7	12135.8	20.0	20620.0	8243.3	40.0
1996	71176.6	14015.4	19.7	24774.1	9822.9	39.6
1997	78973.0	14441.9	18.3	27298.9	10648.5	39.0
1998	84402.3	14817.6	17.6	29152.5	11327.3	38.9
1999	89677.1	14770.0	16.5	31134.7	12043.1	38.7
2000	99214.6	14944.7	15.1	34152.6	13042.3	38.2
2001	109655.2	15781.3	14.4	37595.2	14051.8	37.4
2002	120332.7	16537.0	13.7	42027.0	15041.0	35.8
2003	135822.8	17381.7	12.8	45842.0	16065.0	35.0
2004	159878.3	21412.7	13.4	59501.0	19805.0	33.3
2005	184937.4	22420.0	12.1	67176.6	22082.0	32.9
2006	216314.4	24040.0	11.1	76410.0	24867.4	32.5
2007	265810.3	28627.0	10.8	89210.0	28799.3	32.3
2008	314045.4	33702.2	10.7	114830.1	34752.8	30.3
2009	340902.8	35225.9	10.3	132678.4	43584.2	32.8
2010	401512.8	40533.6	10.1	156998.4	50020.7	31.9
2011	473104.0	47486.1	10.1	183918.6	58499.1	31.8
2012	519470.1	52373.6	10.1	210307.0	67021.3	31.9
2013	568845.2	56966.0	10.0	237809.9	76896.4	32.3

注:1. 社会消费品零售额,1992 年及以前为社会商品零售总额数据。
2. 根据最新修订的报表制度,2010 年以后县及县以下的数据为镇区与乡村之和。
3. 国内生产总值依据全国第一次经济普查结果进行了修订。

2—3 续表 1

单位:亿元、%

年　份	全国财政收入	#农业各税	所占比重	全国财政支出	#支农支出	所占比重
1970	662.9	32.0	4.8	649.4	49.4	7.6
1975	815.6	29.5	3.6	820.9	99.0	12.1
1978	1132.3	28.4	2.5	1122.1	150.7	13.4
1980	1159.9	27.7	2.4	1228.8	150.0	12.2
1981	1175.8	28.4	2.4	1138.4	110.2	9.7
1982	1212.3	29.4	2.4	1230.0	120.5	9.8
1983	1367.0	33.0	2.4	1409.5	132.9	9.4
1984	1642.9	34.8	2.1	1701.0	141.3	8.3
1985	2004.8	42.1	2.1	2004.3	153.6	7.7
1986	2122.0	44.5	2.1	2204.9	184.2	8.4
1987	2199.4	50.8	2.3	2262.2	195.7	8.7
1988	2357.2	73.7	3.1	2491.2	214.1	8.6
1989	2664.9	84.9	3.2	2823.8	265.9	9.4
1990	2937.1	87.9	3.0	3083.6	307.8	10.0
1991	3149.5	90.7	2.9	3386.6	347.6	10.3
1992	3483.4	119.2	3.4	3742.2	376.0	10.0
1993	4349.0	125.7	2.9	4642.3	440.5	9.5
1994	5218.1	231.5	4.4	5792.6	533.0	9.2
1995	6242.2	278.1	4.5	6823.7	574.9	8.4
1996	7408.0	369.5	5.0	7937.6	700.4	8.8
1997	8651.1	397.5	4.6	9233.6	766.4	8.3
1998	9876.0	398.8	4.0	10798.2	1154.8	10.7
1999	11444.1	423.5	3.7	13187.7	1085.8	8.2
2000	13395.2	465.3	3.5	15886.5	1231.5	7.8
2001	16386.0	481.7	2.9	18902.6	1456.7	7.7
2002	18903.6	717.9	3.8	22053.2	1580.8	7.2
2003	21715.3	871.8	4.0	24649.9	1754.5	7.1
2004	26396.5	902.2	3.4	28486.9	2337.6	8.2
2005	31649.3	936.4	3.0	33930.3	2450.3	7.2
2006	38760.2	1084.0	2.8	40422.7	3173.0	7.9
2007	51321.8	1439.1	2.8	49781.4	4318.3	8.7
2008	61330.4	1688.8	2.8	62592.7	5955.5	9.5
2009	68518.3	2448.9	3.6	76299.9	7253.1	9.5
2010	83101.5	3431.9	4.1	89874.2	8579.7	9.5
2011	103874.4	3932.6	3.8	109247.7	10497.7	9.6
2012	117253.5	—	—	125953.0	12387.6	9.8

注:农业各税包括耕地占用税、农林特产税(1994 年为农业特产税)、农业税、牧业税和契税。2007 年以后,农业各税仅包括烟叶税、契税和耕地占用税,2012 年起不再统计该指标。

2—3 续表 2

单位:元/人

年　份	全国居民消费水平			指数(1978 年=100)		城乡消费水平对比（农村居民=1）
		农村居民	城镇居民	农村居民	城镇居民	
1978	184	138	405	100.0	100.0	2.9
1980	238	178	489	115.4	110.2	2.7
1981	264	201	521	126.8	114.6	2.6
1982	288	223	536	138.3	115.4	2.4
1983	316	250	558	153.1	117.9	2.2
1984	361	287	618	172.8	127.2	2.2
1985	446	349	765	195.7	141.3	2.2
1986	497	378	872	200.3	150.8	2.3
1987	565	421	998	210.0	159.3	2.4
1988	714	509	1311	221.0	174.7	2.6
1989	788	549	1466	217.2	176.0	2.7
1990	833	560	1596	215.4	190.9	2.9
1991	932	602	1840	227.1	211.4	3.1
1992	1116	688	2262	246.5	245.3	3.3
1993	1393	805	2924	257.1	270.8	3.6
1994	1833	1038	3852	265.0	282.8	3.7
1995	2355	1313	4931	282.9	303.2	3.8
1996	2789	1626	5532	323.8	313.6	3.4
1997	3002	1722	5823	334.0	320.4	3.4
1998	3159	1730	6109	338.1	339.2	3.5
1999	3346	1766	6405	355.3	363.0	3.6
2000	3632	1860	6850	371.3	391.1	3.7
2001	3887	1969	7161	388.0	406.3	3.6
2002	4144	2062	7486	408.1	426.2	3.6
2003	4475	2103	8060	409.5	456.1	3.8
2004	5032	2319	8912	426.7	487.7	3.8
2005	5596	2657	9593	472.8	511.8	3.6
2006	6299	2950	10618	511.6	552.7	3.6
2007	7310	3347	12130	546.8	606.2	3.6
2008	8430	3901	13653	593.5	647.9	3.5
2009	9283	4163	14904	639.3	706.5	3.6
2010	10522	4700	16546	690.3	748.3	3.5
2011	12570	5870	19108	777.4	803.3	3.3
2012	14110	6632	21035	849.6	863.6	3.2
2013	15632	7409	22880	923.1	915.8	3.1

注:1. 绝对数按当年价格计算,指数按可比价格计算。

2. 本表数据来源于国民经济核算资料,与城乡住户抽样调查数据的指标口径不同。

2—3 续表 3

单位:元/人

年　份	农村居民家庭人均纯收入	指数(1978=100)	城镇居民家庭人均可支配收入	指数(1978=100)
1978	133.6	100.0	343.4	100.0
1980	191.3	139.0	477.6	127.0
1981	223.4	160.4	500.4	129.9
1982	270.1	192.3	535.3	136.3
1983	309.8	219.6	564.6	141.5
1984	355.3	249.5	652.1	158.7
1985	397.6	268.9	739.1	160.4
1986	423.8	277.6	900.9	182.7
1987	462.6	292.0	1002.1	186.8
1988	544.9	310.7	1180.2	182.3
1989	601.5	305.7	1373.9	182.5
1990	686.3	311.2	1510.2	198.1
1991	708.6	317.4	1700.6	212.4
1992	784.0	336.2	2026.6	232.9
1993	921.6	346.9	2577.4	255.1
1994	1221.0	364.3	3496.2	276.8
1995	1577.7	383.6	4283.0	290.3
1996	1926.1	418.1	4838.9	301.6
1997	2090.1	437.3	5160.3	311.9
1998	2162.0	456.1	5425.1	329.9
1999	2210.3	473.5	5854.0	360.6
2000	2253.4	483.4	6280.0	383.7
2001	2366.4	503.7	6859.6	416.3
2002	2475.6	527.9	7702.8	472.1
2003	2622.2	550.6	8472.2	514.6
2004	2936.4	588.0	9421.6	554.2
2005	3254.9	624.5	10493.0	607.4
2006	3587.0	670.7	11759.5	670.7
2007	4140.4	734.4	13785.8	752.3
2008	4760.6	793.2	15780.8	815.7
2009	5153.2	860.6	17174.7	895.4
2010	5919.0	954.4	19109.4	965.2
2011	6977.3	1063.2	21809.8	1046.3
2012	7916.6	1176.9	24564.7	1146.7
2013	8895.9	1286.4	26955.1	1227.0

注:指数按可比价格计算。

2－4 各地区农村经济在国民经济中的地位

单位：%

地 区	第一产业增加值占地区生产总值比重	镇区及乡村消费品零售额占全社会消费品零售额的比重
北 京	0.8	7.3
天 津	1.3	17.5
河 北	12.4	50.1
山 西	6.1	45.6
内蒙古	9.5	32.9
辽 宁	8.6	20.9
吉 林	11.6	23.5
黑龙江	17.5	29.6
上 海	0.6	6.7
江 苏	6.2	29.6
浙 江	4.8	39.5
安 徽	12.3	42.9
福 建	8.9	28.7
江 西	11.4	48.0
山 东	8.7	39.5
河 南	12.6	42.6
湖 北	12.6	29.4
湖 南	12.6	41.0
广 东	4.9	23.4
广 西	16.3	41.1
海 南	24.0	28.9
重 庆	8.0	33.0
四 川	13.0	39.3
贵 州	12.9	34.4
云 南	16.2	35.3
西 藏	10.7	46.9
陕 西	9.5	32.3
甘 肃	14.0	40.5
青 海	9.9	35.9
宁 夏	8.7	35.5
新 疆	17.6	23.3

2—5 各地区社会消费品零售额及占全国的比重

（按当年价计算）

单位:亿元

地区	社会消费品零售额	♯镇区零售额	♯乡村零售额
全国合计	**237809.9**	**44944.4**	**31952.0**
北京	8375.1	466.1	144.2
天津	4470.4	607.2	175.3
河北	10516.7	2829.2	2435.5
山西	5139.3	1395.1	946.7
内蒙古	5114.2	1045.6	638.9
辽宁	10581.4	1314.2	895.4
吉林	5426.4	654.7	619.6
黑龙江	6251.2	1079.1	770.5
上海	8052.0	185.8	356.3
江苏	20796.5	4052.6	2112.1
浙江	15225.5	3565.5	2451.7
安徽	6542.4	1606.9	1198.1
福建	8275.3	1553.4	818.5
江西	4576.1	1430.7	765.5
山东	22294.8	4432.9	4371.2
河南	12426.6	3100.8	2189.8
湖北	10885.9	1481.5	1722.1
湖南	9018.6	2842.0	859.1
广东	25453.9	2781.2	3171.5
广西	5133.1	1508.8	602.1
海南	992.9	162.9	124.1
重庆	4599.8	1293.3	224.7
四川	10561.4	2118.6	2035.7
贵州	2366.2	400.9	412.0
云南	4004.6	874.6	538.3
西藏	293.2	86.5	51.1
陕西	4999.5	1017.9	595.1
甘肃	2173.8	453.6	427.4
青海	544.1	123.6	71.8
宁夏	610.5	166.4	50.0
新疆	2108.2	312.7	177.8

2—6 各地区城乡居民收入水平

单位:元/人

地区	农村居民家庭人均纯收入	城镇居民家庭人均可支配收入	城乡居民收入水平对比(农村居民=1)
全国总计	**8895.9**	**26955.1**	**3.03**
北京	18337.5	40321.0	2.20
天津	15841.0	32293.6	2.04
河北	9101.9	22580.3	2.48
山西	7153.5	22455.6	3.14
内蒙古	8595.7	25496.7	2.97
辽宁	10522.7	25578.2	2.43
吉林	9621.2	22274.6	2.32
黑龙江	9634.1	19597.0	2.03
上海	19595.0	43851.4	2.24
江苏	13597.8	32538.0	2.39
浙江	16106.0	37851.0	2.35
安徽	8097.9	23114.2	2.85
福建	11184.2	30816.4	2.76
江西	8781.5	21872.7	2.49
山东	10619.9	28264.1	2.66
河南	8475.3	22398.0	2.64
湖北	8867.0	22906.4	2.58
湖南	8372.1	23414.0	2.80
广东	11669.3	33090.0	2.84
广西	6790.9	23305.4	3.43
海南	8342.6	22928.9	2.75
重庆	8332.0	25216.1	3.03
四川	7895.3	22367.6	2.83
贵州	5434.0	20667.1	3.80
云南	6141.3	23235.5	3.78
西藏	6578.2	20023.4	3.04
陕西	6502.6	22858.4	3.52
甘肃	5107.8	18964.8	3.71
青海	6196.4	19498.5	3.15
宁夏	6931.0	21833.3	3.15
新疆	7296.5	19873.8	2.72

2—7 各地区城乡居民消费水平

单位:元/人

地　区	居民消费水平	农村居民	城镇居民	城乡居民消费水平对比（农村居民＝1）
北　京	33337	17663	35836	2.0
天　津	26261	14954	28779	1.9
河　北	11557	6460	17198	2.7
山　西	12078	7476	16341	2.2
内蒙古	17168	8218	23590	2.9
辽　宁	20156	10417	25161	2.4
吉　林	13676	7773	18714	2.4
黑龙江	12978	7478	17102	2.3
上　海	39223	20221	41464	2.1
江　苏	23585	14571	28753	2.0
浙　江	24771	15458	30101	1.9
安　徽	11618	6114	17779	2.9
福　建	17115	10147	21725	2.1
江　西	11910	7429	16728	2.3
山　东	16728	9224	23358	2.5
河　南	11782	6438	18833	2.9
湖　北	13912	7755	19156	2.5
湖　南	12920	7005	19508	2.8
广　东	23739	9914	30440	3.1
广　西	11710	5795	19185	3.3
海　南	11712	7072	15877	2.2
重　庆	15270	6538	21681	3.3
四　川	12485	8074	17899	2.2
贵　州	9541	5383	16581	3.1
云　南	11224	6003	19089	3.2
西　藏	6275	3874	14001	3.6
陕　西	13206	6620	19620	3.0
甘　肃	9616	5245	16327	3.1
青　海	12070	6954	17617	2.5
宁　夏	13537	7062	19671	2.8
新　疆	11401	5942	18285	3.1

注:本表数据来源于国民经济核算资料,与城乡住户抽样调查数据的指标口径不同。

2—8 主要农产品供需情况

一、粮食

年 份	生产量（万吨）	进口量（万吨）	出口量（万吨）	城镇居民人均消费（千克/人）	农村居民人均消费（千克/人）
1980	32056	1343	162		257.2
1981	32502	1481	126	145.4	256.1
1982	35450	1612	125	144.6	260.0
1983	38728	1344	196	144.5	259.9
1984	40731	1045	357	142.1	266.5
1985	37911	600	932	134.8	257.5
1986	39151	773	942	137.9	259.3
1987	40298	1628	737	133.9	259.4
1988	39408	1533	717	137.2	259.5
1989	40755	1658	656	133.9	262.3
1990	44624	1372	583	130.7	262.1
1991	43529	1345	1086	127.9	255.6
1992	44266	1175	1364	111.5	250.5
1993	45649	752	1535	97.8	251.8
1994	44510	920	1346	101.7	257.6
1995	46662	2081	214	97.0	256.1
1996	50450	1200	144	94.7	256.2
1997	49417	705	859	88.6	250.7
1998	51230	708	906	86.7	248.9
1999	50839	772	758	84.9	247.5
2000	46218	1357	1400	82.3	250.2
2001	45264	1738	903	79.7	238.6
2002	45706	1417	1514	78.5	236.5
2003	43070	2283	2230	79.5	222.4
2004	46947	2298	514	78.2	218.3
2005	48402	3286	1141	77.0	208.9
2006	49804	3186	723	75.9	205.6
2007	50160	3237	1118	77.6	199.5
2008	52871	4131	379	58.5	199.1
2009	53082	5223	329	81.3	189.3
2010	54648	6695	275	81.5	181.4
2011	57121	6390	288	80.7	170.7
2012	58958	8025	277	78.8	164.3
2013	60194	8645	243		

注：1. 1984 年及以前城镇居民人均消费量为全国城市居民人均消费量。

2. 因制度修订，2013 年居民人均消费数据暂缺，下同。

2—8续表1

二、食用植物油

年份	生产量（万吨）	进口量（万吨）	出口量（万吨）	城镇居民人均消费(千克/人)	农村居民人均消费(千克/人)
1980	222		3.1		1.4
1981	292	4.4	6.3	4.8	1.9
1982	345	5.6	10.2	5.8	2.1
1983	360	3.5	15.6	6.5	2.2
1984	382	1.4	13.1	7.1	2.5
1985	401	3.5	16.2	5.8	2.6
1986	441	19.8	16.6	6.2	2.6
1987	478	51.1	5.6	6.5	3.1
1988	480	21.4	2.6	7.0	3.3
1989	496	105.6	6.2	6.2	3.3
1990	544	112.0	14.0	6.4	3.5
1991	644	61.0	9.9	6.9	3.9
1992	661	42.0	6.8	6.7	4.1
1993	965	24.0	13.6	7.1	4.1
1994	723	163.0	27.0	7.5	4.1
1995	1144	353.0	49.6	7.1	4.3
1996	947	264.0	47.3	7.1	4.5
1997	894	285.8	86.1	7.2	4.7
1998	602	205.5	30.9	7.6	4.6
1999	734	208.0	9.7	7.8	4.6
2000	835	179.0	11.2	8.2	5.5
2001	1383	165.0	13.4	8.1	7.0
2002	1531	319.0	9.8	8.5	7.5
2003	1584	541.0	6.0	9.2	6.3
2004	1235	676.0	6.5	9.3	5.3
2005	1612	621.0	22.5	9.3	6.0
2006	1986	671.0	39.9	9.4	5.8
2007	2319	838.0	16.6	9.6	6.0
2008	2419	817.1	24.9	10.3	6.2
2009	3280	816.0	11.4	9.7	5.4
2010	3916	687.0	9.2	8.8	5.5
2011	4332	657.0	12.2	9.3	6.6
2012	5176	845.0	10.0	9.1	6.9
2013	6219	810.0	11.5		

注：本表生产量为规模以上企业产量的快报数据。

2—8 续表 2

三、棉花

年　份	生产量（万吨）	进口量（万吨）	出口量（万吨）	全国人均产量（千克/人）
1980	270.7	88.5	0.9	2.8
1981	296.8	80.1	0.1	3.0
1982	359.8	47.3	0.4	3.5
1983	463.7	23.0	5.8	4.4
1984	625.8	4.0	18.9	5.9
1985	414.7	…	34.7	3.9
1986	354.0	…	55.8	3.2
1987	424.5	0.6	75.5	3.8
1988	414.9	3.5	46.8	3.7
1989	378.8	51.9	27.2	3.3
1990	450.8	42.0	16.7	3.9
1991	567.5	37.0	20.0	4.8
1992	450.8	28.0	14.5	3.8
1993	373.9	1.0	15.0	3.1
1994	434.0	52.6	11.1	3.6
1995	476.8	74.0	2.2	3.9
1996	420.0	6.5	0.4	3.4
1997	460.3	78.3	0.1	3.7
1998	450.1	20.9	4.5	3.6
1999	382.9	5.0	23.6	3.1
2000	441.7	4.7	29.2	3.5
2001	532.4	6.0	5.2	4.2
2002	491.6	18.0	15.0	3.8
2003	486.0	87.0	11.2	3.8
2004	632.0	191.0	0.9	4.9
2005	571.4	257.0	0.5	4.4
2006	753.3	364.0	1.3	5.2
2007	762.4	246.0	2.1	5.8
2008	749.2	211.0	1.6	5.7
2009	637.7	153.0	0.8	4.8
2010	596.1	284.0	0.6	4.5
2011	658.9	336.0	2.6	4.9
2012	683.6	513.0	1.8	5.1
2013	629.9	415.0	0.7	4.6

2—8 续表 3

四、糖料

年 份	糖料生产量（万吨）	食糖进口量（万吨）	食糖出口量（万吨）	城镇居民人均食糖消费（千克/人）	农村居民人均食糖消费（千克/人）
1980	2911.2	91.2	30.1		1.1
1981	3602.8	102.9	12.5	2.9	1.1
1982	4359.4	217.7	6.7	2.8	1.2
1983	4103.3	190.0	6.0	2.8	1.3
1984	4780.3	123.0	5.2	2.9	1.3
1985	6046.8	191.0	18.4	2.5	1.5
1986	5852.5	118.0	26.6	2.6	1.6
1987	5550.3	183.0	45.2	2.5	1.7
1988	6187.4	371.0	24.8	2.6	1.4
1989	5803.8	158.0	43.0	2.4	1.5
1990	7214.5	113.0	57.0	2.1	1.5
1991	8418.7	101.0	34.3	1.8	1.4
1992	8808.0	110.0	167.0	1.9	1.5
1993	7624.2	45.0	185.0	1.8	1.4
1994	7346.0	155.2	94.7	1.9	1.3
1995	7940.0	295.0	48.0	1.7	1.3
1996	8360.0	125.0	66.5	1.7	1.4
1997	9380.0	78.3	37.9	1.6	1.4
1998	9790.4	50.8	43.6	1.8	1.4
1999	8334.1	42.0	36.7	1.8	1.5
2000	7635.3	64.1	41.5	1.7	1.3
2001	8655.1	120.0	19.6	1.7	1.4
2002	10293.0	118.3	32.6	—	1.6
2003	9642.0	78.0	10.3	—	1.2
2004	9528.0	121.0	8.5	—	1.1
2005	9451.9	139.0	35.8	—	1.1
2006	10460.0	137.0	15.4	—	1.1
2007	12188.2	119.0	11.1	—	1.1
2008	13419.6	78.0	6.2	—	1.1
2009	12276.6	106.0	6.4	—	1.1
2010	12008.5	177.0	9.4	—	1.0
2011	12516.5	292.0	5.9	—	1.0
2012	13485.4	375.0	4.7	—	1.2
2013	13746.1	455.0	4.8	—	

3

农村基本情况与农业生产条件

3－1 全国乡村人口和乡村就业人员情况

单位:万人、%

年份	乡村人口		乡村就业人员数(年末)	第一产业	第一产业人员所占比重
	人口数	占总人口比重			
1978	79014	82.1	30638	28318	92.4
1980	79565	80.6	31836	29122	91.5
1985	80757	76.3	37065	31130	84.0
1990	84138	73.6	47708	38914	81.6
1991	84620	73.1	48026	39098	81.4
1992	84996	72.5	48291	38699	80.1
1993	85344	72.0	48546	37680	77.6
1994	85681	71.5	48802	36628	75.1
1995	85947	71.0	49025	35530	72.5
1996	85085	69.5	49028	34820	71.0
1997	84177	68.1	49039	34840	71.0
1998	83153	66.7	49021	35177	71.8
1999	82038	65.2	48982	35768	73.0
2000	80837	63.8	48934	36043	73.7
2001	79563	62.3	48674	36399	74.8
2002	78241	60.9	48121	36640	76.1
2003	76851	59.5	47506	36204	76.2
2004	75705	58.2	46971	34830	74.2
2005	74544	57.0	46258	33442	72.3
2006	73160	55.7	45348	31941	70.4
2007	71496	54.1	44368	30731	69.3
2008	70399	53.0	43461	29923	68.9
2009	68938	51.7	42506	28890	68.0
2010	67113	50.1	41418	27931	67.4
2011	65656	48.7	40506	26594	65.7
2012	64222	47.4	39602	25773	65.1
2013	62961	46.3	38737	24171	62.4

注:1. 本表人口1981年及以前数据为户籍统计数;1982、1990、2000、2010年人口数据为当年人口普查数据推算数;其余年份人口数据为在年度人口抽样调查基础上,根据人口普查数据修订数(下表同)。

2. 本表全国乡村就业人员小计1990年及以后的数据为根据劳动力调查、人口普查的推算数,2001年及以后数据根据第六次人口普查重新修订,因此与相应年份的分地区、分登记注册类型、分行业资料的分项数据之和不一致(下表同)。

3. 资料来源:《中国统计年鉴》。

3－2 各地区乡村人口和乡村就业人员

单位：万人、%

地区	乡村人口		乡村就业人员数（年末）	
	人口数	占总人口比重		第一产业
全国	**62961**	**46.3**	**38737**	**24171**
北京	290	13.7		
天津	265	18.0		
河北	3804	51.9		
山西	1722	47.4		
内蒙古	1031	41.3		
辽宁	1473	33.6		
吉林	1260	45.8		
黑龙江	1634	42.6		
上海	251	10.4		
江苏	2849	35.9		
浙江	1979	36.0		
安徽	3144	52.1		
福建	1481	39.2		
江西	2312	51.1		
山东	4502	46.3		
河南	5290	56.2		
湖北	2638	45.5		
湖南	3482	52.0		
广东	3432	32.2		
广西	2604	55.2		
海南	423	47.3		
重庆	1237	41.7		
四川	4467	55.1		
贵州	2177	62.2		
云南	2789	59.5		
西藏	238	76.3		
陕西	1833	48.7		
甘肃	1546	59.9		
青海	298	51.5		
宁夏	314	48.0		
新疆	1257	55.5		

注：本表人口数据根据 2013 年人口变动情况抽样调查数据推算。

3－3 农村居民家庭劳动力文化状况

指　标	单位	1990年	1995年	2000年	2011年	2012年	2012年为下列各年百分比(%)	
							1990年	2011年
平均每百个劳动力中：								
不识字或识字很少	人	20.73	13.47	8.09	5.47	5.30	25.6	96.9
小学程度	人	38.86	36.62	32.22	26.51	26.07	67.1	98.4
初中程度	人	32.84	40.10	48.07	52.97	53.03	161.5	100.1
高中程度	人	6.96	8.61	9.31	9.86	10.01	143.8	101.5
中专程度	人	0.51	0.96	1.83	2.54	2.66	522.0	104.9
大专及大专以上	人	0.10	0.24	0.48	2.65	2.93	2929.6	110.4

3－4 主要农业机械年末拥有量

年 份	农用机械总动力（亿瓦）	大中型拖拉机（台）	小 型拖拉机（万台）	大中型拖拉机配套农具（万部）	联 合收获机（台）	渔用机动船	
						（艘）	（万千瓦）
1957	12.1	14674			1789	1485	7.6
1962	75.7	54938	0.1	19.2	5906	5657	33.3
1965	109.9	72599	0.4	25.8	6704	7789	47.1
1970	216.5	125498	7.8	34.6	8002	14200	73.0
1975	747.9	344518	59.9	90.8	12551	33701	157.1
1978	1175.0	557358	137.3	119.2	18987	47176	213.6
1979	1337.9	666823	167.1	131.3	23026	52225	230.2
1980	1474.6	744865	187.4	136.9	27045	61022	258.5
1981	1568.0	792032	203.7	139.0	31268	73586	293.2
1982	1661.4	812447	228.7	137.4	33904	95692	322.3
1983	1802.2	840776	275.0	130.8	35728	120167	326.8
1984	1949.7	853914	329.8	117.0	35861	143430	335.2
1985	2091.3	852357	382.4	112.8	34573	172582	367.2
1986	2295.0	866463	452.6	100.6	30945	205923	424.0
1987	2483.6	880952	530.0	103.5	33802	238628	486.0
1988	2657.5	870187	595.8	97.1	35004	262126	545.0
1989	2806.7	848220	654.3	99.1	36582	289205	609.0
1990	2870.8	813521	698.1	97.4	38719	320927	696.0
1991	2938.9	784466	730.4	99.1	43996	329843	733.4
1992	3030.8	758904	750.7	104.4	51075	335875	786.1
1993	3181.7	721216	788.3	100.1	56304	334656	804.4
1994	3380.3	693154	823.7	98.0	63918	351327	831.1
1995	3611.8	671846	864.6	99.1	75351	376813	965.7
1996	3854.7	670848	918.9	105.0	96378	358869	864.1
1997	4201.6	689051	1048.5	115.7	141312	400010	1084.0
1998	4520.8	725215	1122.1	120.4	182629	411322	1174.4
1999	4899.6	784216	1200.3	132.0	226036	417379	1253.1
2000	5257.4	974547	1264.4	140.0	262578	459888	1338.7
2001	5517.2	829900	1305.1	146.9	282871	480125	1379.7
2002	5793.0	911670	1339.4	157.9	310147	485693	1381.2
2003	6038.7	980560	1377.7	169.8	365041	478123	1425.9
2004	6402.8	1118636	1454.9	188.7	410520	486878	1384.2
2005	6839.8	1395981	1526.9	226.2	480378	439604	1376.1
2006	7252.2	1718247	1567.9	261.5	565578	492126	1498.3
2007	7659.0	2062731	1619.1	308.3	633784	524848	1605.3
2008	8219.0	2995214	1722.4	435.4	743474	—	—
2009	8749.6	3515757	1750.9	542.1	858372	—	—
2010	9278.0	3921723	1785.8	612.9	992062	—	—
2011	9773.5	4406471	1811.3	699.0	1113708	—	—
2012	10255.9	4852400	1797.2	763.5	1278821	—	—
2013	10390.7	5270200	1752.3	826.6	1421000	—	—

注：1.自2000年起，大中型拖拉机、联合收获机、渔用机动船统计口径变化，数字有调整。

2.自2008年起使用农业部农机化司统计数字，取消渔用机动船指标。（以下表同）

3－5　主要农业机械年末拥有量及增长情况

指　　标	单位	1990年	1995年	2000年	2012年	2013年	2013年为2012年百分比(%)
一、农业机械总动力	**万千瓦**	**28707.7**	**36118.1**	**52573.6**	**102559.0**	**103906.8**	**101.3**
柴油发动机动力	万千瓦		24176.3	39140.0	82365.0	83428.8	101.3
汽油发动机动力	万千瓦		3433.9	3128.9	3124.1	3243.9	103.8
电动机动力	万千瓦		8443.7	10126.7	16985.3	17151.9	101.0
其他机械动力	万千瓦		64.2	89.9	84.5	82.2	97.3
二、主要农业机械与设备							
大中型拖拉机	万台	81.4	67.2	97.5	485.2	527.0	108.6
小型拖拉机	万台	698.1	864.6	1264.4	1797.2	1752.3	97.5
大中型拖拉机配套农具	万部	97.4	99.1	140.0	763.5	826.6	108.3
小型拖拉机配套农具	万部	648.8	958.0	1788.8	3080.6	3049.2	99.0
农用排灌电动机	万台	430.8	535.2	741.3	1248.8	934.7	74.8
农用排灌柴油机	万台	411.1	491.2	688.1	982.3	1259.4	128.2
联合收获机	万台	3.9	7.5	26.2	127.9	142.1	111.1
机动脱粒机	万台	493.3	605.9	876.2	1042.3	1007.6	96.7
机电井	万眼			435.8	483.2	4676.1	
节水灌溉类机械	万套	39.3	58.6	91.9	182.6	199.8	109.4
农用水泵	万台	723.9	903.5	1392.5	2211.5	2206.8	99.8

注：2013年机电井包含规模以下机电井，2013年以前不包括。

3－6　各地区主要农业机械年末拥有量

地　　区	农业机械总动力（万千瓦）		大中型拖拉机（台）	
	2012 年	2013 年	2012 年	2013 年
全国总计	**102559.0**	**103906.8**	**4852400**	**5270200**
北　　京	241.1	207.7	7400	6500
天　　津	568.1	554.2	15000	15600
河　　北	10553.8	10762.7	213700	234300
山　　西	3056.1	3183.3	97800	107200
内 蒙 古	3280.6	3430.6	579400	623400
辽　　宁	2526.9	2632.0	190600	208000
吉　　林	2554.7	2730.0	395900	440400
黑 龙 江	4552.9	4849.3	808900	873300
上　　海	112.7	113.2	6500	6700
江　　苏	4214.6	4405.6	115900	131300
浙　　江	2489.4	2462.2	10700	11700
安　　徽	5902.8	6140.3	164500	179900
福　　建	1286.8	1336.8	2900	3100
江　　西	4599.7	2014.1	20500	10200
山　　东	12419.9	12739.8	476900	500700
河　　南	10872.7	11150.0	338500	357800
湖　　北	3842.2	4081.1	138400	149400
湖　　南	5189.2	5434.0	97300	106600
广　　东	2496.7	2564.9	22500	23900
广　　西	3195.9	3383.0	30500	34200
海　　南	479.7	502.1	41000	44500
重　　庆	1162.0	1198.9	3700	3800
四　　川	3694.0	3953.1	115000	121800
贵　　州	2106.7	2240.8	39200	41900
云　　南	2874.5	3070.3	267700	287000
西　　藏	465.0	517.3	51400	66400
陕　　西	2350.2	2452.7	94100	99300
甘　　肃	2279.1	2418.5	116200	130400
青　　海	435.0	410.6	10100	11100
宁　　夏	787.3	802.0	37500	42600
新　　疆	1968.9	2165.9	342700	397200

3—6 续表 1

地　区	小型拖拉机（台）		大中型拖拉机配套农具（部）	
	2012 年	2013 年	2012 年	2013 年
全国总计	**17972300**	**17522800**	**7635200**	**8266200**
北　京	7300	2400	13500	11600
天　津	23100	9200	21900	24200
河　北	1462700	1424200	409700	435300
山　西	333800	347400	200500	221000
内蒙古	439300	428200	939200	995300
辽　宁	308400	322500	251900	274000
吉　林	660700	670800	747900	778600
黑龙江	664500	645300	1044700	1179500
上　海	4500	3600	16800	18000
江　苏	987100	925400	198300	222800
浙　江	162700	139300	16100	17400
安　徽	2327800	2249700	326100	377500
福　建	108200	104500	3100	3300
江　西	533200	289800	29000	17400
山　东	2029700	1997000	985600	1019400
河　南	3539400	3513200	802200	849900
湖　北	1115600	1141200	257400	280000
湖　南	219600	227500	35800	41600
广　东	327300	329200	32800	34800
广　西	425800	456800	45200	50600
海　南	50200	52700	14800	15800
重　庆	7700	7800	2900	3000
四　川	125500	119100	44300	50400
贵　州	73100	85800	14300	14500
云　南	371200	377000	45400	48600
西　藏	136500	138300	31800	50300
陕　西	184800	198700	164100	176100
甘　肃	548500	575600	261800	281700
青　海	277100	243900	6700	7800
宁　夏	182100	179800	70500	77100
新　疆	334900	316900	600900	688700

3—6 续表 2

地　区	小型拖拉机配套农具（部）		农用排灌电动机（台）	
	2012 年	2013 年	2012 年	2013 年
全国总计	**30806220**	**30492100**	**12488100**	**9347000**
北　京	7200	2800	39200	2000
天　津	37700	26600	65800	37600
河　北	1954600	1910500	1498800	1007500
山　西	462400	483100	142600	27200
内蒙古	895400	885600	176200	210800
辽　宁	472400	491700	817100	216300
吉　林	1861800	1881900	201100	265300
黑龙江	1196200	1185100	123000	250800
上　海	3800	3500	13100	100
江　苏	1556400	1499800	406000	192100
浙　江	172300	151800	874500	89800
安　徽	5391800	5246200	1142300	401400
福　建	129700	129900	62400	102600
江　西	376900	312800	439200	349700
山　东	3223000	3248100	1246000	1810800
河　南	6798700	6752100	1093600	546800
湖　北	2145100	2154200	645000	262000
湖　南	104500	108000	956000	1300900
广　东	367300	357900	347600	438700
广　西	587900	538900	268700	491300
海　南	48400	49800	36200	182500
重　庆	2600	3200	751000	143700
四　川	118500	113300	281100	499600
贵　州	28800	28900	210900	198700
云　南	320800	339600	108700	215800
西　藏	85800	91000	900	6600
陕　西	285600	296200	314500	55300
甘　肃	1051800	1116500	130500	24000
青　海	244600	208400	2300	300
宁　夏	239620	244400	26700	4800
新　疆	634600	630300	67100	12000

3—6 续表 3

单位:台

地　区	农用排灌柴油机		农用水泵		联合收获机	
	2012 年	2013 年	2012 年	2013 年	2012 年	2013 年
全国总计	**9823100**	**12594000**	**22115400**	**22067980**	**1278821**	**1421000**
北　京	2000	37700	34500	34000	2200	1900
天　津	38300	63100	88400	87700	5600	5900
河　北	1052800	1523900	1721500	1720200	101400	115200
山　西	26700	144200	150900	152800	22100	27000
内蒙古	205700	180500	386700	387000	15900	19300
辽　宁	239000	809900	1273300	1253000	10900	14500
吉　林	266000	197600	467700	471280	30700	35500
黑龙江	260300	131200	464600	479500	76200	91700
上　海	100	13500	13200	13600	2600	2800
江　苏	189200	415900	662900	665300	118100	136600
浙　江	86100	863300	918700	901700	18800	18400
安　徽	398700	1174200	1734600	1797200	128500	145000
福　建	99000	65100	166400	191200	6300	7200
江　西	821000	221500	816100	448300	61900	48300
山　东	1814900	1259800	2967100	2972700	214900	234000
河　南	547300	1100500	2228700	2236300	177100	200200
湖　北	253700	698100	1033000	1056300	66900	73800
湖　南	1301400	1067800	2221400	2289700	84700	93100
广　东	417800	349700	753900	774100	20800	22800
广　西	484800	271600	845200	873600	22200	24200
海　南	178500	38000	184700	185800	4200	4500
重　庆	146200	759500	961500	988800	4500	5800
四　川	487700	307300	757600	780400	18500	22500
贵　州	199500	225000	431800	447500	1100	1600
云　南	204400	121600	275800	293500	5100	5800
西　藏	5300	900	5000	5000	5300	5400
陕　西	53900	322600	321900	329000	32200	35200
甘　肃	23900	130700	111400	116700	4900	5800
青　海	500	2500	3700	1800	1300	1400
宁　夏	4800	27000	40300	41200	6900	7800
新　疆	13600	69800	72900	72800	7021	7800

3—6 续表 4

地区	机动脱粒机（部）		节水灌溉类机械（套）	
	2012 年	2013 年	2012 年	2013 年
全国总计	**10423200**	**10075800**	**1825600**	**1997765**
北京	4200	4100	10500	9900
天津	21400	21600	2700	2700
河北	211900	207100	49400	52600
山西	81600	85200	11300	13800
内蒙古	101500	107700	61700	66500
辽宁	137700	147200	123300	125200
吉林	168900	168300	34000	38500
黑龙江	168800	168700	36200	36900
上海	2800	800	7500	7500
江苏	183900	164400	49600	59400
浙江	858900	771000	25500	29100
安徽	361700	356800	199700	202800
福建	102700	108300	15200	13100
江西	863400	302800	138500	124200
山东	400900	405300	486900	505000
河南	536700	546100	197300	208100
湖北	242800	264300	47700	107300
湖南	1274300	1281700	8600	15000
广东	550800	532700	104000	136565
广西	885400	912700	61300	78700
海南	44400	44900	7800	8700
重庆	618600	631100	1200	1500
四川	1266500	1352500	21900	22000
贵州	303300	359800	8600	11100
云南	339200	353000	11200	11700
西藏	47100	51900		
陕西	346400	360200	22000	23100
甘肃	195800	255800	12300	13000
青海	25000	32800	2800	1200
宁夏	20800	21200	5300	7500
新疆	55800	55800	61600	65100

3－7 农村电力、灌溉面积、化肥施用量情况

年 份	乡村(农村)办水电站		农村用电量(亿千瓦时)	有效灌溉面积(千公顷)	化肥施用量(万吨)
	个数(个)	装机容量(万千瓦)			
1952	98	0.8	0.5	19959.0	7.8
1957	544	2.0	1.4	27339.0	37.3
1962	7436	25.2	16.1	30545.0	63.0
1965			37.1		194.2
1978	82387	228.4	253.1	44965.0	884.0
1979	83224	276.3	282.7	45003.1	1086.3
1980	80319	304.1	320.8	44888.1	1269.4
1981	74017	336.0	369.9	44573.8	1334.9
1982	66256	353.0	396.9	44176.9	1513.4
1983	62328	346.3	435.2	44644.1	1659.8
1984	60062	361.5	464.0	44453.0	1739.8
1985	55754	380.2	508.9	44035.9	1775.8
1986	54136	387.9	586.7	44225.8	1930.6
1987	51978	394.1	658.8	44403.0	1999.3
1988	51558	461.1	712.0	44375.9	2141.5
1989	50862	416.8	790.5	44917.2	2357.1
1990	52387	428.8	844.5	47403.1	2590.3
1991	49644	456.9	963.2	47822.1	2805.1
1992	48082	478.7	1107.1	48590.1	2930.2
1993	45153	481.9	1244.9	48727.9	3151.9
1994	48722	503.6	1473.9	48759.1	3317.9
1995	40699	519.5	1655.7	49281.6	3593.7
1996	37743	533.7	1812.7	50381.6	3827.9
1997	36117	562.5	1980.1	51238.5	3980.7
1998	33185	634.8	2042.2	52295.6	4083.7
1999	31678	664.1	2173.4	53158.4	4124.3
2000	29962	698.5	2421.3	53820.3	4146.4
2001	29183	896.6	2610.8	54249.4	4253.8
2002	27633	812.2	2993.4	54354.9	4339.4
2003	26696	862.3	3432.9	54014.2	4411.6
2004	27115	993.8	3933.0	54478.4	4636.6
2005	26726	1099.2	4375.7	55029.3	4766.2
2006	27493	1243.0	4895.8	55750.5	4927.7
2007	27664	1366.6	5509.9	56518.3	5107.8
2008	44433	5127.4	5713.2	58471.7	5239.0
2009	44804	5512.1	6104.4	59261.4	5404.4
2010	45815	5924.0	6632.3	60347.7	5561.7
2011	45151	6212.3	7139.6	61681.6	5704.2
2012	45799	6568.6	8104.9	62490.5	5838.8
2013	46849	7118.6	8549.5	63473.3	5911.9

注:2008 年起乡村办水电站统计口径变更为农村水电,农村水电是指装机容量 5 万千瓦及以下水电站和配套电网(以下表同)。

3—8　农村电力和农田水利建设情况

指　　标	单位	1990 年	1995 年	2000 年	2012 年	2013 年	2013 年为 2012 年百分比(%)
一、乡村办水电站	**个**	**52387**	**40699**	**29962**	**45799**	**46849**	**102.3**
装机容量	万千瓦	428.8	519.5	698.5	6568.6	7118.6	108.4
发电量	亿千瓦时		134.1	205.0	2172.9	2232.8	102.8
二、农村用电量	**亿千瓦时**	**844.5**	**1655.7**	**2421.3**	**8104.9**	**8549.5**	**105.5**
三、农田水利建设情况							
有效灌溉面积	千公顷	47403.1	49281.2	53820.3	62490.5	63473.3	101.6
旱涝保收面积	千公顷	33638.5	36118.8	38336.3	43848.7		
机电排灌面积	千公顷	27148.3	32205.3	35954.1	42491.4		

注:2008 年起乡村办水电站统计口径变更为农村水电,统计口径与往年不可比。

3—9　农用化肥、农膜、柴油和农药使用量

指　　标	单位	1990 年	1995 年	2000 年	2012 年	2013 年	2013 年为 2012 年百分比(%)
一、化肥施用量(折纯量)	**万吨**	**2590.3**	**3593.7**	**4146.4**	**5838.8**	**5911.9**	**101.3**
氮 肥	万吨	1638.4	2021.9	2161.5	2399.9	2394.2	99.8
磷 肥	万吨	462.4	632.4	690.5	828.6	830.6	100.2
钾 肥	万吨	147.9	268.5	376.5	617.7	627.4	101.6
复合肥	万吨	341.6	670.8	917.9	1990.0	2057.5	103.4
二、农用塑料薄膜使用量	**万吨**	**48.2**	**91.5**	**133.5**	**238.3**	**249.3**	**104.6**
#地膜使用量	万吨		47.0	72.2	131.1	136.2	103.9
地膜覆盖面积	千公顷		6493.0	10624.8	17299.3	17657.0	102.1
三、农用柴油使用量	**万吨**		**1087.8**	**1405.0**	**2107.6**	**2154.9**	**102.2**
四、农药使用量	**万吨**	**73.3**	**108.7**	**128.0**	**180.6**	**180.2**	**99.8**

3－10 各地区农村电力和农田水利建设情况

地区	乡村办水电站（个）		装机容量（万千瓦）		发电量（万千瓦时）		农村用电量（亿千瓦时）	
	2012年	2013年	2012年	2013年	2012年	2013年	2012年	2013年
全国总计	**45799**	**46849**	**6568.6**	**7118.6**	**21729246**	**22327712**	**8104.9**	**8549.5**
北京	72	72	4.3	4.3	2418	2714	47.3	48.5
天津	1	1	0.6	0.5	1972	1265	68.0	69.2
河北	242	243	38.2	38.5	50475	53396	593.9	616.4
山西	145	148	17.9	18.6	35689	34093	95.0	99.8
内蒙古	39	40	8.8	9.3	16481	16780	55.2	59.6
辽宁	176	179	38.8	42.7	112062	121072	373.4	394.8
吉林	241	244	49.9	51.5	163304	175052	46.1	48.2
黑龙江	80	81	29.4	29.4	60376	95629	64.3	67.0
上海							819.7	874.4
江苏	136	28	6.1	4.1	7087	5039	1696.4	1801.9
浙江	3206	3196	383.0	390.0	1174390	961125	869.9	904.9
安徽	841	818	97.5	103.1	219308	226471	128.8	138.4
福建	6576	6596	726.1	731.6	2824686	2506563	312.9	346.7
江西	3743	3870	290.5	306.6	942758	867572	84.6	90.9
山东	128	129	8.4	8.4	14653	11867	465.8	471.4
河南	515	520	46.1	47.9	106298	76926	290.0	305.4
湖北	1787	1810	322.7	337.4	762624	730672	121.2	130.1
湖南	4313	4417	557.2	586.1	1956985	1853617	110.2	118.6
广东	9708	9766	715.7	725.8	2174508	2375370	1187.5	1234.8
广西	2349	2373	405.5	418.5	1257162	1265028	63.3	68.4
海南	324	336	36.8	39.6	126683	130435	8.6	9.6
重庆	1450	1483	200.8	220.4	541896	494747	73.8	76.1
四川	4264	4871	814.2	1029.1	3269403	3912582	156.0	163.5
贵州	1408	1447	259.3	296.8	819356	783632	54.5	61.9
云南	1784	1883	963.7	1056.4	3065809	3456015	73.8	82.4
西藏	313	359	16.4	30.2	37023	85956	1.0	1.1
陕西	617	647	108.7	122.5	373664	335248	102.9	113.0
甘肃	760	711	202.0	227.0	747596	796950	47.8	50.4
青海	239	236	86.6	88.3	380411	358711	4.5	4.5
宁夏	3	3	0.5	0.5	1900	1800	12.8	13.8
新疆	335	338	121.8	142.1	426251	548424	75.8	83.9
水利部属	4	4	11.3	11.3	56018	42961		

3—10 续表

单位：千公顷

地区	有效灌溉面积		旱涝保收面积		机电排灌面积	
	2012 年	2013 年	2012 年	2013 年	2012 年	2013 年
全国总计	**62490.5**	**63473.3**	**43848.7**		**42491.4**	
北　京	154.7	153.0	186.7		213.3	
天　津	290.3	308.9	226.4		378.0	
河　北	4165.0	4349.0	3678.6		4506.5	
山　西	1319.1	1382.8	758.0		1022.4	
内蒙古	2929.7	2957.8	1548.1		3153.6	
辽　宁	1293.7	1407.8	1005.9		1481.1	
吉　林	1451.9	1510.1	1140.5		1639.0	
黑龙江	5070.2	5342.1	2531.2		4851.8	
上　海	199.0	184.1	189.8		197.2	
江　苏	3704.2	3785.3	3257.0		3541.4	
浙　江	1390.2	1409.4	1097.7		1050.6	
安　徽	4264.5	4305.5	2667.3		3071.6	
福　建	1121.0	1122.4	662.7		193.5	
江　西	2008.8	1995.6	1520.4		578.0	
山　东	4657.9	4729.0	3666.4		4623.7	
河　南	4922.7	4969.1	4159.7		4071.2	
湖　北	2880.0	2791.4	1803.0		1394.7	
湖　南	3070.9	3084.3	2220.7		1146.5	
广　东	1770.2	1770.8	1380.2		630.7	
广　西	1583.3	1586.4	1166.6		288.6	
海　南	316.5	260.9	135.0		18.2	
重　庆	660.7	675.2	353.9		188.1	
四　川	2635.0	2616.5	1792.7		287.5	
贵　州	904.3	926.9	638.1		70.8	
云　南	1614.2	1660.3	943.0		182.8	
西　藏	201.9	239.3	7.9		5.8	
陕　西	1188.9	1209.9	814.2		829.4	
甘　肃	1285.9	1284.1	1003.9		481.0	
青　海	182.4	186.9	151.7		32.6	
宁　夏	498.1	498.6	373.1		144.0	
新　疆	4755.6	4769.9	2768.6		2217.8	

注：因制度修改，2013 年部分指标无数。

3—11 各地区农用化肥施用量

（按折纯法计算）

单位:万吨

地区	农用化肥施用量		1. 氮肥		2. 磷肥	
	2012 年	2013 年	2012 年	2013 年	2012 年	2013 年
全国总计	**5838.8**	**5911.9**	**2399.9**	**2394.2**	**828.6**	**830.6**
北　京	13.7	12.8	6.5	5.9	0.8	0.7
天　津	24.5	24.3	11.1	11.2	4.0	3.8
河　北	329.3	331.0	151.7	150.7	46.6	46.6
山　西	118.3	121.0	39.0	38.4	19.1	18.7
内蒙古	189.0	202.4	82.8	88.7	31.9	35.0
辽　宁	146.9	151.8	68.3	70.1	12.2	12.2
吉　林	206.7	216.8	71.0	71.5	7.0	7.1
黑龙江	240.3	245.0	86.0	86.8	51.1	50.9
上　海	11.0	10.8	5.4	5.3	0.8	0.8
江　苏	331.0	326.8	169.2	165.7	46.2	44.7
浙　江	92.2	92.4	51.2	50.5	11.8	11.4
安　徽	333.5	338.4	114.1	113.5	36.5	35.6
福　建	120.9	120.6	47.2	46.9	16.9	16.8
江　西	141.3	141.6	42.9	42.7	22.7	22.1
山　东	476.3	472.7	159.6	158.2	48.6	48.8
河　南	684.4	696.4	245.5	243.5	121.7	121.2
湖　北	354.9	351.9	159.1	152.8	65.3	64.6
湖　南	249.1	248.2	112.3	109.7	27.9	27.9
广　东	245.4	243.9	102.8	100.5	21.8	21.9
广　西	249.0	255.7	72.5	74.2	30.5	30.9
海　南	45.5	47.6	14.3	14.4	3.2	3.4
重　庆	96.0	96.6	49.9	49.7	18.4	17.9
四　川	253.0	251.1	128.0	126.1	50.8	50.3
贵　州	98.2	97.4	52.3	51.3	11.3	11.2
云　南	210.2	219.0	106.8	110.5	30.6	32.1
西　藏	5.0	5.7	1.7	2.0	1.0	1.2
陕　西	239.8	241.7	98.3	98.7	18.5	18.4
甘　肃	92.1	94.7	39.7	40.3	17.1	17.5
青　海	9.3	9.8	3.8	3.9	1.3	1.5
宁　夏	39.4	40.4	18.2	18.5	4.4	4.5
新　疆	192.7	203.2	88.9	92.4	48.9	51.0

3—11续表

单位:万吨

地　　区	3.钾肥		4.复合肥	
	2012年	2013年	2012年	2013年
全国总计	**617.7**	**627.4**	**1990.0**	**2057.5**
北　　京	0.7	0.7	5.7	5.4
天　　津	1.7	1.8	7.7	7.6
河　　北	27.2	27.9	103.8	106.0
山　　西	9.3	9.9	50.8	54.1
内 蒙 古	14.4	16.6	58.8	62.1
辽　　宁	12.9	13.5	53.6	56.0
吉　　林	14.4	14.6	114.4	123.6
黑 龙 江	35.7	37.0	67.5	70.4
上　　海	0.5	0.5	4.3	4.2
江　　苏	20.1	19.9	95.5	96.6
浙　　江	7.2	7.3	21.9	23.2
安　　徽	32.5	31.4	150.4	157.9
福　　建	24.4	24.5	32.3	32.4
江　　西	21.1	20.9	54.6	55.8
山　　东	43.7	44.1	224.4	221.6
河　　南	64.6	63.9	252.7	267.9
湖　　北	31.2	31.3	99.3	103.2
湖　　南	42.6	43.5	66.3	67.0
广　　东	48.3	48.4	72.5	73.1
广　　西	56.0	57.3	90.1	93.3
海　　南	8.0	8.2	20.1	21.6
重　　庆	5.3	5.4	22.5	23.6
四　　川	17.5	17.7	55.1	55.0
贵　　州	9.1	9.2	25.4	25.7
云　　南	22.0	23.3	50.8	53.1
西　　藏	0.6	0.6	1.7	1.9
陕　　西	23.0	23.3	100.0	101.3
甘　　肃	7.8	8.2	27.5	28.7
青　　海	0.4	0.3	3.9	4.2
宁　　夏	2.2	2.4	14.7	15.1
新　　疆	13.2	14.1	41.7	45.8

3－12 各地区农用塑料薄膜使用量

地 区	农用塑料薄膜使用量（吨）		地膜使用量（吨）		地膜覆盖面积（公顷）	
	2012年	2013年	2012年	2013年	2012年	2013年
全国总计	**2383002**	**2493183**	**1310822**	**1361788**	**17299299**	**17656986**
北 京	12549	12356	3447	3345	20225	18431
天 津	12401	12901	5355	4877	85122	77499
河 北	126941	136006	68248	67776	1159059	1119703
山 西	45864	46399	32330	32612	551018	584376
内 蒙 古	69234	80822	55131	61110	945317	1153627
辽 宁	145054	146068	40032	43188	311489	325194
吉 林	56700	58485	28228	28310	182362	176599
黑 龙 江	84590	85378	33165	33055	353067	340163
上 海	19300	19436	5714	5566	23397	21961
江 苏	112550	116846	44016	45344	586547	598391
浙 江	62287	64663	28403	28940	166380	165559
安 徽	91171	94882	40479	42261	437245	440011
福 建	58692	59154	28157	29335	132690	138015
江 西	50275	51401	29093	29320	158657	162399
山 东	318055	318727	137006	136830	2401509	2381218
河 南	155169	167794	73096	74055	1050864	1072889
湖 北	65044	66310	36838	38162	411760	394230
湖 南	79536	82407	55313	55396	701081	710475
广 东	44430	45781	23241	23955	129919	128198
广 西	39699	41479	30293	31987	404718	409754
海 南	21394	23333	11160	12014	34054	35132
重 庆	40928	42860	20916	22210	310492	230515
四 川	126827	127854	87788	88310	987373	996933
贵 州	44062	47495	29798	32692	257862	273229
云 南	101280	106606	81866	85783	1015100	990845
西 藏	1152	1336	931	1144	3405	3425
陕 西	39077	40847	20535	21377	435661	450626
甘 肃	150374	165791	87177	91228	1223620	1349000
青 海	5329	6472	4308	5415	51307	59912
宁 夏	15282	16627	9366	10400	185821	194360
新 疆	187756	206666	159392	175790	2582178	2654319

3—13 各地区农用柴油和农药使用量

地　区	农用柴油使用量(万吨)		农药使用量(吨)	
	2012年	2013年	2012年	2013年
全国总计	**2107.6**	**2154.9**	**1806057**	**1801862**
北　京	3.9	3.7	3879	3864
天　津	16.0	15.3	3808	3639
河　北	290.9	294.1	84831	86720
山　西	30.8	30.8	29810	30534
内蒙古	65.0	66.8	29924	31332
辽　宁	71.9	73.5	59053	60035
吉　林	66.8	68.7	51239	51011
黑龙江	139.2	140.3	80511	84016
上　海	12.0	13.0	5817	5019
江　苏	103.0	106.8	83675	81157
浙　江	196.2	198.8	62874	62198
安　徽	72.0	73.4	116741	117774
福　建	85.4	86.0	57846	57804
江　西	27.6	29.3	100413	99922
山　东	179.6	174.6	161955	158384
河　南	112.3	113.4	128289	130058
湖　北	61.8	65.7	139524	127152
湖　南	40.6	41.7	122980	124298
广　东	75.6	75.3	113878	110090
广　西	61.7	63.3	67784	69037
海　南	22.0	22.1	39637	43478
重　庆	19.0	21.6	19480	18354
四　川	45.8	46.3	60317	59954
贵　州	10.2	10.9	14450	13480
云　南	77.9	82.3	55326	54782
西　藏	4.8	5.8	923	1031
陕　西	82.2	91.0	12952	12998
甘　肃	33.1	34.4	73748	77760
青　海	6.4	6.5	1805	1997
宁　夏	22.1	22.1	2740	2699
新　疆	72.1	77.4	19848	21285

3－14 各地区耕地面积及占全国的比重(2008年)

地　区	耕地面积(总资源)(千公顷)	占全国比重(%)
全国总计	**121715.9**	**100.00**
北　京	231.7	0.19
天　津	441.1	0.36
河　北	6317.3	5.19
山　西	4055.8	3.33
内蒙古	7147.2	5.87
辽　宁	4085.3	3.36
吉　林	5534.6	4.55
黑龙江	11830.1	9.72
上　海	244.0	0.20
江　苏	4763.8	3.91
浙　江	1920.9	1.58
安　徽	5730.2	4.71
福　建	1330.1	1.09
江　西	2827.1	2.32
山　东	7515.3	6.17
河　南	7926.4	6.51
湖　北	4664.1	3.83
湖　南	3789.4	3.11
广　东	2830.7	2.33
广　西	4217.5	3.47
海　南	727.5	0.60
重　庆	2235.9	1.84
四　川	5947.4	4.89
贵　州	4485.3	3.69
云　南	6072.1	4.99
西　藏	361.6	0.30
陕　西	4050.3	3.33
甘　肃	4658.8	3.83
青　海	542.7	0.45
宁　夏	1107.1	0.91
新　疆	4124.6	3.39

注:本表数据来源于国土资源部。2008年度土地变更调查截止时点为2008年12月31日。

3—15 各地区耕地面积构成(2008年)

单位:%

地区	耕地	水田	水浇地	旱地
全国总计	**100.0**	**26.0**	**19.0**	**55.1**
北京	100.0	3.0	76.3	20.8
天津	100.0	11.9	49.3	38.8
河北	100.0	2.4	55.7	42.0
山西	100.0	0.3	21.8	77.9
内蒙古	100.0	1.2	26.9	72.0
辽宁	100.0	15.8	3.8	80.4
吉林	100.0	12.7	1.3	86.1
黑龙江	100.0	10.9	1.1	88.0
上海	100.0	77.1	22.4	0.6
江苏	100.0	60.0	15.3	24.7
浙江	100.0	78.5	2.0	19.5
安徽	100.0	46.2	3.4	50.5
福建	100.0	80.6	3.8	15.5
江西	100.0	82.0	4.1	13.8
山东	100.0	1.7	60.3	38.0
河南	100.0	8.8	39.9	51.3
湖北	100.0	54.3	5.5	40.2
湖南	100.0	76.9	1.3	21.8
广东	100.0	70.5	3.5	26.0
广西	100.0	51.4	0.4	48.2
海南	100.0	53.2	2.0	44.9
重庆	100.0	48.7	0.4	50.8
四川	100.0	48.3	0.7	51.0
贵州	100.0	31.8	0.5	67.7
云南	100.0	25.2	1.4	73.4
西藏	100.0	3.1	71.4	25.5
陕西	100.0	4.8	21.6	73.6
甘肃	100.0	0.3	21.8	77.9
青海	100.0	0.0	34.1	65.9
宁夏	100.0	4.1	32.5	63.4
新疆	100.0	1.7	93.3	5.0

农业生态与环境

4—1　全国自然保护区情况

项　目	单位	1997年	1999年	2000年	2005年	2011年	2012年	2013年
1. 自然保护区数	个	926	1146	1227	2349	2640	2669	2697
国家级	个	124	155	155	243	335	363	407
省级	个	392	404	433	773			855
市级	个	84	138	154	421			
县级	个	326	449	479	912			
2. 自然保护区总面积	万公顷	7698	8815	9821	14995	14971	14979	14631
国家级	万公顷	2647	5816	5806	8899	9315	9415	9404
省级	万公顷	4606	2265	3031	4487			3919
市级	万公顷	66	163	253	502			
县级	万公顷	379	571	730	1107			
3. 自然保护区占辖区面积比重	%	7.6	8.8	9.9	15.0	14.9	14.9	14.8
4. 珍稀濒危动物繁殖场数	个	1015	940	992	164			
5. 珍稀植物引种栽培场数	个	72	72	50	77			
6. 生态示范区个数	个	130	222	220	528			
＃国家级	万公顷	130	154	158	233			

注：因环境保护部报表制度调整，2010年以后部分数据暂空。

4—2　农村环境情况

指　标	2000	2001	2009	2010	2011	2012	2013
农村改水累计受益人口（万人）	88112	86113	90251	90834	89971	91208	89938
农村改水累计受益率（%）	92.4	91.0	94.3	94.9	94.2	95.3	95.6
累计使用卫生厕所户数（万户）	9572	11405	16056	17138	18019	18628	19401
卫生厕所普及率（%）	44.8	46.1	63.2	67.4	69.2	71.7	74.1
累计使用卫生公厕户数（万户）		852.8	2970.7	2827.7	2972.8	2896.6	3165.1
农村沼气池产气量（亿立方米）	25.9	29.8	130.8	139.7	152.8	157.6	157.8
太阳能热水器（万平方米）	1107.8	1319.4	4997.1	5498.3	6231.9	6801.8	7294.6
太阳灶（台）	332390	388599	1484271	1617233	2139454	2207246	2264356

4—3 各地区自然保护基本情况

地　　区	自然保护区		
	个数（个）	面积（万公顷）	占辖区面积比重（%）
全国总计	**2697**	**14631.0**	**14.8**
北　　京	20	13.4	8.0
天　　津	8	9.0	8.0
河　　北	44	70.7	3.7
山　　西	46	110.5	7.1
内 蒙 古	184	1368.9	11.6
辽　　宁	105	280.5	13.4
吉　　林	44	243.0	13.0
黑 龙 江	226	680.6	15.0
上　　海	4	9.4	5.2
江　　苏	31	53.0	3.9
浙　　江	33	19.9	1.6
安　　徽	104	52.4	3.8
福　　建	90	42.8	3.1
江　　西	199	124.6	7.5
山　　东	86	110.0	4.8
河　　南	34	73.9	4.4
湖　　北	70	101.9	5.5
湖　　南	128	128.4	6.1
广　　东	392	185.0	7.2
广　　西	78	145.6	6.0
海　　南	50	273.5	7.0
重　　庆	57	84.5	10.3
四　　川	167	897.8	18.5
贵　　州	123	88.1	5.0
云　　南	154	285.7	7.5
西　　藏	47	4136.9	33.9
陕　　西	57	116.6	5.7
甘　　肃	60	746.3	16.4
青　　海	11	2176.5	30.1
宁　　夏	14	53.3	10.3
新　　疆	31	1948.3	11.7

资料来源：国家环境保护部。

4—4 各地区农村改水、改厕情况

地 区	累计已改水受益人口（万人）	自来水累计受益人口	累计使用卫生厕所户数（万户）	卫生厕所普及率（%）
全 国	**89938.3**	**71865.9**	**19400.6**	**74.1**
北 京	268.3	267.1	115.3	97.0
天 津	378.7	374.6	115.3	93.4
河 北	5368.4	4751.6	852.8	56.7
山 西	2168.7	1927.0	361.5	53.2
内 蒙 古	1385.9	896.9	197.4	50.0
辽 宁	2165.8	1649.9	457.0	66.9
吉 林	1542.1	1317.6	334.9	76.1
黑 龙 江	2096.1	1448.6	454.3	72.7
上 海	289.7	289.7	115.5	98.8
江 苏	4845.1	4845.1	1462.6	93.1
浙 江	3548.1	3438.5	1122.8	93.2
安 徽	5232.5	3158.0	897.8	62.6
福 建	2631.8	2443.6	722.9	90.7
江 西	3364.7	2327.9	731.3	86.9
山 东	6913.8	6482.5	1890.8	90.1
河 南	6672.5	4436.4	1552.6	74.4
湖 北	4465.6	3379.0	869.8	82.4
湖 南	4837.8	3766.1	975.1	65.7
广 东	5954.7	5316.0	1326.1	90.0
广 西	3676.4	2948.4	826.1	78.4
海 南	554.3	468.5	101.2	78.8
重 庆	2542.6	2340.5	457.7	63.0
四 川	6487.3	4328.9	1456.2	71.0
贵 州	2894.7	2421.8	398.7	47.7
云 南	3465.9	2594.4	587.3	60.8
西 藏				
陕 西	2154.0	949.6	361.2	50.8
甘 肃	2038.3	1388.6	328.7	66.9
青 海	341.7	304.9	60.3	64.9
宁 夏	392.1	345.4	64.6	61.7
新 疆	1065.6	1065.6	153.7	69.9
新疆兵团	195.2	193.0	49.1	70.8

资料来源：卫生部。

4—5 各地区农村可再生资源利用情况

地　区	沼气池产气总量（万立方米）	#沼气工程	太阳能热水器（万平方米）	太阳房（万平方米）	太阳灶（台）	生活污水净化沼气池（个）
全　国	**1577652.2**	**210252.6**	**7294.6**	**2445.6**	**2264356**	**213226**
北　京	2524.1	2479.9	74.4	115.3	1197	
天　津	3705.2	2216.4	35.3	0.8		8
河　北	90856.4	8746.4	605.6	139.6	42247	153
山　西	18991.0	2170.3	407.7	0.2	35836	28
内　蒙	13766.8	3379.6	62.3	93.6	52592	1
辽　宁	16131.6	2486.9	127.9	531.5	986	
吉　林	4351.1	545.7	64.3	289.4	821	3
黑 龙 江	10022.5	4883.8	73.1	485.1	511	
上　海	1564.6	1564.6	80.6	5.0		
江　苏	30459.4	11094.9	776.0	6.6		35639
浙　江	18508.6	12028.3	595.0		40	78405
安　徽	27993.2	3168.0	525.0			1509
福　建	30425.0	9725.0	41.2			1105
江　西	65075.8	8212.6	174.1	0.5		1941
山　东	95258.0	19553.9	1119.0	16.9	6508	156
河　南	139215.3	29575.1	488.3	2.0		602
湖　北	105928.8	7443.2	313.5			1300
湖　南	99017.0	7726.5	183.0	13.7		2045
广　东	35399.2	15682.5	29.9			6445
广　西	158687.1	2646.3	78.4			120
海　南	33730.5	9696.9	389.7			
重　庆	44304.9	2719.3	43.6			17113
四　川	235456.6	31852.7	152.3	2.7	121714	66003
贵　州	67220.6	3125.1	54.6			355
云　南	130797.7	280.4	303.1		264	150
西　藏	5476.7	21.3	147.1		381556	4
陕　西	31044.8	1836.0	155.6	0.8	240929	105
甘　肃	40579.6	1696.8	99.3	266.2	737941	29
青　海	3187.5	168.0	7.2	450.5	242168	
宁　夏	4298.3	1393.5	35.2	16.0	385052	7
新　疆	12864.9	1574.7	51.9	9.4	13994	
新疆兵团	809.4	558.3	0.2			

资料来源：农业部。

4－6 全国林业重点生态工程历年完成造林面积

单位:千公顷

年 份	合计	天然林保护工程	退耕还林工程		京津风沙源治理工程	速生丰产用材林基地工程
			退耕还林工程合计	其中:退耕地造林		
1979～1985年	10109.80					
1986年	1106.73					
1987年	1064.80					
1988年	1063.93					
1989年	1001.80					
1990年	1662.06					
“七五”小计	5899.32					
1991年	2082.20					
1992年	2308.00					
1993年	2602.10				132.80	257.50
1994年	2729.59				139.79	223.32
1995年	2862.17				168.59	242.87
“八五”小计	12584.06				441.18	723.69
1996年	2669.49				164.95	187.81
1997年	2642.61				215.95	193.20
1998年	2856.00	290.35			231.58	138.05
1999年	3275.63	477.56	447.93	381.47	211.58	106.10
2000年	3345.92	426.37	683.60	328.42	280.27	246.88
“九五”小计	14789.65	1194.28	1131.53	709.89	1104.33	872.04
2001年	3160.18	948.08	870.99	386.14	217.32	88.87
2002年	6777.38	856.08	4423.61	2039.77	676.38	45.68
2003年	8262.78	688.26	6196.13	3085.93	824.43	20.43
2004年	4802.85	641.45	3217.54	824.90	473.27	22.27
2005年	3109.10	424.81	1898.36	667.39	408.25	9.49
“十五”小计	26112.30	3558.68	16606.63	7004.13	2599.64	186.73
2006年	2810.80	774.82	1050.53	218.49	409.54	9.10
2007年	2681.65	732.88	1056.02	59.46	315.13	3.39
2008年	3437.50	1009.02	1189.70	2.16	469.04	3.98
2009年	4596.24	1360.91	886.67	0.74	434.82	20.77
2010年	3669.65	885.48	982.62	0.33	439.13	1.78
“十一五”小计	17195.84	4763.11	5165.52	281.19	2067.66	39.01
2011年	3093.87	553.56	730.18	0.06	545.19	0.91
2012年	2753.93	485.20	655.27	0.00	541.69	—
2013年	2568.95	460.30	628.93	0.00	626.08	—

注:1. 本表数据从2001年开始,将原有的16个工程整合形成10个重点林业工程。太行山绿化工程1990年造林面积354.60千公顷系指1984－1990年的造林面积,其中1990年造林面积为109.73千公顷;京津风沙源治理工程1993－2000年数据为原全国防沙治沙工程数据。

2. 1993－2011年造林面积合计项包含速生丰产用材林工程造林,自2012年起该工程造林不作为林业重点生态工程统计。

3. 根据《造林技术规程》(GB/T 15776－2006),本表自2006年起将无林地和疏林地新封山育林面积计入造林总面积。

4—6 续表　　　　　　　　　　　　　　　　　　　　　　　　单位:千公顷

年　份	三北及长江流域等防护林工程						
	小　计	三北防护林体系工程	长江中上游防护林体系工程	沿海防护林体系工程	珠江流域防护林体系工程	太行山绿化工程	平原绿化工程
1979～1985 年	10109.80	10109.80					
1986 年	1106.73	1106.73					
1987 年	1064.80	1064.80					
1988 年	1063.93	1063.93					
1989 年	1001.80	956.07	45.73				
1990 年	1662.06	983.33	324.13			354.60	
“七五”小计	5899.32	5174.86	369.86			354.60	
1991 年	2082.20	1170.47	462.40	223.60		225.73	
1992 年	2308.00	1255.20	584.60	235.80		232.40	
1993 年	2211.80	1160.00	573.00	131.20		275.20	72.40
1994 年	2366.48	1255.49	546.00	152.78		358.22	53.99
1995 年	2450.71	1333.26	535.71	103.27		427.04	51.43
“八五”小计	11419.19	6174.42	2701.71	846.65		1518.59	177.82
1996 年	2316.73	1342.28	463.96	72.17		402.46	35.86
1997 年	2233.46	1266.12	447.75	63.48	56.72	366.32	33.07
1998 年	2196.02	1243.96	448.60	60.29	39.85	343.74	59.58
1999 年	2032.46	1245.41	369.84	44.48	32.09	293.36	47.28
2000 年	1708.80	1053.16	206.94	56.91	30.68	298.51	62.60
“九五”小计	10487.47	6150.93	1937.09	297.33	159.34	1704.39	238.39
2001 年	1034.92	541.71	162.72	90.90	27.05	141.29	71.25
2002 年	775.63	453.76	110.29	55.71	46.55	76.15	33.16
2003 年	533.54	275.30	108.75	38.56	44.71	50.05	16.18
2004 年	448.32	232.34	113.28	30.18	31.76	30.92	9.85
2005 年	368.20	217.89	65.94	22.68	30.67	28.52	2.50
“十五”小计	3160.62	1721.00	560.98	238.03	180.74	326.93	132.94
2006 年	566.82	326.83	78.67	16.96	28.82	114.67	0.87
2007 年	574.22	381.53	76.40	23.85	17.42	73.93	1.10
2008 年	765.77	497.95	72.25	74.25	36.97	80.28	4.07
2009 年	1893.08	1255.87	222.13	212.18	82.06	119.16	1.67
2010 年	1360.65	928.24	118.81	173.24	66.83	69.22	4.30
“十一五”小计	5160.54	3390.42	568.26	500.48	232.10	457.27	12.01
2011 年	1264.03	737.78	204.84	209.89	72.29	36.58	2.64
2012 年	1071.77	678.74	157.94	145.39	51.58	38.12	
2013 年	853.64	518.56	130.35	118.59	43.99	35.75	6.42

4－7 各地区林业重点生态工程建设情况

单位:公顷

地区	总计	天然林保护工程	退耕还林工程		
			合计	其中:退耕地造林面积	其中:荒山荒地造林面积
全国合计	**2568952**	**460301**	**628929**		**628929**
北京	28463				
天津	5792				
河北	162788		15818		15818
山西	143309	39920	46415		46415
内蒙古	685036	88297	42159		42159
辽宁	80536		24336		24336
吉林	51541		19240		19240
黑龙江	83113		30494		30494
上海					
江苏	18647				
浙江	17748				
安徽	36865		21741		21741
福建	6595				
江西	32561		20665		20665
山东	40585				
河南	55852	3332	27038		27038
湖北	85157	29397	23070		23070
湖南	35184		15180		15180
广东	47295				
广西	29665		16101		16101
海南	2849		1294		1294
重庆	48003	23668	24335		24335
四川	72764	52103	20661		20661
贵州	35113	19113	12000		12000
云南	158318	31711	117937		117937
西藏	18360	2200	7332		7332
陕西	194517	89550	45385		45385
甘肃	118635	40340	19634		19634
青海	78885	21290	16000		16000
宁夏	42980	19380	8000		8000
新疆	131796		34094		34094

注:退耕还林工程中包括军事管理区 20000 公顷荒山荒地造林。

4—7续表

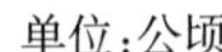
单位:公顷

地　区	三北及长江流域防护林建设工程							京津风沙源治理工程
	合计	三北防护林四期工程	长江流域防护林二期工程	沿海防护林体系二期工程	珠江流域防护林二期工程	太行山绿化防护林二期工程	平原绿化二期工程	
全国合计	**853644**	**518556**	**130352**	**118590**	**43985**	**35745**	**6416**	**626078**
北　京	8212	900				896	6416	20251
天　津	4992	2325		2667				800
河　北	47422	23393		12991		11038		99548
山　西	38702	27905				10797		18272
内蒙古	85592	85592						468988
辽　宁	56200	41800		14400				
吉　林	32301	32301						
黑龙江	52619	52619						
上　海								
江　苏	18647		6531	12116				
浙　江	17748		6535	11213				
安　徽	15124		15124					
福　建	6595		2725	3870				
江　西	11896		9337		2559			
山　东	40585		18200	22385				
河　南	25482		12468			13014		
湖　北	32690		32690					
湖　南	20004		14714		5290			
广　东	47295			32125	15170			
广　西	13564			5268	8296			
海　南	1555			1555				
重　庆								
四　川								
贵　州	4000				4000			
云　南	8670				8670			
西　藏	8828		8828					
陕　西	41363	38163	3200					18219
甘　肃	58661	58661						
青　海	41595	41595						
宁　夏	15600	15600						
新　疆	97702	97702						

4－8　灌区、水库、除涝、治水情况

指　　标	单 位	1990 年	1995 年	2000 年	2010 年	2011 年	2012 年	2013 年
年底万亩以上灌区数	处	5363	5562	5683	5795	5824	7756	7710
＃3.3 万公顷以上	处	72	74	101	131	129	177	180
2.0～3.3 万公顷	处	76	99	141	218	219	280	290
灌区有效灌溉面积	万公顷	2123.1	2249.9	2449.3	2941.5	2974.8	3019.1	3392.8
＃3.3 万公顷以上	万公顷	604.7	631.4	788.3	1091.8	1099.9	624.3	628.4
2.0～3.3 万公顷	万公顷	189.6	244.4	344.0	474.0	479.6	501.7	504.5
水库	座	81527	82915	83260	87873	88605	97543	97721
大型水库	座	366	387	420	552	567	683	687
中型水库	座	2499	2593	2704	3269	3346	3758	3774
小型水库	座	78662	79935	80136	84052	84692	93102	93260
水库库容量	亿立方米	4660	4797	5183	7162	7201	8255	8298
大型水库	亿立方米	3397	3493	3843	5594	5602	6493	6529
中型水库	亿立方米	690	719	746	930	954	1064	1070
小型水库	亿立方米	573	585	593	638	645	698	699
节水灌溉面积	万公顷			1638.9	2731.4	2917.9	3121.7	2710.9
除涝面积	万公顷	1933.7	2006.5	2098.9	2169.2	2172.2	2185.7	2194.3
水土流失治理面积	万公顷	5300.0	6690.0	8096.0	10680.0	10966.4	10295.3	10689.2
堤防长度	万公里	22.0	24.7	27.0	29.4	30.0	27.7	27.5
堤防保护耕地面积	万公顷	3200.0	3060.9	3960.0	4683.1	4595.6	4259.7	4031.7

注：1.节水灌溉面积 2013 年与水利普查数据进行了衔接。

2.万亩以上灌区处数与有效灌溉面积统计口径为按有效灌溉面积达到万亩统计，2012 年、2013 年已与水利普查数据进行了衔接，按设计灌溉面积达到万亩进行统计。

4－9 各地区水利设施和除涝、治水面积

地　　区	水库数（座）	水库库容量（亿立方米）	除涝面积（千公顷）	水土流失治理面积（千公顷）
全国总计	**97721**	**8298**	**21943.1**	**106891.9**
北　　京	86	52	149.8	630.8
天　　津	28	27	369.3	88.5
河　　北	1078	206	1645.1	4679.0
山　　西	642	69	89.1	5475.7
内 蒙 古	586	103	277.0	11876.3
辽　　宁	911	359	911.2	4520.4
吉　　林	1625	334	1026.5	1546.9
黑 龙 江	1133	263	3378.1	3609.7
上　　海	4	5	58.4	
江　　苏	1077	35	2853.3	765.8
浙　　江	4331	444	507.3	3645.6
安　　徽	5821	324	2287.7	1654.5
福　　建	3662	199	145.3	3261.0
江　　西	10796	304	385.4	5128.8
山　　东	6418	218	2914.1	3477.5
河　　南	2663	419	1884.6	3236.7
湖　　北	6544	1216	1260.8	5179.0
湖　　南	14089	497	416.9	2999.0
广　　东	8410	445	524.6	1349.5
广　　西	4544	674	230.9	1735.7
海　　南	1094	105	11.6	56.6
重　　庆	2982	117		2576.1
四　　川	8081	322	100.0	7792.1
贵　　州	2316	433	53.5	5816.5
云　　南	6060	374	261.3	7393.8
西　　藏	97	34	22.0	726.0
陕　　西	1110	88	132.6	6784.9
甘　　肃	377	105	12.5	7388.8
青　　海	199	316		794.4
宁　　夏	311	27	12.8	1709.4
新　　疆	646	183	21.3	992.9

4－10 全国农作物受灾和成灾面积

单位：千公顷

年 份	受灾面积	旱 灾	洪涝灾	成灾面积	旱 灾	洪涝灾
1952	9137	4236	2794	4433	2589	1844
1957	29149	17205	8083	14983	7400	6032
1962	37175	20808	9810	17286	8691	6318
1965	20804	13631	5587	11223	8107	2813
1970	9974	5723	3129	3295	1931	1234
1975	35379	24832	6817	10239	5318	3467
1978	50807	32641	3109	24457	16564	2012
1979	39367	24646	5757	15790	9316	2868
1980	50025	21901	9687	29777	14174	6070
1981	39786	25693	8625	18743	12134	3973
1982	33133	20697	8361	16117	9972	4397
1983	34713	16089	12162	16209	7586	5747
1984	31887	15819	10632	15607	7015	5395
1985	44365	22989	14197	22705	10063	8949
1986	47135	31042	9155	23656	14765	5601
1987	42086	24920	8686	20393	13033	4104
1988	50874	32904	11949	24503	15303	6128
1989	46991	29358	11328	24449	15262	5917
1990	38474	18175	11804	17819	7805	5605
1991	55472	24914	24596	27814	10559	14614
1992	51332	32981	9422	25895	17047	4463
1993	48827	21097	16390	23134	8656	8608
1994	55046	30423	17328	31382	17050	10744
1995	45824	23455	12734	22268	10402	7604
1996	46991	20152	18147	21234	6247	10855
1997	53429	33516	11415	30307	20012	5839
1998	50145	14236	22292	25181	5060	13785
1999	49980	30156	9020	26734	16614	5071
2000	54688	40541	7323	34374	26784	4321
2001	52215	38472	6042	31793	23698	3614
2002	46946	22124	12288	27160	13174	7388
2003	54506	24852	19208	32516	14470	12289
2004	37106	17253	7314	16297	8482	3747
2005	38818	16028	10932	19966	8479	6047
2006	41091	20738	8003	24632	13411	4569
2007	48992	29386	10463	25064	16170	5105
2008	39990	12137	6477	22284	6798	3656
2009	47214	29259	7613	21234	13197	3162
2010	37426	13259	17525	18538	8987	7024
2011	32471	16304	6863	12441	6599	2840
2012	24962	9340	7730	11475	3509	4145
2013	31350	14100	8757	14303	5852	4859

4－11 全国农作物受灾、成灾和绝收面积

单位:千公顷

指　　标	1990年	1995年	2000年	2012年	2013年	2013年为2012年百分比(%)
一、受灾面积	38474	45824	54688	24962	31350	125.6
旱 灾	18175	23455	40541	9340	14100	151.0
洪涝灾	11804	12734	7323	7730	8757	113.3
风雹灾	6354	4479	2307	2781	3387	121.8
冷冻灾	2141	3578	2795	1618	2320	143.4
台风灾			1722	3491	2670	76.5
二、成灾面积	17819	22268	34374	11475	14303	124.6
旱 灾	7805	10402	26784	3509	5852	166.8
洪涝灾	5605	7604	4321	4145	4859	117.2
风雹灾	3415	2076	1162	1368	1682	122.9
冷冻灾	994	1791	1032	795	885	111.4
台风灾			1075	1658	987	59.6
三、绝收面积		5618	10148	1826	3844	210.5
旱 灾		2121	8006	374	1416	378.6
洪涝灾		2627	1324	889	1539	173.2
风雹灾		561	321	213	412	193.3
冷冻灾		194	260	143	181	126.5
台风灾			237	206	290	140.3

4－12　各地区农作物受灾面积

单位：千公顷

地　区	受灾面积合计		旱　灾		洪涝灾	
	2012 年	2013 年	2012 年	2013 年	2012 年	2013 年
全国总计	**24962**	**31350**	**9340**	**14100**	**7730**	**8757**
北　京	71	27			58	10
天　津	134	8			118	
河　北	1329	1107	430	250	358	311
山　西	931	1592	404	1002	261	145
内蒙古	2061	1733	454	583	966	549
辽　宁	355	451		24	18	336
吉　林	633	623	304		70	427
黑龙江	2429	2734	1200		350	2654
上　海	15	28				
江　苏	698	487	367	223	157	12
浙　江	554	1327		636	145	29
安　徽	1153	1770	616	1165	290	317
福　建	159	277		32	82	18
江　西	674	1049		576	343	292
山　东	1823	1462	673	207	342	901
河　南	1389	1180	1002	848	359	61
湖　北	1719	2488	939	1862	631	456
湖　南	1234	3047		2076	756	447
广　东	417	1135		8	73	136
广　西	575	694	77	52	150	74
海　南	61	165			1	
重　庆	405	455	62	309	329	99
四　川	944	1603	222	800	644	605
贵　州	542	1522	133	1175	301	123
云　南	1578	1231	1073	807	374	126
西　藏	14	22			7	13
陕　西	509	813	228	400	209	199
甘　肃	1017	1283	498	695	195	279
青　海	155	171	33	42	36	16
宁　夏	260	301	104	194	61	54
新　疆	1126	565	522	135	45	70

4—12续表 单位:千公顷

地　区	风雹灾		冷冻灾		台风灾	
	2012年	2013年	2012年	2013年	2012年	2013年
全国总计	**2781**	**3387**	**1618**	**2320**	**3491**	**2670**
北　京	13	17				
天　津	16	8				
河　北	269	386	254	159	17	
山　西	123	161	142	284		
内蒙古	244	470	398	132		
辽　宁	32	91			305	
吉　林	52	196	7		200	
黑龙江	187	66		14	693	
上　海					15	28
江　苏	34	164		56	140	32
浙　江	1	3	30	47	378	613
安　徽	22	39	1	249	223	
福　建	17	20	1	8	59	200
江　西	84	25	141	132	106	25
山　东	215	112		243	592	
河　南	20	199		72	8	
湖　北	38	70	74	100	36	
湖　南	336	181	140	167	2	176
广　东	29	6			315	984
广　西	7	49	1	67	340	453
海　南	13	5			46	159
重　庆	15	19		28		
四　川	47	62	30	26		
贵　州	88	169	20	55		
云　南	73	185	40	112	17	
西　藏	7	8	1	2		
陕　西	63	116	9	99		
甘　肃	220	201	103	103		
青　海	49	31	36	83		
宁　夏	36	8	60	45		
新　疆	432	321	127	39		

4－13 各地区农作物成灾面积

单位:千公顷

地区	成灾面积合计		旱灾		洪涝灾	
	2012年	2013年	2012年	2013年	2012年	2013年
全国总计	**11475**	**14303**	**3509**	**5852**	**4145**	**4859**
北京	47	11			38	4
天津	83	2			83	0
河北	753	528	213	139	251	198
山西	475	578	101	258	192	87
内蒙古	1362	858	189	173	769	294
辽宁	283	271		14	3	203
吉林	218	221	166		8	211
黑龙江	829	1896	416		2	1850
上海	8	9				
江苏	370	193	222	117	53	4
浙江	253	587		247	60	14
安徽	556	510	276	234	171	195
福建	87	148		16	43	13
江西	398	606		334	275	162
山东	572	531	176		85	459
河南	326	359	163	231	150	4
湖北	766	954	383	739	333	158
湖南	633	1551		1135	539	160
广东	196	451		5	31	104
广西	305	179	41	36	75	7
海南	39	93			1	
重庆	224	168	28	105	187	47
四川	398	538	125	199	235	273
贵州	221	842	41	693	153	48
云南	581	558	435	370	106	69
西藏	7	9			4	4
陕西	188	387	68	200	89	101
甘肃	489	655	182	372	143	147
青海	87	60	19	24	16	1
宁夏	103	160	47	113	32	13
新疆	619	391	218	99	21	31

4—13续表 单位:千公顷

地　区	风雹灾		冷冻灾		台风灾	
	2012年	2013年	2012年	2013年	2012年	2013年
全国总计	**1368**	**1682**	**795**	**885**	**1658**	**987**
北　京	10	7				
天　津		2				
河　北	124	160	157	32	9	
山　西	82	129	101	104		
内蒙古	192	322	212	70		
辽　宁	22	55			257	
吉　林	34	11	2		8	
黑龙江	95	44		2	316	
上　海					8	9
江　苏	13	50		15	83	7
浙　江		2	12	20	181	303
安　徽	13	10	1	71	95	
福　建	13	17		2	31	99
江　西	39	20	37	80	48	10
山　东	48	12		60	262	
河　南	13	101		23		
湖　北	25	18	25	41	1	
湖　南	53	101	41	115		40
广　东	18	4			148	339
广　西	5	20	1	25	183	91
海　南	8	3			30	90
重　庆	9	5		12		
四　川	27	21	11	10		
贵　州	24	77	3	23		
云　南	31	70	9	49		
西　藏	3	4		1		
陕　西	27	39	3	47		
甘　肃	106	108	58	26		
青　海	28	21	24	13		
宁　夏	20	5	4	30		
新　疆	285	245	95	17		

5

农村住户投资

5—1 国家财政用于农业的支出

单位:亿元

年 份	"三农"支出	支持农业生产支出	粮食、农资、良种、农机具四项补贴	农村社会事业发展支出	农业支出占财政支出的比 重(%)
1952	9.0	2.7			5.1
1957	23.5	8.0			7.7
1962	38.2	19.3			12.5
1965	55.0	17.3			11.8
1970	49.4	15.9			7.6
1975	99.0	42.5			12.1
1978	150.7	77.0			13.4
1980	150.0	82.1			12.2
1985	153.6	101.0			7.7
1986	184.2	124.3			8.4
1987	195.7	134.2			8.7
1988	214.1	158.7			8.6
1989	265.9	197.1			9.4
1990	307.8	221.8			10.0
1991	347.6	243.6			10.3
1992	376.0	269.0			10.0
1993	440.5	323.4			9.5
1994	533.0	399.7			9.2
1995	574.9	430.2			8.3
1996	700.4	510.1			8.8
1997	766.4	560.8			8.3
1998	1154.8	626.0			10.7
1999	1085.8	677.5			8.2
2000	1231.5	766.9			7.8
2001	1456.7	918.0			7.7
2002	1580.8	1102.7			7.2
2003	1754.5	1134.9			7.1
2004	2337.6	1693.8			8.2
2005	2450.3	1792.4			7.2
2006	3173.0	2161.4			7.9
2007	4318.3	1801.7	513.6	1415.8	8.7
2008	5955.5	2260.1	1030.4	2072.8	9.5
2009	7253.1	2679.2	1274.5	2723.2	9.5
2010	8579.7	3427.3	1225.9	3350.3	9.5
2011	10497.7	4089.7	1406.0	4381.5	9.6
2012	12387.6	4785.1	1643.0	5339.1	9.8

注:1.从 1998 年开始,"农业基本建设支出"包括增发国债安排的支出。

2.从 2007 年起,国家财政支农支出因报表制度调整,口径与往年不同,本表中的支农支出仅为中央财政用于"三农"的支出。

5—2 农业基本建设投资和新增固定资产

单位:亿元、%

年　份	农业基本建设投资	#水利基建投　资	农业基本建设投资占基本建设投资比重	水利基本建设投资占农业基本建设投资比重	农林牧渔水利新增固定资产
"一五"时期	**41.8**	**24.3**	**7.1**	**58.1**	**34.5**
"二五"时期	**135.7**	**96.6**	**11.3**	**71.2**	**84.6**
1963—1965年	74.5	28.9	17.6	38.8	60.6
"三五"时期	**104.3**	**70.1**	**10.7**	**67.3**	**53.8**
"四五"时期	**173.1**	**117.1**	**9.8**	**67.7**	**92.6**
"五五"时期	**246.1**	**157.2**	**10.5**	**63.9**	**152.8**
#1980年	52.0	27.1	9.3	52.0	35.4
"六五"时期	**172.8**	**93.0**	**5.1**	**53.8**	**140.5**
1981年	29.2	13.6	6.6	46.5	23.1
1982年	34.1	17.5	6.1	51.2	23.8
1983年	35.5	21.1	6.0	59.6	36.6
1984年	37.1	20.7	5.0	55.7	27.1
1985年	36.9	20.2	3.4	54.5	30.0
"七五"时期	**241.2**	**143.7**	**3.3**	**59.6**	**174.7**
1986年	35.1	22.9	3.0	65.2	30.3
1987年	42.1	27.0	3.1	64.1	30.9
1988年	46.2	23.6	3.0	51.2	30.6
1989年	50.7	29.5	3.3	58.3	37.2
1990年	67.2	40.7	4.0	60.5	45.7
"八五"时期	**697.8**	**440.7**	**3.0**	**63.1**	**417.8**
1991年	85.0	50.2	4.0	59.0	50.2
1992年	111.0	68.3	3.7	61.5	62.9
1993年	127.8	81.6	2.8	63.8	77.2
1994年	154.9	98.2	2.4	63.4	91.6
1995年	219.1	142.5	3.1	65.0	135.9
"九五"时期	**3143.2**	**1993.7**	**5.6**	**63.4**	**1725.0**
1996年	317.9	206.6	3.7	65.0	153.2
1997年	412.7	258.8	4.2	62.7	211.7
1998年	637.1	411.7	5.4	64.6	288.7
1999年	835.5	536.5	6.7	64.2	498.4
2000年	940.0	580.1	7.0	61.7	572.9
"十五"时期					
2001年	993.4	558.8	6.8	56.3	506.5
2002年	1291.6	703.8	7.3	54.5	636.8
2003年	1097.7	680.9	4.8	62.0	702.1
2004年	—	—	—	—	877.5

5—3 农村集体单位和农村居民个人固定资产投资额

单位:亿元、%

年 份	全社会固定资产投资总额	#农村集体单位固定资产投资	占全社会固定资产投资比重	#农村居民个人固定资产投资	占全社会固定资产投资比重
“六五”时期	**7997.6**	**699.8**	**8.8**	**1527.4**	**19.1**
1981年	961.0	83.7	8.7	166.3	17.3
1982年	1230.4	131.4	10.7	198.5	16.1
1983年	1430.1	110.7	7.7	305.1	21.3
1984年	1832.9	174.8	9.5	379.1	20.7
1985年	2543.2	199.2	7.8	478.4	18.8
“七五”时期	**19744.0**	**1818.3**	**9.2**	**3903.9**	**19.8**
1986年	3120.6	245.4	8.1	574.8	19.0
1987年	3791.7	365.7	10.0	695.4	19.1
1988年	4753.8	456.7	10.2	865.2	19.2
1989年	4410.4	384.4	9.3	892.0	21.6
1990年	4517.0	366.1	8.2	876.5	19.7
“八五”时期	**62211.3**	**7476.4**	**12.0**	**6712.9**	**10.8**
1991年	5594.5	494.0	9.0	1042.6	18.9
1992年	8080.1	994.9	12.7	1005.5	12.8
1993年	13072.3	1631.2	13.1	1137.7	9.1
1994年	17042.1	1988.6	12.1	1519.2	9.3
1995年	20019.3	2367.7	11.8	2007.9	10.0
“九五”时期	**138734.5**	**16225.9**	**11.7**	**13596.6**	**9.8**
1996年	22913.6	2802.3	12.2	2540.0	11.1
1997年	24941.1	3055.6	12.3	2691.2	10.8
1998年	28406.2	3233.3	11.4	2681.5	9.4
1999年	29855.0	3343.1	11.2	2779.6	9.3
2000年	32918.0	3791.6	11.5	2904.3	8.8
“十五”时期					
2001年	37213.5	4235.7	11.4	2976.6	8.0
2002年	43499.9	4887.9	11.2	3123.2	7.2
2003年	55566.6	6553.9	11.8	3201.0	5.8
2004年	70072.7	8086.5	11.5	3362.7	4.8
2005年	88604.0	9737.9	11.0	3940.6	4.4
“十一五”时期					
2006年	109998.2	12193.3	11.1	4436.2	4.0
2007年	137323.9	14736.2	10.7	5123.3	3.7
2008年	172828.4	18138.3	10.5	5951.8	3.4
2009年	224598.8	23243.9	10.3	7434.5	3.3
2010年	278121.9	28805.0	10.4	7886.0	2.8
“十二五”时期					
2011年	311485.1	30277.5	9.7	9089.1	2.9
2012年	374676.0			9840.6	2.6
2013年	447074.0			10546.7	2.4

注:农村集体单位固定资产投资从2012年开始没有数据。

5—4 农村居民家庭经营费用现金支出

单位:元/人、%

指标	1990年	1995年	2000年	2011年	2012年	2012年为下列各年百分比	
						1990年	2011年
家庭经营费用现金支出	162.9	454.7	544.5	2269.2	2483.0	1524.3	109.4
一、第一产业生产支出	146.4	410.7	462.9	1896.8	2071.6	1414.8	109.2
农业生产支出	99.5	261.4	286.5	1116.1	1228.4	1235.1	110.1
林业生产支出	0.8	2.1	4.2	24.9	25.4	3346.3	102.3
牧业生产支出	43.2	138.3	155.7	698.1	753.2	1744.3	107.9
渔业生产支出	3.0	8.8	16.5	57.7	64.5	2136.9	111.8
二、第二产业生产支出	4.2	13.8	27.0	124.9	140.2	3315.2	112.3
工业生产支出	3.8	10.6	21.3	93.7	105.8	2775.9	112.8
建筑业支出	0.4	3.2	5.8	31.2	34.5	8207.6	110.5
三、第三产业生产支出	12.3	30.3	54.6	247.5	271.2	2214.0	109.6
交通运输邮电业支出	7.5	16.3	26.2	105.6	109.8	1471.9	104.0
批发和零售贸易餐饮业支出	2.0	7.4	13.9	104.1	121.6	6050.2	116.8
社会服务业支出	0.9	2.5	3.8	20.0	21.8	2425.9	109.0
文教卫生业支出			1.1	7.3	8.0		109.4
其他支出	1.9	4.2	9.5	10.4	10.0	532.9	96.3

5—5 农村居民家庭购买生产性固定资产现金支出

单位:元/人、%

指标	1990年	1995年	2000年	2011年	2012年	2012年为下列各年百分比	
						1990年	2011年
购买生产性固定资产现金支出	20.1	62.3	63.9	261.8	267.8	1329.9	102.3
#购买生产用建筑材料				30.2	31.4		104.0
购买生产用房				4.4	2.7		61.9
购买生产用役畜、产品畜		12.7	11.8	25.6	26.5		103.6
农林牧渔业机械	6.6	20.0	18.3	102.2	113.9	1723.6	111.4
工业机械	1.4	3.2	4.3	8.5	10.1	739.3	119.3
运输机械		16.5	21.9	68.4	56.5		82.6
购买其他生产性固定资产				22.5	26.7		118.7

5－6　农村住户固定资产投资情况

单位:亿元

指　　标	2011 年	2012 年	2013 年
农村固定资产投资完成额	**9089.1**	**9840.6**	**10546.7**
一、按投资构成分			
1. 建筑工程	6535.5	6999.5	8072.6
＃水利	10.7	11.1	34.1
住宅	6040.7	6568.5	7387.3
2. 安装工程	15.6	16.9	17.6
3. 设备工具器具购置	1572.3	1785.8	1778.1
＃生产设备	1044.8	1255.0	1604.7
4. 其他	965.7	1038.3	678.4
二、按投资方向分			
农业	1938.6	2224.0	2077.6
采掘业	0.2	2.1	2.0
制造业	146.5	146.1	120.5
电力、燃气及水的生产和供应业	0.5	0.7	5.8
建筑业	117.3	53.6	137.4
交通运输、仓储和邮政业	525.8	563.5	119.3
信息传输、计算机服务和软件业	0.3	0.7	460.8
批发和零售业	59.7	47.7	28.7
住宿和餐饮业	37.8	45.9	
金融业			
房地产业	6022.4	6519.9	7429.8
租赁和商务服务业	2.9	5.7	18.6
科学研究、技术服务和地质勘查业			
水利、环境和公共设施管理业	2.4	3.2	1.1
居民服务和其他服务业	224.2	219.3	104.9
教育	4.2	4.8	33.1
卫生、社会保障和社会福利业		0.2	1.0
文化、体育和娱乐业	6.4	3.1	5.6
公共管理和社会组织			0.4
国际组织			

注:5－6 到 5－9 表为农村住户固定资产投资抽样调查资料。

5-7 各地区农村住户固定资产投资完成额

单位:亿元

指　　标	2011年	2012年	2013年
全国总计	**9089.1**	**9840.6**	**10546.7**
北　京	59.1	47.5	49.5
天　津	27.0	21.5	27.2
河　北	609.1	556.7	564.5
山　西	235.4	278.4	286.5
内蒙古	112.2	126.0	145.0
辽　宁	294.8	300.9	316.3
吉　林	215.1	249.3	253.5
黑龙江	317.5	319.3	331.8
上　海	2.1	3.0	3.7
江　苏	379.2	380.5	390.8
浙　江	533.6	553.4	588.0
安　徽	447.8	482.0	530.7
福　建	233.8	257.4	281.6
江　西	333.7	395.8	415.3
山　东	842.3	936.2	913.2
河　南	834.6	891.4	899.4
湖　北	362.0	429.6	510.5
湖　南	473.2	557.0	616.2
广　东	470.0	501.3	512.9
广　西	409.8	463.4	523.7
海　南	58.1	80.9	72.3
重　庆	106.4	125.8	144.3
四　川	534.5	509.7	570.8
贵　州	209.5	212.9	270.8
云　南	258.2	277.6	346.5
西　藏			
陕　西	322.1	338.7	350.6
甘　肃	95.7	105.0	120.7
青　海	69.7	74.8	75.8
宁　夏	55.6	63.8	73.4
新　疆	187.2	300.8	361.1

5—8 各地区农村住户固定资产投资结构情况

单位:亿元

指　　标	投资额	建筑工程	#住宅	设备工具器具购置	#生产设备
全国总计	**10546.7**	**8072.6**	**7387.3**	**1778.1**	**1604.7**
北　　京	49.5	44.2	41.1	2.9	2.9
天　　津	27.2	13.8	13.1	11.1	11.1
河　　北	564.5	482.6	425.4	56.3	56.3
山　　西	286.5	199.3	190.7	72.8	72.8
内 蒙 古	145.0	89.3	74.1	46.5	46.5
辽　　宁	316.3	207.4	181.8	71.5	71.5
吉　　林	253.5	73.2	59.8	154.1	154.1
黑 龙 江	331.8	105.5	90.9	226.3	226.3
上　　海	3.7	3.5	3.1		
江　　苏	390.8	367.4	344.0	12.0	12.0
浙　　江	588.0	553.4	501.9	22.1	22.1
安　　徽	530.7	372.2	352.6	130.5	130.5
福　　建	281.6	240.5	223.5	35.9	35.7
江　　西	415.3	371.9	362.4	28.5	28.5
山　　东	913.2	546.6	483.2	222.7	103.6
河　　南	899.4	794.0	701.0	97.5	96.9
湖　　北	510.5	406.6	358.2	74.7	74.7
湖　　南	616.2	524.8	497.2	74.9	74.9
广　　东	512.9	392.0	387.1	31.4	18.2
广　　西	523.7	387.3	366.7	81.1	57.6
海　　南	72.3	69.2	66.0	2.8	2.8
重　　庆	144.3	123.7	114.0	8.6	8.6
四　　川	570.8	463.9	428.7	74.6	74.6
贵　　州	270.8	210.5	205.0	26.7	26.7
云　　南	346.5	258.3	223.3	48.0	48.0
西　　藏					
陕　　西	350.6	287.1	273.8	51.6	51.6
甘　　肃	120.7	89.0	69.9	20.7	14.3
青　　海	75.8	61.8	58.4	12.2	12.2
宁　　夏	73.4	45.9	45.0	24.3	14.0
新　　疆	361.1	287.9	245.6	55.6	55.6

5—9 各地区农村住户固定资产投资投向情况

单位:亿元

地区	投资额	农业	制造业	建筑业	交通运输、仓储和邮政业	房地产业	居民服务和其他服务业
全国总计	**10546.7**	**2077.6**	**120.5**	**137.4**	**460.8**	**7429.76**	**104.9**
北京	49.5	2.0	1.4	0.4	3.8	41.1	
天津	27.2	3.6	2.0	6.5	1.1	13.1	
河北	564.5	106.6	0.8	0.9	13.8	425.4	5.6
山西	286.5	54.0	0.3	0.8	27.6	190.7	2.7
内蒙古	145.0	69.3		0.2	0.3	74.1	0.9
辽宁	316.3	79.0	3.1	12.2	26.0	182.1	8.3
吉林	253.5	186.7		0.1	1.8	59.8	0.9
黑龙江	331.8	158.1	0.1	42.9	2.3	90.9	0.1
上海	3.7	0.4				3.1	
江苏	390.8	57.6	2.2	1.6		301.3	1.7
浙江	588.0	68.5	16.7	1.0	4.4	485.6	0.9
安徽	530.7	105.2	3.9	37.3	26.2	352.6	2.3
福建	281.6	29.0	2.5	3.4	13.0	223.5	0.2
江西	415.3	40.7	2.4	1.2	4.8	362.4	1.8
山东	913.2	233.5	50.2	2.2	72.6	533.6	6.6
河南	899.4	88.8	5.5	5.2	32.8	734.2	24.6
湖北	510.5	83.8	5.2	12.8	48.3	358.2	0.9
湖南	616.2	75.2	7.7	0.8		497.9	6.0
广东	512.9	105.6	0.3	0.2	19.1	378.8	6.7
广西	523.7	101.0	2.9	0.6	23.4	371.3	20.3
海南	72.3	5.1			0.9	66.0	0.1
重庆	144.3	20.4		0.9	2.5	114.6	0.9
四川	570.8	84.6	11.3	0.3	35.0	428.7	4.1
贵州	270.8	40.3	0.2	0.6		205.0	1.3
云南	346.5	87.4	1.3	1.4	22.5	224.4	1.4
西藏							
陕西	350.6	42.0	0.3	0.3	31.9	273.8	0.3
甘肃	120.7	20.4	0.1	3.0		86.1	5.1
青海	75.8	6.2		0.5	7.4	60.9	0.4
宁夏	73.4	13.0	0.1		15.2	45.0	
新疆	361.1	109.6				245.6	0.8

农林牧渔业总产值、中间消耗及增加值

6—1 农林牧渔业增加值和指数

年 份	农林牧渔业增加值（亿元）	指 数	
		以1978年为100	以上年为100
1978	1027.5	100.0	104.1
1980	1371.6	104.5	98.5
1985	2564.4	155.4	101.8
1990	5062.0	190.7	107.3
1991	5342.2	195.2	102.4
1992	5866.6	203.1	104.1
1993	6963.8	211.2	104.0
1994	9572.7	219.6	104.0
1995	12135.8	229.5	104.5
1996	14015.4	241.2	105.1
1997	14441.9	251.6	104.3
1998	14817.6	260.4	103.5
1999	14770.0	267.7	102.8
2000	14944.7	274.1	102.4
2001	15781.3	281.8	102.8
2002	16537.0	290.0	102.9
2003	17381.7	297.3	102.5
2004	21412.7	316.0	106.3
2005	22420.0	332.4	105.2
2006	24040.0	349.0	105.0
2007	28627.0	361.9	103.7
2008	33702.2	381.8	105.5
2009	35225.9	397.8	104.2
2010	40533.6	414.9	104.3
2011	47486.1	429.4	104.3
2012	52373.6	448.8	104.5
2013	56966.0	466.7	104.0

注：1.根据新国民经济行业分类标准，对农林牧渔业增加值历史数据进行了调整，农林牧渔业增加值包括农林牧渔服务业增加值。

2.根据第二次农业普查结果，对2005—2006年农林牧渔业增加值进行了修正。

3.农林牧渔业增加值增长速度为可比增长速度。

4.2008年农林牧渔业增加值最终核实数为33702.2亿元。2009年《中国统计年鉴》使用的34000亿元为初步核实数。

6—2 农林牧渔业总产值、增加值、中间消耗及构成

（按当年价格计算）

指　　标	总产值	增加值	中间消耗	＃农林牧渔业物质消耗	＃农林牧渔业生产服务支出
一、绝对数（亿元）					
农林牧渔业合计	96995.3	56966.0	40029.3	34276.6	5750.4
＃农业	51497.4	33147.2	18350.2	15294.4	3054.5
林业	3902.4	2569.3	1333.2	1015.6	317.5
牧业	28435.5	13762.8	14672.7	13643.4	1029.3
渔业	9634.6	5842.5	3792.1	3115.7	676.4
二、构成（％）					
（以农林牧渔业合计为100）					
农林牧渔业合计	100.0	100.0	100.0	100.0	100.0
＃农业	53.1	58.2	45.8	44.6	53.1
林业	4.0	4.5	3.3	3.0	5.5
牧业	29.3	24.2	36.7	39.8	17.9
渔业	9.9	10.3	9.5	9.1	11.8

注：物质消耗、生产服务支出未包括西藏、青海。

6—3 各地区农林牧渔业总产值、增加值和中间消耗

（按当年价格计算）

单位:亿元

地区	农林牧渔业			农业		
	总产值	增加值	中间消耗	总产值	增加值	中间消耗
全国	**96995.3**	**56966.0**	**40029.3**	**51497.4**	**33147.2**	**18350.2**
北京	421.8	161.8	260.0	170.4	77.9	92.6
天津	412.4	188.5	223.8	217.2	105.1	112.1
河北	5832.9	3500.4	2332.5	3473.3	2348.8	1124.4
山西	1447.0	776.6	670.4	932.1	529.1	403.1
内蒙古	2699.5	1598.2	1101.3	1328.1	864.8	463.2
辽宁	4349.7	2321.6	2028.1	1673.9	1011.2	662.7
吉林	2670.6	1509.3	1161.3	1261.7	835.1	426.6
黑龙江	4633.3	2516.8	2116.5	2856.3	1823.3	1033.0
上海	323.5	129.3	194.2	172.3	75.0	97.3
江苏	6158.0	3646.1	2512.0	3167.8	2182.7	985.1
浙江	2837.4	1787.2	1050.1	1336.8	965.4	371.4
安徽	4009.2	2348.1	1661.2	2003.3	1235.4	767.8
福建	3282.0	1939.0	1343.0	1376.3	867.4	508.9
江西	2578.4	1636.5	941.9	1072.8	714.8	358.0
山东	8750.0	4742.6	4007.4	4509.9	2649.0	1860.9
河南	7198.1	4059.0	3139.1	4202.3	2458.1	1744.1
湖北	5160.6	3098.2	2062.4	2678.1	1710.3	967.8
湖南	5043.6	3099.2	1944.4	2726.8	1909.6	817.1
广东	4946.8	3047.5	1899.3	2444.7	1706.1	738.6
广西	3755.2	2343.6	1411.6	1868.3	1285.6	582.7
海南	1144.9	756.3	388.6	485.4	315.3	170.1
重庆	1513.7	1016.7	497.0	909.2	678.7	230.5
四川	5620.3	3425.6	2194.7	2903.5	2011.5	892.0
贵州	1663.0	1031.7	631.3	997.1	646.1	351.0
云南	3056.0	1895.2	1160.9	1639.4	1098.4	541.0
西藏	128.0	86.8	41.2	57.9	37.9	20.0
陕西	2562.5	1526.0	1036.5	1714.8	1060.7	654.1
甘肃	1517.7	879.9	637.9	1104.5	657.8	446.7
青海	310.3	207.6	102.7	138.3	81.8	56.5
宁夏	430.0	222.3	207.7	269.0	151.5	117.5
新疆	2538.9	1468.3	1070.6	1806.1	1052.6	753.5

6—3 续表 1

单位:亿元

地区	林业			牧业		
	总产值	增加值	中间消耗	总产值	增加值	中间消耗
全国	**3902.4**	**2569.3**	**1333.2**	**28435.5**	**13762.8**	**14672.7**
北京	75.9	33.0	42.9	154.8	44.3	110.5
天津	3.1	1.8	1.3	108.6	45.3	63.3
河北	96.3	68.9	27.4	1818.2	858.6	959.6
山西	90.1	37.1	53.0	338.8	169.5	169.3
内蒙古	96.1	66.2	30.0	1208.5	625.5	583.0
辽宁	136.5	79.8	56.7	1675.4	677.0	998.4
吉林	98.1	61.4	36.7	1198.5	547.7	650.8
黑龙江	180.6	83.6	97.1	1430.1	536.3	893.8
上海	9.6	3.0	6.6	70.0	24.0	46.0
江苏	107.3	59.9	47.4	1222.2	489.1	733.1
浙江	141.5	103.3	38.2	546.2	247.4	298.8
安徽	233.1	162.4	70.7	1171.4	579.9	591.4
福建	293.8	188.9	105.0	513.8	267.8	246.0
江西	252.7	195.9	56.8	796.4	418.8	377.7
山东	120.3	84.7	35.6	2359.0	975.1	1383.9
河南	152.3	91.9	60.5	2486.3	1359.6	1126.7
湖北	122.0	58.1	63.9	1395.4	799.3	596.1
湖南	287.7	212.8	74.9	1467.4	666.2	801.2
广东	249.4	185.9	63.6	1106.9	502.1	604.8
广西	287.6	215.7	71.9	1101.2	540.7	560.5
海南	121.2	82.1	39.1	225.5	133.2	92.3
重庆	48.0	35.1	12.9	482.8	247.0	235.8
四川	179.4	123.3	56.1	2267.6	1121.3	1146.3
贵州	69.9	47.7	22.2	482.7	280.7	202.0
云南	293.3	199.4	93.8	962.6	520.7	441.8
西藏	2.7	1.7	1.0	64.2	45.0	19.2
陕西	67.6	43.0	24.6	643.7	347.2	296.5
甘肃	22.5	10.6	11.9	253.4	174.9	78.5
青海	5.7	3.6	2.1	160.1	118.3	41.8
宁夏	9.8	3.5	6.4	120.0	50.7	69.3
新疆	48.1	25.2	23.0	604.2	349.7	254.5

6—3续表2

单位:亿元

地区	渔业		
	总产值	增加值	中间消耗
全国	**9634.6**	**5842.5**	**3792.1**
北京	12.8	4.5	8.3
天津	73.2	34.8	38.4
河北	178.7	105.6	73.1
山西	9.5	5.3	4.2
内蒙古	29.0	19.2	9.8
辽宁	689.3	448.2	241.1
吉林	36.7	22.5	14.2
黑龙江	82.5	30.9	51.6
上海	59.9	22.9	37.0
江苏	1351.1	738.2	612.9
浙江	758.0	444.2	313.8
安徽	439.1	289.4	149.6
福建	986.3	550.2	436.1
江西	370.2	259.0	111.1
山东	1397.4	857.1	540.3
河南	93.5	63.1	30.4
湖北	748.4	462.6	285.8
湖南	309.9	201.7	108.2
广东	975.3	583.1	392.2
广西	366.7	248.6	118.1
海南	275.5	205.4	70.1
重庆	53.8	42.0	11.8
四川	177.5	112.5	65.0
贵州	38.3	24.0	14.3
云南	70.4	42.2	28.2
西藏	0.2	0.1	0.1
陕西	17.8	10.1	7.6
甘肃	2.0	1.4	0.6
青海	1.3	1.0	0.3
宁夏	13.2	5.1	8.1
新疆	17.2	7.3	9.8

6—4 各地区分部门农林牧渔业增加值

（按当年价格计算）

单位：亿元

地区	合计	#农业	林业	牧业	渔业
全国总计	**56966.0**	**33147.2**	**2569.3**	**13762.8**	**5842.5**
北京	161.8	77.9	33.0	44.3	4.5
天津	188.5	105.1	1.8	45.3	34.8
河北	3500.4	2348.8	68.9	858.6	105.6
山西	776.6	529.1	37.1	169.5	5.3
内蒙古	1598.2	864.8	66.2	625.5	19.2
辽宁	2321.6	1011.2	79.8	677.0	448.2
吉林	1509.3	835.1	61.4	547.7	22.5
黑龙江	2516.8	1823.3	83.6	536.3	30.9
上海	129.3	75.0	3.0	24.0	22.9
江苏	3646.1	2182.7	59.9	489.1	738.2
浙江	1787.2	965.4	103.3	247.4	444.2
安徽	2348.1	1235.4	162.4	579.9	289.4
福建	1939.0	867.4	188.9	267.8	550.2
江西	1636.5	714.8	195.9	418.8	259.0
山东	4742.6	2649.0	84.7	975.1	857.1
河南	4059.0	2458.1	91.9	1359.6	63.1
湖北	3098.2	1710.3	58.1	799.3	462.6
湖南	3099.2	1909.6	212.8	666.2	201.7
广东	3047.5	1706.1	185.9	502.1	583.1
广西	2343.6	1285.6	215.7	540.7	248.6
海南	756.3	315.3	82.1	133.2	205.4
重庆	1016.7	678.7	35.1	247.0	42.0
四川	3425.6	2011.5	123.3	1121.3	112.5
贵州	1031.7	646.1	47.7	280.7	24.0
云南	1895.2	1098.4	199.4	520.7	42.2
西藏	86.8	37.9	1.7	45.0	0.1
陕西	1526.0	1060.7	43.0	347.2	10.1
甘肃	879.9	657.8	10.6	174.9	1.4
青海	207.6	81.8	3.6	118.3	1.0
宁夏	222.3	151.5	3.5	50.7	5.1
新疆	1468.3	1052.6	25.2	349.7	7.3

6—5 各地区分部门农林牧渔业增加值构成

（按当年价格计算）

单位：%

地　区	合　计	#农　业	林　业	牧　业	渔　业
全国总计	**100.0**	**58.2**	**4.5**	**24.2**	**10.3**
北　京	100.0	48.1	20.4	27.4	2.8
天　津	100.0	55.7	1.0	24.0	18.4
河　北	100.0	67.1	2.0	24.5	3.0
山　西	100.0	68.1	4.8	21.8	0.7
内蒙古	100.0	54.1	4.1	39.1	1.2
辽　宁	100.0	43.6	3.4	29.2	19.3
吉　林	100.0	55.3	4.1	36.3	1.5
黑龙江	100.0	72.4	3.3	21.3	1.2
上　海	100.0	58.0	2.3	18.6	17.7
江　苏	100.0	59.9	1.6	13.4	20.2
浙　江	100.0	54.0	5.8	13.8	24.9
安　徽	100.0	52.6	6.9	24.7	12.3
福　建	100.0	44.7	9.7	13.8	28.4
江　西	100.0	43.7	12.0	25.6	15.8
山　东	100.0	55.9	1.8	20.6	18.1
河　南	100.0	60.6	2.3	33.5	1.6
湖　北	100.0	55.2	1.9	25.8	14.9
湖　南	100.0	61.6	6.9	21.5	6.5
广　东	100.0	56.0	6.1	16.5	19.1
广　西	100.0	54.9	9.2	23.1	10.6
海　南	100.0	41.7	10.9	17.6	27.2
重　庆	100.0	66.7	3.4	24.3	4.1
四　川	100.0	58.7	3.6	32.7	3.3
贵　州	100.0	62.6	4.6	27.2	2.3
云　南	100.0	58.0	10.5	27.5	2.2
西　藏	100.0	43.7	1.9	51.8	0.1
陕　西	100.0	69.5	2.8	22.8	0.7
甘　肃	100.0	74.8	1.2	19.9	0.2
青　海	100.0	39.4	1.7	57.0	0.5
宁　夏	100.0	68.2	1.6	22.8	2.3
新　疆	100.0	71.7	1.7	23.8	0.5

6－6 各地区分部门农林牧渔业增加值率

(以该部门总产值为100)

单位:%

地 区	农林牧渔业	农 业	林 业	牧 业	渔 业
全国总计	**58.7**	**64.4**	**65.8**	**48.4**	**60.6**
北 京	38.4	45.7	43.5	28.6	35.1
天 津	45.7	48.4	58.5	41.7	47.5
河 北	60.0	67.6	71.6	47.2	59.1
山 西	53.7	56.8	41.2	50.0	55.8
内蒙古	59.2	65.1	68.8	51.8	66.3
辽 宁	53.4	60.4	58.5	40.4	65.0
吉 林	56.5	66.2	62.6	45.7	61.3
黑龙江	54.3	63.8	46.3	37.5	37.5
上 海	40.0	43.5	31.3	34.3	38.3
江 苏	59.2	68.9	55.8	40.0	54.6
浙 江	63.0	72.2	73.0	45.3	58.6
安 徽	58.6	61.7	69.7	49.5	65.9
福 建	59.1	63.0	64.3	52.1	55.8
江 西	63.5	66.6	77.5	52.6	70.0
山 东	54.2	58.7	70.4	41.3	61.3
河 南	56.4	58.5	60.3	54.7	67.5
湖 北	60.0	63.9	47.6	57.3	61.8
湖 南	61.4	70.0	74.0	45.4	65.1
广 东	61.6	69.8	74.5	45.4	59.8
广 西	62.4	68.8	75.0	49.1	67.8
海 南	66.1	65.0	67.7	59.1	74.6
重 庆	67.2	74.6	73.0	51.2	78.0
四 川	61.0	69.3	68.7	49.4	63.4
贵 州	62.0	64.8	68.3	58.1	62.6
云 南	62.0	67.0	68.0	54.1	60.0
西 藏	67.8	65.5	63.3	70.1	48.7
陕 西	59.6	61.9	63.6	53.9	57.0
甘 肃	58.0	59.6	47.1	69.0	69.9
青 海	66.9	59.2	63.5	73.9	79.1
宁 夏	51.7	56.3	35.3	42.3	38.5
新 疆	57.8	58.3	52.3	57.9	42.7

6—7 各地区分部门农林牧渔业中间消耗

（按当年价格计算）

单位:亿元

地 区	合 计	#农 业	林 业	牧 业	渔 业
全国合计	**40029.3**	**18350.2**	**1333.2**	**14672.7**	**3792.1**
北 京	260.0	92.6	42.9	110.5	8.3
天 津	223.8	112.1	1.3	63.3	38.4
河 北	2332.5	1124.4	27.4	959.6	73.1
山 西	670.4	403.1	53.0	169.3	4.2
内蒙古	1101.3	463.2	30.0	583.0	9.8
辽 宁	2028.1	662.7	56.7	998.4	241.1
吉 林	1161.3	426.6	36.7	650.8	14.2
黑龙江	2116.5	1033.0	97.1	893.8	51.6
上 海	194.2	97.3	6.6	46.0	37.0
江 苏	2512.0	985.1	47.4	733.1	612.9
浙 江	1050.1	371.4	38.2	298.8	313.8
安 徽	1661.2	767.8	70.7	591.4	149.6
福 建	1343.0	508.9	105.0	246.0	436.1
江 西	941.9	358.0	56.8	377.7	111.1
山 东	4007.4	1860.9	35.6	1383.9	540.3
河 南	3139.1	1744.1	60.5	1126.7	30.4
湖 北	2062.4	967.8	63.9	596.1	285.8
湖 南	1944.4	817.1	74.9	801.2	108.2
广 东	1899.3	738.6	63.6	604.8	392.2
广 西	1411.6	582.7	71.9	560.5	118.1
海 南	388.6	170.1	39.1	92.3	70.1
重 庆	497.0	230.5	12.9	235.8	11.8
四 川	2194.7	892.0	56.1	1146.3	65.0
贵 州	631.3	351.0	22.2	202.0	14.3
云 南	1160.9	541.0	93.8	441.8	28.2
西 藏	41.2	20.0	1.0	19.2	0.1
陕 西	1036.5	654.1	24.6	296.5	7.6
甘 肃	637.9	446.7	11.9	78.5	0.6
青 海	102.7	56.5	2.1	41.8	0.3
宁 夏	207.7	117.5	6.4	69.3	8.1
新 疆	1070.6	753.5	23.0	254.5	9.8

6—8 各地区分部门农林牧渔业中间消耗构成

（按当年价格计算）

单位:%

地　区	合　计	#农　业	林　业
全国合计	**100.0**	**45.8**	**3.3**
北　京	100.0	35.6	16.5
天　津	100.0	50.1	0.6
河　北	100.0	48.2	1.2
山　西	100.0	60.1	7.9
内蒙古	100.0	42.1	2.7
辽　宁	100.0	32.7	2.8
吉　林	100.0	36.7	3.2
黑龙江	100.0	48.8	4.6
上　海	100.0	50.1	3.4
江　苏	100.0	39.2	1.9
浙　江	100.0	35.4	3.6
安　徽	100.0	46.2	4.3
福　建	100.0	37.9	7.8
江　西	100.0	38.0	6.0
山　东	100.0	46.4	0.9
河　南	100.0	55.6	1.9
湖　北	100.0	46.9	3.1
湖　南	100.0	42.0	3.9
广　东	100.0	38.9	3.3
广　西	100.0	41.3	5.1
海　南	100.0	43.8	10.1
重　庆	100.0	46.4	2.6
四　川	100.0	40.6	2.6
贵　州	100.0	55.6	3.5
云　南	100.0	46.6	8.1
西　藏	100.0	48.6	2.4
陕　西	100.0	63.1	2.4
甘　肃	100.0	70.0	1.9
青　海	100.0	55.0	2.0
宁　夏	100.0	56.5	3.1
新　疆	100.0	70.4	2.1

6—8续表

单位:%

地　　区	牧　业	渔　业	农林牧渔服务业
全国合计	**36.7**	**9.5**	**4.7**
北　京	42.5	3.2	2.2
天　津	28.3	17.2	3.9
河　北	41.1	3.1	6.3
山　西	25.2	0.6	6.1
内蒙古	52.9	0.9	1.4
辽　宁	49.2	11.9	3.4
吉　林	56.0	1.2	2.8
黑龙江	42.2	2.4	1.9
上　海	23.7	19.0	3.8
江　苏	29.2	24.4	5.3
浙　江	28.4	29.9	2.7
安　徽	35.6	9.0	4.9
福　建	18.3	32.5	3.5
江　西	40.1	11.8	4.1
山　东	34.5	13.5	4.7
河　南	35.9	1.0	5.7
湖　北	28.9	13.9	7.2
湖　南	41.2	5.6	7.4
广　东	31.8	20.6	5.3
广　西	39.7	8.4	5.6
海　南	23.8	18.0	4.4
重　庆	47.5	2.4	1.2
四　川	52.2	3.0	1.6
贵　州	32.0	2.3	6.6
云　南	38.1	2.4	4.8
西　藏	46.6	0.2	2.3
陕　西	28.6	0.7	5.2
甘　肃	12.3	0.1	15.7
青　海	40.7	0.3	2.0
宁　夏	33.4	3.9	3.1
新　疆	23.8	0.9	2.8

6－9　各地区分部门农林牧渔业中间消耗占产值的比重

（以该部门总产值为100）　　单位：%

地　　区	农林牧渔业	农　　业	林　　业
全国总计	**41.3**	**35.6**	**34.2**
北　　京	61.6	54.3	56.5
天　　津	54.3	51.6	41.5
河　　北	40.0	32.4	28.4
山　　西	46.3	43.2	58.8
内 蒙 古	40.8	34.9	31.2
辽　　宁	46.6	39.6	41.5
吉　　林	43.5	33.8	37.4
黑 龙 江	45.7	36.2	53.7
上　　海	60.0	56.5	68.7
江　　苏	40.8	31.1	44.2
浙　　江	37.0	27.8	27.0
安　　徽	41.4	38.3	30.3
福　　建	40.9	37.0	35.7
江　　西	36.5	33.4	22.5
山　　东	45.8	41.3	29.6
河　　南	43.6	41.5	39.7
湖　　北	40.0	36.1	52.4
湖　　南	38.6	30.0	26.0
广　　东	38.4	30.2	25.5
广　　西	37.6	31.2	25.0
海　　南	33.9	35.0	32.3
重　　庆	32.8	25.4	27.0
四　　川	39.0	30.7	31.3
贵　　州	38.0	35.2	31.7
云　　南	38.0	33.0	32.0
西　　藏	32.2	34.5	36.7
陕　　西	40.4	38.1	36.4
甘　　肃	42.0	40.4	52.9
青　　海	33.1	40.8	36.5
宁　　夏	48.3	43.7	64.7
新　　疆	42.2	41.7	47.7

6—9续表

单位:%

地　区	牧　业	渔　业	农林牧渔服务业
全国总计	**51.6**	**39.4**	**53.4**
北　京	71.4	64.9	72.5
天　津	58.3	52.5	84.7
河　北	52.8	40.9	55.5
山　西	50.0	44.2	53.5
内蒙古	48.2	33.7	40.6
辽　宁	59.6	35.0	39.6
吉　林	54.3	38.7	43.6
黑龙江	62.5	62.5	49.0
上　海	65.7	61.7	62.5
江　苏	60.0	45.4	43.1
浙　江	54.7	41.4	51.0
安　徽	50.5	34.1	50.2
福　建	47.9	44.2	42.1
江　西	47.4	30.0	44.4
山　东	58.7	38.7	51.4
河　南	45.3	32.5	67.3
湖　北	42.7	38.2	68.7
湖　南	54.6	34.9	56.8
广　东	54.6	40.2	58.7
广　西	50.9	32.2	59.7
海　南	40.9	25.4	45.7
重　庆	48.8	22.0	29.4
四　川	50.6	36.6	38.3
贵　州	41.9	37.4	55.7
云　南	45.9	40.0	62.0
西　藏	29.9	51.3	30.4
陕　西	46.1	43.0	45.2
甘　肃	31.0	30.1	74.0
青　海	26.1	20.9	41.6
宁　夏	57.7	61.5	36.0
新　疆	42.1	57.3	47.1

6—10 分项农林牧渔业中间消耗

单位：亿元

指　　标	1990年	1997年	2011年	2012年	2013年
中间消耗总计		**9615.5**	**33817.8**	**37079.4**	**40029.3**
一、物质消耗	**2508.2**	**8864.8**	**29182.5**	**31879.2**	**34276.6**
♯用种量	245.7	854.8	3538.3	4006.4	4453.6
饲料	995.2	3708.5	12309.1	13011.9	13689.1
肥料	601.2	1634.0	4985.0	5551.2	5970.9
燃料	152.0	544.7	2076.1	2284.1	2518.3
农药	70.7	259.7	721.7	806.4	874.1
农膜		121.9	455.4	548.6	556.4
畜牧用药			313.2	333.7	337.3
用电量	61.6	365.0	1190.4	1352.6	1406.8
小农机			451.1	499.4	569.3
对物质生产部门的劳务支出					
二、生产服务支出			**4627.7**	**5195.0**	**5750.4**

注：1.从2003年起，物质消耗项下的“对物质生产部门的劳务支出”调至“生产服务支出”项下。

2.物质消耗和生产服务支出分项2011年未包括重庆、西藏和青海，2012年未包括西藏，2013年未包括西藏和青海。

6－11　各地区农林牧渔业增加值、中间消耗及占农林牧渔业总产值比重

（按当年价格计算）

单位：亿元

地　区	农林牧渔业增加值	占农林牧渔业总产值比重（%）	农林牧渔业中间消耗	占农林牧渔业总产值比重（%）
全国总计	**56966.0**	**58.7**	**40029.3**	**41.3**
北　京	161.8	38.4	260.0	61.6
天　津	188.5	45.7	223.8	54.3
河　北	3500.4	60.0	2332.5	40.0
山　西	776.6	53.7	670.4	46.3
内蒙古	1598.2	59.2	1101.3	40.8
辽　宁	2321.6	53.4	2028.1	46.6
吉　林	1509.3	56.5	1161.3	43.5
黑龙江	2516.8	54.3	2116.5	45.7
上　海	129.3	40.0	194.2	60.0
江　苏	3646.1	59.2	2512.0	40.8
浙　江	1787.2	63.0	1050.1	37.0
安　徽	2348.1	58.6	1661.2	41.4
福　建	1939.0	59.1	1343.0	40.9
江　西	1636.5	63.5	941.9	36.5
山　东	4742.6	54.2	4007.4	45.8
河　南	4059.0	56.4	3139.1	43.6
湖　北	3098.2	60.0	2062.4	40.0
湖　南	3099.2	61.4	1944.4	38.6
广　东	3047.5	61.6	1899.3	38.4
广　西	2343.6	62.4	1411.6	37.6
海　南	756.3	66.1	388.6	33.9
重　庆	1016.7	67.2	497.0	32.8
四　川	3425.6	61.0	2194.7	39.0
贵　州	1031.7	62.0	631.3	38.0
云　南	1895.2	62.0	1160.9	38.0
西　藏	86.8	67.8	41.2	32.2
陕　西	1526.0	59.6	1036.5	40.4
甘　肃	879.9	58.0	637.9	42.0
青　海	207.6	66.9	102.7	33.1
宁　夏	222.3	51.7	207.7	48.3
新　疆	1468.3	57.8	1070.6	42.2

6—12 农林牧渔业总产值

（按当年价格计算）

单位：亿元

年 份	农林牧渔业总 产 值	#农业产值	林业产值	牧业产值	渔业产值
1952	461.0	396.0	7.3	51.7	6.1
1957	537.0	443.9	17.5	65.4	10.2
1962	584.0	494.7	13.0	63.8	12.6
1965	833.0	684.3	22.3	111.5	14.8
1970	1021.0	838.4	28.6	136.6	17.4
1975	1260.0	1020.5	39.2	178.4	21.9
1978	1397.0	1117.6	48.1	209.3	22.1
1980	1922.6	1454.1	81.4	354.2	32.9
1985	3619.5	2506.4	188.7	798.3	126.1
1990	7662.1	4954.3	330.3	1967.0	410.6
1991	8157.0	5146.4	367.9	2159.2	483.5
1992	9084.7	5588.0	422.6	2460.5	613.5
1993	10995.5	6605.1	494.0	3014.4	882.0
1994	15750.5	9169.2	611.1	4672.0	1298.2
1995	20340.9	11884.6	709.9	6045.0	1701.3
1996	22353.7	13539.8	778.0	6015.5	2020.4
1997	23788.4	13852.5	817.8	6835.4	2282.7
1998	24541.9	14241.9	851.3	7025.8	2422.9
1999	24519.1	14106.2	886.3	6997.6	2529.0
2000	24915.8	13873.6	936.5	7393.1	2712.6
2001	26179.6	14462.8	938.8	7963.1	2815.0
2002	27390.8	14931.5	1033.5	8454.6	2971.1
2003	29691.8	14870.1	1239.9	9538.8	3137.6
2004	36239.0	18138.4	1327.1	12173.8	3605.6
2005	39450.9	19613.4	1425.5	13310.8	4016.1
2006	40810.8	21522.3	1610.8	12083.9	3970.5
2007	48893.0	24658.2	1861.6	16124.9	4457.5
2008	58002.2	28044.2	2152.9	20583.6	5203.4
2009	60361.0	30777.5	2193.0	19468.4	5626.4
2010	69319.8	36941.1	2595.5	20825.7	6422.4
2011	81303.9	41988.6	3120.7	25770.7	7568.0
2012	89453.0	46940.5	3447.1	27189.4	8706.0
2013	96995.3	51497.4	3902.4	28435.5	9634.6

注：2009年按照新的《统计用产品分类目录》对数据进行了调整（后同）。

6—13 农林牧渔业总产值构成

（按当年价格计算）

单位：%

年 份	农林牧渔业	农业产值	林业产值	牧业产值	渔业产值
1952	100.0	85.9	1.6	11.2	1.3
1957	100.0	82.7	3.3	12.2	1.9
1962	100.0	84.7	2.2	10.9	2.2
1965	100.0	82.2	2.7	13.4	1.8
1970	100.0	82.1	2.8	13.4	1.7
1975	100.0	81.0	3.1	14.2	1.7
1978	100.0	80.0	3.4	15.0	1.6
1979	100.0	78.1	3.6	16.8	1.5
1980	100.0	75.6	4.2	18.4	1.7
1981	100.0	75.0	4.5	18.4	2.0
1982	100.0	75.1	4.4	18.4	2.1
1983	100.0	75.4	4.6	17.6	2.3
1984	100.0	74.1	5.0	18.3	2.6
1985	100.0	69.2	5.2	22.1	3.5
1986	100.0	69.1	5.0	21.8	4.1
1987	100.0	67.6	4.7	22.8	4.8
1988	100.0	62.5	4.7	27.3	5.5
1989	100.0	62.8	4.4	27.6	5.3
1990	100.0	64.7	4.3	25.7	5.4
1991	100.0	63.1	4.5	26.5	5.9
1992	100.0	61.5	4.7	27.1	6.8
1993	100.0	60.1	4.5	27.4	8.0
1994	100.0	58.2	3.9	29.7	8.2
1995	100.0	58.4	3.5	29.7	8.4
1996	100.0	60.6	3.5	26.9	9.0
1997	100.0	58.2	3.4	28.7	9.6
1998	100.0	58.0	3.5	28.6	9.9
1999	100.0	57.5	3.6	28.5	10.3
2000	100.0	55.7	3.8	29.7	10.9
2001	100.0	55.2	3.6	30.4	10.8
2002	100.0	54.5	3.8	30.9	10.8
2003	100.0	50.1	4.2	32.1	10.6
2004	100.0	50.1	3.7	33.6	9.9
2005	100.0	49.7	3.6	33.7	10.2
2006	100.0	52.7	3.9	29.6	9.7
2007	100.0	50.4	3.8	33.0	9.1
2008	100.0	48.4	3.7	35.5	9.0
2009	100.0	51.0	3.6	22.8	9.3
2010	100.0	53.3	3.7	30.0	9.3
2011	100.0	51.6	3.8	31.7	9.3
2012	100.0	52.5	3.9	30.4	9.7
2013	100.0	53.1	4.0	29.3	9.9

注：2006 年为根据农普调整的数据。

6—14　农林牧渔业分项产值及构成

（按当年价格计算）

指　　标	绝对数(亿元)		构成(%)	
	2012年	2013年	2012年	2013年
农林牧渔业总产值	**89453.0**	**96995.3**	**100.0**	**100.0**
一、农业产值	**46940.5**	**51497.4**	**52.5**	**53.1**
(一)谷物及其他作物	21750.7	22778.0	24.3	23.5
谷物	13333.8	14295.4	14.9	14.7
薯类	1376.9	1413.2	1.5	1.5
油料	2187.2	2287.0	2.4	2.4
豆类	855.5	820.3	1.0	0.8
棉花	1477.8	1422.0	1.7	1.5
麻类	24.3	23.5		
糖料	685.9	713.3	0.8	0.7
烟草	621.0	667.5	0.7	0.7
其他农作物	1187.4	1135.8	1.3	1.2
(二)蔬菜园艺作物	16232.0	18608.7	18.1	19.2
#蔬菜(含菜用瓜)	14236.1	16262.5	15.9	16.8
食用菌	1155.0	1365.4	1.3	1.4
花卉	540.7	667.2	0.6	0.7
盆景园艺	301.2	313.6	0.3	0.3
(三)水果、坚果、茶、饮料和香料	8002.0	8944.3	8.9	9.2
#水果	6290.6	6969.0	7.0	7.2
坚果	638.4	697.8	0.7	0.7
茶及饮料原料	933.4	1081.9	1.0	1.1
香料原料	118.1	142.4	0.1	0.1
(四)中草药材	954.5	1162.1	1.1	1.2
二、林业产值	**3447.1**	**3902.4**	**3.9**	**4.0**
(一) 林木的培育和种植	1296.1	1590.3	1.4	1.6
(二)竹木采运	998.8	1050.8	1.1	1.1
(三)林产品	1152.2	1261.3	1.3	1.3
三、牧业产值	**27189.4**	**28435.5**	**30.4**	**29.3**
(一)牲畜饲养	6559.6	7468.3	7.3	7.7
#牛的饲养	2653.6	3184.7	3.0	3.3
羊的饲养	2010.0	2294.7	2.2	2.4
(二)猪的饲养	12435.9	12560.6	13.9	12.9
(三)家禽饲养	6895.5	7032.2	7.7	7.3
(四)狩猎和捕捉动物	29.0	28.4		
(五)其他畜牧业	1266.0	1332.1	1.4	1.4
四、渔业产值	**8706.0**	**9634.6**	**9.7**	**9.9**
(一)海水产品	3987.8	4423.1	4.5	4.6
其中:养殖	1766.4	1956.9	2.0	2.0
(二)淡水产品	4717.9	5247.1	5.3	5.4
其中:养殖	3367.4	4229.2	3.8	4.4

6－15　各地区农林牧渔业总产值

（按当年价格计算）

单位：亿元

地　　区	农林牧渔业总产值		农业产值	
	2012 年	2013 年	2012 年	2013 年
全国总计	**89453.0**	**96995.3**	**46940.5**	**51497.4**
北　京	395.7	421.8	166.3	170.4
天　津	375.6	412.4	196.0	217.2
河　北	5340.1	5832.9	3095.3	3473.3
山　西	1304.3	1447.0	847.4	932.1
内蒙古	2449.3	2699.5	1172.0	1328.1
辽　宁	4062.4	4349.7	1539.6	1673.9
吉　林	2502.0	2670.6	1166.6	1261.7
黑龙江	3952.3	4633.3	2315.6	2856.3
上　海	321.7	323.5	171.5	172.3
江　苏	5808.8	6158.0	2966.7	3167.8
浙　江	2658.7	2837.4	1229.4	1336.8
安　徽	3728.3	4009.2	1867.6	2003.3
福　建	3007.4	3282.0	1263.7	1376.3
江　西	2399.3	2578.4	1003.2	1072.8
山　东	7945.8	8750.0	3960.6	4509.9
河　南	6679.0	7198.1	3958.9	4202.3
湖　北	4732.1	5160.6	2488.1	2678.1
湖　南	4904.1	5043.6	2651.7	2726.8
广　东	4656.8	4946.8	2229.3	2444.7
广　西	3490.7	3755.2	1724.0	1868.3
海　南	1082.1	1144.9	460.7	485.4
重　庆	1402.0	1513.7	841.8	909.2
四　川	5433.1	5620.3	2764.9	2903.5
贵　州	1436.6	1663.0	864.9	997.1
云　南	2680.2	3056.0	1398.2	1639.4
西　藏	118.3	128.0	53.4	57.9
陕　西	2303.2	2562.5	1526.3	1714.8
甘　肃	1358.2	1517.7	984.2	1104.5
青　海	263.9	310.3	117.1	138.3
宁　夏	385.1	430.0	240.5	269.0
新　疆	2275.7	2538.9	1675.0	1806.1

6—15 续表 单位:亿元

地　区	林业产值		牧业产值		渔业产值	
	2012 年	2013 年	2012 年	2013 年	2012 年	2013 年
全国总计	**3447.1**	**3902.4**	**27189.4**	**28435.5**	**8706.0**	**9634.6**
北　京	54.8	75.9	154.2	154.8	13.0	12.8
天　津	2.8	3.1	105.0	108.6	61.7	73.2
河　北	77.9	96.3	1747.7	1818.2	177.7	178.7
山　西	79.1	90.1	298.8	338.8	8.4	9.5
内蒙古	97.8	96.1	1118.9	1208.5	26.1	29.0
辽　宁	128.7	136.5	1621.2	1675.4	618.7	689.3
吉　林	98.1	98.1	1130.4	1198.5	34.1	36.7
黑龙江	134.5	180.6	1350.7	1430.1	77.9	82.5
上　海	9.5	9.6	72.6	70.0	57.5	59.9
江　苏	99.7	107.3	1226.2	1222.2	1235.4	1351.1
浙　江	142.1	141.5	549.0	546.2	687.0	758.0
安　徽	209.5	233.1	1119.7	1171.4	384.4	439.1
福　建	256.5	293.8	481.3	513.8	903.4	986.3
江　西	228.9	252.7	752.7	796.4	333.1	370.2
山　东	107.0	120.3	2285.9	2359.0	1267.1	1397.4
河　南	140.9	152.3	2255.6	2486.3	86.4	93.5
湖　北	100.1	122.0	1334.0	1395.4	626.2	748.4
湖　南	260.0	287.7	1488.6	1467.4	279.9	309.9
广　东	222.7	249.4	1134.1	1106.9	914.0	975.3
广　西	245.3	287.6	1072.8	1101.2	331.7	366.7
海　南	137.9	121.2	214.1	225.5	236.3	275.5
重　庆	43.5	48.0	453.9	482.8	45.0	53.8
四　川	151.5	179.4	2269.9	2267.6	163.8	177.5
贵　州	54.2	69.9	421.5	482.7	28.2	38.3
云　南	225.8	293.3	913.0	962.6	63.1	70.4
西　藏	2.6	2.7	59.0	64.2	0.2	0.2
陕　西	58.4	67.6	598.7	643.7	14.6	17.8
甘　肃	20.1	22.5	231.7	253.4	1.8	2.0
青　海	4.6	5.7	137.1	160.1	0.6	1.3
宁　夏	9.8	9.8	105.7	120.0	13.4	13.2
新　疆	43.0	48.1	485.4	604.2	15.3	17.2

6—16 各地区农业分项产值

（按当年价格计算）

单位:亿元

地区	农业	1.谷物及其他作物	#谷物	#小麦	稻谷	玉米
全国	**51497.4**	**22778.0**	**14295.4**	**2891.6**	**6014.6**	**4755.2**
北京	170.4	24.7	20.8	4.6	0.1	15.8
天津	217.2	74.7	55.9	18.0	5.5	31.9
河北	3473.3	1135.4	737.7	338.5	20.9	352.7
山西	932.1	352.5	280.9	52.1	0.1	202.6
内蒙古	1328.1	966.1	565.8	47.3	16.3	391.2
辽宁	1673.9	740.6	634.7	1.0	148.7	330.6
吉林	1261.7	852.8	743.6	0.4	182.5	532.9
黑龙江	2856.3	2211.9	1812.2	8.6	972.6	823.4
上海	172.3	40.3	34.2	4.3	27.9	0.7
江苏	3167.8	1285.3	996.4	253.3	587.4	54.3
浙江	1336.8	285.7	197.1	4.9	173.5	9.0
安徽	2003.3	1173.5	830.4	338.5	387.8	97.0
福建	1376.3	307.6	152.5	0.2	146.1	4.4
江西	1072.8	651.9	498.5	1.5	492.0	4.2
山东	4509.9	1793.2	967.9	533.3	21.5	409.3
河南	4202.3	1890.1	1221.3	716.3	119.0	382.7
湖北	2678.1	1227.4	702.6	119.0	507.3	74.0
湖南	2726.8	1058.4	726.6	2.4	676.2	45.7
广东	2444.7	704.8	331.4	0.1	296.8	33.9
广西	1868.3	926.5	378.6	0.1	315.8	62.0
海南	485.4	111.6	47.6		41.7	4.8
重庆	909.2	381.9	204.2	7.6	117.8	63.1
四川	2903.5	1175.5	695.8	103.5	389.8	177.2
贵州	997.1	447.3	204.4	15.2	106.9	74.2
云南	1639.4	812.7	352.0	18.5	200.4	154.2
西藏	57.9	27.5	23.1	5.2	0.1	0.6
陕西	1714.8	479.8	291.0	92.4	23.2	144.4
甘肃	1104.5	477.1	220.7	48.4	0.6	111.4
青海	138.3	64.0	16.1	8.0		3.5
宁夏	269.0	117.5	71.0	11.7	18.1	40.2
新疆	1806.1	979.8	280.4	136.9	17.9	123.3

6—16 续表 1

单位:亿元

地区	#薯类	#油料	花生	油菜籽	#豆类	大豆
全国	**1413.2**	**2287.0**	**1125.0**	**830.6**	**820.3**	**616.9**
北京	0.7	0.8	0.7		0.5	0.5
天津	0.2	0.6	0.5		1.3	1.2
河北	92.8	98.7	88.5	2.0	15.7	12.6
山西	24.3	10.6	1.0	0.4	16.6	10.0
内蒙古	122.9	93.9	2.3	15.8	69.3	55.8
辽宁	5.6	72.5	71.0		19.1	14.6
吉林	10.4	52.3	36.1		29.1	22.7
黑龙江	95.3	20.6	7.1		207.0	198.0
上海	0.1	0.6	0.1	0.5	0.5	0.3
江苏	37.8	84.3	21.2	55.4	36.7	24.0
浙江	15.0	24.2	6.0	16.8	19.5	11.7
安徽	16.0	132.4	58.5	65.0	61.9	55.1
福建	49.7	24.1	22.3	1.4	12.4	9.4
江西	11.9	59.4	28.7	26.6	17.6	12.7
山东	67.3	223.2	220.8	1.7	21.1	20.5
河南	42.6	370.7	290.4	44.0	39.6	34.5
湖北	73.7	221.0	51.8	151.4	31.0	19.6
湖南	27.7	163.6	21.5	131.4	21.0	12.1
广东	123.7	76.6	75.9	0.5	14.0	10.7
广西	40.3	47.0	45.2	0.7	12.9	7.3
海南	13.5	7.3	7.1		1.4	0.4
重庆	68.0	39.1	9.4	28.1	32.3	13.3
四川	125.3	241.1	40.2	155.1	25.8	23.3
贵州	50.8	46.5	4.6	40.2	12.8	4.4
云南	59.2	34.0	4.8	26.9	52.6	11.6
西藏	0.2	2.8		2.8	0.5	0.1
陕西	66.4	43.0	7.3	25.7	19.4	13.9
甘肃	129.3	38.3	0.2	16.9	14.6	8.0
青海	17.5	17.2		16.6	3.4	
宁夏	24.6	10.1		0.1	0.9	0.2
新疆	0.5	30.4	1.7	4.5	9.5	8.1

6—16 续表 2

单位:亿元

地区	＃棉花	＃麻类	＃糖料	＃烟草
全　国	**1422.0**	**23.5**	**713.3**	**667.5**
北　京	0.1			
天　津	15.4			
河　北	107.6		2.8	0.6
山　西	2.3		1.3	2.0
内蒙古	0.3		9.1	2.4
辽　宁	0.2		3.1	4.1
吉　林	0.7		0.7	9.6
黑龙江		0.3	15.8	17.1
上　海	0.4		0.1	
江　苏	79.1	0.2	2.1	
浙　江	2.9		7.9	0.5
安　徽	81.2	1.4	3.8	9.4
福　建			4.7	37.3
江　西	10.4	0.8	12.1	11.9
山　东	186.3			27.0
河　南	47.5	1.8	3.3	62.8
湖　北	155.8	2.1	3.4	25.4
湖　南	51.1	1.1	8.5	52.8
广　东		1.9	74.4	12.6
广　西	0.3	7.7	373.0	7.7
海　南		0.2	38.1	0.2
重　庆		1.3	2.1	20.0
四　川	2.0	3.0	6.3	41.2
贵　州	0.5	0.1	26.8	91.0
云　南		0.6	92.3	218.2
西　藏				
陕　西	10.4	0.1		12.9
甘　肃	29.6	0.1	1.1	0.7
青　海				
宁　夏				0.2
新　疆	637.9	0.7	20.5	

6—16 续表 3

单位:亿元

地区	2.蔬菜园艺	蔬菜	食用菌	花卉	3.水果、坚果、饮料和香料作物	苹果	梨	柑橘
全　国	**18608.7**	**16262.5**	**1365.4**	**667.2**	**8944.3**	**1378.1**	**485.7**	**907.6**
北　京	79.5	61.1	7.7	7.0	65.9	7.0	5.7	17.6
天　津	120.3	102.2	11.2	6.9	22.1	2.6	2.0	
河　北	1688.1	1535.0	125.1	8.2	604.9	119.7	97.6	
山　西	287.3	272.1	8.3	5.9	239.2	115.7	16.5	25.8
内蒙古	284.6	268.9	14.4	0.9	57.7	7.4	2.3	
辽　宁	653.9	586.7	44.7	20.7	263.1	102.1	38.0	
吉　林	306.2	296.8	8.6	0.7	82.4	3.9	4.3	
黑龙江	523.1	232.6	290.1	0.4	115.6	8.8	1.3	
上　海	93.0	75.3	10.7	4.4	38.9		2.8	2.3
江　苏	1592.7	1392.5	88.6	39.0	280.2	19.4	16.7	1.4
浙　江	624.7	427.7	45.4	138.8	382.9		15.7	38.6
安　徽	518.9	479.0	14.5	8.5	271.4	13.0	23.6	0.9
福　建	639.6	413.2	156.8	46.6	410.6		6.7	76.5
江　西	304.3	267.6	10.9	6.6	110.8		3.9	71.3
山　东	1671.0	1582.0	36.0	13.9	997.6	319.2	40.9	
河　南	1547.9	1274.3	227.9	31.6	678.1	111.7	31.8	1.0
湖　北	1061.9	935.1	75.8	45.3	330.6	0.3	15.9	98.3
湖　南	1205.1	1171.2	14.0	1.3	315.1		9.1	85.1
广　东	1135.8	1027.7	17.9	67.9	572.7		2.2	133.7
广　西	552.6	476.8	51.5	3.5	345.6		5.5	52.0
海　南	206.5	187.3	0.2	18.8	165.4			2.5
重　庆	383.5	350.5	10.9	10.0	129.0	0.2	10.9	52.8
四　川	1147.5	971.2	53.0	123.3	529.5	23.7	57.1	206.3
贵　州	429.9	419.2	5.2	4.3	63.3	1.4	4.0	6.7
云　南	374.9	321.9	7.2	44.9	334.7	6.7	10.9	25.4
西　藏	10.4	10.1	0.3		1.2	0.2	0.1	
陕　西	490.6	460.3	22.3	3.5	683.1	359.0	24.4	9.3
甘　肃	302.5	299.1	2.4	1.0	234.4	119.2	7.8	
青　海	37.1	36.3	0.4	0.4	1.5	0.2	0.2	
宁　夏	83.8	78.9	2.4	2.5	45.3	7.0	0.3	
新　疆	251.3	249.7	0.7	0.5	571.5	29.4	27.4	

6—16 续表 4

单位:亿元

地区	茶及其他饮料	#茶	香料作物	中药材
全国	**1081.9**	**1059.0**	**142.4**	**1162.1**
北京			0.2	0.2
天津				
河北			1.8	44.8
山西	0.1	0.1	2.3	53.1
内蒙古				19.7
辽宁				16.2
吉林				20.3
黑龙江				5.6
上海				
江苏	39.8	39.8		9.5
浙江	112.4	112.4		43.5
安徽	47.5	47.2	0.1	39.5
福建	184.0	184.0	0.2	18.5
江西	9.6	9.6		5.8
山东	15.5	15.5	9.9	48.0
河南	152.6	152.6	3.8	86.2
湖北	110.8	110.8	2.7	58.1
湖南	118.2	118.2	0.6	148.2
广东	21.2	21.2	5.2	31.4
广西	28.0	28.0	13.8	43.6
海南	0.7	0.6	22.7	2.0
重庆	12.3	12.3	21.3	14.8
四川	100.6	100.5	10.8	51.1
贵州	23.2	22.1	1.4	56.6
云南	75.3	54.3	4.5	117.2
西藏	0.1	0.1		18.8
陕西	29.3	29.3	19.7	61.4
甘肃	0.8	0.4	19.6	90.5
青海			0.1	31.4
宁夏			0.4	22.4
新疆			1.3	3.5

6—17 各地区林业分项产值

（按当年价格计算）

单位:亿元

地　　区	林业产值	1.林木的培育和种植	2.竹木采运	#村及村以下	3.林产品
全　　国	**3902.4**	**1590.3**	**1050.8**	**434.9**	**1261.3**
北　　京	75.9	74.0	1.8	1.2	
天　　津	3.1	2.6	0.5		
河　　北	96.3	83.4	5.8	3.7	7.1
山　　西	90.1	89.6	0.4	0.1	
内 蒙 古	96.1	76.4	13.4		6.3
辽　　宁	136.5	72.0	31.4		33.1
吉　　林	98.1	26.5	51.8	4.9	19.7
黑 龙 江	180.6	104.8	36.6	5.6	39.3
上　　海	9.6	9.2	0.1		0.3
江　　苏	107.3	76.9	19.9	11.3	10.6
浙　　江	141.5	10.2	57.3	11.7	74.1
安　　徽	233.1	90.7	68.7	42.7	73.7
福　　建	293.8	31.7	139.6	8.1	122.6
江　　西	252.7	85.3	59.6	21.1	107.8
山　　东	120.3	51.2	23.4	20.4	45.7
河　　南	152.3	85.3	38.7	14.2	28.3
湖　　北	122.0	58.3	43.9	10.6	19.8
湖　　南	287.7	93.7	56.4		137.5
广　　东	249.4	32.7	86.4	83.3	130.4
广　　西	287.6	30.4	169.3	117.5	88.0
海　　南	121.2	32.0	9.9		79.3
重　　庆	48.0	23.9	4.2		19.9
四　　川	179.4	158.3	20.7		0.4
贵　　州	69.9	13.6	17.1	10.3	39.2
云　　南	293.3	62.9	86.0	61.9	144.3
西　　藏	2.7	1.1	1.5	1.3	
陕　　西	67.6	40.2	4.2	2.9	23.2
甘　　肃	22.5	17.7	0.4	0.4	4.4
青　　海	5.7	4.9	0.1	0.1	0.7
宁　　夏	9.8	8.2	0.1		1.6
新　　疆	48.1	42.6	1.7	1.5	3.9

6—18 各地区畜牧业分项产值

（按当年价格计算）

单位：亿元

地　区	牧业产值	1.牲畜饲养			
			牛	羊	奶产品
全　国	**28435.5**	**7468.3**	**3184.7**	**2294.7**	**1454.4**
北　京	154.8	44.7	12.9	7.4	23.4
天　津	108.6	37.4	9.0	3.6	24.7
河　北	1818.2	655.5	265.4	211.4	161.9
山　西	338.8	124.0	37.5	44.8	32.7
内蒙古	1208.5	965.2	182.9	454.3	270.8
辽　宁	1675.4	534.8	253.1	98.1	51.4
吉　林	1198.5	518.3	335.6	37.1	16.4
黑龙江	1430.1	646.8	231.9	141.1	253.5
上　海	70.0	16.6	0.4	3.9	12.3
江　苏	1222.2	98.5	12.1	52.1	27.0
浙　江	546.2	27.1	3.7	10.5	9.4
安　徽	1171.4	191.7	93.4	88.0	8.4
福　建	513.8	42.7	13.8	17.4	11.5
江　西	796.4	69.5	46.5	9.2	8.3
山　东	2359.0	454.8	217.5	129.4	101.8
河　南	2486.3	925.7	550.4	190.4	124.6
湖　北	1395.4	120.2	82.3	26.8	10.2
湖　南	1467.4	106.0	59.2	43.1	3.6
广　东	1106.9	35.3	21.1	3.5	10.8
广　西	1101.2	79.6	63.5	11.6	4.5
海　南	225.5	22.5	17.2	5.1	0.1
重　庆	482.8	33.5	22.7	7.7	2.7
四　川	2267.6	279.8	122.8	126.1	29.1
贵　州	482.7	102.5	78.9	20.6	2.7
云　南	962.6	210.6	136.5	50.8	18.6
西　藏	64.2	60.7	35.6	12.4	8.6
陕　西	643.7	232.7	51.9	66.0	99.1
甘　肃	253.4	137.2	54.8	56.1	18.8
青　海	160.1	119.8	36.4	58.0	21.6
宁　夏	120.0	95.0	32.2	28.6	31.7
新　疆	604.2	479.5	103.6	279.7	54.3

6—18续表 单位:亿元

地　　区	2.猪的饲养	3.家禽饲养	# 肉禽	禽蛋	4.狩猎和捕猎动物	5.其他畜牧业
全　　国	**12560.6**	**7032.2**	**4056.6**	**2970.5**	**28.4**	**1332.1**
北　　京	54.1	48.4	25.6	22.8		7.7
天　　津	45.4	25.4	12.1	13.3		0.3
河　　北	566.1	468.8	126.4	342.4		127.7
山　　西	124.2	82.6	16.9	65.8		7.9
内 蒙 古	152.1	88.6	39.0	49.6		2.7
辽　　宁	470.2	576.3	307.5	268.8	1.1	92.8
吉　　林	367.2	307.2	180.2	127.0		5.9
黑 龙 江	488.2	274.8	168.0	106.8		20.3
上　　海	38.6	12.3	7.1	5.2		2.5
江　　苏	467.5	501.4	284.0	214.4	2.0	152.8
浙　　江	382.2	91.7	53.7	38.0	2.0	43.2
安　　徽	592.2	325.2	191.9	133.3	4.6	57.6
福　　建	326.8	117.5	92.2	25.3	3.5	23.4
江　　西	503.5	199.8	126.8	73.0	2.9	20.7
山　　东	947.4	729.5	362.1	367.4	1.6	225.7
河　　南	1010.8	499.8	173.2	324.6	1.6	48.3
湖　　北	894.9	372.2	202.2	170.0	0.7	7.4
湖　　南	973.9	339.8	148.6	191.2	4.2	43.4
广　　东	603.3	400.7	362.1	38.5	2.0	65.6
广　　西	552.8	326.5	302.0	24.5		142.3
海　　南	119.5	72.3	69.1	3.2	0.3	10.9
重　　庆	261.0	154.4	105.9	48.5		33.9
四　　川	1185.8	670.7	492.1	178.6	0.3	130.9
贵　　州	309.0	69.2	50.4	18.8	0.1	1.8
云　　南	611.8	123.2	102.1	21.1		16.9
西　　藏	2.4	1.0	0.3	0.6		0.1
陕　　西	300.0	84.2	26.7	57.5	0.3	26.4
甘　　肃	98.0	16.5	7.0	9.6		1.7
青　　海	21.4	4.4	2.2	2.2		0.5
宁　　夏	14.2	9.8	4.0	5.9		1.0
新　　疆	76.0	37.9	15.4	22.5	1.0	9.8

6—19 各地区渔业分项产值

（按当年价格计算）

单位:亿元

地　区	渔业产值	1.海水产品					
			#养殖	鱼　类	甲壳类	贝　类	藻　类
全　国	**9634.6**	**4423.1**	**1956.9**	**1340.7**	**1241.1**	**1037.1**	**122.7**
北　京	12.8	0.9		0.9			
天　津	73.2	31.9	10.8	18.5	12.7	0.6	
河　北	178.7	110.7	73.3	23.2	55.2	26.5	
山　西	9.5						
内蒙古	29.0						
辽　宁	689.3	493.2	259.8	114.3	171.6	162.4	24.5
吉　林	36.7						
黑龙江	82.5						
上　海	59.9	18.9		11.7	2.6		
江　苏	1351.1	370.7	200.2	86.2	91.3	167.7	4.9
浙　江	758.0	543.0	141.9	230.9	172.6	80.6	7.0
安　徽	439.1						
福　建	986.3	791.2		267.1	203.8	219.6	38.6
江　西	370.2						
山　东	1397.4	1112.6	741.3	332.5	203.3	300.5	43.7
河　南	93.5						
湖　北	748.4						
湖　南	309.9						
广　东	975.3	474.4	351.5	209.7	223.8	31.5	4.0
广　西	366.7	208.2	113.1	45.8	104.2	47.6	
海　南	275.5	232.2	65.0				
重　庆	53.8						
四　川	177.5						
贵　州	38.3	35.2					
云　南	70.4						
西　藏	0.2						
陕　西	17.8						
甘　肃	2.0						
青　海	1.3						
宁　夏	13.2						
新　疆	17.2						

6—19 续表

单位:亿元

地区	2.内陆水产品	#养殖	鱼类	甲壳类	贝类
全国	**5247.1**	**4229.2**	**3613.7**	**1188.0**	**65.0**
北京	11.9	11.2	9.7	0.1	
天津	41.3	39.9	27.7	13.4	0.1
河北	68.0	55.9	47.5	16.2	0.1
山西	9.5	9.3	9.3	0.1	
内蒙古	29.0	24.7	28.3	0.4	
辽宁	196.1	105.7	131.1	48.7	14.9
吉林	36.7	32.2	36.3	0.3	0.1
黑龙江	82.5	73.8	80.6	0.7	0.7
上海	41.0	0.9	12.5	23.2	
江苏	980.4	872.6	392.7	491.4	14.8
浙江	214.9	195.8	95.1	43.3	2.2
安徽	439.1	347.4	249.0	155.0	8.9
福建	195.1		163.4	24.0	2.7
江西	370.2	330.3	268.9	48.4	7.8
山东	284.8	263.4	246.1	33.8	1.0
河南	93.5	88.1	82.9	7.8	
湖北	748.4	453.6	551.0	153.5	3.8
湖南	309.9	286.4	275.4	20.1	4.1
广东	500.9	487.1	396.4	100.3	1.5
广西	158.5	145.0	132.7	2.0	0.8
海南	43.3	40.1			
重庆	53.8	48.9	53.1	0.3	
四川	177.9	172.9	172.6	1.4	0.7
贵州	38.3	35.2	36.2	1.6	0.4
云南	70.4	59.5	67.2	1.7	0.5
西藏	0.2	0.2			
陕西	17.8	17.0	14.6		
甘肃	2.0	2.0	2.0		
青海	1.3	1.3	1.3		
宁夏	13.2	13.2	12.9	0.4	
新疆	17.2	15.8	17.2		

6—20 四大地区农林牧渔业总产值及构成

（按当年价格计算）

指标	东部地区		中部地区		西部地区		东北地区	
	2012年	2013年	2012年	2013年	2012年	2013年	2012年	2013年
一、绝对数(亿元)								
农林牧渔业总产值	**31592.8**	**34109.7**	**23747.1**	**25436.8**	**23596.4**	**25795.2**	**10516.8**	**11653.6**
＃农业	15739.4	17354.0	12817.0	13615.3	13362.2	14736.2	5021.9	5791.9
林业	1111.0	1218.5	1018.4	1137.8	956.5	1130.8	361.3	415.2
牧业	7970.1	8125.0	7249.5	7655.7	7867.5	8350.8	4102.3	4304.0
渔业	5553.0	6068.2	1718.5	1970.5	703.7	787.3	730.8	808.6
二、构成(%)								
农林牧渔业总产值	**100.0**	**100.0**	**100.0**	**100.0**	**100.0**	**100.0**	**100.0**	**100.0**
＃农业	49.8	50.9	54.0	53.5	56.6	57.1	47.8	49.7
林业	3.5	3.6	4.3	4.5	4.1	4.4	3.4	3.6
牧业	25.2	23.8	30.5	30.1	33.3	32.4	39.0	36.9
渔业	17.6	17.8	7.2	7.7	3.0	3.1	6.9	6.9

6—21 农林牧渔业总产值

单位:亿元

年 份	农林牧渔业总产值	农业产值	林业产值	牧业产值	渔业产值
			(按 1957 年不变价格计算)		
1952	417.0	364.9	2.9	47.9	1.3
1957	536.7	455.5	9.3	69.0	2.9
1962	430.3	370.8	7.3	44.5	
1965	589.6	484.8	12.0	82.7	10.1
1970	716.3	596.8	16.0	92.6	10.9
			(按 1970 年不变价格计算)		
1975	1202.4	966.8	37.1	179.4	19.1
1978	1288.7	1031.0	44.4	193.0	20.3
			(按 1980 年不变价格计算)		
1980	1964.5	1491.6	94.5	339.6	38.8
1985	2912.2	2133.4	146.4	563.3	69.1
			(按 1990 年不变价格计算)		
1990	8151.2	5190.8	378.4	2048.8	533.2
1991	8451.8	5239.6	408.6	2229.7	573.9
1992	8989.1	5461.3	439.9	2426.1	661.8
1993	9692.9	5747.2	475.3	2686.8	783.6
1994	10525.9	5933.8	517.3	3134.4	940.4
1995	11670.7	6405.0	543.4	3599.1	1123.2
1996	12127.0	6901.6	574.0	3371.2	1280.2
1997	12942.4	7210.0	593.1	3711.7	1427.6
1998	13712.8	7564.6	610.4	3984.5	1553.2
1999	14351.4	7891.1	629.6	4165.9	1664.9
2000	14863.9	7999.8	663.4	4428.3	1772.4
2001	15494.0	8288.3	658.6	4705.6	1841.5
2002	16259.7	8611.7	705.2	4988.5	1954.3
2003	16997.2	8005.5	818.7	5564.3	2067.1
			(按可比价格计算)		
2004	31905.2	16133.4	1264.8	10225.1	3327.4
2005	38291.2	18890.5	1369.4	13128.8	3841.6
2006	40007.5	20645.2	1513.4	12381.8	3812.7
2007	42409.1	22363.2	1721.9	12462.1	4134.7
2008	51692.8	25836.7	2011.9	17213.6	4723.4
2009	60566.5	29291.8	2343.3	21173.0	5514.4
2010	63031.2	32036.9	2340.5	20266.3	5938.8
2011	72410.2	39022.5	2792.6	21181.8	6711.2
2012	85297.7	43835.6	3329.2	27117.1	7957.6
2013	93006.0	48995.2	3700.1	27735.0	9158.8

注:1.从 2004 年起,农林牧渔业总产值使用可比价格计算。

2.2006 年为农业普查调整数。

6—22 农林牧渔业总产值指数

（以1952年为100）

年 份	农林牧渔业总产值	农业产值	林业产值	牧业产值	渔业产值
1949	65.2	64.6	55.2	70.4	46.2
1952	100.0	100.0	100.0	100.0	100.0
1957	128.7	124.8	320.7	144.1	223.1
1962	103.2	101.6	251.7	92.9	592.3
1965	141.4	132.9	413.8	172.7	776.9
1970	171.8	163.6	551.7	193.3	838.5
1975	192.4	179.4	745.5	232.2	1150.3
1978	206.2	191.3	892.2	249.8	1222.5
1980	224.9	203.6	1014.8	306.4	1270.7
1985	333.4	291.2	1572.1	508.2	2263.0
1990	420.5	356.7	1601.1	704.4	4238.2
1991	436.0	360.1	1728.5	766.5	4562.1
1992	463.0	375.3	1861.1	834.1	5260.5
1993	500.0	394.9	2010.4	923.8	6222.5
1994	543.0	407.5	2189.3	1078.1	7467.0
1995	602.2	439.7	2298.8	1237.7	8915.6
1996	658.9	474.0	2428.1	1379.0	10161.8
1997	703.2	495.2	2508.7	1518.3	11331.4
1998	745.0	519.6	2582.0	1629.9	12328.6
1999	779.7	542.0	2664.6	1704.0	13215.0
2000	807.8	549.6	2808.5	1811.4	14074.0
2001	842.0	569.4	2788.4	1924.8	14622.3
2002	883.6	591.6	2985.6	2040.5	15518.0
2003	918.9	591.6	3194.6	2183.3	16293.9
2004	987.8	641.9	3258.5	2340.5	17271.5
2005	1044.1	668.2	3362.8	2523.1	18394.1
2006	1100.7	704.2	3550.5	2649.3	19496.5
2007	1143.2	731.7	3795.6	2718.2	20451.8
2008	1208.7	766.7	4102.1	2901.7	21671.7
2009	1264.3	796.0	4395.3	3069.9	22927.1
2010	1320.2	828.3	4681.9	3195.5	24198.4
2011	1379.0	875.0	5037.5	3250.2	25286.6
2012	1446.8	913.5	5374.0	3420.0	26588.4
2013	1504.2	953.5	5768.5	3488.6	27971.3

注：本表按可比价格计算。

6—23 各地区农林牧渔业总产值指数

（以上年为100，按可比价格计算）

地　　区	农林牧渔总产值	#农业产值	林业产值	牧业产值	渔业产值
全国合计	**104.0**	**104.4**	**107.3**	**102.0**	**105.2**
北　　京	102.1	97.5	131.1	96.7	99.4
天　　津	103.8	104.4	102.8	102.4	105.4
河　　北	103.3	104.0	106.5	101.2	106.0
山　　西	104.5	103.9	103.7	105.9	110.4
内 蒙 古	104.7	109.7	102.2	99.5	107.0
辽　　宁	104.1	105.6	106.2	100.7	107.7
吉　　林	103.5	106.0	106.3	100.8	103.0
黑 龙 江	104.7	105.9	106.9	102.2	108.1
上　　海	97.1	96.0	104.1	96.8	98.0
江　　苏	102.6	103.3	103.9	96.9	105.3
浙　　江	100.4	100.8	101.2	96.6	102.3
安　　徽	103.4	103.2	106.9	102.0	104.6
福　　建	104.5	104.1	105.5	104.0	104.8
江　　西	104.5	105.2	106.4	103.4	103.0
山　　东	103.8	104.4	109.0	102.1	103.3
河　　南	104.4	104.1	107.0	104.1	106.5
湖　　北	105.6	104.6	110.7	104.5	108.7
湖　　南	102.7	102.8	106.0	100.7	106.3
广　　东	102.2	102.9	105.6	98.2	104.0
广　　西	104.4	104.7	108.2	102.3	105.4
海　　南	106.2	106.4	107.3	103.5	107.2
重　　庆	104.6	104.3	108.0	103.5	117.0
四　　川	103.5	103.6	108.7	102.6	106.0
贵　　州	106.0	105.9	107.1	105.1	121.2
云　　南	107.0	106.6	112.1	105.7	113.7
西　　藏	104.0	104.3	99.7	104.5	76.3
陕　　西	104.8	103.8	116.5	105.3	116.8
甘　　肃	104.9	104.8	112.2	102.7	105.2
青　　海	105.6	106.1	124.2	104.0	226.2
宁　　夏	104.7	104.3	100.7	103.8	117.5
新　　疆	107.2	107.1	108.1	107.8	107.8

注：本表按可比价格计算。

6－24 各地区农林牧渔业总产值及占全国的比重

（按可比价格计算）

地　区	农林牧渔业总产值	2013年比2012年增减百分比(%)	占全国的比重(%)
全国合计	**93006.0**	**4.0**	**100.0**
北　京	403.8	2.1	0.4
天　津	390.1	3.8	0.4
河　北	5517.4	3.3	5.9
山　西	1362.5	4.5	1.5
内蒙古	2564.0	4.7	2.8
辽　宁	4227.9	4.1	4.5
吉　林	2590.1	3.5	2.8
黑龙江	4140.0	4.7	4.5
上　海	312.5	-2.9	0.3
江　苏	5957.1	2.6	6.4
浙　江	2669.4	0.4	2.9
安　徽	3855.3	3.4	4.1
福　建	3142.2	4.5	3.4
江　西	2506.8	4.5	2.7
山　东	8251.5	3.8	8.9
河　南	6970.4	4.4	7.5
湖　北	4995.8	5.6	5.4
湖　南	5036.6	2.7	5.4
广　东	4759.8	2.2	5.1
广　西	3643.9	4.4	3.9
海　南	1149.5	6.2	1.2
重　庆	1466.2	4.6	1.6
四　川	5621.0	3.5	6.0
贵　州	1522.1	6.0	1.6
云　南	2867.1	7.0	3.1
西　藏	123.0	4.0	0.1
陕　西	2412.8	4.8	2.6
甘　肃	1424.6	4.9	1.5
青　海	278.5	5.6	0.3
宁　夏	403.4	4.7	0.4
新　疆	2440.5	7.2	2.6

6－25 各地区农林牧渔业总产值

（按可比价格计算）

单位:亿元

地　区	农林牧渔业总产值	农业产值	林业产值	牧业产值	渔业产值
全国总计	**93006.0**	**48995.2**	**3700.1**	**27735.0**	**9158.8**
北　京	403.8	162.2	71.9	149.1	12.9
天　津	390.1	204.5	2.9	107.5	65.0
河　北	5517.4	3219.0	82.9	1768.6	188.4
山　西	1362.5	880.5	82.0	316.4	9.3
内蒙古	2564.0	1286.2	99.9	1113.4	27.9
辽　宁	4227.9	1625.3	136.6	1631.8	666.2
吉　林	2590.1	1236.6	104.3	1139.4	35.2
黑龙江	4140.0	2451.8	143.8	1380.4	84.2
上　海	312.5	164.6	9.9	70.2	56.3
江　苏	5957.1	3063.9	103.6	1188.6	1300.4
浙　江	2669.4	1238.6	143.8	530.3	703.1
安　徽	3855.3	1928.1	224.0	1142.3	402.2
福　建	3142.2	1315.1	270.5	500.3	947.1
江　西	2506.8	1055.6	243.6	778.3	343.0
山　东	8251.5	4136.0	116.7	2333.8	1308.9
河　南	6970.4	4121.2	150.7	2348.2	92.0
湖　北	4995.8	2603.7	110.8	1393.7	680.7
湖　南	5036.6	2725.9	275.6	1499.0	297.6
广　东	4759.8	2294.0	235.1	1113.4	950.8
广　西	3643.9	1804.6	265.4	1097.0	349.6
海　南	1149.5	490.4	147.9	221.7	253.2
重　庆	1466.2	878.0	47.0	469.8	52.6
四　川	5621.0	2864.1	164.7	2328.1	173.6
贵　州	1522.1	915.6	58.1	443.2	34.2
云　南	2867.1	1490.0	253.1	964.6	71.8
西　藏	123.0	55.7	2.5	61.7	0.2
陕　西	2412.8	1583.7	68.1	630.7	17.1
甘　肃	1424.6	1031.4	22.5	237.9	1.9
青　海	278.5	124.2	5.7	142.6	1.3
宁　夏	403.4	250.8	9.8	109.7	15.7
新　疆	2440.5	1793.9	46.5	523.3	16.5

6－26 农林牧渔业分项产值及增幅

（按可比价格计算）

指　　标	绝对数（亿元）	比上年增长幅度（%）
农林牧渔业总产值	**93006.0**	**4.0**
农业产值	**48995.2**	**4.4**
谷物及其他作物	22073.4	1.5
蔬菜园艺作物	17193.4	5.9
水果、坚果、饮料和香料作物	8482.9	6.0
中药材	1146.0	20.1
林业产值	**3700.1**	**7.3**
林木的培育和种植	1483.6	14.5
竹木采运	1011.5	1.3
林产品	1198.9	4.1
牧业产值	**27735.0**	**2.0**
牲畜饲养	6824.9	4.0
猪的饲养	12736.6	2.4
家禽饲养	6843.5	-0.8
狩猎和捕捉动物	27.5	-5.3
其他畜牧业	1267.2	0.1
渔业产值	**9158.8**	**5.2**
海水产品	4161.7	4.4
内陆水域水产品	4997.1	5.9

6—27 各地区农业分项产值

（按可比价格计算）

单位：亿元

地 区	农 业	谷物及其他作物	蔬菜及园艺	水果坚果及饮料	中药材
全 国	**48995.2**	**22073.4**	**17193.4**	**8482.9**	**1146.0**
北 京	162.2	24.2	74.8	63.1	0.2
天 津	204.5	73.8	109.9	20.8	
河 北	3219.0	1097.3	1534.6	549.7	37.4
山 西	880.5	354.0	243.5	232.4	50.6
内蒙古	1286.2	959.3	259.1	53.0	14.8
辽 宁	1625.3	740.6	613.7	255.3	15.8
吉 林	1236.6	865.0	283.1	81.4	18.7
黑龙江	2451.8	1921.7	429.2	96.2	4.7
上 海	164.6	38.2	90.7	35.7	
江 苏	3063.9	1247.9	1525.6	281.5	9.0
浙 江	1238.6	271.5	542.2	369.2	50.2
安 徽	1928.1	1146.3	496.9	246.8	38.1
福 建	1315.1	294.7	609.1	389.4	21.8
江 西	1055.6	656.9	289.9	103.4	5.4
山 东	4136.0	1690.7	1407.8	991.2	46.3
河 南	4121.2	1874.3	1506.0	654.7	86.2
湖 北	2603.7	1240.8	886.0	313.6	63.3
湖 南	2725.9	1081.0	1180.5	299.3	165.1
广 东	2294.0	698.6	1044.1	522.2	29.0
广 西	1804.6	951.3	500.9	310.9	41.5
海 南	490.4	112.1	211.5	164.8	2.0
重 庆	878.0	365.7	370.3	118.0	24.0
四 川	2864.1	1142.4	1145.0	528.6	48.1
贵 州	915.6	398.7	412.2	59.7	45.0
云 南	1490.0	757.4	329.8	294.3	108.5
西 藏	55.7	26.4	10.0	1.2	18.1
陕 西	1583.7	455.4	448.5	622.8	57.0
甘 肃	1031.4	447.5	277.7	215.2	91.1
青 海	124.2	56.1	34.6		28.1
宁 夏	250.8	110.3	77.0	40.8	22.7
新 疆	1793.9	973.2	249.6	567.6	3.5

6—28 各地区林业分项产值

（按可比价格计算）

单位：亿元

地区	林业产值	林木的培育和种植	竹木采运	林产品
全国	**3700.1**	**1483.6**	**1011.5**	**1198.9**
北京	71.9	70.0	1.8	
天津	2.9	2.5	0.4	
河北	82.9	71.0	5.2	6.8
山西	82.0	81.7	0.3	
内蒙古	99.9	77.9	16.2	5.9
辽宁	136.6	72.1	31.5	33.0
吉林	104.3	28.2	55.1	21.0
黑龙江	143.8	79.7	33.4	30.7
上海	9.9	9.5	0.1	0.3
江苏	103.6	73.8	19.5	10.3
浙江	143.8	10.2	58.7	74.9
安徽	224.0	87.4	67.4	69.3
福建	270.5	28.0	137.7	104.8
江西	243.6	79.9	57.2	106.4
山东	116.7	49.7	22.8	44.2
河南	150.7	78.8	45.5	26.5
湖北	110.8	50.7	40.4	19.6
湖南	275.6	75.0	53.8	146.8
广东	235.1	30.5	83.8	120.8
广西	265.4	28.7	161.2	75.6
海南	147.9	39.6	10.3	98.0
重庆	47.0	22.8	4.4	19.7
四川	164.7	158.3	6.0	0.4
贵州	58.1	7.4	15.2	35.4
云南	253.1	61.5	76.2	115.4
西藏	2.5	1.1	1.4	
陕西	68.1	40.7	4.2	23.2
甘肃	22.5	17.7		4.4
青海	5.7			
宁夏	9.8	8.2	0.1	1.6
新疆	46.5	41.1	1.6	3.8

6—29 各地区畜牧业分项产值

（按可比价格计算）

单位：亿元

地区	牧业产值	牲畜饲养	猪的饲养	家禽饲养	捕猎	其他畜牧业
全国	**27735.0**	**6824.9**	**12736.6**	**6843.5**	**27.5**	**1267.2**
北京	149.1	40.2	55.0	46.2		7.7
天津	107.5	34.8	42.0	30.5		0.1
河北	1768.6	621.3	573.6	449.9		123.8
山西	316.4	109.9	125.2	73.6		7.6
内蒙古	1113.4	880.1	146.4	84.3		2.5
辽宁	1631.8	490.1	482.3	568.8	1.1	89.5
吉林	1139.4	489.7	369.4	299.8		5.6
黑龙江	1380.4	609.1	480.3	271.8		19.3
上海	70.2	16.6	38.8	12.4		2.5
江苏	1188.6	89.6	465.6	487.7	1.9	143.8
浙江	530.3	21.8	378.6	84.9	1.9	43.1
安徽	1142.3	166.6	594.2	320.3	4.5	56.7
福建	500.3	37.8	328.7	109.4	3.4	21.0
江西	778.3	63.6	500.9	190.9	2.9	20.1
山东	2333.8	443.4	963.2	714.8	1.4	210.9
河南	2348.2	789.7	1019.9	486.1	1.6	50.8
湖北	1393.7	105.8	913.2	366.9	0.7	7.1
湖南	1499.0	102.5	1020.2	329.7	4.1	42.4
广东	1113.4	29.2	621.0	400.2	2.0	61.0
广西	1097.0	67.3	580.7	318.4		130.7
海南	221.7	22.1	119.1	69.6	0.3	10.6
重庆	469.8	32.9	257.3	146.6		33.0
四川	2328.1	270.8	1218.7	665.2	0.3	127.1
贵州	443.2	90.2	288.1	63.2	0.1	1.8
云南	964.6	188.8	650.9	112.2	…	12.7
西藏	61.7	58.4	2.3	0.9		0.1
陕西	630.7	224.7	303.6	77.2	0.3	24.8
甘肃	237.9	125.0	96.0	15.4		1.5
青海	142.6	102.8	21.1	4.2		
宁夏	109.7	84.8	14.5	9.5		0.9
新疆	523.3	415.3	65.9	32.8	0.9	8.5

6—30 各地区渔业分项产值

（按可比价格计算）

单位：亿元

地区	渔业产值	海水产品	内陆水产品
全国	**9158.8**	**4161.7**	**4997.1**
北京	12.9	0.9	12.0
天津	65.0	15.8	49.2
河北	188.4	118.3	70.1
山西	9.3		9.3
内蒙古	27.9		27.9
辽宁	666.2	483.2	183.0
吉林	35.2		35.2
黑龙江	84.2		84.2
上海	56.3	20.2	36.1
江苏	1300.4	350.4	950.0
浙江	703.1	501.3	201.9
安徽	402.2		402.2
福建	947.1	752.0	195.2
江西	343.0		343.0
山东	1308.9	1037.6	271.3
河南	92.0		92.0
湖北	680.7		680.7
湖南	297.6		297.6
广东	950.8	466.7	484.1
广西	349.6	201.3	148.2
海南	253.2	214.0	39.1
重庆	52.6		52.6
四川	173.6		173.6
贵州	34.2		34.2
云南	71.8		71.8
西藏	0.2		0.2
陕西	17.1		17.1
甘肃	1.9		1.9
青海	1.3		1.3
宁夏	15.7		15.7
新疆	16.5		16.5

主要农产品种植（养殖）面积与产量

7－1　主要农作物播种面积

单位：千公顷

年　份	农作物总播种面积	粮食面积	稻　谷	小　麦	玉　米	大　豆	薯　类
1952	141256	123979	28382	24780	12566	11679	8688
1957	157244	133633	32241	27542	14943	12748	10495
1962	140229	121621	26935	24075	12819	9504	12171
1965	143291	119627	29825	24709	15671	8593	11175
1970	143487	119267	32358	25458	15831	7985	10717
1975	149545	121062	35729	27661	18598	6999	10969
1978	150104	120587	34421	29183	19961	7144	11796
1980	146380	117234	33878	28844	20087	7226	10153
1985	143626	108845	32070	29218	17694	7718	8572
1990	148362	113466	33064	30753	21401	7560	9121
1991	149586	112314	32590	30948	21574	7041	9078
1992	149007	110560	32090	30496	21044	7221	9057
1993	147741	110509	30355	30235	20694	9454	9220
1994	148241	109544	30171	28981	21152	9222	9270
1995	149879	110060	30744	28860	22776	8127	9519
1996	152381	112548	31406	29611	24498	7471	9797
1997	153969	112912	31765	30057	23775	8346	9785
1998	155706	113787	31214	29774	25239	8500	10000
1999	156373	113161	31283	28855	25904	7962	10355
2000	156300	108463	29962	26653	23056	9307	10538
2001	155708	106080	28812	24664	24282	9482	10217
2002	154636	103891	28202	23908	24634	8720	9881
2003	152415	99410	26508	21997	24068	9313	9702
2004	153553	101606	28379	21626	25446	9589	9457
2005	155488	104278	28847	22793	26358	9591	9503
2006	152149	104958	28938	23613	28463	9304	7877
2007	153464	105638	28919	23721	29478	8754	8082
2008	156266	106793	29241	23617	29864	9127	8427
2009	158614	108986	29627	24291	31183	9190	8636
2010	160675	109876	29873	24257	32500	8516	8750
2011	162283	110573	30057	24270	33542	7889	8906
2012	163416	111205	30137	24268	35030	7172	8886
2013	164627	111956	30312	24117	36318	6791	8963

7—1 续表 单位:千公顷

年 份	棉 花	花 生	油菜籽	芝 麻	黄红麻	甘 蔗	甜 菜	烤 烟
1952	5576	1804	1863		158	183	35	186
1957	5775	2541	2308		143	267	159	355
1962	3497	1301	1361		62	154	83	176
1965	5003	1846	1822		113	351	171	325
1970	4997	1709	1453		135	387	199	291
1975	4955	1877	2313		297	523	303	460
1978	4866	1768	2600	638	412	549	331	613
1980	4920	2339	2844	776	314	480	443	397
1985	5140	3318	4494	1052	992	965	560	1077
1990	5588	2907	5503	669	300	1009	670	1342
1991	6538	2880	6133	680	270	1164	783	1562
1992	6835	2976	5976	746	277	1246	660	1849
1993	4985	3379	5300	754	274	1088	599	1835
1994	5528	3776	5783	690	176	1057	698	1302
1995	5422	3809	6907	642	147	1125	695	1309
1996	4722	3616	6734	594	147	1207	638	1683
1997	4491	3722	6475	615	162	1311	612	2161
1998	4459	4039	6527	630	93	1401	583	1200
1999	3726	4268	6899	697	65	1303	341	1216
2000	4041	4856	7494	784	50	1185	329	1269
2001	4810	4991	7095	758	52	1248	406	1181
2002	4184	4921	7143	759	55	1393	424	1192
2003	5111	5057	7221	687	41	1409	248	1139
2004	5693	4745	7271	624	32	1378	190	1145
2005	5062	4662	7278	593	31	1354	210	1245
2006	5816	3956	5984	564	31	1378	189	1088
2007	5926	3945	5642	486	33	1586	216	1066
2008	5754	4246	6594	472	26	1743	246	1230
2009	4949	4377	7278	476	24	1697	186	1265
2010	4849	4527	7370	447	19	1686	219	1231
2011	5038	4581	7347	437	19	1721	227	1351
2012	4688	4639	7432	437	18	1795	236	1480
2013	4346	4633	7531	418	17	1816	182	1527

7—2 主要农作物播种面积及增减情况

单位:千公顷

指标	1990年	1995年	2000年	2012年	2013年	2013年为2012年百分比(%)
农作物总播种面积	148362	149879	156300	163416	164627	100.7
一、粮食作物	113466	110060	108463	111205	111956	100.7
1.谷物		89310	85264	92612	93769	101.2
稻谷	33064	30744	29962	30137	30312	100.6
小麦	30753	28860	26653	24268	24117	99.4
玉米	21401	22776	23056	35030	36318	103.7
谷子	2278	1522	1250	736	716	97.2
高粱	1545	1215	889	623	582	93.4
其他谷物		4192	3454	1815	1723	94.9
2.豆类		11232	12660	9709	9224	95.0
♯大豆	7560	8127	9307	7172	6791	94.7
杂豆		3105	3353	2538	2433	95.9
3.薯类	9121	9519	10538	8886	8963	100.9
♯马铃薯	2865	3434	4723	5532	5615	101.5
二、油料作物	10900	13101	15400	13930	14023	100.7
♯花生	2907	3809	4856	4639	4633	99.9
油菜籽	5503	6907	7494	7432	7531	101.3
芝麻	669	642	784	437	418	95.8
胡麻籽	703	621	498	318	313	98.4
向日葵	713	813	1229	889	930	104.7
三、棉花	5588	5422	4041	4688	4346	92.7
四、麻类	495	376	262	101	92	90.4
♯黄红麻	300	147	50	18	17	97.3
苎麻	81	97	96	69	63	91.0
大麻	21	16	13	5	7	123.9
亚麻	87	113	96	7	5	68.3
五、糖料	1679	1820	1514	2030	1998	98.4
甘蔗	1009	1125	1185	1795	1816	101.2
甜菜	670	695	329	236	182	77.1
六、烟叶	1593	1470	1437	1597	1623	101.6
♯烤烟	1342	1309	1269	1480	1527	103.1
七、药材	153	279	676	1560	1822	116.7
八、蔬菜、瓜类	7059	10616	17231	22761	23355	102.6
♯蔬菜	6338	9515	15237	20353	20899	102.7
九、其他农作物	7429	6736	7352	5544	5414	97.7
♯青饲料	1862	1825	2142	2061	2101	102.0

7—3 主要农作物播种面积构成

（以农作物总播种面积为 100）

单位：%

指　标	1990 年	1995 年	2000 年	2012 年	2013 年
农作物总播种面积	100.0	100.0	100.0	100.0	100.0
一、粮食作物	76.5	73.4	69.4	68.1	68.0
1.谷物		59.6	54.6	56.7	57.0
稻谷	22.3	20.5	19.2	18.4	18.4
小麦	20.7	19.3	17.1	14.9	14.6
玉米	14.4	15.2	14.8	21.4	22.1
谷子	1.5	1.0	0.8	0.5	0.4
高粱	1.0	0.8	0.6	0.4	0.4
其他谷物		2.8	2.2	1.1	1.0
2.豆类		7.5	8.1	5.9	5.6
#大豆	5.1	5.4	6.0	4.4	4.1
杂豆		2.1	2.1	1.6	1.5
3.薯类	6.1	6.4	6.7	5.4	5.4
#马铃薯	1.9	2.3	3.0	3.4	3.4
二、油料作物	7.3	8.7	9.9	8.5	8.5
#花生	2.0	2.5	3.1	2.8	2.8
油菜籽	3.7	4.6	4.8	4.5	4.6
芝麻	0.5	0.4	0.5	0.3	0.3
胡麻籽	0.5	0.4	0.3	0.3	0.2
向日葵	0.5	0.5	0.8	0.5	0.6
三、棉花	3.8	3.6	2.6	2.9	2.6
四、麻类	0.3	0.3	0.2	0.1	0.1
#黄红麻	0.2	0.1	…		
苎麻	…	0.1	0.1		
大麻	…	…	…		
亚麻	0.1	0.1	0.1		
五、糖料	1.1	1.2	1.0	1.2	1.2
甘蔗	0.7	0.8	0.8	1.1	1.1
甜菜	0.5	0.5	0.2	0.1	0.1
六、烟叶	1.1	1.0	0.9	1.0	1.0
#烤烟	0.9	0.9	0.8	0.9	0.9
七、药材	0.1	0.2	0.4	1.0	1.1
八、蔬菜、瓜类	4.8	7.1	11.1	13.9	14.2
#蔬菜	4.3	6.3	9.7	12.5	12.7
九、其他农作物	4.2	4.5	4.7	3.4	3.3
#青饲料	1.3	1.2	1.4	1.3	1.3

7—4　各地区农作物总播种面积

单位：千公顷

地　区	1990 年	1995 年	2000 年	2012 年	2013 年	2013 年为 2012 年 百分比(%)
全国总计	**148361.5**	**149879.4**	**156299.8**	**163415.7**	**164626.9**	**100.7**
北　京	590.3	553.2	457.3	282.7	242.5	85.8
天　津	573.2	572.7	533.1	479.0	473.5	98.9
河　北	8786.7	8720.1	9024.4	8781.8	8749.2	99.6
山　西	4016.3	3895.6	4042.4	3808.1	3782.4	99.3
内蒙古	4722.4	5079.4	5914.4	7154.0	7211.2	100.8
辽　宁	3618.9	3623.7	3622.0	4210.6	4208.8	100.0
吉　林	4039.8	4059.8	4542.2	5315.1	5413.1	101.8
黑龙江	8558.5	8647.4	9329.5	12237.0	12200.8	99.7
上　海	631.1	542.1	520.7	387.9	377.3	97.3
江　苏	8259.2	7909.0	7944.9	7651.6	7683.6	100.4
浙　江	4384.7	3923.0	3554.3	2324.2	2311.9	99.5
安　徽	8313.6	8354.2	9005.8	8969.6	8945.6	99.7
福　建	2745.9	2835.1	2793.3	2263.1	2292.2	101.3
江　西	5758.1	5950.6	5650.8	5524.9	5552.6	100.5
山　东	10882.6	10837.3	11147.3	10867.0	10976.4	101.0
河　南	11889.7	12136.8	13136.9	14262.2	14323.5	100.4
湖　北	7361.1	7413.7	7584.1	8078.9	8106.2	100.3
湖　南	7951.8	7840.4	8002.1	8511.9	8650.0	101.6
广　东	5671.5	5304.3	5156.9	4629.6	4698.1	101.5
广　西	5141.3	5745.7	6260.7	6082.6	6137.2	100.9
海　南	821.3	870.0	906.0	854.6	848.2	99.2
重　庆			3590.8	3477.7	3515.9	101.1
四　川	12475.3	12838.8	9609.1	9657.0	9682.2	100.3
贵　州	3578.3	4203.1	4696.7	5182.9	5390.1	104.0
云　南	4492.1	4958.9	5786.0	6920.4	7148.2	103.3
西　藏	213.5	219.3	231.1	244.0	248.6	101.9
陕　西	4859.8	4496.9	4555.4	4238.3	4269.0	100.7
甘　肃	3611.3	3773.3	3740.2	4099.8	4155.9	101.4
青　海	544.7	568.8	553.7	554.2	555.8	100.3
宁　夏	888.9	956.0	1016.5	1241.2	1264.7	101.9
新　疆	2979.5	3050.2	3391.6	5123.9	5212.3	101.7

7—5 各地区粮食播种面积及增减情况

单位:千公顷

地　　区	1990 年	1995 年	2000 年	2012 年	2013 年	2012 年为 2011 年百分比(%)
全国总计	**113465.9**	**110060.4**	**108462.5**	**111204.6**	**111955.6**	**100.7**
北　京	484.4	434.1	308.3	193.9	158.9	82.0
天　津	457.9	443.3	345.9	322.9	332.8	103.1
河　北	6827.8	6829.5	6918.7	6302.4	6315.9	100.2
山　西	3290.3	3151.5	3186.5	3291.5	3274.3	99.5
内蒙古	3874.5	4143.2	4435.9	5589.4	5617.3	100.5
辽　宁	3121.6	3030.9	2858.6	3217.3	3226.4	100.3
吉　林	3525.9	3576.9	3833.7	4610.3	4789.9	103.9
黑龙江	7420.0	7500.2	7852.5	11519.5	11564.4	100.4
上　海	417.1	343.9	258.8	187.6	168.5	89.8
江　苏	6363.0	5755.2	5304.3	5336.6	5360.8	100.5
浙　江	3266.0	2814.4	2300.3	1251.6	1253.7	100.2
安　徽	6246.1	5852.5	6183.8	6622.0	6625.3	100.0
福　建	2080.6	2017.3	1828.5	1201.1	1202.1	100.1
江　西	3699.3	3509.3	3322.0	3675.9	3690.9	100.4
山　东	8151.9	8131.6	7363.2	7202.3	7294.6	101.3
河　南	9316.1	8810.0	9029.6	9985.2	10081.8	101.0
湖　北	5200.0	4776.7	4156.2	4180.1	4258.4	101.9
湖　南	5365.7	5115.6	5029.9	4908.0	4936.6	100.6
广　东	3996.3	3472.3	3311.1	2540.2	2507.6	98.7
广　西	3639.9	3662.7	3655.9	3069.1	3076.0	100.2
海　南	567.5	574.9	542.0	438.6	421.8	96.2
重　庆			2773.4	2259.6	2253.9	99.7
四　川	9827.7	9933.7	6854.5	6468.2	6469.9	100.0
贵　州	2543.2	2864.5	3151.3	3054.3	3118.4	102.1
云　南	3622.3	3643.0	4238.7	4399.6	4499.4	102.3
西　藏	191.7	188.2	201.4	170.9	175.9	102.9
陕　西	4134.7	3807.7	3821.5	3127.5	3105.1	99.3
甘　肃	2875.1	2928.7	2798.2	2839.4	2858.7	100.7
青　海	400.3	384.3	322.7	280.2	280.0	99.9
宁　夏	723.5	761.8	807.1	828.3	801.6	96.8
新　疆	1835.5	1602.5	1468.2	2131.2	2234.8	104.9

7—6 各地区粮食播种面积

（按季节分）

单位:千公顷

地区	夏收粮食		早稻		秋收粮食	
	2012年	2013年	2012年	2013年	2012年	2013年
全国总计	**27589.1**	**27588.1**	**5764.9**	**5804.4**	**77850.6**	**78563.0**
北京	52.2	36.2			141.7	122.7
天津	113.1	110.4			209.8	222.4
河北	2444.7	2407.1			3857.7	3908.8
山西	709.0	690.7			2582.5	2583.7
内蒙古					5589.4	5617.3
辽宁	63.8	60.9			3153.5	3165.5
吉林					4610.3	4789.9
黑龙江					11519.5	11564.4
上海	73.7	59.0			113.9	109.5
江苏	2377.2	2386.5			2959.4	2974.2
浙江	177.9	180.5	110.7	115.1	962.9	958.1
安徽	2458.6	2473.3	237.5	235.5	3925.9	3916.5
福建	88.6	89.8	201.1	196.1	911.5	916.2
江西	61.9	62.4	1389.5	1397.7	2224.5	2230.8
山东	3626.9	3674.3			3575.5	3620.3
河南	5366.7	5393.3			4618.5	4688.5
湖北	1348.5	1392.9	351.8	385.6	2479.8	2479.9
湖南	187.9	194.5	1424.7	1446.7	3295.5	3295.4
广东	231.5	230.0	935.7	905.4	1372.9	1372.3
广西	95.5	108.2	929.8	927.9	2043.8	2039.9
海南	73.4	72.6	143.5	144.9	221.8	204.4
重庆	515.5	507.0			1744.1	1746.9
四川	1813.0	1811.0	1.1	1.0	4654.1	4657.9
贵州	989.8	990.7			2064.5	2127.8
云南	1171.2	1188.3	39.5	48.7	3188.9	3262.4
西藏					170.9	175.9
陕西	1286.7	1237.4			1840.8	1867.7
甘肃	965.3	935.1			1874.1	1923.6
青海					280.2	280.0
宁夏	201.3	164.9			627.0	636.7
新疆	1095.2	1131.1			1036.0	1103.8

7—7 各地区粮食播种面积

（按品种分）

单位：千公顷

地　　区	谷　物		#稻　谷		#小　麦		#玉　米	
	2012年	2013年	2012年	2013年	2012年	2013年	2012年	2013年
全国总计	**92612.4**	**93768.6**	**30137.1**	**30311.7**	**24268.3**	**24117.3**	**35029.8**	**36318.4**
北　京	186.2	152.6	0.2	0.2	52.2	36.2	132.0	114.5
天　津	309.6	324.6	14.6	16.8	113.1	110.4	179.3	191.7
河　北	5863.4	5883.8	85.9	86.8	2410.0	2377.7	3049.1	3108.8
山　西	2776.9	2763.5	1.0	1.0	689.0	677.5	1669.0	1670.0
内蒙古	4068.0	4250.0	89.3	75.9	609.6	571.2	2833.7	3170.6
辽　宁	2995.4	3013.3	661.8	649.2	6.8	5.6	2206.7	2245.6
吉　林	4161.6	4372.9	701.2	726.7			3284.3	3499.1
黑龙江	8510.1	8795.9	3069.8	3175.6	210.1	133.0	5190.6	5447.5
上　海	180.7	163.0	105.1	101.9	56.6	44.4	3.8	3.6
江　苏	4955.9	4987.7	2254.2	2265.7	2132.6	2146.9	418.9	426.4
浙　江	1004.3	1004.0	832.6	828.7	74.5	75.5	62.0	63.4
安　徽	5498.3	5534.4	2215.1	2214.1	2415.5	2432.9	822.5	845.1
福　建	880.2	872.4	827.6	817.5	2.5	2.3	45.4	47.9
江　西	3378.6	3387.6	3328.3	3338.0	11.9	11.8	28.1	29.5
山　东	6793.7	6881.7	123.9	123.1	3625.9	3673.3	3018.1	3060.7
河　南	9152.8	9276.1	648.2	641.3	5340.0	5366.7	3100.0	3203.3
湖　北	3702.8	3794.9	2017.9	2101.2	1065.5	1094.8	593.3	573.5
湖　南	4493.2	4483.9	4095.1	4085.0	35.3	32.3	342.0	344.2
广　东	2129.4	2092.8	1949.4	1908.8	0.9	0.9	172.5	176.7
广　西	2658.7	2656.1	2057.6	2046.6	1.5	1.8	580.5	587.6
海　南	352.0	339.7	324.4	311.9			27.5	27.7
重　庆	1305.4	1292.1	687.0	688.7	125.4	107.6	468.4	466.7
四　川	4769.7	4758.3	1997.8	1990.7	1234.1	1216.0	1371.1	1378.0
贵　州	1829.1	1864.2	683.0	684.5	259.8	251.8	775.2	778.4
云　南	3167.9	3273.2	1082.9	1152.7	442.2	437.3	1456.9	1505.1
西　藏	163.8	169.2	1.0	1.0	37.7	37.8	4.4	4.3
陕　西	2587.1	2558.0	123.3	123.7	1127.6	1094.8	1167.4	1166.2
甘　肃	1963.1	1976.4	5.6	5.3	833.9	811.7	902.7	976.1
青　海	163.5	159.2			94.2	95.4	22.9	23.3
宁　夏	576.6	556.9	84.3	82.1	179.0	148.8	245.9	262.0
新　疆	2034.5	2130.3	69.2	67.3	1081.0	1121.0	855.7	920.8

7－7 续表 单位:千公顷

地　区	豆　类		♯大　豆		薯　类		♯马铃薯	
	2012 年	2013 年	2012 年	2013 年	2012 年	2013 年	2012 年	2013 年
全国总计	**9709.4**	**9223.6**	**7171.7**	**6790.5**	**8885.9**	**8963.3**	**5531.9**	**5614.6**
北　京	5.5	4.9	4.7	4.1	2.1	1.4		
天　津	12.2	7.5	11.8	7.3	1.1	0.7		
河　北	171.8	166.4	127.6	124.5	267.3	265.7	166.7	169.5
山　西	324.3	320.3	199.7	199.5	190.3	190.5	168.9	168.6
内蒙古	840.0	755.4	616.7	564.4	681.3	611.9	681.3	610.8
辽　宁	139.9	134.2	115.8	114.9	82.0	78.9	54.9	54.7
吉　林	370.0	337.4	230.0	214.5	81.9	79.6	76.4	74.1
黑龙江	2764.0	2500.8	2663.8	2429.8	245.5	267.7	245.5	267.7
上　海	5.9	4.5	2.9	2.9	1.0	1.0		
江　苏	320.5	314.6	210.5	209.4	60.2	58.5		
浙　江	138.5	137.0	88.5	88.3	108.8	112.8	55.5	58.3
安　徽	960.3	937.6	876.7	856.7	163.5	153.3	15.7	9.0
福　建	81.9	84.2	63.7	65.6	239.0	245.5	77.2	78.9
江　西	157.1	160.3	99.0	99.5	140.3	142.9	14.9	10.9
山　东	163.6	164.5	146.4	145.9	245.0	248.5		
河　南	520.5	503.8	460.5	443.9	311.9	301.9		
湖　北	177.7	160.3	95.3	86.7	299.6	303.3	221.0	237.5
湖　南	168.4	166.0	90.5	91.3	246.5	286.7	91.2	100.4
广　东	80.2	80.3	62.0	62.5	330.6	334.5	49.3	46.4
广　西	154.5	154.8	94.4	97.0	255.9	265.1	44.8	64.7
海　南	8.4	7.8	3.4	3.2	78.2	74.3		0.1
重　庆	230.1	236.0	99.2	101.5	724.1	725.8	350.2	356.3
四　川	477.2	471.3	223.1	221.5	1221.3	1240.3	746.7	768.0
贵　州	305.8	316.3	133.8	128.2	919.4	937.9	676.3	689.5
云　南	572.5	566.4	127.1	124.8	659.2	659.8	516.7	530.1
西　藏	6.3	5.8	0.2	0.1	0.8	0.8	0.7	0.8
陕　西	223.4	211.3	166.8	153.1	317.0	335.8	267.0	281.6
甘　肃	191.3	183.7	90.7	90.6	684.9	698.7	684.9	698.7
青　海	33.1	27.1			83.7	93.7	83.7	93.7
宁　夏	36.0	29.3	11.9		215.7	215.4	215.7	215.4
新　疆	68.8	73.9	55.2	59.2	28.0	30.6	26.7	29.1

7—8 各地区油料播种面积

单位:千公顷

地　　区	油料合计		#花　生		#油菜籽	
	2012年	2013年	2012年	2013年	2012年	2013年
全国总计	**13929.8**	**14022.6**	**4638.5**	**4633.0**	**7431.9**	**7531.0**
北　　京	4.5	3.4	4.0	3.0		
天　　津	1.9	1.8	1.4	1.4		
河　　北	454.0	470.4	354.5	355.6	19.0	22.0
山　　西	145.9	140.3	9.3	7.9	4.2	5.0
内 蒙 古	764.7	812.2	16.7	20.3	270.7	290.4
辽　　宁	376.7	354.7	359.6	341.5	0.5	0.6
吉　　林	266.6	276.6	141.5	148.3		
黑 龙 江	117.3	97.7	24.8	24.9	0.4	0.1
上　　海	8.2	6.8	0.8	0.8	7.3	6.0
江　　苏	527.7	518.3	95.9	94.2	421.3	413.9
浙　　江	189.4	183.4	18.5	18.4	165.6	159.6
安　　徽	843.6	802.0	187.5	187.3	609.6	568.1
福　　建	113.6	115.2	100.3	101.7	11.9	12.2
江　　西	744.2	743.1	160.7	163.7	551.9	548.0
山　　东	796.0	794.9	787.1	780.3	8.0	9.5
河　　南	1573.6	1589.9	1007.1	1037.3	380.4	371.3
湖　　北	1501.5	1516.9	239.8	200.4	1167.3	1226.3
湖　　南	1321.7	1382.5	110.6	112.8	1201.3	1259.9
广　　东	352.2	360.2	343.2	351.0	6.6	6.6
广　　西	217.4	222.0	188.8	194.9	20.1	18.8
海　　南	39.7	40.4	37.9	39.2		
重　　庆	271.0	283.5	58.3	56.7	204.6	215.6
四　　川	1249.7	1265.5	262.0	259.9	981.4	998.0
贵　　州	547.5	560.8	41.0	43.6	497.0	506.7
云　　南	343.3	357.6	48.8	49.4	281.2	294.9
西　　藏	24.0	24.5	0.1	0.2	23.9	24.3
陕　　西	302.3	298.8	32.9	32.7	202.1	204.4
甘　　肃	336.4	336.9	1.0	1.1	175.0	170.0
青　　海	164.4	158.4			160.0	154.2
宁　　夏	88.4	82.1	0.1	0.1	1.2	0.7
新　　疆	242.3	221.7	4.4	4.7	59.6	43.7

7－9 各地区棉花和麻类播种面积

单位：千公顷

地 区	棉 花		麻 类		＃黄红麻	
	2012 年	2013 年	2012 年	2013 年	2012 年	2013 年
全国总计	**4688.1**	**4345.6**	**101.2**	**91.5**	**17.6**	**17.1**
北 京	0.2	0.1				
天 津	55.4	39.2				
河 北	578.3	483.0	0.3	0.3	0.3	0.3
山 西	37.4	23.4	0.1	0.1		
内蒙古	1.0	1.1				
辽 宁	0.3	0.5				
吉 林	4.2	3.1	0.1	0.01		
黑龙江			1.8	1.3		
上 海	2.0	2.0				
江 苏	170.6	155.2	0.7	0.7		
浙 江	20.9	19.6	0.1	0.1	0.1	0.1
安 徽	304.9	285.1	9.0	8.0	4.7	4.4
福 建	0.1	0.1	0.1	0.1	0.1	0.1
江 西	85.0	84.7	5.7	5.3	0.2	0.1
山 东	689.9	672.8	0.02	0.02		
河 南	256.7	186.7	6.6	6.5	6.6	6.5
湖 北	472.9	415.6	12.1	11.2	0.1	0.1
湖 南	172.2	159.6	10.4	7.6	0.2	0.2
广 东			0.1	0.2	0.1	0.2
广 西	2.2	2.3	4.6	4.4	4.1	4.0
海 南			0.1	0.3	0.1	0.3
重 庆	0.1	0.1	6.8	5.8	0.1	0.1
四 川	14.6	13.8	31.6	31.0	0.9	0.7
贵 州	1.7	1.6	0.6	0.7		
云 南	0.3	0.2	3.1	2.5		
西 藏						
陕 西	48.3	36.7	0.5	0.5		
甘 肃	48.2	40.7	1.8	2.3		
青 海						
宁 夏						
新 疆	1720.8	1718.3	4.8	2.4		

7—10 各地区糖料播种面积

单位:千公顷

地　区	糖料合计		1. 甘　蔗		2. 甜　菜	
	2012 年	2013 年	2012 年	2013 年	2012 年	2013 年
全国总计	**2030.4**	**1998.3**	**1794.7**	**1816.5**	**235.8**	**181.8**
北　京						
天　津						
河　北	14.2	16.3			14.2	16.3
山　西	8.5	4.6			8.5	4.6
内 蒙 古	43.7	45.8			43.7	45.8
辽　宁	1.9	3.3			1.9	3.3
吉　林	6.7	2.3			6.7	2.3
黑 龙 江	73.0	38.6			73.0	38.6
上　海	0.2	0.1	0.2	0.1		
江　苏	1.7	1.6	1.6	1.6		
浙　江	11.0	10.3	11.0	10.3		
安　徽	5.2	5.0	5.2	5.0		
福　建	9.3	9.6	9.3	9.6		
江　西	13.8	14.5	13.8	14.5		
山　东						
河　南	4.0	4.0	4.0	4.0		
湖　北	7.8	7.5	7.8	7.5		
湖　南	14.5	14.2	14.5	14.2		
广　东	165.4	173.0	165.4	173.0		
广　西	1128.0	1125.1	1128.0	1125.1		
海　南	62.4	64.3	62.4	64.3		
重　庆	3.4	2.9	3.4	2.9		
四　川	14.9	14.1	14.8	14.0	0.1	0.1
贵　州	21.8	27.9	21.8	27.9		
云　南	331.5	342.4	331.5	342.4		
西　藏						
陕　西	0.1	0.1	0.1	0.1		
甘　肃	5.0	4.9			5.0	4.9
青　海						
宁　夏						
新　疆	82.6	65.9			82.6	65.9

7—11 各地区烟叶和药材播种面积

单位:千公顷

地区	烟叶合计		#烤烟		药材	
	2012年	2013年	2012年	2013年	2012年	2013年
全国总计	**1596.5**	**1622.9**	**1480.5**	**1526.9**	**1560.5**	**1821.6**
北京					2.5	2.3
天津						0.2
河北	3.2	3.2	2.6	2.7	35.0	46.0
山西	3.1	3.3	3.1	3.3	27.8	30.8
内蒙古	3.8	3.3	2.6	3.1	27.9	29.0
辽宁	11.8	9.8	10.8	9.3	31.4	35.6
吉林	25.1	22.5	12.1	12.0	29.7	31.9
黑龙江	38.0	35.6	33.6	32.4	47.4	38.5
上海					0.4	0.4
江苏					11.5	14.6
浙江	1.1	1.0			31.2	31.9
安徽	13.2	16.5	13.0	16.3	81.7	84.9
福建	70.1	76.0	69.6	75.4	15.3	21.5
江西	23.8	23.7	22.9	22.4	20.0	20.1
山东	39.9	42.3	39.9	41.6	29.6	31.6
河南	125.4	137.2	125.4	137.2	122.7	121.2
湖北	72.1	64.4	52.1	49.6	138.0	143.6
湖南	111.8	118.9	107.3	114.9	62.6	67.9
广东	23.9	23.5	21.8	21.4	15.7	17.9
广西	18.8	21.6	14.8	18.1	70.1	76.3
海南	0.2	0.2	0.2	0.2	5.8	6.2
重庆	50.0	49.3	38.0	42.9	100.9	107.4
四川	122.0	120.0	104.0	103.1	101.8	104.1
贵州	249.2	266.4	237.0	254.9	74.7	117.5
云南	545.2	542.5	525.8	525.5	92.4	107.1
西藏						
陕西	40.2	36.8	40.0	36.6	135.9	180.0
甘肃	4.1	4.3	3.3	3.7	189.6	233.6
青海	0.2	0.1			21.1	22.9
宁夏	0.4	0.4	0.4	0.4	10.8	54.7
新疆					27.1	42.0

7—12 各地区蔬菜、瓜果类和青饲料播种面积

单位：千公顷

地　　区	蔬　菜		瓜果类		青饲料	
	2012 年	2013 年	2012 年	2013 年	2012 年	2013 年
全国总计	**20352.6**	**20899.4**	**2408.2**	**2455.4**	**2060.8**	**2101.3**
北　京	64.1	62.0	7.7	7.0	2.6	1.9
天　津	88.9	89.9	5.5	5.1	0.6	0.3
河　北	1203.0	1220.4	106.7	109.5	60.0	59.7
山　西	247.8	252.8	23.3	26.6	18.2	17.1
内蒙古	288.4	265.7	62.8	62.5	230.8	257.0
辽　宁	487.1	492.1	53.4	58.0	4.7	9.1
吉　林	237.4	214.6	51.1	52.4	1.9	1.4
黑龙江	249.9	265.7	57.8	64.4	53.4	45.8
上　海	134.2	132.2	11.5	11.1	8.1	5.0
江　苏	1323.4	1354.9	143.5	145.3	29.1	30.0
浙　江	623.3	619.1	101.4	101.0	7.7	7.4
安　徽	810.6	836.0	172.6	176.5	36.3	40.0
福　建	692.2	706.0	36.0	36.5	55.0	54.6
江　西	547.5	563.3	74.5	75.3	75.3	80.2
山　东	1806.0	1832.9	277.1	279.1	2.4	4.0
河　南	1730.3	1745.8	330.6	336.4	4.7	4.2
湖　北	1138.7	1145.0	101.5	101.4	269.8	262.5
湖　南	1239.2	1283.7	139.5	141.7	201.6	202.6
广　东	1229.2	1306.9	42.0	43.0	62.2	60.3
广　西	1075.4	1104.6	112.0	117.5	29.9	32.4
海　南	229.5	239.4	32.9	32.4	0.5	0.4
重　庆	652.7	681.8	21.8	22.6	70.3	67.8
四　川	1253.9	1276.0	50.2	48.0	198.6	193.9
贵　州	774.3	847.7	26.6	27.2	152.6	162.9
云　南	803.8	900.8	27.7	25.2	177.2	168.1
西　藏	23.7	23.9	0.2	0.1	24.0	24.1
陕　西	477.1	490.0	74.3	77.3	17.2	21.6
甘　肃	454.0	481.9	52.0	53.4	98.7	96.9
青　海	48.8	50.5	0.6	0.4	34.4	40.4
宁　夏	111.6	117.3	81.3	82.2	72.0	75.5
新　疆	306.9	296.7	130.1	136.5	60.9	74.1

7—13 各地区主要农作物播种面积构成

（以农作物总播种面积为100）

单位：%

地 区	粮 食	棉 花	油 料	糖 料	烟 叶	蔬 菜	瓜果类
全国总计	**68.0**	**2.6**	**8.5**	**1.2**	**1.0**	**12.7**	**1.5**
北 京	65.5	0.1	1.4			25.6	2.9
天 津	70.3	8.3	0.4			19.0	1.1
河 北	72.2	5.5	5.4	0.2	0.04	13.9	1.3
山 西	86.6	0.6	3.7	0.1	0.1	6.7	0.7
内蒙古	77.9	0.02	11.3	0.6		3.7	0.9
辽 宁	76.7	0.01	8.4	0.1	0.2	11.7	1.4
吉 林	88.5	0.1	5.1	0.04	0.4	4.0	1.0
黑龙江	94.8		0.8	0.3	0.3	2.2	0.5
上 海	44.7	0.5	1.8	0.04		35.0	2.9
江 苏	69.8	2.0	6.7	0.02		17.6	1.9
浙 江	54.2	0.8	7.9	0.4		26.8	4.4
安 徽	74.1	3.2	9.0	0.1	0.2	9.3	2.0
福 建	52.4		5.0	0.4	3.3	30.8	1.6
江 西	66.5	1.5	13.4	0.3	0.4	10.1	1.4
山 东	66.5	6.1	7.2		0.4	16.7	2.5
河 南	70.4	1.3	11.1	0.03	1.0	12.2	2.3
湖 北	52.5	5.1	18.7	0.1	0.8	14.1	1.3
湖 南	57.1	1.8	16.0	0.2	1.4	14.8	1.6
广 东	53.4		7.7	3.7	0.5	27.8	0.9
广 西	50.1	0.04	3.6	18.3	0.4	18.0	1.9
海 南	49.7		4.8	7.6	0.02	28.2	3.8
重 庆	64.1		8.1	0.1	1.4	19.4	0.6
四 川	66.8	0.1	13.1	0.1	1.2	13.2	0.5
贵 州	57.9	0.03	10.4	0.5	4.9	15.7	0.5
云 南	62.9		5.0	4.8	7.6	12.6	0.4
西 藏	70.8		9.9			9.6	
陕 西	72.7	0.9	7.0		0.9	11.5	1.8
甘 肃	68.8	1.0	8.1	0.1	0.1	11.6	1.3
青 海	50.4		28.5		0.02	9.1	0.1
宁 夏	63.4		6.5		0.03	9.3	6.5
新 疆	42.9	33.0	4.3	1.3		5.7	2.6

7—14 主要农作物产品产量

单位:万吨

年 份	粮食总产量	#稻 谷	#小 麦	#玉 米	#大 豆	#薯 类
1949	11318	4865	1381	1242	509	985
1952	16392	6843	1813	1685	952	1633
1957	19505	8678	2364	2144	1005	2192
1962	15441	6299	1667	1626	651	2345
1965	19453	8772	2522	2366	614	1986
1970	23996	10999	2919	3303	871	2668
1975	28452	12556	4531	4722	724	2857
1978	30477	13693	5384	5595	757	3174
1979	33212	14375	6273	6004	746	2846
1980	32056	13991	5521	6260	794	2873
1981	32502	14396	5964	5921	933	2597
1982	35450	16160	6847	6056	903	2705
1983	38728	16887	8139	6821	976	2925
1984	40731	17826	8782	7341	970	2848
1985	37911	16857	8581	6383	1050	2604
1986	39151	17222	9004	7086	1161	2534
1987	40298	17426	8590	7924	1247	2821
1988	39408	16911	8543	7735	1165	2697
1989	40755	18013	9081	7893	1023	2730
1990	44624	18933	9823	9682	1100	2743
1991	43529	18381	9595	9877	971	2716
1992	44266	18622	10159	9538	1030	2844
1993	45649	17751	10639	10270	1531	3181
1994	44510	17593	9930	9928	1600	3025
1995	46662	18523	10221	11199	1350	3263
1996	50454	19510	11057	12747	1322	3536
1997	49417	20073	12329	10431	1473	3192
1998	51230	19871	10973	13295	1515	3604
1999	50839	19849	11388	12809	1425	3641
2000	46218	18791	9964	10600	1541	3685
2001	45264	17758	9387	11409	1541	3563
2002	45706	17454	9029	12131	1651	3666
2003	43070	16066	8649	11583	1539	3513
2004	46947	17909	9195	13029	1740	3558
2005	48402	18059	9745	13937	1635	3469
2006	49804	18172	10847	15160	1508	2701
2007	50160	18603	10930	15230	1273	2808
2008	52871	19190	11246	16591	1554	2980
2009	53082	19510	11512	16397	1498	2995
2010	54648	19576	11518	17725	1508	3114
2011	57121	20100	11740	19278	1449	3273
2012	58958	20424	12102	20561	1305	3293
2013	60194	20361	12193	21849	1195	3329

7—15 主要农作物产品产量及增减情况

单位:万吨

指　标	1990年	1995年	2000年	2012年	2013年	2013年为2012年百分比(%)
一、粮食作物	44624.3	46661.8	46217.5	58958.0	60193.8	102.1
1.谷物		41611.6	40522.4	53934.7	55269.2	102.5
稻谷	18933.1	18522.6	18790.8	20423.6	20361.2	99.7
小麦	9822.9	10220.7	9963.6	12102.4	12192.6	100.7
玉米	9681.9	11198.6	10600.0	20561.4	21848.9	106.3
谷子	457.5	301.9	212.5	179.6	174.6	97.2
高粱	567.5	475.6	258.2	255.6	289.2	113.1
其他谷物		892.3	697.3	412.3	402.7	97.7
2.豆类		1787.5	2010.0	1730.5	1595.3	92.2
#大豆	1100.0	1350.2	1540.9	1305.0	1195.1	91.6
杂豆		437.3	469.1	425.6	400.2	94.0
3.薯类	2743.3	3262.6	3685.2	3292.8	3329.3	101.1
#马铃薯	648.4	914.4	1325.5	1855.2	1918.8	103.4
二、油料作物	1613.2	2250.3	2954.8	3436.8	3517.0	102.3
#花生	636.8	1023.5	1443.7	1669.2	1697.2	101.7
油菜籽	695.8	977.7	1138.1	1400.7	1445.8	103.2
芝麻	46.9	58.3	81.1	63.9	62.3	97.5
胡麻籽	53.5	36.4	34.4	39.1	39.8	102.0
向日葵	133.9	126.9	195.4	232.3	242.4	104.4
三、棉花	450.8	476.8	441.7	683.6	629.9	92.1
四、麻类	109.7	89.7	52.9	26.1	22.9	87.8
#黄红麻	72.6	37.1	12.6	6.8	6.1	89.4
苎麻	8.9	14.7	16.1	13.0	12.0	92.0
大麻	3.2	2.2	1.7	1.5	1.9	128.9
亚麻	24.2	35.2	21.4	3.8	2.4	63.1
五、糖料	7214.5	7940.1	7635.3	13485.4	13746.1	101.9
甘蔗	5762.0	6541.7	6828.0	12311.4	12820.1	104.1
甜菜	1452.5	1398.4	807.3	1174.0	926.0	78.9
六、烟叶	262.7	231.4	255.2	340.7	337.4	99.0
#烤烟	225.9	207.2	223.8	312.6	314.9	100.7
七、蔬菜				70883.1	73512.0	103.7
八、瓜果类				8952.4	9321.8	104.1

7—16 各地区粮食总产量

单位:万吨

地　　区	1990 年	1995 年	2000 年	2012 年	2013 年	2013 年为 2012 年百分比(%)
全国总计	**44624.3**	**46661.8**	**46217.5**	**58958.0**	**60193.8**	**102.1**
北　京	264.6	259.8	144.2	113.8	96.1	84.5
天　津	188.9	207.5	124.1	161.8	174.7	108.0
河　北	2276.9	2739.2	2551.1	3246.6	3365.0	103.6
山　西	969.0	917.1	853.4	1274.1	1312.8	103.0
内蒙古	973.0	1055.4	1241.9	2528.5	2773.0	109.7
辽　宁	1494.7	1423.5	1140.0	2070.5	2195.6	106.0
吉　林	2046.5	1992.4	1638.0	3343.0	3551.0	106.2
黑龙江	2312.5	2552.1	2545.5	5761.5	6004.1	104.2
上　海	239.5	210.4	174.0	122.4	114.2	93.3
江　苏	3230.8	3286.3	3106.6	3372.5	3423.0	101.5
浙　江	1586.1	1430.9	1217.7	769.8	734.0	95.3
安　徽	2457.2	2580.7	2472.1	3289.1	3279.6	99.7
福　建	879.6	919.7	854.7	659.3	664.4	100.8
江　西	1658.2	1607.4	1614.6	2084.8	2116.1	101.5
山　东	3354.9	4246.4	3837.7	4511.4	4528.2	100.4
河　南	3303.7	3466.5	4101.5	5638.6	5713.7	101.3
湖　北	2475.0	2463.8	2218.5	2441.8	2501.3	102.4
湖　南	2651.4	2691.6	2767.9	3006.5	2925.7	97.3
广　东	1896.9	1734.8	1760.1	1396.3	1315.9	94.2
广　西	1363.1	1508.2	1528.5	1484.9	1521.8	102.5
海　南	169.6	201.8	199.6	199.5	190.9	95.7
重　庆			1106.9	1138.5	1148.1	100.8
四　川	4266.8	4365.0	3372.0	3315.0	3387.1	102.2
贵　州	721.0	948.9	1161.3	1079.5	1030.0	95.4
云　南	1057.2	1188.9	1467.8	1749.1	1824.0	104.3
西　藏	55.5	70.0	96.2	94.9	96.2	101.3
陕　西	1070.7	913.4	1089.1	1245.1	1215.8	97.6
甘　肃	690.7	644.2	713.5	1109.7	1138.9	102.6
青　海	114.0	114.2	82.7	101.5	102.4	100.9
宁　夏	190.1	203.2	252.7	375.0	373.4	99.6
新　疆	666.2	718.5	783.7	1273.0	1377.0	108.2

7—17 各地区分季粮食作物产量

单位:万吨

地 区	夏收粮食		早 稻		秋收粮食	
	2012年	2013年	2012年	2013年	2012年	2013年
全国总计	**12993.7**	**13184.8**	**3329.1**	**3413.5**	**42635.1**	**43595.5**
北 京	27.5	18.7			86.3	77.4
天 津	55.8	57.3			106.0	117.4
河 北	1353.1	1402.4			1893.5	1962.6
山 西	261.1	231.7			1013.0	1081.1
内蒙古					2528.5	2773.0
辽 宁	30.9	31.5			2039.6	2164.1
吉 林					3343.0	3551.0
黑龙江					5761.5	6004.1
上 海	29.0	23.3			93.4	90.9
江 苏	1143.5	1195.8			2229.0	2227.2
浙 江	62.5	63.9	66.8	71.7	640.5	598.3
安 徽	1301.5	1338.5	132.0	130.8	1855.6	1810.3
福 建	34.3	35.5	121.1	117.6	504.0	511.3
江 西	9.2	9.5	800.2	828.0	1275.4	1278.6
山 东	2179.9	2219.4			2331.5	2308.8
河 南	3186.0	3235.2			2452.6	2478.5
湖 北	447.4	501.0	208.9	222.8	1785.5	1777.6
湖 南	57.5	60.1	818.7	860.5	2130.3	2005.2
广 东	107.7	107.9	534.3	521.1	754.3	687.0
广 西	29.0	36.0	544.9	555.2	911.0	930.6
海 南	29.5	29.8	76.4	79.7	93.6	81.4
重 庆	154.2	153.6			984.4	994.5
四 川	587.6	575.5	0.7	0.5	2726.7	2811.1
贵 州	222.0	240.7			857.5	789.3
云 南	243.5	240.4	25.1	25.8	1480.5	1557.8
西 藏					94.9	96.2
陕 西	472.5	423.6			772.6	792.2
甘 肃	323.8	278.4			785.9	860.5
青 海					101.5	102.4
宁 夏	64.9	48.1			310.1	325.3
新 疆	580.0	627.0			693.0	750.0

7—18 各地区分品种粮食作物产量

单位:万吨

地区	谷物		#稻谷		#小麦		#玉米	
	2012年	2013年	2012年	2013年	2012年	2013年	2012年	2013年
全国总计	**53934.7**	**55269.2**	**20423.6**	**20361.2**	**12102.4**	**12192.6**	**20561.4**	**21848.9**
北京	111.6	94.4	0.1	0.1	27.4	18.7	83.6	75.2
天津	159.8	173.5	11.2	12.9	55.8	57.3	92.5	102.1
河北	3102.7	3221.8	49.8	58.8	1337.7	1387.2	1649.5	1703.9
山西	1214.7	1246.0	0.6	0.7	259.2	230.7	903.9	955.5
内蒙古	2180.9	2433.6	73.3	56.0	188.4	180.4	1784.4	2069.7
辽宁	1986.5	2122.7	507.8	506.9	3.2	2.7	1423.5	1563.2
吉林	3221.7	3443.8	532.0	563.3			2578.8	2775.7
黑龙江	5147.9	5495.9	2171.2	2220.6	70.0	38.9	2887.9	3216.4
上海	120.1	112.3	89.1	86.8	22.6	17.6	2.5	2.5
江苏	3252.0	3313.0	1900.1	1922.3	1048.8	1101.3	230.2	216.4
浙江	678.0	647.9	608.3	580.2	27.1	27.8	29.1	26.8
安徽	3123.3	3127.3	1393.5	1362.3	1294.0	1332.0	427.5	426.0
福建	524.2	523.6	503.8	502.0	0.7	0.7	18.0	19.3
江西	1992.8	2019.9	1976.0	2004.0	2.3	2.5	12.6	12.0
山东	4285.8	4297.1	103.4	103.6	2179.5	2218.8	1994.5	1967.1
河南	5431.4	5522.7	492.6	485.8	3177.4	3226.4	1747.8	1796.5
湖北	2315.6	2373.9	1651.4	1676.6	370.8	416.8	282.6	270.8
湖南	2843.2	2763.5	2631.6	2561.5	8.6	11.0	197.3	185.0
广东	1208.8	1129.2	1126.6	1045.0	0.3	0.3	79.7	81.6
广西	1396.5	1425.5	1142.0	1156.2	0.2	0.3	250.6	266.0
海南	167.1	162.0	155.8	149.8			11.3	12.1
重庆	799.1	804.7	498.0	503.1	38.5	33.7	256.3	258.1
四川	2741.0	2815.3	1536.1	1549.5	437.0	421.3	701.3	762.4
贵州	820.1	740.7	402.4	361.3	52.4	51.5	342.3	298.0
云南	1436.5	1485.0	644.6	667.9	88.3	80.5	700.0	734.2
西藏	92.2	93.5	0.5	0.6	24.6	24.1	2.6	2.5
陕西	1119.5	1096.3	87.4	91.0	435.5	389.8	566.9	586.7
甘肃	837.1	856.4	3.9	3.8	278.5	235.9	504.1	571.5
青海	61.9	60.8			35.2	36.0	17.0	16.4
宁夏	328.1	327.4	71.3	68.9	62.0	46.3	191.2	206.2
新疆	1234.8	1339.7	59.4	59.8	576.5	602.1	592.1	669.0

7－18 续表 单位:万吨

地区	豆类		#大豆		薯类		#马铃薯	
	2012年	2013年	2012年	2013年	2012年	2013年	2012年	2013年
全国总计	**1730.5**	**1595.3**	**1305.0**	**1195.1**	**3292.8**	**3329.3**	**1855.2**	**1918.8**
北京	1.0	0.9	0.9	0.8	1.2	0.8		
天津	1.5	0.9	1.4	0.9	0.5	0.3		
河北	32.5	30.9	25.9	24.4	111.5	112.4	61.8	61.8
山西	27.6	30.8	18.2	20.8	31.9	36.0	26.2	29.6
内蒙古	162.9	138.3	122.0	119.7	184.7	201.1	184.7	200.4
辽宁	34.2	31.3	31.2	28.4	49.8	41.6	27.4	28.6
吉林	52.6	58.8	40.8	45.4	68.7	48.4	63.9	48.4
黑龙江	479.6	400.2	463.4	386.7	134.0	108.0	134.0	108.0
上海	1.5	1.1	0.8	0.8	0.8	0.7		
江苏	81.2	72.2	55.3	47.0	39.3	37.8		
浙江	36.6	33.8	25.2	22.6	55.2	52.3	22.6	23.5
安徽	120.5	114.0	113.0	107.0	45.4	38.3	7.5	2.2
福建	20.8	21.4	15.9	16.5	114.3	119.3	29.6	30.9
江西	29.8	30.7	21.5	22.4	62.2	65.5	8.3	6.5
山东	39.9	40.4	37.4	35.8	185.8	190.6		
河南	84.6	78.8	78.1	72.9	122.6	112.1		
湖北	32.2	31.7	20.6	19.6	94.0	95.7	68.5	74.1
湖南	38.4	35.4	21.5	20.3	124.8	126.8	36.2	36.8
广东	20.1	20.9	15.3	15.9	167.4	165.9	24.8	23.5
广西	23.6	23.3	15.3	13.5	64.8	73.0	18.3	26.6
海南	2.4	2.3	0.7	0.7	30.0	26.7	0.02	0.02
重庆	45.0	46.0	19.6	19.6	294.4	297.4	118.3	121.7
四川	93.6	92.1	51.9	51.8	480.4	479.7	275.0	281.0
贵州	23.6	25.9	7.8	8.0	235.8	263.4	179.7	211.4
云南	129.7	131.4	26.9	31.8	183.0	207.6	175.0	194.5
西藏	2.3	2.2	0.1	0.04	0.5	0.5	0.4	0.5
陕西	43.1	32.8	36.0	25.0	82.5	86.8	66.7	69.1
甘肃	33.1	37.9	16.3	18.7	239.5	244.6	239.5	244.6
青海	7.1	5.7			32.5	35.9	32.5	35.9
宁夏	4.7	2.0	0.5		42.2	44.0	42.2	44.0
新疆	25.0	21.1	21.6	18.0	13.2	16.2	12.2	15.3

7—19 各地区油料产量

单位:吨

地区	油料合计		#花生		#油菜籽	
	2012年	2013年	2012年	2013年	2012年	2013年
全国总计	**34367660**	**35169950**	**16691582**	**16972155**	**14007307**	**14458187**
北京	13405	9762	12400	9085	1	16
天津	5646	5752	4595	4877		
河北	1428283	1511261	1269417	1300757	29690	35495
山西	195672	194660	20321	18303	6570	7174
内蒙古	1450797	1581369	31985	39981	306659	337497
辽宁	1208739	1136411	1165335	1112920	937	1221
吉林	807183	840162	466895	558339		
黑龙江	225158	190241	70447	71571	1056	533
上海	17313	14967	2046	2002	15120	12808
江苏	1469468	1503712	360200	352816	1091272	1132644
浙江	383010	377794	53418	51906	320853	316686
安徽	2276936	2254320	868553	886550	1343182	1300500
福建	280735	288261	262223	268786	16780	17791
江西	1170753	1192859	448133	452003	687541	704270
山东	3509513	3496095	3486528	3456820	20823	24218
河南	5695117	5890800	4540254	4713729	876064	898035
湖北	3196621	3331726	743412	681120	2300323	2504700
湖南	2078154	2244391	277524	283221	1785723	1946089
广东	966063	1010094	955209	998484	8077	7865
广西	544867	572054	512906	540985	20068	19017
海南	103621	109185	101537	107315		
重庆	501142	531375	113261	116642	377102	401045
四川	2877615	2904439	648165	653859	2220860	2240360
贵州	873827	915304	78553	82518	781764	817767
云南	628374	606771	74912	79864	534987	506870
西藏	63310	63771	262	404	63047	63367
陕西	603300	595182	97614	96375	399403	396664
甘肃	670036	697199	3996	4351	339294	331622
青海	352246	325652			345316	319277
宁夏	180321	168080	123	113	2839	1799
新疆	590436	606301	21356	26459	111956	112857

7—20 各地区棉花和麻类产量

单位:吨

地区	棉花		麻类合计		♯黄红麻	
	2012年	2013年	2012年	2013年	2012年	2013年
全国总计	**6835975**	**6298989**	**261215**	**229374**	**68467**	**61217**
北京	272	151				
天津	57567	48483				
河北	564404	456822	780	786	738	736
山西	46981	30634	42	53		
内蒙古	1552	1573	3			
辽宁	560	999				
吉林	7983	5751	141	30		
黑龙江			10166	9224		
上海	3811	3930				
江苏	220470	209317	2013	1904		
浙江	29891	27958	305	260	250	213
安徽	293973	251125	27026	26635	15878	12988
福建	71	73	386	361	312	286
江西	152203	130880	9071	8149	804	720
山东	698490	620961	45	45	2	
河南	256868	189721	36699	36509	36655	36509
湖北	545300	459694	26442	26144	245	147
湖南	250600	198000	23917	16856	600	599
广东			327	394	327	394
广西	2206	2423	11067	7469	9541	5797
海南			997	1198	997	1198
重庆	91	90	10186	9453	103	89
四川	13314	13050	57385	56102	1986	1528
贵州	1200	959	805	1025	10	6
云南	481	377	10170	7918	8	6
西藏						
陕西	67202	57917	690	686	11	1
甘肃	81028	70536	2510	3445		
青海						
宁夏		17				
新疆	3539458	3517549	30042	14729		

7—21 各地区糖料产量

单位:吨

地区	糖料合计		1. 甘蔗		2.甜菜	
	2012年	2013年	2012年	2013年	2012年	2013年
全国总计	**134854276**	**137461273**	**123113920**	**128201451**	**11740356**	**9259822**
北京						
天津						
河北	594297	742424			594297	742424
山西	407752	224571			407752	224571
内蒙古	1679264	1813605			1679264	1813605
辽宁	97317	171219			97317	171219
吉林	209410	61992			209410	61992
黑龙江	2731176	1231731			2731176	1231731
上海	10140	6766	10140	6766		
江苏	97531	95594	97231	95394	300	200
浙江	701425	638939	701425	638939		
安徽	206108	202087	206108	202087		
福建	564711	586246	564711	586246		
江西	615764	645998	615764	645998		
山东	72	67			72	67
河南	268803	283127	268803	283127		
湖北	310822	287211	310775	287162	47	49
湖南	738307	736817	738307	736817		
广东	14692105	15532282	14692105	15532282		
广西	78297134	81042553	78297134	81042553		
海南	4159197	4407722	4159197	4407722		
重庆	118823	109360	118823	109360		
四川	615307	571315	613404	569424	1903	1891
贵州	1280784	1593469	1280599	1593436	185	34
云南	20437844	21462549	20437795	21462549	50	
西藏						
陕西	1667	1600	1599	1590	68	10
甘肃	246503	247223			246503	247223
青海	35	150			35	150
宁夏	88				88	
新疆	5771889	4764656			5771889	4764656

7－22 各地区烟叶和蔬菜产量

单位：吨

地区	烟叶合计		#烤烟		蔬菜	
	2012年	2013年	2012年	2013年	2012年	2013年
全国总计	**3406524**	**3373663**	**3126229**	**3148547**	**708830560**	**735119903**
北京	7	6			2799020	2668593
天津					4477016	4550595
河北	7019	7154	4550	4806	76951323	79021182
山西	9939	9994	9935	9973	10733368	11984947
内蒙古	14237	13317	11768	11939	14762943	14210654
辽宁	33621	27960	30537	26852	29775976	32708648
吉林	81286	60571	32353	30099	9575386	9380729
黑龙江	96888	89489	88166	81319	8664146	9461458
上海					4069320	3984155
江苏	81	34	51	34	49845992	52377810
浙江	2578	2498			18198063	17642878
安徽	35858	42997	35004	42181	23274970	24179512
福建	148193	162623	147119	161370	16739331	17297127
江西	52472	50538	50338	47563	12131089	12575676
山东	103419	112154	103401	111308	93860081	96582023
河南	306762	346547	306762	346502	70116764	71125055
湖北	146056	126986	99109	94610	35063784	35783101
湖南	246995	263436	236475	253007	34809082	36035491
广东	58077	56963	52235	51187	29827067	31444715
广西	34382	38039	27043	31106	23567183	24356183
海南	160	240	160	240	4990010	5247758
重庆	102908	96604	76062	82384	15093438	16006420
四川	274494	250735	227081	205612	37647249	39106785
贵州	392768	435634	373081	417911	13756279	15004462
云南	1150017	1075540	1110461	1038536	14726600	16254498
西藏					655905	669918
陕西	91917	86647	91495	85377	15256183	16293603
甘肃	12976	14467	10938	12671	14604216	15787159
青海	1310	530			1587488	1589446
宁夏	2100	1960	2100	1960	4711062	5090079
新疆	5		5		16560227	16699242

7—23 主要农作物单位面积产量

单位：千克/公顷、%

指　标	1990年	1995年	2000年	2012年	2013年	2013年为2012年百分比
一、粮食作物	3933	4240	4261	5301.8	5376.6	101.4
1.谷物		4659	4753	5823.7	5894.2	101.2
稻谷	5726	6025	6272	6776.9	6717.3	99.1
小麦	3194	3541	3738	4986.9	5055.6	101.4
玉米	4524	4917	4598	5869.7	6015.9	102.5
谷子	2008	1982	1700	2439.7	2439.6	100.0
高粱	3674	3914	2904	4100.9	4965.4	121.1
其他谷物		2129	2019	2271.5	2336.8	102.9
2.豆类		1591	1588	1782.3	1729.5	97.0
#大豆	1455	1661	1656	1819.6	1759.9	96.7
杂豆		1408	1399	1677.0	1644.9	98.1
3.薯类	3008	3428	3497	3705.6	3714.4	100.2
#马铃薯	2263	2663	2806	3353.7	3417.6	101.9
二、油料作物	1480	1718	1919	2467.2	2508.1	101.7
#花生	2191	2687	2973	3598.5	3663.3	101.8
油菜籽	1264	1415	1519	1884.8	1919.8	101.9
芝麻	702	908	1034	1463.2	1490.0	101.8
胡麻籽	761	586	690	1228.5	1273.2	103.6
向日葵	1878	1562	1590	2614.1	2606.8	99.7
三、棉花	807	879	1093	1458.1	1449.5	99.4
四、麻类	2216	2386	2024	2580.7	2506.5	97.1
#黄红麻	2421	2534	2516	3898.7	3580.9	91.8
苎麻	1104	1515	1685	1888.2	1908.5	101.1
大麻	1524	1399	1324	2751.8	2863.3	104.1
亚麻	2775	3119	2229	5523.6	5102.8	92.4
五、糖料	42965	43630	50426	66416.3	68787.7	103.6
甘蔗	57118	58133	57626	68600.3	70576.2	102.9
甜菜	21668	20132	24518	49792.8	50922.4	102.3
六、烟叶	1650	1574	1776	2133.7	2078.8	97.4
#烤烟	1683	1584	1763	2111.6	2062.0	97.7

7－24 各地区分季粮食作物单位面积产量

单位：千克/公顷

地区	夏收粮食		早稻		秋收粮食	
	2012年	2013年	2012年	2013年	2012年	2013年
全国总计	**4709.7**	**4779.2**	**5774.8**	**5880.9**	**5476.5**	**5549.1**
北京	5257.5	5170.3			6093.6	6308.7
天津	4929.3	5189.3			5052.4	5279.9
河北	5534.9	5826.1			4908.4	5021.0
山西	3682.3	3354.8			3922.7	4184.4
内蒙古					4523.7	4936.5
辽宁	4843.3	5172.4			6467.6	6836.5
吉林					7251.2	7413.6
黑龙江					5001.5	5191.9
上海	3934.3	3942.4			8199.3	8299.7
江苏	4810.3	5010.7			7531.9	7488.2
浙江	3512.4	3541.8	6037.2	6229.7	6651.4	6244.7
安徽	5293.7	5411.8	5557.0	5554.1	4726.6	4622.2
福建	3869.8	3948.5	6020.4	5996.3	5529.1	5581.1
江西	1483.3	1522.4	5758.8	5924.1	5733.5	5731.6
山东	6010.4	6040.4			6520.8	6377.4
河南	5936.6	5998.5			5310.4	5286.4
湖北	3318.1	3596.7	5937.7	5776.6	7200.2	7167.9
湖南	3060.3	3090.3	5746.5	5948.0	6464.4	6084.7
广东	4652.1	4690.8	5710.5	5755.3	5493.9	5006.0
广西	3036.6	3325.9	5860.4	5983.4	4457.4	4562.0
海南	4015.8	4111.4	5326.4	5499.1	4221.3	3983.2
重庆	2990.8	3029.8			5644.0	5693.0
四川	3241.0	3177.8	6363.6	5000.0	5858.7	6035.1
贵州	2242.5	2429.8			4153.8	3709.4
云南	2079.1	2023.2	6352.8	5297.7	4642.7	4775.0
西藏					5553.7	5467.1
陕西	3672.1	3423.3			4197.1	4241.5
甘肃	3354.4	2977.1			4193.5	4473.5
青海					3622.7	3656.5
宁夏	3224.0	2916.3			4945.8	5109.3
新疆	5296.0	5543.5			6689.2	6795.0

7—25 各地区分品种粮食作物单位面积产量

单位:千克/公顷

地 区	谷 物		#稻 谷		#小 麦		#玉 米	
	2012年	2013年	2012年	2013年	2012年	2013年	2012年	2013年
全国总计	**5823.7**	**5894.2**	**6776.9**	**6717.3**	**4986.9**	**5055.6**	**5869.7**	**6015.9**
北 京	5991.2	6191.0	6443.9	6912.0	5257.9	5171.9	6330.9	6567.0
天 津	5159.9	5344.3	7657.5	7685.9	4929.3	5189.3	5155.3	5329.0
河 北	5291.7	5475.6	5798.4	6768.0	5550.9	5834.2	5409.8	5481.0
山 西	4374.1	4508.7	5940.6	6836.7	3761.8	3405.6	5415.7	5721.2
内蒙古	5361.0	5726.1	8201.1	7380.7	3091.0	3158.2	6297.1	6527.8
辽 宁	6631.8	7044.2	7673.0	7807.9	4705.9	4857.1	6450.9	6961.2
吉 林	7741.6	7875.3	7587.5	7751.4			7851.7	7932.7
黑龙江	6049.1	6248.3	7072.8	6992.6	3333.3	2923.3	5563.8	5904.4
上 海	6646.4	6887.7	8481.3	8521.1	3983.8	3975.7	6596.9	6997.2
江 苏	6561.9	6642.3	8428.9	8484.3	4917.8	5129.7	5495.3	5076.1
浙 江	6750.4	6453.3	7305.6	7001.2	3638.1	3685.1	4700.7	4220.8
安 徽	5680.4	5650.7	6291.1	6152.8	5357.0	5475.1	5197.4	5040.8
福 建	5955.6	6002.3	6087.2	6140.8	2874.2	2940.0	3970.9	4017.1
江 西	5898.4	5962.7	5936.9	6003.7	1924.1	2113.8	4484.8	4053.5
山 东	6308.4	6244.3	8345.8	8416.3	6011.0	6040.4	6608.6	6427.1
河 南	5934.2	5953.7	7599.2	7574.9	5950.1	6012.0	5637.9	5608.2
湖 北	6253.7	6255.6	8183.7	7979.6	3479.9	3807.1	4762.2	4721.3
湖 南	6327.8	6163.2	6426.3	6270.5	2428.4	3396.3	5767.5	5374.5
广 东	5676.9	5395.4	5779.1	5474.7	3225.8	3440.9	4620.3	4620.4
广 西	5252.6	5366.7	5550.2	5649.3	1333.3	1452.5	4317.0	4526.0
海 南	4747.8	4767.9	4801.5	4804.5			4121.0	4362.0
重 庆	6121.8	6227.6	7248.9	7305.2	3066.3	3132.0	5471.1	5529.5
四 川	5746.7	5916.6	7689.0	7783.7	3541.0	3464.6	5114.9	5532.7
贵 州	4483.5	3973.2	5892.5	5278.7	2016.9	2045.8	4415.3	3829.0
云 南	4534.5	4536.9	5952.7	5794.2	1996.8	1841.7	4804.7	4878.1
西 藏	5627.7	5522.7	5567.0	5789.5	6512.1	6366.0	6023.0	5763.9
陕 西	4327.0	4285.5	7082.4	7351.3	3862.2	3560.5	4856.1	5031.0
甘 肃	4264.1	4333.1	7019.7	7243.3	3339.6	2906.3	5584.5	5854.8
青 海	3786.9	3821.6			3735.5	3768.6	7410.6	7054.5
宁 夏	5690.3	5879.0	8457.9	8387.5	3466.3	3112.0	7775.5	7871.3
新 疆	6069.5	6288.9	8574.3	8889.9	5333.2	5371.0	6919.4	7265.6

7—25 续表 单位:千克/公顷

地区	豆类		#大豆		薯类		#马铃薯	
	2012 年	2013 年	2012 年	2012 年	2012 年	2013 年	2012 年	2013 年
全国总计	**1782.3**	**1729.5**	**1819.6**	**1759.9**	**3705.6**	**3714.4**	**3353.7**	**3417.6**
北京	1761.6	1828.5	1880.8	1960.1	5740.7	5411.9		
天津	1217.3	1235.1	1216.2	1231.2	4811.3	4615.4		
河北	1889.4	1854.8	2032.1	1962.1	4170.1	4229.4	3703.6	3644.8
山西	851.1	960.8	911.5	1040.7	1673.8	1891.1	1548.6	1755.0
内蒙古	1939.3	1831.1	1977.5	2121.0	2711.2	3286.3	2711.2	3281.3
辽宁	2443.8	2334.6	2695.3	2471.0	6073.2	5275.0	4993.2	5223.0
吉林	1420.9	1742.1	1775.6	2115.9	8386.1	6087.6	8361.5	6538.5
黑龙江	1735.2	1600.2	1739.5	1591.6	5460.5	4034.1	5460.5	4034.1
上海	2558.9	2527.7	2752.6	2655.2	7938.1	7422.7		
江苏	2532.1	2295.9	2628.1	2245.9	6533.7	6463.1		
浙江	2646.4	2467.2	2850.2	2564.9	5074.9	4633.8	4065.2	4036.7
安徽	1254.9	1215.9	1289.0	1249.0	2774.0	2498.4	4764.3	2458.1
福建	2534.1	2543.6	2493.3	2515.1	4783.5	4860.7	3832.1	3917.2
江西	1899.4	1913.9	2168.3	2253.9	4429.8	4582.3	5564.5	5930.3
山东	2435.8	2458.3	2556.7	2454.2	7583.3	7672.6		
河南	1624.7	1564.8	1696.6	1643.3	3930.8	3714.2		
湖北	1813.0	1978.4	2157.2	2258.7	3137.1	3154.9	3098.7	3119.4
湖南	2282.8	2134.8	2371.3	2223.4	5065.5	4422.1	3972.6	3661.7
广东	2510.9	2596.8	2460.1	2545.2	5062.8	4959.3	5024.3	5054.9
广西	1527.5	1507.8	1621.0	1393.4	2532.2	2753.8	4093.8	4108.5
海南	2812.3	2888.8	2185.1	2169.7	3837.1	3591.3	4411.9	4399.8
重庆	1957.2	1950.1	1973.3	1930.3	4065.5	4098.1	3377.4	3415.3
四川	1961.4	1954.2	2325.0	2338.6	3933.8	3867.6	3683.0	3658.9
贵州	771.7	820.1	585.9	627.3	2565.0	2808.0	2657.8	3066.0
云南	2264.7	2319.2	2116.2	2547.3	2776.0	3146.5	3386.7	3669.5
西藏	3613.3	3732.9	3000.0	3333.3	5696.2	6219.5	5753.4	6219.5
陕西	1930.2	1551.6	2158.9	1629.3	2603.5	2583.9	2498.1	2452.7
甘肃	1729.5	2065.1	1798.6	2059.6	3496.7	3500.9	3496.7	3500.9
青海	2148.3	2081.8			3884.3	3832.2	3884.3	3832.2
宁夏	1305.6				1956.4	2042.5	1956.4	2042.5
新疆	3639.3	2856.4	3901.9	3048.2	4708.6	5287.8	4574.7	5277.1

7－26　各地区油料作物单位面积产量

单位：千克/公顷

地　区	油料合计		＃花　生		＃油菜籽	
	2012年	2013年	2012年	2013年	2012年	2013年
全国总计	**2467.2**	**2508.1**	**3598.5**	**3663.3**	**1884.8**	**1919.8**
北　京	2958.3	2854.4	3070.3	2998.3		
天　津	3003.2	3213.4	3282.1	3483.6		
河　北	3145.7	3212.6	3580.5	3657.7	1564.4	1613.4
山　西	1341.5	1387.2	2188.8	2314.0	1574.9	1431.2
内蒙古	1897.1	1947.0	1913.0	1969.0	1132.7	1162.1
辽　宁	3208.9	3203.6	3240.4	3259.2	1952.1	1910.8
吉　林	3028.0	3037.9	3300.8	3765.5		
黑龙江	1919.2	1947.1	2844.0	2875.1	2575.6	6197.7
上　海	2116.5	2188.2	2589.9	2669.3	2076.9	2141.8
江　苏	2784.8	2901.4	3756.0	3745.0	2590.2	2736.7
浙　江	2022.4	2059.7	2882.3	2822.8	1938.0	1984.0
安　徽	2698.9	2810.8	4633.5	4734.3	2203.4	2289.1
福　建	2472.1	2502.3	2613.5	2643.8	1411.6	1456.3
江　西	1573.3	1605.2	2788.4	2761.4	1245.9	1285.2
山　东	4408.8	4397.9	4429.7	4429.9	2608.4	2544.7
河　南	3619.1	3705.1	4508.2	4544.4	2302.9	2418.4
湖　北	2129.0	2196.4	3100.1	3399.7	1970.6	2042.5
湖　南	1572.3	1623.4	2509.3	2509.9	1486.5	1544.7
广　东	2743.0	2804.6	2783.5	2844.6	1226.9	1188.0
广　西	2506.8	2576.9	2716.4	2776.4	1000.3	1012.9
海　南	2608.3	2702.1	2677.3	2735.1		
重　庆	1849.1	1874.3	1942.0	2058.0	1843.5	1860.1
四　川	2302.6	2295.1	2474.3	2516.3	2263.1	2244.9
贵　州	1596.0	1632.3	1915.2	1894.2	1573.1	1613.9
云　南	1830.5	1696.7	1536.6	1617.1	1902.5	1718.6
西　藏	2635.7	2598.7	2018.1	1923.8	2639.1	2604.5
陕　西	1995.7	1991.8	2965.2	2946.3	1976.4	1940.4
甘　肃	1991.6	2069.8	4119.6	3991.7	1938.4	1950.3
青　海	2142.6	2056.4			2158.4	2070.1
宁　夏	2040.2	2046.9	1808.8	1793.7	2379.7	2516.1
新　疆	2436.4	2734.2	4894.9	5660.9	1877.2	2582.0

7—27 各地区棉花和麻类作物单位面积产量

单位:千克/公顷

地区	棉花		麻类合计		#黄红麻	
	2012年	2013年	2012年	2013年	2012年	2013年
全国总计	**1458.1**	**1449.5**	**2580.7**	**2506.5**	**3898.7**	**3580.9**
北京	1135.2	1077.9				
天津	1038.9	1237.1				
河北	976.1	945.9	2241.4	2381.8	2236.4	2374.2
山西	1257.4	1306.9	602.0	789.6		
内蒙古	1495.2	1453.8	1000.0			
辽宁	1842.1	1881.4				
吉林	1919.0	1848.0	1007.1	3000.0		
黑龙江			5585.7	7291.7		
上海	1934.4	1955.2				
江苏	1292.1	1348.5	2757.5	2644.4		
浙江	1429.2	1423.0	2772.7	2921.3	3125.0	3292.5
安徽	964.1	880.7	3015.6	3311.6	3412.4	2948.5
福建	692.9	754.7	2979.9	2954.2	3254.5	3213.5
江西	1790.4	1545.8	1592.2	1533.4	4757.4	4868.2
山东	1012.5	922.9	2250.0	2250.0	2000.0	
河南	1000.8	1016.3	5552.0	5582.4	5562.2	5582.4
湖北	1153.2	1106.1	2187.1	2336.4	2722.2	1837.5
湖南	1455.5	1240.9	2306.4	2212.1	3002.0	2852.4
广东			2378.8	2422.1	2378.8	2422.1
广西	1009.6	1066.5	2431.8	1684.9	2332.2	1467.6
海南			6794.6	3605.5	6794.6	3605.5
重庆	636.4	659.5	1490.3	1634.3	1551.7	1616.2
四川	912.3	942.4	1813.5	1806.9	2246.6	2104.7
贵州	704.6	587.3	1376.1	1470.6	769.2	600.0
云南	1651.5	1942.3	3268.9	3145.6	1950.0	2066.7
西藏						
陕西	1391.3	1577.3	1408.2	1429.2	1100.0	100.0
甘肃	1681.8	1732.2	1364.1	1478.5		
青海						
宁夏						
新疆	2056.8	2047.2	6286.8	6147.5		

7—28 各地区糖料作物单位面积产量

单位：千克/公顷

地 区	糖料合计		1. 甘 蔗		2.甜 菜	
	2012 年	2013 年	2012 年	2013 年	2012 年	2013 年
全国总计	**66416**	**68788**	**68600**	**70576**	**49793**	**50922**
北 京						
天 津						
河 北	41911	45575			41911	45575
山 西	47718	48858			47718	48858
内 蒙 古	38421	39588			38421	39588
辽 宁	52041	51402			52041	51402
吉 林	31443	27261			31443	27261
黑 龙 江	37439	31932			37439	31932
上 海	63375	48329	63375	48329		
江 苏	59110	60122	60019	60761		
浙 江	63737	61955	63737	61955		
安 徽	39735	40057	39735	40121		
福 建	60662	61153	60662	61153		
江 西	44747	44643	44747	44643		
山 东	24000	22333			24000	22333
河 南	67709	71678	67709	71678		
湖 北	39951	38193	40100	38288		
湖 南	51094	51816	51094	51816		
广 东	88805	89789	88805	89789		
广 西	69411	72032	69411	72032		
海 南	66604	68510	66604	68510		
重 庆	35199	37091	35199	37091		
四 川	41227	40516	41357	40638	20462	21247
贵 州	58684	57044	58794	57060	4205	2000
云 南	61654	62690	61654	62690	16533	
西 藏						
陕 西	27783	32000	31980	31800	6800	
甘 肃	49007	50351			49007	50351
青 海		22500				22500
宁 夏	44000				44000	
新 疆	69854	72301			69854	72301

7—29 茶叶、水果产量

单位:万吨

年 份	茶叶产量	水果产量	苹 果	柑 桔	梨	葡 萄	香 蕉
1952	8.2	244.3	11.8	20.7	39.4	4.8	11.0
1957	11.2	324.7	22.2	32.2	50.4	8.5	7.3
1962	7.4	271.2	22.5	20.6	44.3	8.4	3.5
1965	10.1	323.9	31.8	25.4	51.1	10.0	14.5
1970	13.6	374.5	79.8	24.2	65.4	8.5	16.6
1975	21.1	538.1	158.3	33.6	108.7	12.3	16.5
1978	26.8	657.0	227.5	38.3	151.7	10.4	8.5
1979	27.7	701.5	286.9	58.2	143.8	12.6	7.4
1980	30.4	679.3	236.3	71.3	146.6	11.0	6.1
1981	34.3	780.1	300.6	79.8	159.3	14.8	12.6
1982	39.7	771.3	243.0	93.9	175.5	18.6	20.1
1983	40.1	948.7	354.1	129.6	179.5	24.7	20.7
1984	41.4	984.5	294.1	149.9	210.0	29.4	30.0
1985	43.2	1163.9	361.4	180.8	213.7	36.1	63.1
1986	46.1	1347.7	333.7	254.8	234.8	44.2	125.1
1987	50.8	1667.9	426.4	322.4	248.9	64.1	202.9
1988	54.5	1666.1	434.4	256.0	272.1	79.2	183.0
1989	53.5	1831.9	449.9	456.1	256.5	87.4	140.4
1990	54.0	1874.4	431.9	485.5	235.3	85.9	145.6
1991	54.2	2176.1	454.0	633.3	249.8	91.6	198.1
1992	56.0	2440.1	655.6	516.0	284.6	112.5	245.1
1993	60.0	3011.2	907.0	656.1	321.7	135.5	270.1
1994	58.8	3499.8	1112.9	680.5	404.2	152.2	289.8
1995	58.8	4214.6	1400.8	822.5	494.2	174.2	312.5
1996	59.3	4652.8	1704.7	845.7	580.7	188.3	253.6
1997	61.3	5089.3	1721.9	1010.2	641.5	203.2	289.2
1998	66.5	5452.9	1948.1	859.0	727.5	235.8	351.8
1999	67.6	6237.6	2080.2	1078.7	774.2	270.8	419.4
2000	68.3	6225.1	2043.1	878.3	841.2	328.2	494.1
2001	70.2	6658.0	2001.5	1160.7	879.6	368.0	527.2
2002	74.5	6952.0	1924.1	1199.0	930.9	447.9	555.7
2003	76.8	14517.4	2110.2	1345.4	979.8	517.6	590.3
2004	83.5	15340.9	2367.5	1495.8	1064.2	567.5	605.6
2005	93.5	16120.1	2401.1	1591.9	1132.4	579.4	651.8
2006	102.8	17102.0	2605.9	1789.8	1198.6	627.1	690.1
2007	116.5	18136.3	2786.0	2058.3	1289.5	669.7	779.7
2008	125.8	19220.2	2984.7	2331.3	1353.8	715.1	783.5
2009	135.9	20395.5	3168.1	2521.1	1426.3	794.1	883.4
2010	147.5	21401.5	3326.4	2645.2	1505.3	854.9	956.1
2011	162.3	22768.2	3598.5	2944.0	1579.5	906.7	1040.0
2012	179.0	24056.8	3849.1	3167.8	1707.3	1054.3	1155.8
2013	192.4	25093.0	3968.3	3320.9	1730.1	1155.0	1207.5

注：2003 年起，水果产量包括种植业中的瓜果类产量（后同）。

7—30 茶叶、水果主要品种面积和产量及增减情况

指　标	单　位	1990年	1995年	2000年	2012年	2013年	2013年为2012年百分比(%)
一、茶叶生产情况							
年末实有茶园面积	千公顷	1061.3	1115.3	1089.0	2279.9	2468.8	108.3
茶叶产量	吨	540070	588553	683324	1789753	1924457	107.5
绿茶	吨	332502	413784	498057	1247827	1313362	105.3
青茶	吨	33411	55372	67608	217879	236773	108.7
红茶	吨	109680	52003	47294	132416	159967	120.8
黑茶	吨	25026	17476	22558	79836	91931	115.1
黄茶	吨				179	200	111.9
白茶	吨				10244	12002	116.8
其他茶	吨	39451	49918	47807	101371	110223	108.7
二、水果生产情况							
年末果园面积	千公顷	5178.7	8097.6	8931.6	12139.9	12371.4	101.9
#香蕉园	千公顷	108.8	190.2	249.2	394.7	392.0	99.3
苹果园	千公顷	1633.1	2953.1	2254.1	2231.3	2272.2	101.8
柑桔园	千公顷	1061.2	1214.1	1271.8	2306.3	2422.2	105.0
梨 园	千公顷	480.7	859.4	1014.6	1088.6	1111.7	102.1
葡萄园	千公顷	122.6	152.5	283.0	665.6	714.6	107.4
园林水果产量	万吨	1874.4	4214.6	6225.1	15104.4	15771.3	104.4
#香蕉	万吨	145.6	312.5	494.1	1155.8	1207.5	104.5
苹果	万吨	431.9	1400.8	2043.1	3849.1	3968.3	103.1
柑桔	万吨	485.5	822.5	878.3	3167.8	3320.9	104.8
梨	万吨	235.3	494.2	841.2	1707.3	1730.1	101.3
葡萄	万吨	85.9	174.2	328.2	1054.3	1155.0	109.5
菠萝	万吨	46.3	53.9	85.7	128.7	138.6	107.7
红枣	万吨	42.3	78.2	130.6	588.7	634.0	107.7
柿子	万吨	62.5	96.9	159.2	341.8	353.9	103.5

7—31 各地区茶园面积和茶叶产量

单位：千公顷、吨

地区	年末实有茶园面积		本年采摘面积		茶叶产量		绿茶	
	2012 年	2013 年	2012 年	2013 年	2012 年	2013 年	2012 年	2013 年
全国总计	**2279.9**	**2468.8**	**1735.2**	**1857.2**	**1789753**	**1924457**	**1247827**	**1313362**
北京								
天津								
河北								
山西								
内蒙古								
辽宁								
吉林								
黑龙江								
上海								
江苏	34.0	34.0	28.8	28.4	15371	13862	12674	11905
浙江	183.0	184.0	164.6	167.9	174840	168602	168731	162711
安徽	149.7	155.3	131.0	135.0	95374	100949	89150	93608
福建	221.5	232.3	195.5	205.7	320958	346989	110064	109899
江西	65.5	72.6	49.9	55.0	38662	43112	29317	34116
山东	20.8	22.7	14.3	15.7	13323	15740	13323	15740
河南	87.6	97.7	73.5	79.0	51374	55891	45496	49063
湖北	260.1	291.8	189.4	205.4	206984	221957	165004	170408
湖南	108.8	115.5	86.8	91.1	135346	146031	58363	62762
广东	41.8	44.2	37.9	41.6	63095	69753	25741	28422
广西	55.6	62.9	47.0	53.5	49359	53905	34087	35627
海南	1.0	1.2	0.8	1.0	1196	1028	1011	583
重庆	35.1	35.9	25.8	22.6	31372	34221	24059	26816
四川	266.6	284.0	186.7	203.1	210201	219536	171628	181391
贵州	251.5	313.2	121.3	145.9	74359	89403	63161	77736
云南	389.7	400.6	308.7	327.7	271704	301736	199817	210871
西藏	0.2	0.2		0.1	31	40	3	5
陕西	97.1	109.7	69.2	74.0	35195	40656	35195	40656
甘肃	10.2	10.8	4.0	4.5	1002	1042	1002	1042
青海								
宁夏								
新疆								

7—31 续表 1 单位:千公顷、吨

地　区	青茶		红　茶		黑　茶	
	2012 年	2013 年	2012 年	2013 年	2012 年	2013 年
全国总计	**217879**	**236773**	**132416**	**159967**	**79836**	**91931**
北　京						
天　津						
河　北						
山　西						
内 蒙 古						
辽　宁						
吉　林						
黑 龙 江						
上　海						
江　苏			2452	1948		
浙　江			1370	1321	3159	3047
安　徽	70	220	4422	5168		
福　建	172690	188038	27365	36866		
江　西	1530	1366	5123	4915	46	30
山　东						
河　南			5878	6828		
湖　北	4116	4819	21746	23757	11363	18343
湖　南	3582	3702	15890	16849	48010	52531
广　东	30143	33331	1338	2011		
广　西	362	348	8720	11348	949	1178
海　南			134	419		
重　庆	30	35	3101	3128	1883	1894
四　川	4558	3743	3195	3660	14403	14428
贵　州	132	385	950	1472	23	480
云　南	666	786	30731	40278		
西　藏						
陕　西						
甘　肃						
青　海						
宁　夏						
新　疆						

7—31 续表 2　　　　单位：千公顷、吨

地　区	黄　茶		白　茶		其他茶	
	2012 年	2013 年	2012 年	2013 年	2012 年	2013 年
全国总计	**179**	**200**	**10244**	**12002**	**101371**	**110223**
北　京						
天　津						
河　北						
山　西					6	5
内蒙古						
辽　宁						
吉　林						
黑龙江						
上　海						
江　苏				5	245	4
浙　江			48		1579	1523
安　徽			9284	78	1684	1875
福　建	12		286	10704	1555	1482
江　西		7		389	2348	2289
山　东						
河　南			151			
湖　北	10		4	246	4604	4384
湖　南	8	12		5	9487	10170
广　东		8			5865	5981
广　西					5240	5404
海　南					51	26
重　庆	145		268		2299	2348
四　川	4	145	203	387	16004	15782
贵　州		28		188	9886	9114
云　南					40490	49802
西　藏					27	35
陕　西						
甘　肃						
青　海						
宁　夏						
新　疆						

7—32 各地区果园面积

单位:千公顷

地 区	年末实有果园面积		#香蕉园		#苹果园	
	2012 年	2013 年	2012 年	2013 年	2012 年	2013 年
全国总计	**12139.9**	**12371.4**	**394.7**	**392.0**	**2231.3**	**2272.2**
北 京	62.5	60.2			7.8	7.2
天 津	33.7	34.2			4.7	5.0
河 北	1051.8	1063.5			235.7	237.4
山 西	342.4	348.3			150.7	154.1
内 蒙 古	70.9	72.7			18.1	18.4
辽 宁	368.5	400.4			139.0	155.0
吉 林	53.8	52.7			13.6	13.7
黑 龙 江	35.3	34.2			11.6	11.6
上 海	21.3	21.1				
江 苏	209.8	222.1			34.3	33.0
浙 江	321.5	321.4				
安 徽	116.5	118.2			15.5	15.6
福 建	534.9	539.2	27.2	26.9		
江 西	392.8	405.2				
山 东	596.3	633.9			279.6	303.4
河 南	466.7	475.7			178.8	176.7
湖 北	400.7	403.6			2.0	1.6
湖 南	546.0	563.9				
广 东	1100.2	1119.8	125.3	127.8		
广 西	997.2	1039.5	87.1	88.7		
海 南	179.8	171.1	60.9	53.2		
重 庆	282.2	296.4	0.1	0.1	1.0	0.7
四 川	608.2	613.5	1.4	1.4	32.9	32.7
贵 州	193.0	228.1	1.5	1.5	9.6	9.2
云 南	392.5	406.5	91.3	92.4	40.6	41.9
西 藏	2.0	2.0			1.3	1.1
陕 西	1160.2	1193.9			645.2	665.2
甘 肃	446.9	451.8			283.9	290.2
青 海	6.8	6.8			1.7	1.6
宁 夏	130.3	137.7			39.8	41.8
新 疆	1015.2	934.0			83.9	55.0

7—32 续表　　　　单位：千公顷

地　区	＃柑桔园		＃梨　园		＃葡萄园	
	2012 年	2013 年	2012 年	2013 年	2012 年	2013 年
全国总计	**2306.3**	**2422.2**	**1088.6**	**1111.7**	**665.6**	**714.6**
北　京			9.1	8.7	3.2	3.3
天　津			4.1	4.6		4.8
河　北			194.0	195.2	76.8	81.4
山　西			35.1	36.0	10.0	11.1
内 蒙 古			7.5	5.8	8.2	9.2
辽　宁			98.8	113.4	35.3	36.8
吉　林			13.7	13.4	12.3	12.8
黑 龙 江			4.0	3.5	4.0	3.9
上　海	7.3	6.7	1.9	2.0	5.0	5.2
江　苏	3.5	3.0	39.4	39.1	31.2	34.1
浙　江	109.4	106.0	23.7	23.2	25.5	27.2
安　徽	3.0	3.4	37.3	37.7	13.5	14.8
福　建	179.6	183.9	22.0	22.1	6.9	8.1
江　西	317.3	328.7	27.1	27.2	4.2	4.6
山　东			42.5	45.6	37.5	39.9
河　南	11.0	11.5	52.0	52.3	29.6	32.4
湖　北	243.6	239.7	37.3	39.4	10.2	10.0
湖　南	400.0	414.0	33.3	34.5	22.3	25.6
广　东	254.7	298.1	7.8	8.0		
广　西	217.1	262.5	21.3	21.8	24.5	27.0
海　南	5.3	5.5				
重　庆	161.4	158.3	34.9	36.7	6.3	6.9
四　川	271.6	272.0	83.3	80.8	24.9	26.7
贵　州	45.0	50.4	48.1	49.4	13.3	16.6
云　南	39.5	40.5	52.2	53.2	27.1	28.2
西　藏			0.1	0.1		
陕　西	36.7	37.6	48.6	49.3	35.2	40.2
甘　肃	0.3	0.2	36.3	35.8	26.0	25.8
青　海			0.9	0.9	0.1	0.1
宁　夏			2.0	2.0	29.2	33.4
新　疆			70.2	69.9	143.3	144.8

7－33 各地区水果产量

单位:吨

地区	水果产量		#香蕉		#苹果	
	2012 年	2013 年	2012 年	2013 年	2012 年	2013 年
全国总计	**240568362**	**250930385**	**11557950**	**12075238**	**38490692**	**39682618**
北京	1136046	1038487			103017	87330
天津	581884	541685			49639	47644
河北	18148959	18633081			3114632	3201405
山西	6773343	7118420			3752442	3962213
内蒙古	2834959	2947699			143736	151700
辽宁	8942903	9446510			2634128	2752280
吉林	2174695	2346645			166735	171467
黑龙江	2685767	2743674			150661	140649
上海	871885	747275			6	6
江苏	7959762	8141892			601221	541810
浙江	7038397	7156526				
安徽	8853972	9050567			386624	360488
福建	7088280	7443053	902580	915058	240	240
江西	5712906	6377679				
山东	29245112	30288410			8710375	9304735
河南	25350384	25996638			4367005	4431491
湖北	8856769	9204573			10573	10183
湖南	9092495	8794436				
广东	13900933	14854045	4031646	4202930		
广西	13250320	14334166	2302754	2476969		
海南	4287054	4394807	2091019	2027519		
重庆	2911934	3192576	1026	1850	4960	4900
四川	8216309	8400681	39910	40307	488292	518661
贵州	1477241	1677457	6072	5621	24856	32498
云南	5811229	6345223	2182944	2404984	322445	336497
西藏	13565	13044			4442	5496
陕西	16938187	17644125			9650885	9428230
甘肃	5649920	6114917			2487504	2695952
青海	36795	29644			5880	5382
宁夏	2505379	2643069			489412	510528
新疆	12220977	13269382			820982	980834

7—33 续表 1　　　　单位:吨

地区	#柑桔		#梨		#葡萄	
	2012年	2013年	2012年	2013年	2012年	2013年
全国总计	**31677960**	**33209414**	**17073026**	**17300751**	**10543154**	**11550024**
北京			162632	147628	41316	36709
天津			36218	36911	106929	92851
河北			4450544	4455981	1241764	1369938
山西			663588	587586.3	258450	206787
内蒙古			74924	61285	81359	111882
辽宁			1547193	1653342.6	769027	816325
吉林			112603	131991	148090	147787
黑龙江			37259	28238	83443	81441
上海	242781	155190	37359	36454	102861	100604
江苏	58030	47340	748219	694499	485652	513516
浙江	1935604	1930268	390500	393006	605773	659478
安徽	34064	35381	1069300	979468	316334	358070
福建	3034072	3234653	205745	215290	127623	144366
江西	3364641	4072387	140594	141771	42757	48241
山东			1190939	1271992	1050223	1124653
河南	40414	48093	1043927	1077323	552024	556741
湖北	3853103	4003942	536352	563121	204864	236845
湖南	4834943	4173169	154253	164503.7	132291	139381
广东	4145462	4548297	77982	80534		
广西	3840460	4230414	257690	277292	318859	366987
海南	54759	62485				
重庆	1715248	1931925	340983	360078	62757	72070
四川	3408007	3436160	960290	962939	249751	288367
贵州	227366	254817	217178	240888	86969	140549
云南	517258	566081	416326	471721	543478	659351
西藏	527	582	1150	1367	423	492
陕西	368010	476854	896932	972591.405	464710	606559
甘肃	3212	1376	333281	362772	227891	258520
青海			4708	4147	103	99
宁夏			14161	12974	146925	172158
新疆			950197	913058	2090508	2239257

7—33 续表 2

单位:吨

地区	#菠萝		#红枣		#柿子	
	2012年	2013年	2012年	2013年	2012年	2013年
全国总计	**1287095**	**1386361**	**5887121**	**6339973**	**3417586**	**3538823**
北京			10916	9723	44235	43036
天津			34754	22828	8662	8307
河北			1258911	1167677	503927	444477
山西			549325	551788	126404	167939
内蒙古			498	976		
辽宁			163444	210632		
吉林						
黑龙江						
上海			1113	1163	1211	984
江苏			13413	10607	146188	143057
浙江					52216	51371
安徽			16933	16136	162836	148551
福建	37808	36923	27	39	198677	206987
江西					20259	20178
山东			981121	910650	162890	156978
河南			405960	415495	542599	546320
湖北			32127	33855	58261	66092
湖南			24723	28145	19138	20208
广东	821022	889469			137944	142998
广西	30483	32716	22416	24154	737551	797044
海南	342721	383258				
重庆			5428	5970	13733	11535
四川			14614	15675	48152	48793
贵州			1844	2036	14596	14582
云南	55061	43995	14235	18742	65236	80140
西藏						
陕西			678978	675998	332894	396380
甘肃			131114	147036	19976	22867
青海						
宁夏			71250	76988		
新疆			1453977	1993660		

7－33 续表 3

单位:吨

地 区	#瓜果类		#西 瓜		#甜 瓜	
	2012 年	2013 年	2012 年	2013 年	2012 年	2013 年
全国总计	**89523979**	**93217794**	**70712675**	**72943838**	**13315830**	**14336814**
北 京	340210.7	297352.4	309727	267996	14935	14149
天 津	275659	265878	227780	204785	28672	22868
河 北	5288582	5602088	3950023	4129165	848203	929161
山 西	704876	808816.3	573067	655591	108199	134046
内 蒙 古	2280568	2313180.122	1568904	1518286	634787	750656
辽 宁	2613731	2832753	1310270	1367882	699600	729417
吉 林	1577210	1734141	1030487	1188097	520588	521882
黑 龙 江	2118363	2252541	1311369	1323667	628305	773020
上 海	390339.9	377161.921	304845	287114	66565	68349
江 苏	5147541	5396091	3866351	4045478	624118	686615
浙 江	2911559	2925325	2381192	2372064	247369	265531
安 徽	6240745	6491612	5255441	5445614	490401	513236
福 建	830060	857609	680321	710122	89401	90184
江 西	2010118	1964247.5	1602961	1666560	126365	144134
山 东	14006911	14273060	11051267	11091830	2102638	2201755
河 南	16646085	17113650	14677562	15079968	1820012	1885486
湖 北	3439595	3510421.5	2952942	3030573	408985	396304
湖 南	3555093.093	3841116	3181381	3414604	330711	378946
广 东	1110028	1166751	843501	888994	102692	103792
广 西	2940819	3107819	2686325	2841016	247754	259517
海 南	940748	969386	650560	521331	50065	67779
重 庆	407182	423982.988	387618	403917	11238	11626
四 川	1273013	1213385	1108405	1071619	17034	18075
贵 州	576663	620071	476935	518218	28405	23795
云 南	704032	630630	592599	488608	14258	15849
西 藏	3820	779	856	524		
陕 西	2560738	2770291	1873007	2116654	572793	531886
甘 肃	2052806	2201257	1561108	1589089	214096	262833
青 海	22705	16125	21061	14599		
宁 夏	1700648	1797833	1563851	1656012	134189	141324
新 疆	4853531	5442440	2710959	3033861	2133452	2394597

7－34　主要林产品产量

单位：万吨

年 份	橡 胶	生 漆	油桐籽	油茶籽	乌桕籽	松 脂
1952			43.5	24.9	11.8	
1957		0.2	51.8	49.4	12.5	
1962	0.5	0.1	18.3	20.1	8.1	
1965	1.7	0.2	13.0	33.2		
1970	4.6	0.1	22.4	35.0		
1975	6.9	0.2	37.0	42.5	7.7	30.3
1978	10.2	0.2	39.1	47.9	8.5	33.8
1979	10.8	0.3	32.5	61.7	8.1	40.4
1980	11.3	0.2	30.3	49.0	9.3	42.1
1981	12.8	0.3	36.0	65.4	9.5	56.2
1982	15.3	0.3	33.9	49.4	8.5	47.0
1983	17.2	0.3	36.8	43.5	8.5	30.4
1984	18.9	0.2	36.2	53.6	8.1	36.9
1985	18.8	0.2	37.9	61.9	7.1	34.4
1986	20.9	0.3	34.6	43.8	7.0	41.6
1987	23.8	0.3	34.2	51.8	6.8	52.3
1988	24.0	0.3	35.9	46.3	6.3	46.1
1989	24.3	0.3	33.5	66.7	5.6	48.7
1990	26.4	0.3	35.1	52.3	5.2	43.5
1991	29.6	0.3	32.8	62.1	4.5	44.0
1992	30.9	0.3	43.7	62.9	4.3	46.9
1993	32.6	0.3	42.1	48.8	4.1	58.1
1994	37.4	0.2	43.5	63.1	3.7	56.9
1995	42.4	0.3	40.5	62.3	3.9	54.8
1996	40.2	0.4	40.8	69.7	4.2	58.1
1997	45.2	0.4	45.4	85.7	4.1	70.1
1998	46.2	0.5	43.9	72.3	4.1	54.3
1999	49.0	0.5	44.8	79.3	3.5	57.1
2000	48.0	0.5	45.3	82.3	3.6	55.1
2001	47.7	0.5	40.7	82.5	2.9	56.4
2002	52.7	0.6	38.9	85.5	3.2	56.3
2003	56.5	0.9	37.3	77.9	2.8	62.6
2004	57.5	1.0	38.1	87.5	2.3	67.3
2005	51.4	1.4	36.9	87.5	3.0	76.7
2006	53.8	2.1	38.3	92.0	2.7	90.9
2007	58.8	1.3	36.1	93.9	2.6	96.6
2008	54.8	1.6	37.1	99.0	3.2	84.9
2009	61.9	2.0	36.7	116.9	3.3	104.7
2010	69.1	2.0	43.4	109.2	3.4	111.6
2011	75.1	1.9	43.8	148.0	3.6	115.7
2012	80.2	2.6	42.7	172.8	3.9	121.5
2013	86.5	2.5	41.9	177.7	3.7	130.8

7—35　营林面积和主要林产品产量及增减情况

指　　标	单　位	1990年	1995年	2000年	2012年	2013年	2013年为2012年百分比(%)
一、营林情况							
1.荒山荒(沙)地造林面积	千公顷	5208.5	4967.2	5105.1	5595.8	6100.1	109.0
按造林方式分:							
当年人工造林面积	千公顷	4353.4	4405.4	4345.0	3820.7	4209.7	110.2
当年飞机播种面积	千公顷	855.1	561.8	760.1	136.4	154.4	113.2
无林地和疏林地新封	千公顷				1638.7	1736.0	105.9
按用途分:							
用材林	千公顷	3156.5	1823.3	1218.5	774.4	1057.6	136.6
经济林	千公顷	644.5	1740.3	1350.3	1101.1	1233.7	112.0
防护林	千公顷	1029.7	1243.0	2430.8	3650.8	3748.4	102.7
薪炭林	千公顷	340.1	143.8	82.3	41.1	24.9	60.5
特种用材林	千公顷	37.7	16.5	23.2	28.4	35.5	125.3
2.更新造林	千公顷	671.5	729.7	919.8	305.1	303.1	99.4
3.零星(四旁)植树	万株	337596.3	326377.6	300504.0	239418	235734	98.5
4.育苗面积	千公顷	213.5	206.0	278.6	915.6	1071.5	117.0
5.未成林抚育作业面积	千公顷次	13032.6	15834.2	11825.3	9396.3	7751.5	82.5
6.中、幼龄林抚育面积	千公顷	2513.3	3666.0	5013.0	7661.7	7847.2	102.4
二、主要林产品产量							
生漆	吨	2683	2976	5279	26027	25154	96.6
油桐籽	吨	350770	404929	453461	427048	418924	98.1
油茶籽	吨	523313	623128	823224	1727708	1776506	102.8
乌桕籽	吨	51947	38834	35775	39467	37003	93.8
五倍籽	吨	5783	10084	8678	23190	23694	102.2
棕片	吨	39860	52955	61082	55171	54134	98.1
松脂	吨	435244	548133	551057	1215065	1307747	107.6
竹笋干	吨	83551	174588	339084	501740	574793	114.6
紫胶(原胶)	吨	1421	3486	1419	1997	4913	246.0

注:1.自2013年起“幼林抚育作业面积”指标更名为“未成林抚育作业面积”。

2.自2013年起,取消“成林抚育面积”指标,增加“中、幼龄林抚育面积”。

3.中、幼龄林抚育面积约占成林抚育面积60%—70%。

4.下同。

7—36 各地区造林面积

单位:千公顷

地区	当年造林面积		按造林方式分					
			人工造林面积		飞机播种造林面积		无林地和疏林地新封山育林面积	
	2012年	2013年	2012年	2013年	2012年	2013年	2012年	2013年
全国总计	**5595.8**	**6100.1**	**3820.7**	**4209.7**	**136.4**	**154.4**	**1638.7**	**1736.0**
北京	35.8	45.8	22.2	30.9			13.6	14.9
天津	5.4	5.8	5.4	5.8				
河北	312.4	318.7	209.0	238.0	20.0	20.0	83.3	60.7
山西	302.9	298.8	225.3	240.8	2.3	1.7	75.3	56.2
内蒙古	781.6	805.2	357.3	349.6	65.1	78.7	359.2	376.9
辽宁	246.7	237.5	140.0	134.5			106.7	103.0
吉林	28.2	112.4	27.8	48.4			0.3	64.0
黑龙江	162.3	124.1	109.0	81.5			53.3	42.6
上海	1.2	0.9	1.2	0.9				
江苏	57.3	65.3	57.3	64.9				0.3
浙江	43.9	42.4	34.5	30.3			9.5	12.1
安徽	43.8	172.1	32.2	162.5			11.6	9.6
福建	98.0	100.2	98.0	100.2				
江西	138.6	153.4	127.0	141.0			11.6	12.3
山东	198.0	220.5	195.9	219.1			2.1	1.3
河南	228.3	253.9	206.0	201.2			22.3	52.7
湖北	198.6	246.9	140.2	165.7			58.4	81.2
湖南	404.2	349.8	236.5	188.7			167.8	161.1
广东	107.5	139.1	94.9	119.1			12.6	20.0
广西	148.9	149.9	124.4	133.5			24.4	16.4
海南	17.7	12.8	17.7	12.8				
重庆	206.2	227.9	135.4	152.8	10.0		60.8	75.1
四川	112.2	126.2	58.8	68.0			53.3	58.2
贵州	147.7	340.0	70.4	256.3			77.3	83.7
云南	544.5	524.3	495.4	467.7			49.0	56.7
西藏	72.4	69.6	38.4	30.5			34.0	39.1
陕西	320.3	344.0	215.7	215.7	39.0	54.0	65.6	74.2
甘肃	177.3	174.5	110.8	108.4			66.5	66.1
青海	135.6	152.8	33.4	44.4			102.3	108.4
宁夏	94.8	101.1	53.4	60.7			41.4	40.5
新疆	210.2	164.5	133.9	115.8			76.4	48.7
大兴安岭								
军事管理区	13.3	20.0	13.3	20.0				

7—36 续表 1

单位：千公顷

地区	按用途分					
	用材林		经济林		防护林	
	2012 年	2013 年	2012 年	2013 年	2012 年	2013 年
全国总计	**774.4**	**1057.6**	**1101.1**	**1233.7**	**3650.8**	**3748.4**
北京			0.6	0.4	34.1	44.7
天津	1.0	0.6	1.0	1.1	3.4	4.1
河北	28.8	31.1	31.3	45.9	251.3	240.3
山西	1.7	2.3	61.7	84.0	226.2	202.9
内蒙古	9.8	8.4	13.3	16.5	756.4	778.0
辽宁	13.4	16.9	17.9	26.6	215.4	194.0
吉林	4.1	8.3	0.3	0.1	23.7	104.1
黑龙江	13.9	13.5	4.1	1.4	142.7	106.8
上海			0.2	0.1	1.0	0.8
江苏	10.1	7.8	10.0	11.4	36.8	43.9
浙江	5.3	3.3	11.2	9.7	25.8	28.9
安徽	10.0	63.2	5.8	40.3	27.4	60.8
福建	57.4	73.0	11.8	9.1	23.2	15.1
江西	66.7	86.7	32.4	37.9	37.9	28.2
山东	25.2	32.6	49.2	63.6	122.3	122.5
河南	45.5	55.7	34.5	41.4	147.8	156.8
湖北	67.6	83.4	45.5	58.2	84.3	103.1
湖南	125.1	183.9	48.1	36.1	230.9	125.9
广东	27.8	30.0	6.1	5.1	72.6	102.9
广西	99.6	89.2	20.8	35.5	27.0	24.3
海南	2.5	1.9	11.1	8.2	3.1	2.1
重庆	43.6	60.7	32.9	28.6	124.8	133.5
四川	26.8	31.3	18.9	24.0	66.4	70.8
贵州	22.5	100.0	49.0	144.7	70.4	90.0
云南	53.7	61.3	404.9	352.1	84.4	110.0
西藏	3.0		2.8	1.4	65.1	68.2
陕西	4.9	8.4	80.8	73.7	234.6	261.9
甘肃			28.2	12.5	141.1	156.9
青海			1.6	6.9	125.5	145.9
宁夏			9.0	10.1	85.8	91.0
新疆	4.4	4.3	56.2	47.0	146.2	110.2
大兴安岭						
军事管理区					13.3	20.0

7—36 续表 2

单位：千公顷

地区	按用途分				更新造林	
	薪炭林		特种用材林			
	2012 年	2013 年	2012 年	2013 年	2012 年	2013 年
全国总计	**41.1**	**24.9**	**28.4**	**35.5**	**305.1**	**303.1**
北京			1.1	0.6	0.8	0.8
天津						
河北	0.4		0.6	1.5	3.5	5.0
山西	13.2	9.7				
内蒙古	2.1			2.3	14.0	15.0
辽宁					8.8	2.2
吉林					13.1	8.5
黑龙江			1.6	2.4	26.4	25.6
上海						
江苏			0.4	2.0		1.9
浙江	0.4	0.2	1.2	0.3	13.9	13.7
安徽	0.2	0.7	0.3	7.1		
福建		0.3	5.6	2.8	16.1	8.2
江西	0.5	0.1	1.2	0.5	18.1	9.7
山东			1.3	1.8	5.7	7.2
河南			0.4			0.1
湖北	0.2	0.1	0.9	2.1	4.4	3.0
湖南		2.2	0.2	1.7	21.5	23.7
广东			1.1	1.0	78.1	83.7
广西			1.6	0.8	50.4	71.6
海南			1.0	0.6	13.8	13.3
重庆	3.3	3.4	1.6	1.7	4.5	
四川				0.1	4.3	6.1
贵州	4.9	4.3	0.9	0.9		
云南	1.2	0.9	0.3		4.9	1.2
西藏	1.5				0.5	
陕西						
甘肃	1.2		6.8	5.0		
青海	8.6					
宁夏						
新疆	3.3	2.9	0.2		2.2	2.6
大兴安岭						0.1
军事管理区						

注：迹地更新指标名称改为更新造林。

7—36 续表 3

单位：千公顷

地　区	零星四旁植树(万株)		育苗面积		未成林抚育面积		中、幼龄林抚育面积	
	2012 年	2013 年	2012 年	2013 年	2012 年	2013 年	2012 年	2013 年
全国总计	**239418**	**235734**	**915.6**	**1071.5**	**9396.3**	**7751.5**	**7661.7**	**7847.2**
北　京	200	223	9.9	8.9	8.1	17.3	54.6	67.3
天　津	401	362	7.8	8.3	83.9	74.6	50.7	50.9
河　北	10261	10914	55.1	75.1	393.5	393.4	324.2	348.4
山　西	10415	10507	53.6	66.7	52.6	53.4	100.3	90.5
内蒙古	3423	3359	22.3	43.3	306.3	509.2	768.6	764.1
辽　宁	7330	6646	20.4	18.8	189.8	95.6	72.6	104.5
吉　林	1605	1014	9.3	10.0	621.1	552.1	223.8	220.6
黑龙江	1370	1116	10.7	10.0	588.9	455.2	640.8	612.6
上　海	93	57	11.2	10.5	11.3	16.9	8.6	13.3
江　苏	10964	10696	120.6	148.0	107.2	80.4	209.7	40.0
浙　江	2946	2975	120.8	132.8	86.1	14.5	139.9	225.1
安　徽	12854	17355	69.8	70.5	311.7	386.3	317.9	166.7
福　建	3907	2846	1.6	0.9	765.0	576.8	186.7	161.3
江　西	18414	6618	72.7	71.7	318.4	283.6	163.1	217.8
山　东	19606	19145	76.5	89.2	655.2	557.5	706.6	413.9
河　南	21919	22948	20.0	40.8	768.5	400.7	382.8	323.9
湖　北	12424	12014	30.6	43.8	355.0	363.1	284.7	418.0
湖　南	13352	12915	1.6	1.7	391.3	475.4	279.6	342.4
广　东	6961	9361	8.2	8.3	191.7	135.2	225.4	349.0
广　西	5744	5994	13.5	19.7	603.6	581.0	387.4	497.0
海　南	2138	1261	1.5	2.8	33.1	52.3	41.1	71.4
重　庆	9498	10512	24.5	25.4	73.7	49.8	78.6	133.4
四　川	26126	24279	18.0	19.6	80.0	29.2	117.5	125.9
贵　州	4263	4363	2.9	3.8	155.6	3.3	71.8	290.7
云　南	10740	9855	4.3	4.4	18.8	6.5	133.2	148.2
西　藏	251	53					11.9	7.3
陕　西	11541	11221	22.9	27.1	233.6	66.3	206.0	129.9
甘　肃	5673	11964	25.7	33.2	84.5	95.8	224.2	181.4
青　海	2049	1395	2.9	5.2	30.4	5.0	1.5	23.5
宁　夏	717	1659	30.6	31.7	523.4	47.4	219.3	21.3
新　疆	2233	2108	45.9	39.0	1354.1	1373.6	829.9	1108.7
大兴安岭			0.2	0.2			198.7	178.4
军事管理区								

7－37 各地区主要林产品产量

单位：吨

地区	生漆		油桐籽		油茶籽	
	2012 年	2013 年	2012 年	2013 年	2012 年	2013 年
全国总计	**26027**	**25154**	**427048**	**418924**	**1727708**	**1776506**
北京						
天津						
河北						
山西						
内蒙古						
辽宁						
吉林						
黑龙江						
上海						
江苏					61	62
浙江		10	84	87	61683	45681
安徽	405	410	2730	2830	55309	63932
福建	172	178	23136	23240	89433	97825
江西	81	235	8189	8012	448189	412339
山东						
河南	2100	2209	96241	83830	6551	17461
湖北	7603	6897	19008	25290	85140	87483
湖南	1295	610	42430	39591	681370	725190
广东	39	6	7563	7650	65239	83547
广西	34	37	77528	77715	164129	168544
海南					2	47
重庆	6607	6095	13191	13412	4260	4520
四川	546	583	17281	15276	4180	5361
贵州	3086	3103	77675	75275	37107	41430
云南	583	271	19314	18277	14334	15390
西藏						
陕西	3443	4476	22622	28390	10601	7694
甘肃	33	34	56	49	120	
青海						
宁夏						
新疆						

7—37 续表 1

单位:吨

地　　区	乌柏籽		五倍籽	
	2012 年	2013 年	2012 年	2013 年
全国总计	**39467**	**37003**	**23190**	**23694**
北　　京				
天　　津				
河　　北				
山　　西				
内 蒙 古				
辽　　宁				
吉　　林				
黑 龙 江				
上　　海				
江　　苏	12			3
浙　　江				
安　　徽	120	106	75	83
福　　建	1585	398	140	107
江　　西	325	184	143	13
山　　东				
河　　南	10052	10825	4131	4181
湖　　北	19988	18344	2767	3710
湖　　南	960	917	2932	1699
广　　东	697	576		2
广　　西	40	117	97	106
海　　南				
重　　庆	1168	618	7015	7074
四　　川	1275	1404	461	484
贵　　州	2467	2476	1537	1602
云　　南	62	388	202	220
西　　藏				
陕　　西	716	650	3503	4222
甘　　肃			187	188
青　　海				
宁　　夏				
新　　疆				

7—37 续表 2

单位:吨

地区	松脂		竹笋干	
	2012 年	2013 年	2012 年	2013 年
全国总计	**1215065**	**1307747**	**501740**	**574793**
北京				
天津				
河北				
山西				
内蒙古				
辽宁				
吉林				
黑龙江				
上海			187	184
江苏			3140	3200
浙江	2061	1136	141110	140040
安徽	10918	11141	26759	25661
福建	98369	100413	101997	119159
江西	90607	101314	12196	18569
山东				
河南	2912	3064	166	180
湖北	35899	39867	7239	8428
湖南	37552	41041	55133	32861
广东	196344	216098	34921	38220
广西	568588	586484	26645	28468
海南	3773	14348	320	1369
重庆	2	57	25973	38796
四川	2537	1987	42292	87855
贵州	7559	7631	14248	15362
云南	157149	182369	7333	12544
西藏				
陕西	795	797	2072	3861
甘肃			9	36
青海				
宁夏				
新疆				

注:竹笋干即为竹笋片。

7－37 续表 3

单位:吨

地　区	棕片		紫胶	
	2012 年	2013 年	2012 年	2013 年
全国总计	**55171**	**54134**	**1997**	**4913**
北　京				
天　津				
河　北				
山　西				
内蒙古				
辽　宁				
吉　林				
黑龙江				
上　海				
江　苏				
浙　江	437	462		
安　徽	2577	3767		
福　建	14886	16255	15	158
江　西	2723	2170		
山　东				
河　南				
湖　北	3274	3656		
湖　南	7288	4936		2
广　东	2597	2714	458	2795
广　西	3319	2987		
海　南				
重　庆	688	542		
四　川	1264	1462	22	
贵　州	3755	3596	5	5
云　南	9177	9004	1497	1953
西　藏				
陕　西	3164	2569		
甘　肃	22	14		
青　海				
宁　夏				
新　疆				

7—38 主要牲畜出栏量和畜产品产量及增长情况

指标	单位	1999年	2000年	2012年	2013年	2013年为2012年百分比(%)
一、牲畜出栏量						
1.大牲畜出栏						
牛	万头	3766.2	3806.9	4760.9	4828.2	101.4
马	万头	136.1	146.1	157.7	149.3	94.7
驴	万头	194.3	201.7	247.4	237.8	96.1
骡	万头	59.2	65.3	51.8	47.9	92.5
骆驼	万头	6.7	6.7	7.0	7.7	111.3
2.猪	万头	51977.2	51862.3	69789.5	71557.3	102.5
3.羊	万只	18820.4	19653.4	27099.6	27586.8	101.8
4.家禽	亿只	74.3	82.6	120.8	119.0	98.6
5.兔	万只	22103.0	25878.2	48776.7	50366.5	103.3
二、肉类总产量	**万吨**	**5949.0**	**6013.9**	**8387.2**	**8535.0**	**101.8**
#猪牛羊肉产量	万吨	4762.3	4743.2	6405.9	6574.4	102.6
猪肉产量	万吨	4005.6	3966.0	5342.7	5493.0	102.8
平均每头产肉量	千克/头	77.1	76.5	76.6	76.8	100.3
牛肉产量	万吨	505.4	513.1	662.3	673.2	101.7
平均每头产肉量	千克/头	134.2	134.8	139.1	139.4	100.2
羊肉产量	万吨	251.3	264.1	401.0	408.1	101.8
平均每只产肉量	千克/只	13.5	13.4	14.8	14.8	100.0
禽肉产量	万吨	1115.5	1191.1	1822.6	1798.4	98.7
兔肉产量	万吨	31.0	37.0	76.1	78.5	103.2
三、其他畜产品产量						
奶类产量	万吨	806.9	919.1	3875.4	3649.5	94.2
#牛奶产量	万吨	717.6	827.4	3743.6	3531.4	94.3
山羊毛产量	吨	31849	33266	43924	41875	95.3
绵羊毛产量	吨	283152	292502	400057	411122	102.8
#细羊毛	吨	114103	117386	125709	133247	106.0
半细羊毛	吨	73700	84921	131983	135330	102.5
羊绒产量	吨	10180	11057	18021	18114	100.5
蜂蜜产量	万吨	23.0	24.6	44.8	45.0	100.4
禽蛋产量	万吨	2134.7	2182.0	2861.2	2876.1	100.5
蚕茧产量	吨	484702	547613	906454	891810	98.4
#桑蚕茧	吨	447261	500640	831198	816565	98.2
柞蚕茧	吨	37234	46782	75256	75246	100.0

注:1.本年鉴中2000—2006年畜牧业数据根据农业普查结果进行了修订。
2.2011年新疆生猪存栏、出栏、肉产量数据调整,下同。

7—39 各地区主要牲畜出栏量

单位:万头、万只

地　区	当年出栏猪	当年出栏牛	当年出栏羊	当年出栏家禽
全国总计	**71557.3**	**4828.2**	**27586.8**	**1190459.0**
北　京	314.4	11.2	70.8	8529.8
天　津	381.7	19.1	64.9	8017.5
河　北	3452.0	325.3	2105.1	58573.2
山　西	786.2	36.1	446.2	7314.1
内蒙古	931.9	320.2	5401.1	11364.4
辽　宁	2785.8	287.2	734.3	75451.4
吉　林	1669.1	297.0	336.9	40038.5
黑龙江	1821.6	256.2	723.7	20487.6
上　海	241.8	0.1	41.8	2641.9
江　苏	3049.6	17.3	703.9	80098.7
浙　江	1895.1	8.3	104.8	20973.8
安　徽	2971.5	122.1	1045.0	72415.7
福　建	2092.0	25.6	150.4	33862.6
江　西	3150.3	133.3	72.1	44532.1
山　东	4797.7	443.4	2967.3	183726.7
河　南	5996.9	535.5	2032.4	94332.1
湖　北	4356.4	140.3	515.0	52210.1
湖　南	5902.3	155.8	657.6	41283.6
广　东	3744.8	58.4	49.9	104078.8
广　西	3456.7	148.2	205.6	82218.5
海　南	610.5	27.3	79.1	15035.0
重　庆	2104.5	59.0	227.4	23161.2
四　川	7314.1	264.7	1583.6	63774.7
贵　州	1832.3	115.2	205.4	9681.6
云　南	3323.7	275.7	792.4	19981.6
西　藏	18.3	134.5	532.5	161.6
陕　西	1186.6	52.0	452.8	5022.3
甘　肃	696.7	164.1	1033.0	3471.2
青　海	137.7	105.4	622.8	404.2
宁　夏	95.6	59.5	521.4	1211.7
新　疆	439.6	230.3	3107.5	6402.9

7—40 各地区肉类总产量

单位:万吨

地 区	肉类总产量	#猪牛羊肉	猪 肉	牛 肉	羊 肉	禽 肉
全国总计	**8535.0**	**6574.4**	**5493.0**	**673.2**	**408.1**	**1798.4**
北 京	41.8	27.9	24.6	2.1	1.2	13.8
天 津	46.5	34.6	29.8	3.3	1.5	11.3
河 北	448.8	346.6	265.3	52.3	29.1	86.6
山 西	83.2	72.6	61.2	5.2	6.2	9.1
内蒙古	244.9	213.9	73.4	51.8	88.8	22.3
辽 宁	420.1	284.9	233.6	43.2	8.1	128.1
吉 林	262.7	185.6	136.3	45.0	4.2	70.3
黑龙江	221.3	184.9	133.4	39.7	11.8	34.1
上 海	23.8	18.9	18.3		0.6	4.1
江 苏	383.2	240.8	229.9	3.2	7.8	131.9
浙 江	174.3	141.6	138.8	1.1	1.7	31.5
安 徽	403.8	286.6	253.4	18.1	15.0	116.0
福 建	211.2	162.5	157.7	2.6	2.1	45.5
江 西	321.9	258.9	245.1	12.7	1.1	61.2
山 东	774.8	494.5	392.9	67.9	33.7	268.8
河 南	699.1	559.4	454.1	80.6	24.8	122.3
湖 北	430.1	359.0	330.6	20.2	8.2	70.1
湖 南	519.2	459.5	430.6	18.2	10.7	57.4
广 东	435.2	285.6	277.8	7.0	0.9	143.0
广 西	420.0	278.9	261.3	14.3	3.2	135.3
海 南	82.9	54.2	50.5	2.6	1.1	26.0
重 庆	207.8	165.6	155.0	7.6	3.0	35.8
四 川	690.4	566.5	510.8	31.1	24.5	95.6
贵 州	199.7	181.4	163.7	14.1	3.5	15.5
云 南	359.4	321.8	276.0	31.8	14.0	35.7
西 藏	26.8	26.0	1.5	15.9	8.6	0.2
陕 西	112.6	102.9	88.3	7.5	7.0	8.1
甘 肃	91.0	84.5	50.8	17.2	16.6	4.3
青 海	31.8	30.7	9.9	10.3	10.5	0.7
宁 夏	27.4	24.8	7.1	8.7	9.0	2.2
新 疆	139.4	118.9	31.3	37.8	49.7	11.5

7—41　各地区其他畜产品产量

单位:万吨

地　区	奶　类		#牛　奶		蜂　蜜		禽　蛋	
	2012年	2013年	2012年	2013年	2012年	2013年	2012年	2013年
全国总计	**3875.4**	**3649.5**	**3743.6**	**3531.4**	**44.8**	**45.0**	**2861.2**	**2876.1**
北　京	65.1	61.5	65.1	61.5	0.3	0.3	15.2	17.5
天　津	68.2	68.5	67.9	68.2			18.7	18.9
河　北	479.0	465.7	470.4	458.0	1.2	1.2	342.6	346.1
山　西	81.0	87.2	80.0	86.2	0.4	0.5	74.7	79.8
内蒙古	930.7	778.6	910.2	767.3	0.2	0.2	54.5	55.1
辽　宁	130.2	125.7	124.7	120.9	0.1	0.1	279.9	276.8
吉　林	49.8	48.3	49.1	47.6	1.6	1.5	100.2	97.7
黑龙江	565.0	522.5	559.9	518.2	2.0	1.8	108.2	102.7
上　海	30.2	26.5	30.2	26.5	0.1	0.1	5.9	5.7
江　苏	61.3	59.9	61.3	59.9	0.4	0.4	197.2	197.9
浙　江	19.3	18.2	19.3	18.2	8.8	8.0	48.1	43.1
安　徽	24.1	25.3	24.1	25.3	1.9	2.0	122.6	124.5
福　建	15.4	15.3	15.0	14.9	1.0	1.1	25.4	25.0
江　西	12.6	12.2	12.6	12.2	1.3	1.4	45.8	46.1
山　东	294.1	281.2	283.9	271.4	0.6	0.6	402.0	396.2
河　南	330.4	328.8	316.1	316.4	10.0	9.9	404.2	410.2
湖　北	15.7	15.8	15.3	15.4	2.0	2.3	139.4	145.1
湖　南	8.5	8.9	8.5	8.9	1.1	1.2	95.2	95.6
广　东	13.9	14.1	13.6	13.8	1.6	1.8	31.8	32.3
广　西	9.4	9.6	9.4	9.6	1.2	1.2	21.8	22.7
海　南	0.2	0.2	0.2	0.2	0.1	0.1	3.6	3.8
重　庆	7.7	6.8	7.7	6.8	1.4	1.6	40.1	41.1
四　川	72.2	71.1	71.7	70.6	4.8	4.5	146.4	145.2
贵　州	5.1	5.5	5.1	5.5	0.2	0.2	14.7	15.4
云　南	58.0	59.3	53.7	54.5	0.8	0.7	22.1	23.2
西　藏	31.6	33.0	25.6	27.0			0.4	0.5
陕　西	189.1	188.5	141.8	141.1	0.5	0.5	51.9	55.4
甘　肃	38.6	39.1	38.0	38.5	0.1	0.1	14.7	14.5
青　海	29.4	28.7	27.6	27.6	0.1	0.2	2.0	2.3
宁　夏	103.5	104.2	103.5	104.2	0.1	0.1	6.2	7.4
新　疆	136.3	139.2	132.2	135.0	1.1	1.3	25.9	28.2

7—42 牲畜年末存栏头数及增减情况

指　　标	单位	1999 年	2000 年	2012 年	2013 年	2013 年为 2012 年 百分比(%)
一、大牲畜头数	**万头**	**15024.8**	**14638.1**	**11891.8**	**11853.2**	**99.7**
# 役畜	万头	7403.8	7446.2	3000.6	2891.8	96.4
1.牛	万头	12698.3	12353.2	10343.4	10385.1	100.4
# 黄牛	万头	9436.6	9271.4			
# 水牛	万头	2258.7	2185.0			
# 肉牛	万头			6698.1	6838.6	102.1
# 奶牛	万头	442.8	469.4	1493.9	1441.0	96.5
2.马	万头	891.4	876.6	633.5	602.7	95.1
3.驴	万头	934.8	922.7	636.1	603.4	94.8
4.骡	万头	467.3	453.0	249.2	230.4	92.4
5.骆驼	万头	33.0	32.6	29.5	31.6	107.1
二、猪	**万头**	**43144.2**	**41633.6**	**47592.2**	**47411.3**	**99.6**
三、羊	**万只**	**27925.8**	**27948.2**	**28504.1**	**29036.3**	**101.9**
山羊	万只	14816.3	14945.6	14136.1	14034.5	99.3
绵羊	万只	13109.5	13002.6	14368.0	15001.7	104.4
四、家禽	**亿只**	**45.5**	**46.4**	**58.0**	**57.1**	**98.4**
五、兔	**万只**	**15789.3**	**17781.7**	**22158.2**	**22345.3**	**100.8**

注:从 2008 年起牛的品种修正为肉牛、奶牛和役用牛。

7—43 各地区牲畜年末存栏情况

单位:万头

地区	大牲畜	牛	肉牛	奶牛
全国总计	**11853.2**	**10385.1**	**6838.6**	**1441.0**
北京	21.1	20.4	5.9	14.4
天津	28.8	28.3	13.1	15.1
河北	482.6	390.7	149.7	191.2
山西	123.9	94.8	37.7	32.1
内蒙古	819.6	612.4	369.9	229.2
辽宁	515.5	365.4	327.1	30.5
吉林	503.1	437.6	408.6	23.2
黑龙江	531.7	495.4	298.5	191.7
上海	5.9	5.9		5.8
江苏	34.5	30.4	7.7	20.4
浙江	17.5	17.5	10.9	5.2
安徽	155.7	155.1	130.8	11.1
福建	68.9	68.9	32.3	5.0
江西	301.1	301.1	241.3	7.5
山东	514.4	500.1	328.5	125.0
河南	936.8	905.1	610.1	100.7
湖北	345.3	344.1	220.4	6.3
湖南	448.2	442.9	325.0	14.4
广东	238.2	238.2	117.7	5.8
广西	495.1	457.0	98.4	4.7
海南	84.3	84.3	46.9	0.1
重庆	139.7	136.7	93.3	2.0
四川	1050.7	949.7	487.9	19.4
贵州	536.9	460.6	254.3	4.0
云南	881.7	730.4	658.9	15.1
西藏	659.4	617.9	467.5	37.2
陕西	160.9	143.1	95.2	46.5
甘肃	597.2	432.1	402.1	29.4
青海	484.7	452.2	423.6	28.6
宁夏	105.3	95.8	61.7	34.1
新疆	564.9	371.1	113.5	185.3

7—43 续表 1

单位:万头

地　区	马	驴	骡
全国总计	**602.7**	**603.4**	**230.4**
北　京	0.2	0.4	0.1
天　津	0.1	0.3	0.1
河　北	18.1	53.6	20.2
山　西	1.5	15.6	11.9
内蒙古	76.6	90.9	26.4
辽　宁	22.2	111.9	16.1
吉　林	34.7	22.2	8.5
黑龙江	24.6	8.4	3.3
上　海			
江　苏	0.3	2.8	1.0
浙　江			
安　徽	0.1	0.4	0.1
福　建			
江　西			
山　东	3.0	9.8	1.6
河　南	11.2	16.7	3.8
湖　北	0.6	0.4	0.2
湖　南	4.4	0.7	0.2
广　东			
广　西	33.6	0.1	4.5
海　南			
重　庆	1.8	0.3	0.9
四　川	83.0	7.9	10.1
贵　州	73.4	0.2	2.7
云　南	58.6	33.6	59.1
西　藏	32.1	7.8	1.6
陕　西	0.7	13.0	4.0
甘　肃	14.9	103.9	44.1
青　海	19.4	5.2	6.9
宁　夏	0.2	6.8	2.4
新　疆	87.5	90.3	0.9

7—43 续表 2

单位：万头、万只

地区	猪	羊	山羊	绵羊
全国总计	**47411.3**	**29036.3**	**14034.5**	**15001.7**
北京	189.2	59.5	15.8	43.7
天津	201.0	45.4	5.5	39.9
河北	1932.9	1455.1	450.9	1004.2
山西	502.2	878.0	387.4	490.5
内蒙古	684.5	5239.2	1511.9	3727.3
辽宁	1624.5	735.4	401.0	334.4
吉林	1001.2	396.2	55.1	341.1
黑龙江	1356.7	817.8	247.1	570.7
上海	184.8	26.1	24.9	1.2
江苏	1787.3	403.1	393.6	9.5
浙江	1287.5	110.0	41.7	68.3
安徽	1612.6	605.3	604.2	1.1
福建	1296.2	115.8	115.8	
江西	1708.0	56.2	56.2	
山东	2931.4	2158.1	1600.3	557.7
河南	4426.7	1830.3	1752.6	77.7
湖北	2566.1	462.9	462.8	0.2
湖南	4096.9	512.5	512.5	
广东	2282.6	39.3	39.3	
广西	2471.5	202.2	202.2	
海南	433.8	68.3	68.3	
重庆	1502.3	185.2	185.1	0.2
四川	5004.1	1689.2	1460.9	228.3
贵州	1604.1	299.6	284.6	15.0
云南	2708.7	929.1	845.5	83.5
西藏	37.0	1558.6	563.4	995.3
陕西	897.9	638.8	526.4	112.4
甘肃	608.9	1825.4	398.5	1426.9
青海	120.8	1460.2	191.8	1268.5
宁夏	75.3	570.1	103.2	466.9
新疆	274.7	3663.2	525.8	3137.4

7—44 水产品产量和养殖面积

年 份	水产品总产量（万吨）	内陆水产品（万吨）		海水产品（万吨）		水产品养殖面积（千公顷）	
			＃人工养殖		＃人工养殖	内陆养殖	海水养殖
1952	166.6	60.6	14.0	106.0	6.0		
1957	311.6	117.9	57.0	193.7	12.0	1054.7	60.0
1962	228.3	78.5	31.0	149.8	9.0	1600.0	50.0
1965	298.4	97.0	51.0	201.4	10.0	1979.3	83.3
1970	318.5	90.4	58.0	228.1	18.0	2721.3	83.3
1975	441.2	106.5	75.0	334.7	28.0	3244.0	112.0
1978	465.3	105.9	76.2	359.5	45.0	2722.8	100.6
1979	430.5	111.6	81.3	318.9	41.6	2737.8	116.5
1980	449.7	124.0	90.1	325.7	44.4	2864.1	133.6
1981	460.6	137.3	101.4	323.2	45.8	2880.3	138.5
1982	515.5	156.2	120.7	359.3	49.5	3050.6	162.5
1983	545.8	184.1	142.8	361.7	54.5	3082.6	186.7
1984	619.3	225.0	181.1	394.4	63.9	3259.5	242.6
1985	705.2	285.4	237.8	419.7	71.2	3687.5	277.0
1986	823.6	348.2	294.4	475.4	85.8	3787.9	325.2
1987	955.3	407.2	347.2	548.2	110.1	3859.3	369.3
1988	1060.9	455.2	389.8	605.7	142.4	3894.9	409.5
1989	1151.7	490.5	417.0	661.2	157.6	3812.3	423.1
1990	1237.0	523.7	445.4	713.3	162.4	3829.8	428.9
1991	1350.8	550.7	459.2	800.1	190.5	3827.5	449.3
1992	1557.1	623.5	533.4	933.7	242.4	3975.7	499.1
1993	1823.0	747.0	644.1	1076.0	308.7	4132.6	586.3
1994	2143.2	901.7	785.0	1241.5	345.7	4429.9	653.5
1995	2517.2	1078.0	940.8	1439.1	412.3	4669.4	715.9
1996	3288.1	1275.2	1099.0	2012.9	763.9	4832.3	822.1
1997	3118.6	1230.5	1067.0	1888.1	691.7	4962.9	937.9
1998	3382.7	1338.1	1140.6	2044.5	752.0	5064.2	1004.4
1999	3570.1	1424.9	1226.9	2145.3	851.9	5182.1	1095.0
2000	3706.2	1502.3	1308.9	2203.9	928.0	5264.8	1243.2
2001	3795.9	1562.4	1376.2	2233.5	989.4	5399.4	1286.9
2002	3954.9	1656.4	1461.7	2298.5	1060.5	5509.7	1344.7
2003	4077.0	1744.2	1530.9	2332.8	1095.9	5609.4	1532.2
2004	4246.6	1842.1	1632.5	2404.5	1151.3	5723.3	1623.8
2005	4419.9	1954.0	1733.0	2465.9	1210.8	5863.7	1694.5
2006	4583.6	2074.0	1853.6	2509.6	1264.2	4253.8	1271.7
2007	4747.5	2196.6	1971.0	2550.9	1307.3	4413.6	1331.5
2008	4895.6	2297.3	2072.5	2598.3	1340.3	4971.0	1578.9
2009	5116.4	2434.8	2216.5	2681.6	1405.2	5423.8	1859.3
2010	5373.0	2575.5	2346.5	2797.5	1482.3	5564.3	2080.9
2011	5603.2	2695.2	2471.9	2908.0	1551.3	5728.6	2106.4
2012	5907.7	2874.3	2644.5	3033.3	1643.8	5907.5	2180.9
2013	6172.0	3033.2	2802.4	3138.8	1739.2	6006.1	2315.6

注：1997—2006年全国水产品总产量、海洋、内陆水产品产量、捕捞、养殖水产品产量根据农业普查结果进行了修订，各地区数据以及全国其他细项数据未作修订。

7—45 水产品产量和养殖面积及增减情况

指 标	单位	1990年	1995年	2000年	2012年	2013年	2013年为2012年百分比(%)
一、水产品总产量	**吨**	**12370203**	**25171794**	**37062295**	**59076760**	**61720029**	**104.5**
1.按海水、内陆分							
海水产品产量	吨	7132915	14391297	22039081	30333437	31388253	103.5
内陆水产品产量	吨	5237288	10780497	15023215	28743323	30331776	105.5
2.按生产性质分							
捕捞产量	吨	6291908	11641237	14693895	16193207	16303227	100.7
养殖产量	吨	6078295	13530557	22368401	42883553	45416802	105.9
3.按品种分							
鱼类	吨	9280816	17767539	26060480	35987456	37671733	104.7
甲壳类	吨	1165054	2121365	3853954	6143885	6395738	104.1
贝类	吨	1549061	4127896	10849816	13187366	13803621	104.7
藻类	吨	275186	749140	1221988	1798453	1893294	105.3
其他类	吨	100086	405854	798607	1959600	1955643	99.8
二、水产养殖面积	**千公顷**	**4258.7**	**5385.3**	**6508.1**	**8088.4**	**8321.7**	**102.9**
1.海水养殖面积	千公顷	428.9	715.9	1243.2	2180.9	2315.6	106.2
浅海养殖	千公顷		131.8	326.0	1216.7	1337.4	109.9
滩涂养殖	千公顷		424.6	686.5	691.3	697.6	100.9
陆基养殖	千公顷		159.5	230.8	272.9	280.7	102.8
2.内陆养殖面积	千公顷	3829.8	4669.4	5264.8	5907.5	6006.1	101.7
池塘养殖	千公顷		1857.9	2212.6	2566.9	2623.2	102.2
湖泊养殖	千公顷		824.2	879.1	1024.8	1022.7	99.8
河沟养殖	千公顷		347.4	379.8	274.8	275.8	100.4
水库养殖	千公顷		1515.7	1620.0	1911.5	1958.0	102.4
其他养殖	千公顷		124.2	173.3	129.5	126.5	97.6
三、稻田养殖面积	**千公顷**				**1294.9**	**1520.7**	**117.4**

注：2008年以来海水养殖面积中的陆基养殖面积为其他养殖面积。

7—46 海水产品和内陆水产品产量

单位:吨

指　　标	1990年	1995年	2000年	2012年	2013年	2013年为2012年百分比(%)
海水产品产量	**7132915**	**14391297**	**22039081**	**30333437**	**31388253**	**103.5**
一、海洋捕捞产量	**5508862**	**10268373**	**12759487**	**13895332**	**13995800**	**100.7**
鱼类		7436501	9902931	9981907	10069616	100.9
甲壳类		1732445	2626967	2207391	2285476	103.5
贝类		823691	1779621	563422	547556	97.2
藻类		10637	20429	25728	28036	109.0
其他类		265099	444576	1116884	1065116	95.4
二、海水养殖产量	**1624053**	**4122924**	**9279594**	**16438105**	**17392453**	**105.8**
鱼类		144937	426957	1028399	1123576	109.3
甲壳类		115901	343940	1249554	1340218	107.3
贝类		3099099	8607050	12084393	12728037	105.3
藻类		738503	1201559	1764684	1856804	105.2
其他类		24484	33359	311075	343818	110.5
内陆水产品产量	**5237288**	**10780497**	**15023215**	**28743323**	**30331776**	**105.5**
一、内陆捕捞产量	**783046**	**1372864**	**1934408**	**2297875**	**2307427**	**100.4**
鱼类		1080666	1703586	1636016	1661230	101.5
甲壳类		137195	254844	343906	340607	99.0
贝类		125496	256281	280775	272272	97.0
其他类		29507	48941	37178	33318	89.6
二、内陆养殖产量	**4454242**	**9407633**	**13088807**	**26445448**	**28024349**	**106.0**
鱼类		9105435	14027006	23341134	24817311	106.3
甲壳类		135824	628203	2343034	2429437	103.7
贝类		79610	206864	258776	255756	98.8
其他类		86764	271731	502504	521845	103.8

7－47 各地区水产品产量

（按来源分）

单位:吨

地 区	水产品总产量		捕捞产量		养殖产量	
	2012 年	2013 年	2012 年	2013 年	2012 年	2013 年
全国总计	**59076760**	**61720029**	**16193207**	**16303227**	**42883553**	**45416802**
北 京	63842	63611	13402	10699	50440	52912
天 津	365042	398562	38776	78797	326266	319765
河 北	1163172	1230636	350163	328139	813009	902497
山 西	41243	45621	1122	1122	40121	44499
内蒙古	131575	141321	31133	31009	100442	110312
辽 宁	4786268	5050252	1309225	1337940	3477043	3712312
吉 林	182100	185827	20126	20852	161974	164975
黑龙江	452840	488615	51946	51560	400894	437055
上 海	297132	288787	135028	128666	162104	160121
江 苏	4937399	5093844	914072	901860	4023327	4191984
浙 江	5395806	5508186	3550673	3655968	1845133	1852218
安 徽	2074938	2155341	323494	325049	1751444	1830292
福 建	6286826	6584802	2225633	2252914	4061193	4331888
江 西	2370007	2426460	264866	260620	2105141	2165840
山 东	8418937	8631599	2637611	2570493	5781326	6061106
河 南	717210	850130	41567	46817	675643	803313
湖 北	3889476	4103732	213080	213035	3676396	3890697
湖 南	2214376	2340595	104952	104606	2109424	2235989
广 东	7895004	8161268	1696701	1683846	6198303	6477422
广 西	3038700	3193444	800145	785239	2238555	2408205
海 南	1727340	1831423	1130702	1142801	596638	688622
重 庆	330720	385000	14898	14800	315822	370200
四 川	1189102	1260578	60321	60000	1128781	1200578
贵 州	134675	166997	14286	14000	120389	152997
云 南	401200	486300	28322	38247	372878	448053
西 藏	400	400	335	335	65	65
陕 西	105429	125150	4754	5400	100675	119750
甘 肃	13340	13884			13340	13884
青 海	4520	6000	60		4460	6000
宁 夏	123538	144930	218	230	123320	144700
新 疆	121700	131704	12693	13153	109007	118551
中农发集团	202903	225030	202903	225030		

7—48 各地区水产品产量

（按类别分）

单位：吨

地　区	水产品总产量	鱼　类	甲壳类	贝　类	藻　类	其他类
全国总计	**61720029**	**37671733**	**6395738**	**13803621**	**1893294**	**1955643**
北　京	63611	63367	121			123
天　津	398562	330088	63252	3072		2150
河　北	1230636	633565	116632	433953		46486
山　西	45621	45012	108			501
内蒙古	141321	138587	813		1845	76
辽　宁	5050252	1755176	325115	2374097	319720	276144
吉　林	185827	183733	1535	493		66
黑龙江	488615	483859	4346	358		52
上　海	288787	220142	67815	27		803
江　苏	5093844	3053966	1041181	876820	31811	90066
浙　江	5508186	3210033	1127234	755301	48108	367510
安　徽	2155341	1713382	309501	88674	220	43564
福　建	6584802	2641105	528312	2462611	777209	175565
江　西	2426460	2136498	154424	74938	3233	57367
山　东	8631599	3383289	493619	3732543	590625	431523
河　南	850130	822985	20354	693	186	5912
湖　北	4103732	3450337	570227	41303		41865
湖　南	2340595	2254373	31391	23997		30834
广　东	8161268	4942241	958826	2020120	82786	157295
广　西	3193444	1838982	375064	849633	77	129688
海　南	1831423	1464793	186976	58469	36959	84226
重　庆	385000	380958	2215	472		1355
四　川	1260578	1242174	7550	4150		6704
贵　州	166997	163725	2310	517		445
云　南	486300	480071	3381	1315	501	1032
西　藏	400	324				76
陕　西	125150	121719	205	20	14	3192
甘　肃	13884	13832	50			2
青　海	6000	5875	125			
宁　夏	144930	142906	2024			
新　疆	131704	129606	1032	45		1021
中农发集团	225030	225030				

7—49 各地区海水产品产量

（按来源分）

单位：吨

地区	海水产品产量		海洋捕捞产量		海水养殖产量	
	2012年	2013年	2012年	2013年	2012年	2013年
全国总计	**30333437**	**31388253**	**13895332**	**13995800**	**16438105**	**17392453**
北京	9580	7008	9580	7008		
天津	41594	78733	27309	66464	14285	12269
河北	634631	682809	252570	230539	382061	452270
山西						
内蒙古						
辽宁	3893291	4111302	1257664	1283693	2635627	2827609
吉林						
黑龙江						
上海	130585	124825	130585	124825		
江苏	1484814	1512078	579855	573336	904959	938742
浙江	4312434	4431886	3451070	3560186	861364	871700
安徽						
福建	5466075	5716786	2139480	2167826	3326595	3548960
江西						
山东	6860746	6994590	2498303	2428240	4362443	4566350
河南						
湖北						
湖南						
广东	4323435	4424022	1566073	1554002	2757362	2870020
广西	1647922	1709849	670615	653388	977307	1056461
海南	1325427	1369335	1109325	1121263	216102	248072
重庆						
四川						
贵州						
云南						
西藏						
陕西						
甘肃						
青海						
宁夏						
新疆						
中农发集团	202903	225030	202903	225030		

7—50 各地区海水产品产量

（按类别分）

单位：吨

地 区	海水产品产量	鱼 类	甲壳类	贝 类	藻 类	其他类
全国总计	**31388253**	**11193192**	**3625694**	**13275593**	**1884840**	**1408934**
北 京	7008	7008				
天 津	78733	65548	10504	2090		591
河 北	682809	134634	77538	430170		40467
山 西						
内蒙古						
辽 宁	4111302	922035	233465	2373454	319720	262628
吉 林						
黑龙江						
上 海	124825	112995	11642	17		171
江 苏	1512078	407552	259342	761290	30918	52976
浙 江	4431886	2505759	980348	715936	48006	181837
安 徽						
福 建	5716786	1915918	457391	2410641	776514	156322
江 西						
山 东	6994590	1870689	387635	3723315	590625	422326
河 南						
湖 北						
湖 南						
广 东	4424022	1593396	663193	1969585	82740	115108
广 西	1709849	415569	360164	832495		101621
海 南	1369335	1017059	184472	56600	36317	74887
重 庆						
四 川						
贵 州						
云 南						
西 藏						
陕 西						
甘 肃						
青 海						
宁 夏						
新 疆						
中农发集团	225030	225030				

7—51 各地区内陆水产品产量

（按来源分）

单位:吨

地区	内陆水产品产量		内陆捕捞产量		内陆养殖产量	
	2012 年	2013 年	2012 年	2013 年	2012 年	2013 年
全国总计	**28743323**	**30331776**	**2297875**	**2307427**	**26445448**	**28024349**
北京	54262	56603	3822	3691	50440	52912
天津	323448	319829	11467	12333	311981	307496
河北	528541	547827	97593	97600	430948	450227
山西	41243	45621	1122	1122	40121	44499
内蒙古	131575	141321	31133	31009	100442	110312
辽宁	892977	938950	51561	54247	841416	884703
吉林	182100	185827	20126	20852	161974	164975
黑龙江	452840	488615	51946	51560	400894	437055
上海	166547	163962	4443	3841	162104	160121
江苏	3452585	3581766	334217	328524	3118368	3253242
浙江	1083372	1076300	99603	95782	983769	980518
安徽	2074938	2155341	323494	325049	1751444	1830292
福建	820751	868016	86153	85088	734598	782928
江西	2370007	2426460	264866	260620	2105141	2165840
山东	1558191	1637009	139308	142253	1418883	1494756
河南	717210	850130	41567	46817	675643	803313
湖北	3889476	4103732	213080	213035	3676396	3890697
湖南	2214376	2340595	104952	104606	2109424	2235989
广东	3571569	3737246	130628	129844	3440941	3607402
广西	1390778	1483595	129530	131851	1261248	1351744
海南	401913	462088	21377	21538	380536	440550
重庆	330720	385000	14898	14800	315822	370200
四川	1189102	1260578	60321	60000	1128781	1200578
贵州	134675	166997	14286	14000	120389	152997
云南	401200	486300	28322	38247	372878	448053
西藏	400	400	335	335	65	65
陕西	105429	125150	4754	5400	100675	119750
甘肃	13340	13884			13340	13884
青海	4520	6000	60		4460	6000
宁夏	123538	144930	218	230	123320	144700
新疆	121700	131704	12693	13153	109007	118551

7－52 各地区内陆水产品产量

（按类别分）

单位：吨

地区	内陆水产品产量	鱼类	甲壳类	贝类	其他类
全国总计	**30331776**	**26478541**	**2770044**	**528028**	**555163**
北京	56603	56359	121		123
天津	319829	264540	52748	982	1559
河北	547827	498931	39094	3783	6019
山西	45621	45012	108		501
内蒙古	141321	138587	813		1921
辽宁	938950	833141	91650	643	13516
吉林	185827	183733	1535	493	66
黑龙江	488615	483859	4346	358	52
上海	163962	107147	56173	10	632
江苏	3581766	2646414	781839	115530	37983
浙江	1076300	704274	146886	39365	185775
安徽	2155341	1713382	309501	88674	43784
福建	868016	725187	70921	51970	19938
江西	2426460	2136498	154424	74938	60600
山东	1637009	1512600	105984	9228	9197
河南	850130	822985	20354	693	6098
湖北	4103732	3450337	570227	41303	41865
湖南	2340595	2254373	31391	23997	30834
广东	3737246	3348845	295633	50535	42233
广西	1483595	1423413	14900	17138	28144
海南	462088	447734	2504	1869	9981
重庆	385000	380958	2215	472	1355
四川	1260578	1242174	7550	4150	6704
贵州	166997	163725	2310	517	445
云南	486300	480071	3381	1315	1533
西藏	400	324			76
陕西	125150	121719	205	20	3206
甘肃	13884	13832	50		2
青海	6000	5875	125		
宁夏	144930	142906	2024		
新疆	131704	129606	1032	45	1021

7—53　各地区水产养殖面积

单位：千公顷

地　区	水产品养殖面积		内陆养殖面积		海水养殖面积	
	2012 年	2013 年	2012 年	2013 年	2012 年	2013 年
全国总计	**8088.4**	**8321.7**	**5907.5**	**6006.1**	**2180.9**	**2315.6**
北　京	4.4	4.2	4.4	4.2		
天　津	41.3	40.5	37.4	37.3	4.0	3.2
河　北	212.1	197.3	77.4	79.4	134.7	117.9
山　西	15.0	15.5	15.0	15.5		
内蒙古	116.9	115.8	116.9	115.8		
辽　宁	1015.6	1148.9	202.6	206.8	813.0	942.1
吉　林	294.4	307.7	294.4	307.7		
黑龙江	373.4	376.4	373.4	376.4		
上　海	22.0	21.0	22.0	21.0		
江　苏	771.2	765.3	571.8	571.5	199.4	193.8
浙　江	303.0	302.4	213.2	213.0	89.7	89.4
安　徽	556.6	570.4	556.6	570.4		
福　建	242.8	253.3	97.3	98.8	145.5	154.5
江　西	432.1	433.2	432.1	433.2		
山　东	803.4	826.9	279.7	280.1	523.7	546.8
河　南	235.8	255.5	235.8	255.5		
湖　北	680.1	683.5	680.1	683.5		
湖　南	436.7	447.6	436.7	447.6		
广　东	575.2	570.1	373.4	372.9	201.8	197.2
广　西	229.1	231.7	175.8	177.7	53.2	54.0
海　南	56.3	57.9	40.5	41.1	15.8	16.8
重　庆	84.3	88.0	84.3	88.0		
四　川	192.8	196.8	192.8	196.8		
贵　州	49.3	56.2	49.3	56.2		
云　南	124.0	134.9	124.0	134.9		
西　藏						
陕　西	48.2	47.9	48.2	47.9		
甘　肃	13.3	13.9	13.3	13.9		
青　海	42.4	42.4	42.4	42.4		
宁　夏	45.4	45.9	45.4	45.9		
新　疆	71.1	70.7	71.1	70.7		

农村市场与物价

8—1 农村主要物价总指数

（上年＝100）

年 份	农村居民消费价格指数	农业生产资料价格指数	农产品生产价格总指数
1952			101.7
1957			105.0
1962			99.4
1965			99.2
1970			100.1
1975			102.1
1978		99.9	103.9
1979		100.4	122.1
1980		101.0	107.1
1981		101.7	105.9
1982		101.9	102.2
1983		103.0	104.4
1984		108.9	104.0
1985	107.6	104.8	108.6
1986	106.1	101.1	106.4
1987	106.2	107.0	112.0
1988	117.5	116.2	123.0
1989	119.3	118.9	115.0
1990	104.5	105.5	97.4
1991	102.3	102.9	98.0
1992	104.7	103.7	103.4
1993	113.7	114.1	113.4
1994	123.4	121.6	139.9
1995	117.5	127.4	119.9
1996	107.9	108.4	104.2
1997	102.5	99.5	95.5
1998	99.0	94.5	92.0
1999	98.5	95.8	87.8
2000	99.9	99.1	96.4
2001	100.8	99.1	103.1
2002	99.6	100.5	99.7
2003	101.6	101.4	104.4
2004	104.8	110.6	113.1
2005	102.2	108.3	101.4
2006	101.5	101.5	101.2
2007	105.4	107.7	118.5
2008	106.5	120.3	114.1
2009	99.7	97.5	97.6
2010	103.6	102.9	110.9
2011	105.8	111.3	116.5
2012	102.5	105.6	102.7
2013	102.8	101.4	103.2

注：农产品生产价格总指数2000年以前为农副产品收购价格指数。

8—2 各地区农村商品零售价格分类指数

（上年价格=100）

地区	总指数	一、食品	1.粮食	2.淀粉及制品	3.干豆类及豆制品	4.油脂
全国平均	**101.8**	**105.0**	**105.0**	**102.5**	**106.1**	**100.6**
北京						
天津						
河北	102.5	106.2	108.7	108.6	105.4	101.2
山西	102.3	107.0	111.6	102.1	105.8	103.4
内蒙古	102.7	105.8	105.6	101.6	101.2	98.7
辽宁	101.7	104.1	104.3	102.7	106.6	99.3
吉林	102.2	107.0	107.1	102.1	102.8	100.5
黑龙江	101.7	106.1	104.8	106.5	106.5	93.8
上海						
江苏	101.5	103.9	102.2	101.2	104.9	99.0
浙江	100.5	103.9	103.4	105.4	102.8	98.4
安徽	101.4	104.1	102.6	102.3	101.7	99.8
福建	101.3	104.4	102.2	102.5	106.2	101.1
江西	101.9	104.8	103.2	96.1	106.7	100.1
山东	101.8	106.0	108.8	102.1	107.0	101.9
河南	102.3	105.9	107.8	100.7	109.8	99.5
湖北	102.1	105.7	104.3	102.2	109.9	98.5
湖南	102.3	104.4	105.8	105.7	108.5	103.8
广东	101.6	104.2	102.6	100.1	103.7	100.8
广西	101.3	103.4	102.0	101.3	104.5	101.1
海南	101.6	105.3	104.4	99.3	104.4	104.3
重庆						
四川	101.6	104.2	103.0	101.6	109.8	100.3
贵州	100.8	102.9	99.9	104.4	101.4	101.7
云南	103.0	104.4	102.0	107.5	106.8	99.4
西藏	102.5	107.6	104.6	102.6	104.0	104.0
陕西	102.0	106.7	109.4	106.8	107.1	101.2
甘肃	103.1	106.0	107.5	100.0	105.6	100.5
青海	102.6	107.4	107.8	97.7	107.3	100.5
宁夏	102.9	107.6	106.2	100.3	107.0	101.6
新疆	103.1	108.4	106.4	106.1	107.0	103.6

8-2 续表 1

地　区	5.肉禽及其制品	6.蛋	7.水产品	8.菜	9.调味品	10.糖
全国平均	**103.9**	**104.9**	**104.7**	**109.9**	**104.6**	**99.8**
北　京						
天　津						
河　北	106.1	104.3	102.8	110.5	106.9	103.4
山　西	102.4	104.3	99.7	111.8	110.3	101.4
内蒙古	107.4	103.4	99.6	106.5	103.0	101.9
辽　宁	107.2	103.1	102.0	104.7	105.1	102.8
吉　林	108.7	107.6	100.4	117.6	100.1	100.3
黑龙江	109.3	101.8	106.2	110.2	107.3	109.4
上　海						
江　苏	102.9	104.2	103.7	108.1	105.3	100.9
浙　江	103.3	101.8	105.3	107.8	102.7	99.3
安　徽	104.0	103.8	106.1	108.4	101.1	100.7
福　建	102.9	109.6	106.3	110.9	104.7	100.0
江　西	105.7	105.5	107.2	108.5	103.2	100.9
山　东	103.4	104.2	103.0	112.2	103.9	99.3
河　南	104.7	103.7	99.5	111.0	108.8	99.6
湖　北	105.4	108.8	107.4	109.4	103.0	100.8
湖　南	104.0	104.2	102.5	107.4	101.8	96.2
广　东	101.5	106.0	107.1	114.4	103.8	101.2
广　西	101.6	106.2	101.5	107.3	101.8	97.4
海　南	100.9	104.8	97.5	113.1	100.9	97.8
重　庆						
四　川	102.7	106.2	105.2	109.3	102.5	98.6
贵　州	102.5	104.8	104.1	101.0	101.4	100.0
云　南	104.0	107.3	101.0	109.1	104.2	101.0
西　藏	111.0	104.1	105.6	109.6	99.7	101.1
陕　西	106.1	108.2	101.5	108.5	102.9	101.1
甘　肃	103.9	107.1	95.2	107.9	113.0	99.1
青　海	110.4	104.9	102.7	114.5	109.4	98.5
宁　夏	110.1	104.9	101.7	108.6	106.0	98.9
新　疆	114.7	111.9	105.7	107.4	100.5	97.2

8—2 续表 2

地　　区	11.干鲜瓜果	12.糕点饼干面包	13.液体乳及乳制品	14.在外用膳食品	15.其他食品	二、饮料、烟酒
全国平均	**107.4**	**102.4**	**103.5**	**105.6**	**101.7**	**101.1**
北　　京						
天　　津						
河　　北	104.7	102.1	104.9	107.6	101.2	100.8
山　　西	111.0	102.9	104.4	107.5	100.6	101.4
内 蒙 古	110.2	103.9	106.9	106.8	101.2	101.1
辽　　宁	100.4	103.7	102.6	104.6	102.2	101.3
吉　　林	108.7	100.4	99.6	104.4	100.6	100.8
黑 龙 江	109.7	113.8	105.7	105.3	102.9	101.5
上　　海						
江　　苏	105.1	103.2	106.2	105.1	102.2	99.6
浙　　江	105.8	101.5	103.2	103.3	102.6	100.1
安　　徽	108.6	100.3	101.8	104.7	100.5	99.0
福　　建	106.5	101.0	102.3	102.7	104.7	100.1
江　　西	103.1	100.6	102.5	105.7	100.5	100.9
山　　东	112.6	101.5	103.1	107.8	101.0	100.3
河　　南	105.5	104.3	103.2	108.0	103.7	102.3
湖　　北	107.4	101.5	102.5	107.9	100.4	101.7
湖　　南	111.3	102.7	100.2	102.0	103.2	105.9
广　　东	106.4	100.6	103.8	102.4	100.9	100.7
广　　西	104.5	100.3	106.7	106.1	106.2	100.5
海　　南	106.1	104.9	107.5	116.5	103.3	100.3
重　　庆						
四　　川	104.0	101.3	104.2	107.2	99.9	99.3
贵　　州	104.7	101.0	103.7	108.8	99.2	102.0
云　　南	107.3	105.0	100.8	104.2	102.6	101.7
西　　藏	101.7	101.1	109.4	109.9	104.5	100.8
陕　　西	110.0	105.2	104.5	107.3	104.4	100.9
甘　　肃	101.7	103.0	104.4	108.7	103.3	101.1
青　　海	107.6	105.2	100.9	105.7	99.6	100.1
宁　　夏	112.4	104.4	105.1	108.6	102.0	100.6
新　　疆	99.9	106.7	107.2	112.7	107.0	102.4

8—2 续表 3

地　　区	1.茶及饮料	2.烟草	3.酒	三、服装、鞋帽	1.服装	2.鞋袜帽
全国平均	**101.9**	**101.5**	**100.3**	**102.5**	**103.0**	**101.6**
北　　京						
天　　津						
河　　北	103.3	100.3	100.3	104.8	105.4	103.7
山　　西	101.5	100.3	104.9	103.1	103.4	102.6
内 蒙 古	101.7	100.2	101.7	104.8	105.2	104.2
辽　　宁	101.2	100.4	102.3	103.0	102.9	104.1
吉　　林	101.2	100.3	100.9	100.6	101.4	99.4
黑 龙 江	102.5	100.8	101.4	102.5	100.8	105.6
上　　海						
江　　苏	101.2	99.9	97.7	104.2	104.7	102.1
浙　　江	102.6	100.2	98.6	100.9	102.4	96.9
安　　徽	103.0	100.0	96.9	102.9	103.2	102.5
福　　建	101.6	99.9	98.9	101.8	102.3	100.4
江　　西	102.0	101.0	100.3	103.0	102.7	104.2
山　　东	100.7	100.7	99.9	101.8	101.5	102.8
河　　南	104.1	101.9	102.2	103.5	103.7	103.4
湖　　北	104.3	100.0	102.0	101.1	101.6	99.8
湖　　南	100.0	109.4	102.6	102.4	103.3	100.2
广　　东	101.4	101.8	98.9	103.0	103.9	100.8
广　　西	101.3	99.8	100.7	101.7	102.1	101.4
海　　南	98.9	100.3	101.1	99.3	98.7	101.9
重　　庆						
四　　川	102.9	100.0	97.5	100.6	101.1	99.5
贵　　州	103.3	100.8	104.2	101.3	102.9	96.9
云　　南	104.8	100.4	101.6	101.7	102.1	101.0
西　　藏	101.7	100.4	100.7	101.2	100.8	102.2
陕　　西	103.0	99.8	100.5	101.5	100.9	102.6
甘　　肃	102.9	100.0	102.4	104.1	104.4	103.4
青　　海	100.7	100.5	99.5	100.3	99.7	101.8
宁　　夏	104.9	100.0	99.1	104.0	103.6	105.2
新　　疆	102.5	101.1	103.6	100.3	100.1	100.5

8－2 续表 4

地　　区	3.其他	四、纺织品	1.衣着材料	2.床上用品	五、家用电器及音像器材	1.家庭设备
全国平均	**100.3**	**101.2**	**102.5**	**100.4**	**98.9**	**100.0**
北　　京						
天　　津						
河　　北	102.0	101.6	102.8	101.3	98.3	100.0
山　　西	100.2	101.1	102.1	100.7	99.0	99.9
内 蒙 古	102.2	103.2	104.2	102.2	99.2	99.5
辽　　宁	96.8	101.9	102.5	101.2	98.2	99.5
吉　　林	98.5	100.6	101.1	99.7	98.7	100.4
黑 龙 江	100.5	100.5	101.0	100.1	98.7	99.5
上　　海						
江　　苏	100.9	99.9	104.4	96.9	99.8	101.5
浙　　江	99.0	99.7	101.3	98.7	100.2	100.9
安　　徽	100.0	98.0	99.6	96.9	100.0	101.4
福　　建	101.2	99.1	101.3	98.1	96.3	96.9
江　　西	99.9	101.5	100.9	101.9	97.8	99.4
山　　东	100.2	102.6	104.2	100.3	97.1	98.0
河　　南	100.2	101.6	101.7	101.6	100.4	101.1
湖　　北	99.9	101.1	102.6	100.0	99.4	100.5
湖　　南	100.0	101.3	105.6	100.4	99.0	98.9
广　　东	101.3	100.8	99.7	101.3	99.3	100.1
广　　西	98.7	103.2	102.9	103.5	98.4	100.7
海　　南	96.9	102.7	102.9	102.6	99.0	100.0
重　　庆						
四　　川	100.3	100.8	101.7	100.3	98.4	99.4
贵　　州	100.1	100.2	100.0	100.3	97.7	99.9
云　　南	96.9	100.9	101.4	100.6	102.2	103.5
西　　藏	100.5	101.1	101.4	100.9	99.5	99.9
陕　　西	100.6	102.3	102.5	102.1	98.5	100.5
甘　　肃	100.1	103.6	105.5	102.6	99.2	99.6
青　　海	100.2	101.0	101.5	100.3	98.6	99.8
宁　　夏	101.9	102.8	102.7	102.9	98.0	100.2
新　　疆	100.4	101.3	102.2	100.3	98.8	99.1

8—2 续表 5

地 区	2.文娱用耐用消费品	3.专业音像器材	六、文化办公用品	七、日用品	1.日用百货	2.日用杂品
全国平均	**97.1**	**99.8**	**99.7**	**101.2**	**100.7**	**101.5**
北 京						
天 津						
河 北	95.8	100.4	99.3	102.2	101.9	101.7
山 西	97.9		99.9	100.8	101.1	100.6
内 蒙 古	98.8	100.0	100.8	101.4	100.5	102.8
辽 宁	96.2	99.6	99.9	101.6	100.3	101.3
吉 林	96.3	99.3	99.8	100.7	101.0	100.0
黑 龙 江	97.4	100.0	98.4	101.1	101.7	100.4
上 海						
江 苏	94.4	102.1	99.0	102.0	101.5	101.8
浙 江	98.9	98.9	99.4	100.3	100.0	101.0
安 徽	97.7	99.4	99.7	101.6	100.9	101.7
福 建	94.9	98.9	99.4	100.7	101.6	99.7
江 西	96.0	99.1	99.5	101.6	101.2	102.4
山 东	95.8	99.2	100.5	100.8	100.2	102.6
河 南	98.1	100.0	99.4	101.4	100.9	101.5
湖 北	97.4	99.8	100.5	100.9	100.0	100.8
湖 南	98.9	100.6	99.7	100.9	100.5	102.3
广 东	98.5	98.5	99.2	100.9	100.9	100.7
广 西	95.5	97.5	99.3	100.9	99.9	101.6
海 南	97.5	99.6	100.1	101.8	100.2	104.0
重 庆						
四 川	97.4	98.4	100.0	100.1	98.6	101.2
贵 州	92.6	96.2	98.0	99.8	100.1	100.5
云 南	95.0	107.4	102.0	102.6	101.0	103.7
西 藏	99.1	100.0	100.2	100.6	100.5	100.7
陕 西	95.7	98.9	99.3	102.5	102.6	103.4
甘 肃	98.8	99.2	100.0	101.9	101.5	103.4
青 海	97.2	100.1	99.6	100.9	101.4	100.1
宁 夏	95.7	98.3	98.2	101.7	98.6	105.2
新 疆	98.4	98.9	100.1	101.2	101.3	100.9

8—2 续表 6

地　　区	3.洗涤用品	4.其他日用品	八、体育娱乐用品	1.体育用品	2.娱乐用品	九、交通、通信用品
全国平均	**101.6**	**101.1**	**100.8**	**101.2**	**100.5**	**98.1**
北　　京						
天　　津						
河　　北	102.5	102.5	101.0	101.9	100.0	98.6
山　　西	100.7	100.7	101.1	101.7	100.7	97.6
内 蒙 古	100.7	102.4	101.2	100.9	101.5	99.8
辽　　宁	103.0	101.9	101.0	102.3	99.8	98.2
吉　　林	100.8	100.7	100.0	100.2	99.8	97.1
黑 龙 江	100.9	101.1	100.1	100.1	100.2	94.5
上　　海						
江　　苏	102.4	102.3	101.7	100.5	102.3	98.9
浙　　江	100.0	100.9	101.6	101.2	101.8	98.9
安　　徽	103.3	101.2	100.3	100.7	100.0	97.6
福　　建	100.8	99.7	99.6	100.3	99.1	97.8
江　　西	101.8	101.1	99.6	100.7	98.9	98.0
山　　东	100.9	100.2	100.0	99.7	100.4	98.7
河　　南	102.7	101.7	100.8	101.3	100.5	97.5
湖　　北	100.7	102.4	100.4	100.8	100.0	94.2
湖　　南	100.6	99.9	102.2	103.8	100.7	99.4
广　　东	101.4	100.5	101.2	101.6	100.7	97.3
广　　西	101.6	100.6	100.0	101.1	98.8	100.1
海　　南	101.2	102.7	103.9	106.6	99.9	93.3
重　　庆						
四　　川	103.4	100.2	99.6	99.5	99.6	98.6
贵　　州	98.3	100.8	101.4	102.3	100.9	97.1
云　　南	104.3	100.2	104.2	106.7	100.7	99.4
西　　藏	100.9	100.0	99.6	99.7	99.4	98.2
陕　　西	101.0	103.5	102.1	102.7	101.5	95.2
甘　　肃	104.8	101.1	100.4	101.1	99.7	97.7
青　　海	101.6	99.8	102.3	103.2	101.2	94.5
宁　　夏	103.3	102.1	100.0	100.9	98.7	95.3
新　　疆	102.6	99.8	100.1	100.1	100.2	97.0

8－2 续表 7

地　区	1.交通运输机械	2.通信器材	十、家具	十一、化妆品	十二、金银珠宝	十三、中西药品及医疗保健用品
全国平均	**99.1**	**96.3**	**100.8**	**101.6**	**91.8**	**101.0**
北　京						
天　津						
河　北	99.2	97.1	100.5	102.9	90.9	102.5
山　西	99.7	92.5	100.7	100.3	91.1	101.3
内蒙古	100.0	99.5	99.9	100.7	92.0	101.6
辽　宁	100.5	95.9	100.1	101.4	92.8	101.7
吉　林	96.9	97.3	100.8	101.1	94.1	102.9
黑龙江	99.4	91.6	99.2	100.1	90.5	99.8
上　海						
江　苏	98.9	98.6	99.8	103.1	90.3	99.9
浙　江	99.3	97.2	101.9	100.8	90.4	94.4
安　徽	98.1	96.3	98.1	100.3	90.7	101.1
福　建	99.7	94.4	100.1	101.4	91.9	101.8
江　西	100.0	95.7	103.7	101.9	91.2	102.2
山　东	99.0	98.4	100.7	101.7	93.2	100.3
河　南	98.1	96.6	101.9	102.6	91.8	103.1
湖　北	96.2	92.3	99.5	101.8	93.0	102.6
湖　南	100.0	97.8	101.0	100.9	92.2	102.2
广　东	98.9	95.6	102.4	100.9	92.1	100.9
广　西	100.0	100.1	100.8	101.3	91.0	101.3
海　南	94.2	90.3	100.4	101.6	90.4	106.8
重　庆						
四　川	99.8	95.3	99.2	101.0	91.7	101.8
贵　州	100.2	92.5	100.2	100.9	94.0	100.1
云　南	100.5	97.9	101.3	101.2	89.0	108.4
西　藏	99.8	98.0	100.6	103.3	97.5	99.8
陕　西	100.5	91.6	100.3	104.8	92.0	102.6
甘　肃	101.9	96.4	105.1	103.0	94.3	103.5
青　海	100.4	93.6	98.0	101.1	91.4	103.9
宁　夏	101.0	86.5	101.6	103.9	89.9	102.1
新　疆	99.4	94.0	102.6	101.9	93.3	101.6

8—2 续表 8

地　　区	1.医疗器具及用品	2.中药材及中成药	3.西药	4.保健器具及用品	十四、书报杂志及电子出版物	1.教材及参考书	2.书报杂志
全国平均	**101.0**	**103.2**	**99.4**	**101.2**	**101.6**	**102.4**	**101.3**
北　　京							
天　　津							
河　　北	99.0	104.1	102.3	101.1	100.0	99.8	100.0
山　　西	99.5	102.5	101.4	99.8	102.7	105.9	101.8
内 蒙 古	100.6	101.6	101.9	100.3	100.7	100.3	100.0
辽　　宁	100.9	103.1	101.1	100.4	100.6	102.1	100.6
吉　　林	102.0	106.0	100.5	100.2	100.0	100.0	100.0
黑 龙 江	104.3	96.9	100.6	103.6	101.8	103.4	100.7
上　　海							
江　　苏	100.8	104.2	98.2	102.0	102.8	105.1	102.0
浙　　江	99.2	98.7	88.2	101.4	100.2	100.0	100.1
安　　徽	102.1	100.3	101.5	101.3	102.7	105.2	100.2
福　　建	101.6	103.9	100.1	103.4	104.7	111.2	101.6
江　　西	99.5	103.9	101.3	101.7	100.7	101.4	100.2
山　　东	101.4	101.8	99.1	100.4	100.9	101.8	100.7
河　　南	99.2	105.9	102.3	100.7	101.7	102.6	101.9
湖　　北	99.8	105.7	100.6	101.5	103.5	103.1	103.7
湖　　南	105.0	101.9	102.0	102.3	101.4	101.7	101.4
广　　东	99.6	102.8	99.2	101.0	101.6	102.0	101.9
广　　西	100.7	102.9	100.0	101.4	100.1	100.2	100.2
海　　南	103.4	106.6	108.0	100.3	102.0	101.1	100.3
重　　庆							
四　　川	99.3	104.3	100.1	100.1	100.8	100.9	100.7
贵　　州	101.3	102.6	98.5	99.8	101.3	101.2	101.9
云　　南	99.1	119.5	102.7	100.6	101.9	103.7	100.1
西　　藏	101.2	100.4	98.9	100.2	100.5	99.0	101.6
陕　　西	99.7	104.9	101.0	102.9	100.9	101.1	101.3
甘　　肃	102.0	106.2	101.4	99.2	100.0	100.3	99.3
青　　海	104.4	104.4	104.0	101.1	103.6	104.0	102.6
宁　　夏	101.5	103.5	100.5	108.4	100.7	102.1	100.3
新　　疆	97.9	102.2	101.7	102.0	100.8	101.2	101.1

8—2 续表 9

地　区	3.电子音像制品	十五、燃料	1.煤炭及制　品	2.石油及制　品	十六、建筑材料及五金电料	1.建筑装璜材料	2.五　金电　料
全国平均	**100.5**	**99.7**	**99.2**	**99.8**	**100.5**	**100.2**	**101.6**
北　京							
天　津							
河　北	100.6	99.8	98.4	101.0	101.3	100.6	104.0
山　西	100.0	97.7	94.1	99.6	100.1	100.1	100.0
内 蒙 古	102.5	99.6	98.1	100.6	99.9	99.5	101.1
辽　宁	97.4	99.5	96.9	100.7	100.6	100.4	101.0
吉　林	99.9	101.0	98.8	101.7	99.9	99.2	101.6
黑 龙 江	100.0	101.6	102.3	101.1	98.9	98.1	101.1
上　海							
江　苏	103.1	101.0	101.4	101.0	99.9	99.3	101.4
浙　江	100.5	99.9	102.1	99.5	101.5	101.5	101.5
安　徽	100.1	99.8	101.7	99.2	100.4	100.2	101.0
福　建	98.8	100.1	99.8	100.2	99.0	98.7	100.1
江　西	100.1	100.7	102.6	99.5	100.5	100.3	101.9
山　东	100.0	98.8	97.8	99.5	101.0	100.3	102.6
河　南	99.0	97.8	95.3	99.3	99.6	99.1	102.4
湖　北	104.4	100.4	100.9	100.3	100.6	100.3	101.8
湖　南	100.0	98.7	93.4	99.4	102.3	102.6	100.4
广　东	99.9	99.4	99.8	99.4	100.3	100.3	100.2
广　西	99.7	99.9	100.0	99.9	100.2	100.3	99.9
海　南	108.0	100.6	107.6	100.4	96.9	96.0	101.3
重　庆							
四　川	100.0	101.5	105.0	99.5	100.6	100.2	102.5
贵　州	100.0	99.4	99.4	99.3	101.6	101.5	101.9
云　南	99.7	102.3	106.2	99.5	101.3	100.8	102.8
西　藏	101.9	100.0	100.8	99.7	101.3	101.7	99.7
陕　西	99.9	99.4	97.9	100.0	99.8	99.5	100.6
甘　肃	100.0	102.4	103.4	100.8	101.4	101.4	100.4
青　海	105.9	100.1	100.4	99.9	99.5	99.2	100.9
宁　夏	93.8	98.6	97.6	100.1	100.1	99.1	102.4
新　疆	99.7	100.2	100.4	100.0	99.0	97.9	101.9

8—3 各地区农村居民消费价格分类指数

（上年价格＝100）

地　　区	居民消费价格指数	一、食品	1.粮食	2.淀　粉及制品	3.干豆类及豆 制 品	4.油脂
全国平均	**102.8**	**104.9**	**104.8**	**102.5**	**105.6**	**100.4**
北　　京						
天　　津						
河　　北	103.5	106.2	108.3	104.0	104.7	100.9
山　　西	103.2	107.0	111.9	102.2	105.8	102.7
内 蒙 古	102.8	105.2	105.5	101.1	99.2	99.0
辽　　宁	102.4	104.5	104.5	103.4	107.6	99.5
吉　　林	102.9	106.8	106.2	102.3	103.8	100.4
黑 龙 江	103.1	105.8	104.8	107.1	105.0	94.0
上　　海						
江　　苏	102.5	104.0	102.2	100.8	104.8	98.9
浙　　江	102.4	103.9	103.4	105.2	103.2	98.9
安　　徽	102.5	104.4	102.6	102.4	101.6	99.8
福　　建	102.3	104.0	102.2	102.3	106.7	101.2
江　　西	102.9	104.5	103.6	96.3	106.5	100.0
山　　东	102.5	105.8	109.6	103.1	106.6	101.6
河　　南	102.9	105.8	107.4	100.4	108.3	99.2
湖　　北	103.0	105.7	104.3	102.2	110.4	98.3
湖　　南	102.5	104.2	105.8	105.8	107.6	103.8
广　　东	102.7	104.3	102.5	99.8	103.5	100.7
广　　西	102.4	103.3	101.7	100.9	104.4	101.5
海　　南	102.7	104.9	104.2	99.4	103.5	104.0
重　　庆						
四　　川	102.8	104.5	103.0	101.5	107.2	100.6
贵　　州	101.7	102.6	100.2	105.7	103.8	100.4
云　　南	102.7	104.3	101.9	106.5	106.7	100.1
西　　藏	103.6	107.1	104.1	102.7	105.8	105.6
陕　　西	103.6	106.9	109.5	107.5	107.6	101.4
甘　　肃	103.4	105.3	106.8	99.1	104.9	101.5
青　　海	103.7	108.0	108.5	99.2	107.8	101.6
宁　　夏	103.8	107.3	106.4	99.6	107.4	101.7
新　　疆	104.1	108.4	106.5	106.7	109.6	103.3

8－3 续表 1

地　　区	5. 肉禽及其制品	(1)食用畜肉及副产品	(2)禽	(3)加工肉禽	6. 蛋	7. 水产品
全国平均	**104.0**	**104.4**	**102.8**	**103.7**	**105.0**	**104.6**
北　　京						
天　　津						
河　　北	106.5	107.9	96.9	104.8	104.7	103.0
山　　西	102.2	102.3	99.4	102.8	103.9	99.2
内 蒙 古	104.9	105.8	98.0	103.4	104.2	98.2
辽　　宁	107.7	107.9	109.6	104.6	103.4	102.3
吉　　林	109.1	110.5	102.8	107.8	108.1	101.1
黑 龙 江	109.1	111.2	100.6	106.5	101.9	105.1
上　　海						
江　　苏	103.0	102.9	102.2	104.4	104.2	103.8
浙　　江	103.2	102.6	104.6	103.8	101.6	105.2
安　　徽	104.0	103.3	106.6	104.5	103.8	106.0
福　　建	102.1	102.0	102.0	102.8	109.1	106.5
江　　西	104.7	103.7	110.4	102.8	105.3	107.6
山　　东	102.8	103.2	101.4	102.4	103.7	102.8
河　　南	104.7	105.3	101.2	104.8	103.8	99.5
湖　　北	105.5	107.2	102.5	103.2	108.7	107.4
湖　　南	104.1	103.8	104.1	105.3	104.3	102.5
广　　东	101.7	102.8	100.4	99.4	105.6	106.8
广　　西	101.2	101.6	100.2	100.9	106.8	101.0
海　　南	101.5	103.0	97.9	100.1	105.8	98.3
重　　庆						
四　　川	103.3	102.6	105.2	105.0	106.3	105.9
贵　　州	102.0	102.2	98.9	105.0	104.1	102.9
云　　南	103.3	102.8	103.8	105.7	107.3	101.6
西　　藏	111.1	113.5	104.5	105.6	103.9	104.9
陕　　西	106.2	106.1	107.7	105.3	108.5	102.6
甘　　肃	104.3	105.7	102.3	103.0	106.2	98.2
青　　海	111.3	111.9	108.2	105.4	105.4	103.2
宁　　夏	110.3	111.3	105.2	107.9	105.6	101.5
新　　疆	114.7	117.5	106.5	108.1	113.0	105.1

8—3 续表 2

地　　区	(1)鱼	(2)其他水产品	8.菜	9.调味品	10.糖	11.茶及饮料
全国平均	**103.8**	**106.7**	**109.7**	**104.0**	**99.8**	**102.2**
北　　京						
天　　津						
河　　北	98.8	113.8	111.7	105.5	102.7	103.4
山　　西	98.9	102.3	112.8	109.5	101.4	101.4
内 蒙 古	97.9	103.7	107.3	103.6	102.4	101.7
辽　　宁	98.7	114.0	105.2	104.9	102.8	100.9
吉　　林	98.7	109.8	114.6	100.2	100.5	100.9
黑 龙 江	104.7	109.8	110.4	107.7	110.0	101.8
上　　海						
江　　苏	103.7	103.9	107.9	105.3	100.9	101.2
浙　　江	106.5	103.9	107.7	102.5	99.2	102.5
安　　徽	104.9	110.3	108.6	101.1	100.6	103.2
福　　建	106.7	106.2	110.4	105.0	99.7	101.7
江　　西	107.6	107.5	108.6	103.5	101.4	102.3
山　　东	100.9	107.6	113.4	102.9	99.4	100.8
河　　南	98.8	106.1	110.8	107.4	100.1	104.1
湖　　北	107.0	108.5	109.3	103.2	101.1	104.4
湖　　南	102.1	106.9	107.3	101.8	96.8	100.0
广　　东	104.8	112.3	114.8	103.1	101.0	101.5
广　　西	99.6	107.2	108.2	101.7	97.2	101.0
海　　南	99.0	96.1	112.6	100.9	98.0	99.3
重　　庆						
四　　川	105.4	109.9	110.1	102.7	98.7	102.8
贵　　州	102.8	102.9	101.2	101.4	101.1	101.6
云　　南	102.5	95.8	109.7	103.8	100.5	104.0
西　　藏	105.1	104.3	109.8	99.0	101.7	102.2
陕　　西	101.5	106.2	108.1	103.4	101.0	102.7
甘　　肃	97.8	99.9	107.0	109.7	98.5	100.9
青　　海	102.5	104.8	114.2	110.0	97.8	102.0
宁　　夏	101.5	101.8	109.2	104.6	98.2	104.1
新　　疆	107.1	100.2	106.8	100.8	97.2	103.7

8—3 续表 3

地　区	(1)茶叶	(2)饮料	12.干鲜瓜果	13. 糕点饼干面包	14.液体乳及乳制品	15.在外用膳食品
全国平均	**102.8**	**101.9**	**107.2**	**102.6**	**103.6**	**106.0**
北　京						
天　津						
河　北	101.4	104.2	106.6	102.0	104.5	107.1
山　西	99.9	101.9	109.8	103.0	104.2	107.8
内蒙古	100.2	102.7	108.8	103.2	109.4	106.5
辽　宁	100.9	100.9	101.5	103.5	102.7	104.5
吉　林	100.8	101.0	109.3	100.6	100.1	105.2
黑龙江	106.8	101.6	109.2	113.4	105.6	105.7
上　海						
江　苏	101.4	101.1	105.2	103.0	105.9	105.0
浙　江	104.0	102.1	105.9	101.8	103.2	103.3
安　徽	105.3	100.8	108.5	101.2	101.8	104.7
福　建	102.1	101.4	105.8	101.1	101.8	102.7
江　西	102.9	102.2	103.1	100.8	102.4	105.6
山　东	100.5	101.1	113.3	101.5	102.8	107.7
河　南	106.6	103.5	106.5	104.3	103.0	108.0
湖　北	108.9	101.9	107.3	101.4	102.5	108.0
湖　南	100.1	100.0	111.2	102.5	100.2	102.1
广　东	100.2	102.3	106.4	100.6	103.8	102.5
广　西	102.8	100.4	104.8	100.4	107.5	105.9
海　南	100.0	99.1	107.4	104.2	106.2	114.3
重　庆						
四　川	104.2	102.0	104.0	101.9	104.6	107.3
贵　州	100.3	102.1	103.2	101.1	103.5	107.8
云　南	107.9	101.7	107.2	104.1	101.4	105.2
西　藏	101.8	102.5	101.9	101.3	108.3	109.9
陕　西	101.5	103.3	110.3	105.8	104.1	108.0
甘　肃	99.8	101.8	102.4	103.9	103.4	108.2
青　海	103.3	101.1	105.4	104.9	103.1	106.7
宁　夏	105.4	103.0	111.7	104.4	105.2	108.4
新　疆	103.6	103.8	100.5	106.2	107.6	112.1

8—3 续表 4

地　区	16.其他食品	二、烟酒及用品	1.烟草	2.酒	三、衣着
全国平均	**101.7**	**100.8**	**100.9**	**100.5**	**102.5**
北　京					
天　津					
河　北	100.9	100.4	100.5	100.3	104.7
山　西	100.7	102.1	100.2	105.8	102.5
内蒙古	101.3	101.6	99.9	103.4	104.3
辽　宁	103.0	101.5	100.7	102.4	103.3
吉　林	100.4	100.9	101.0	100.8	101.2
黑龙江	102.1	102.4	102.4	102.3	102.1
上　海					
江　苏	102.1	99.0	100.0	97.6	104.2
浙　江	102.6	99.9	100.3	98.7	101.6
安　徽	100.5	98.7	100.0	96.8	102.9
福　建	104.5	99.3	99.8	98.8	102.0
江　西	100.6	100.9	101.1	100.6	103.1
山　东	100.7	100.2	100.8	99.7	102.7
河　南	103.7	101.5	100.6	102.0	103.5
湖　北	100.1	100.7	100.0	101.9	101.5
湖　南	103.2	107.5	109.9	102.7	102.5
广　东	100.9	100.7	101.8	99.3	103.1
广　西	106.9	100.1	99.6	100.6	102.7
海　南	103.1	100.5	100.3	101.0	100.0
重　庆					
四　川	99.8	99.0	100.0	97.3	100.1
贵　州	99.1	102.0	100.9	103.5	100.9
云　南	102.2	100.7	100.4	101.9	101.8
西　藏	105.4	100.8	100.3	101.4	102.0
陕　西	103.9	100.1	100.0	100.2	101.9
甘　肃	102.1	101.5	100.0	104.2	103.6
青　海	100.2	99.4	100.1	98.7	100.8
宁　夏	101.9	99.8	100.0	99.3	104.2
新　疆	108.1	102.6	101.7	103.4	100.6

8－3续表5

地　区	1.服装	(1)男式服装	(2)女式服装	(3)儿童服装	2.衣着材料	3.鞋袜帽
全国平均	**102.7**	**102.8**	**102.4**	**103.2**	**103.2**	**101.7**
北　京						
天　津						
河　北	105.3	105.1	105.6	104.3	102.9	103.2
山　西	102.3	101.9	100.6	106.2	101.5	103.1
内蒙古	104.6	104.2	105.3	103.9	105.0	103.4
辽　宁	102.9	102.9	102.2	104.5	102.1	104.1
吉　林	101.6	101.3	102.1	101.1	101.3	99.7
黑龙江	100.8	101.0	99.8	103.2	100.8	104.9
上　海						
江　苏	104.7	104.1	104.9	107.6	104.9	102.2
浙　江	102.4	102.9	102.5	100.0	101.0	97.5
安　徽	103.2	102.8	103.3	103.7	99.6	102.5
福　建	102.3	102.8	103.0	99.4	101.4	100.6
江　西	102.7	100.9	103.5	105.4	100.9	104.3
山　东	101.5	101.9	101.2	101.3	112.7	103.3
河　南	103.7	103.6	103.6	104.0	100.7	103.2
湖　北	101.7	102.4	100.7	103.1	102.8	100.0
湖　南	103.1	103.7	102.4	104.9	105.2	100.1
广　东	103.9	104.0	103.8	104.2	100.3	100.9
广　西	102.9	102.7	102.7	103.7	102.6	102.0
海　南	98.9	97.5	98.3	101.8	102.4	101.5
重　庆						
四　川	100.6	100.7	100.6	100.2	101.5	98.8
贵　州	102.2	109.4	97.8	100.6	101.4	97.7
云　南	102.2	103.8	101.4	101.5	100.7	101.1
西　藏	100.8	100.8	100.2	102.3	101.5	101.9
陕　西	101.2	100.7	101.0	102.5	103.2	102.7
甘　肃	103.2	100.3	100.1	109.6	105.8	104.3
青　海	100.4	99.4	101.2	100.7	101.5	101.3
宁　夏	103.7	105.0	102.4	105.0	102.1	105.7
新　疆	100.2	99.2	99.7	102.9	102.3	100.5

8—3 续表 6

地　区	(1)鞋	(2)袜子	(3)帽子	4.衣着加工服务	四、家庭设备用品及维修服务	1.耐　用消费品
全国平均	**101.7**	**101.7**	**101.8**	**107.4**	**101.3**	**100.4**
北　京						
天　津						
河　北	103.2	104.3	100.5	109.3	101.1	100.1
山　西	103.5	102.3	101.1	104.6	100.9	100.2
内 蒙 古	103.9	100.8	102.4	106.4	100.7	99.6
辽　宁	103.5	107.0	106.1	108.5	100.8	99.6
吉　林	98.9	101.9	103.9	105.1	100.3	100.4
黑 龙 江	106.6	102.7	100.5	109.9	100.0	98.8
上　海						
江　苏	101.7	104.4	106.8	109.3	101.8	101.4
浙　江	97.2	100.6	99.6	114.2	101.8	101.0
安　徽	102.7	101.0	97.0	104.2	101.4	100.5
福　建	100.7	100.4	100.0	106.6	99.4	98.5
江　西	105.9	100.0	101.3	107.6	102.6	101.1
山　东	103.7	101.0	100.9	109.1	99.9	98.6
河　南	103.4	103.2	101.9	112.1	101.9	101.3
湖　北	100.0	100.1	98.7	112.6	101.5	100.3
湖　南	100.2	100.0	100.1	104.1	100.9	100.2
广　东	100.8	100.4	104.1	103.6	101.4	101.0
广　西	102.4	100.0	98.9	104.9	101.6	100.8
海　南	101.4	104.2	99.1	118.4	102.4	100.0
重　庆						
四　川	98.6	99.9	101.1	104.2	100.7	99.7
贵　州	97.1	100.0	102.0	100.0	100.8	99.5
云　南	101.2	100.0	100.7	102.9	102.7	102.9
西　藏	101.8	102.1	101.7	109.8	101.0	100.6
陕　西	102.5	102.8	106.4	109.7	102.2	100.9
甘　肃	104.7	99.0	107.1	109.3	103.9	101.4
青　海	100.3	103.4	105.6	106.3	101.0	99.2
宁　夏	105.9	102.9	106.8	112.1	102.7	101.0
新　疆	100.6	100.3	100.4	107.2	102.1	100.4

8－3 续表 7

地　区	(1)家具	(2)家庭设备	2.室内装饰品	3.床上用品	4.家庭日用杂品	5.家庭服务及加工维修服务
全国平均	**100.9**	**100.1**	**100.9**	**100.5**	**101.6**	**107.1**
北　京						
天　津						
河　北	100.0	100.1	101.5	101.5	102.3	105.5
山　西	100.5	99.9	101.3	100.3	100.7	107.7
内蒙古	99.7	99.6	101.5	101.6	101.7	100.8
辽　宁	100.0	99.4	100.8	102.2	101.6	102.3
吉　林	100.8	100.1	101.9	100.6	100.1	100.2
黑龙江	99.1	98.7	100.3	100.1	100.6	111.6
上　海						
江　苏	100.9	101.6	100.8	97.9	102.1	107.6
浙　江	101.8	100.7	101.1	98.7	100.7	109.6
安　徽	98.1	101.4	102.5	97.0	101.4	109.5
福　建	100.4	97.6	99.7	98.6	99.8	106.2
江　西	103.8	99.6	99.9	101.2	105.5	105.7
山　东	100.2	97.7	99.4	99.8	102.0	104.0
河　南	101.9	100.9	102.1	101.2	102.2	109.6
湖　北	99.8	100.5	102.2	101.1	100.2	114.6
湖　南	100.9	98.9	100.5	100.5	101.2	104.3
广　东	102.4	100.0	98.8	100.8	101.0	104.8
广　西	100.5	100.9	102.0	104.3	101.4	103.1
海　南	100.4	99.8	103.1	104.9	102.5	129.0
重　庆						
四　川	99.3	100.1	100.5	100.5	101.4	106.3
贵　州	99.3	99.8	107.1	100.1	100.5	104.2
云　南	103.1	102.8	101.7	100.5	102.5	108.1
西　藏	100.8	100.3	101.4	101.8	100.6	102.7
陕　西	100.9	100.8	102.8	101.6	102.9	107.6
甘　肃	103.3	99.7	99.2	101.5	104.0	111.8
青　海	99.2	99.2	100.6	102.3	102.0	103.9
宁　夏	101.4	100.6	101.5	103.5	104.1	111.3
新　疆	102.5	99.0	99.6	100.1	102.0	113.1

8—3 续表 8

地　区	五、医疗保健和个人用品	1.医疗保健	(1)医疗器具及用品	(2)中药材及中成药	(3)西药	(4)保健器具及用品
全国平均	**101.8**	**101.8**	**100.4**	**103.3**	**99.6**	**101.4**
北　京						
天　津						
河　北	102.3	101.9	100.0	103.6	102.0	101.0
山　西	100.0	99.8	100.1	102.3	101.3	100.0
内蒙古	102.3	102.5	100.5	101.1	101.4	100.2
辽　宁	101.2	101.0	100.7	102.3	101.1	100.2
吉　林	101.4	101.8	100.8	106.2	100.6	100.0
黑龙江	101.0	100.7	104.1	97.7	100.6	101.5
上　海						
江　苏	102.1	102.8	101.0	104.2	98.3	102.1
浙　江	98.6	98.3	98.9	97.8	87.3	101.6
安　徽	101.9	101.7	102.0	100.2	101.6	101.6
福　建	102.4	103.2	101.6	104.0	99.7	105.1
江　西	102.1	101.6	99.6	104.1	101.2	101.5
山　东	101.5	101.0	100.7	101.7	98.6	100.2
河　南	102.6	102.2	100.4	106.1	102.3	100.6
湖　北	102.3	102.1	100.1	105.7	100.6	101.4
湖　南	101.0	101.4	105.2	101.8	101.3	102.2
广　东	101.1	101.3	99.8	102.9	99.6	101.1
广　西	101.6	102.2	100.8	103.0	100.2	101.4
海　南	106.8	106.6	102.9	105.5	107.3	100.0
重　庆						
四　川	104.1	104.5	98.8	104.8	99.2	100.1
贵　州	100.8	100.5	100.1	103.0	99.6	100.6
云　南	104.0	104.7	100.2	114.2	102.7	100.7
西　藏	100.9	100.6	101.2	100.7	99.0	100.2
陕　西	103.5	103.0	99.7	103.9	101.1	102.4
甘　肃	103.6	104.0	101.0	105.1	101.4	100.2
青　海	102.4	103.0	101.9	105.5	104.2	102.0
宁　夏	101.9	101.4	102.4	103.0	100.7	110.1
新　疆	101.7	101.6	97.8	102.2	102.1	102.0

8—3 续表 9

地　区	(5)医疗保健服　务	2.个人用品及服务	(1)化妆美容用品	(2)清洁化妆用品	(3)个人饰品	(4)个人服务
全国平均	**103.0**	**101.9**	**101.2**	**102.1**	**96.3**	**106.6**
北　京						
天　津						
河　北	101.5	103.5	102.4	102.7	98.7	109.1
山　西	98.3	100.6	100.2	100.9	95.2	104.8
内蒙古	103.5	101.8	100.5	100.8	95.8	105.4
辽　宁	100.2	101.9	100.9	102.3	96.8	106.3
吉　林	100.0	100.7	101.3	101.4	94.4	103.6
黑龙江	101.6	102.2	101.5	99.6	97.0	110.6
上　海						
江　苏	104.8	100.8	101.5	104.2	92.9	103.9
浙　江	108.4	99.7	100.2	100.9	93.2	104.7
安　徽	103.0	102.5	98.8	103.3	96.8	107.5
福　建	105.5	100.5	101.4	101.2	95.2	104.3
江　西	100.6	103.2	101.5	104.8	97.7	110.4
山　东	103.6	102.7	101.0	103.3	96.9	108.0
河　南	101.6	103.7	102.5	102.7	97.2	110.4
湖　北	101.1	102.8	101.4	101.5	97.2	109.3
湖　南	100.9	99.8	100.4	100.9	95.3	101.1
广　东	101.8	100.7	100.5	101.2	96.8	103.0
广　西	104.7	100.2	100.3	101.3	95.1	102.7
海　南	106.9	107.4	101.0	101.8	95.7	126.4
重　庆						
四　川	107.6	102.5	100.6	101.1	96.5	109.1
贵　州	100.1	101.3	99.4	101.0	97.1	107.6
云　南	100.0	101.7	101.3	101.4	97.5	105.5
西　藏	103.0	101.3	102.3	104.0	95.1	106.5
陕　西	104.9	104.5	105.4	103.1	97.9	110.2
甘　肃	104.7	101.7	101.7	101.8	98.5	107.4
青　海	101.4	100.4	100.7	102.6	95.9	101.9
宁　夏	100.7	103.2	103.5	104.0	96.2	107.0
新　疆	100.3	101.7	101.1	103.8	95.7	106.6

8—3 续表 10

地　　区	六、交通和通信	1.交通	(1)交通工具	(2)车用燃料及零配件	(3)车辆使用及维修	(4)市区公共交通费
全国平均	**100.1**	**100.7**	**99.7**	**99.4**	**103.9**	**102.1**
北　　京						
天　　津						
河　　北	99.9	100.5	100.1	99.0	106.9	100.9
山　　西	100.1	100.8	100.2	98.7	113.2	103.8
内 蒙 古	100.3	100.6	99.7	99.4	103.1	101.4
辽　　宁	99.8	100.5	99.2	99.6	101.3	103.9
吉　　林	100.0	100.7	98.2	99.7	102.4	101.5
黑 龙 江	100.0	101.5	100.2	98.4	100.4	100.0
上　　海						
江　　苏	100.0	100.2	98.7	100.8	103.8	102.5
浙　　江	99.7	99.7	99.0	99.0	104.2	102.8
安　　徽	99.8	100.7	99.2	99.3	104.2	101.7
福　　建	100.2	101.1	101.6	99.9	101.1	101.6
江　　西	100.5	101.0	100.1	98.8	106.1	102.2
山　　东	100.3	100.9	100.6	99.0	104.2	102.7
河　　南	100.2	100.8	99.8	99.6	105.5	104.0
湖　　北	100.0	101.0	98.6	99.6	105.8	104.1
湖　　南	100.7	101.4	100.1	99.5	100.2	100.0
广　　东	99.5	100.1	99.7	99.2	100.9	100.0
广　　西	100.2	100.5	98.3	98.3	103.1	102.1
海　　南	100.9	101.3	96.8	99.8	109.9	120.6
重　　庆						
四　　川	100.2	100.8	99.5	99.6	101.9	103.6
贵　　州	100.4	101.5	100.2	101.0	106.7	100.0
云　　南	100.6	101.4	101.8	99.1	105.2	100.6
西　　藏	100.0	100.8	99.8	98.9	105.8	100.0
陕　　西	99.5	100.5	100.4	99.0	103.8	100.8
甘　　肃	100.0	101.0	100.8	99.9	107.7	100.0
青　　海	99.5	100.6	98.7	100.7	104.3	99.9
宁　　夏	98.8	99.8	96.2	98.3	102.8	108.3
新　　疆	100.3	102.0	99.4	99.6	110.0	100.4

8—3 续表 11

地　区	(5)城市间交通费	2.通信	(1)通信工具	(2)通信服务	七、娱乐教育文化用品及服务	1.文娱用耐用消费品及服务
全国平均	**102.0**	**99.1**	**95.0**	**100.0**	**101.8**	**97.8**
北　京						
天　津						
河　北	100.7	99.0	94.5	99.7	102.2	96.3
山　西	98.4	99.2	93.3	100.0	101.4	98.4
内 蒙 古	103.2	99.8	99.6	99.9	102.5	99.1
辽　宁	100.9	99.0	94.9	99.6	101.0	96.4
吉　林	104.9	99.1	96.5	100.0	100.8	97.6
黑 龙 江	105.8	97.5	91.3	100.0	101.5	97.4
上　海						
江　苏	99.8	99.7	97.6	100.1	101.0	95.9
浙　江	98.9	99.8	95.6	100.3	103.3	98.6
安　徽	101.3	98.9	95.8	100.0	103.6	99.2
福　建	101.7	99.1	92.3	99.9	102.3	96.5
江　西	101.7	99.5	93.7	100.6	103.1	98.2
山　东	102.3	99.3	96.8	100.0	101.0	96.6
河　南	103.1	98.8	94.6	99.9	102.8	98.1
湖　北	100.7	98.8	93.0	100.3	101.8	98.5
湖　南	105.1	99.6	97.7	99.9	101.5	99.6
广　东	101.8	98.7	93.3	99.8	102.4	98.7
广　西	104.5	99.8	98.6	100.0	101.5	96.4
海　南	99.0	100.0	91.7	100.8	101.4	97.5
重　庆						
四　川	100.9	98.8	94.1	100.1	100.6	98.2
贵　州	102.1	98.7	91.8	100.9	102.5	97.4
云　南	102.7	99.5	96.9	100.1	99.9	96.7
西　藏	101.3	99.0	97.7	99.6	102.0	99.7
陕　西	99.5	98.3	92.4	100.2	100.4	96.7
甘　肃	102.0	98.7	93.4	99.9	101.9	98.4
青　海	101.4	97.9	91.1	99.5	101.2	98.1
宁　夏	100.3	97.1	87.3	100.2	101.8	96.3
新　疆	104.4	98.3	92.8	99.7	101.9	98.3

8—3 续表 12

地 区	2.教育	(1)教材及参考书	(2)教育服务	3.文化娱乐	(1)文化娱乐用品	(2)书报杂志
全国平均	**102.5**	**103.0**	**102.4**	**101.6**	**100.4**	**101.2**
北 京						
天 津						
河 北	103.6	99.6	103.9	101.0	101.1	100.0
山 西	100.9	106.6	100.4	101.9	100.7	102.9
内 蒙 古	105.1	101.1	106.5	100.8	101.3	100.1
辽 宁	102.0	102.2	102.0	100.3	100.6	100.5
吉 林	101.7	100.0	102.1	99.8	99.4	100.0
黑 龙 江	101.6	101.6	101.6	100.7	102.5	100.5
上 海						
江 苏	100.8	105.3	100.6	102.5	102.1	102.4
浙 江	102.8	100.0	102.9	103.0	100.8	100.2
安 徽	105.2	109.8	104.0	100.5	100.6	100.4
福 建	103.0	110.3	102.0	100.9	99.1	101.7
江 西	103.8	101.6	103.9	101.3	100.4	100.3
山 东	101.3	101.6	101.2	102.8	100.7	100.5
河 南	104.1	103.9	104.1	102.3	99.0	102.3
湖 北	102.6	103.1	102.5	102.4	100.3	103.7
湖 南	102.1	101.6	102.1	100.8	100.5	101.4
广 东	103.7	102.4	104.1	101.1	100.1	102.1
广 西	103.4	100.4	103.8	100.5	98.9	100.3
海 南	101.5	101.0	101.7	102.7	105.1	100.2
重 庆						
四 川	101.2	101.3	101.2	101.0	100.1	100.8
贵 州	102.2	100.9	102.5	103.2	100.1	103.9
云 南	100.4	100.1	100.4	100.5	99.5	100.1
西 藏	100.9	99.2	101.8	100.6	100.3	101.7
陕 西	100.9	101.7	100.7	102.9	101.4	100.5
甘 肃	103.0	100.2	103.2	99.6	98.7	99.7
青 海	102.0	103.8	101.6	100.0	99.5	103.1
宁 夏	103.4	102.7	103.5	101.2	100.9	100.4
新 疆	102.3	101.5	102.5	102.3	100.9	101.3

8—3 续表 13

地　区	(3)文娱费	4.旅游	八、居住	1.建房及装修材料	2.住房租金	3.自有住房	4.水电燃料
全国平均	**103.2**	**104.9**	**102.3**	**101.1**	**104.7**	**103.8**	**100.9**
北　京							
天　津							
河　北	101.2	106.4	103.1	100.2	105.0	104.2	103.6
山　西	103.2	106.4	102.3	101.0	109.3	103.8	100.2
内蒙古	101.1	103.0	100.7	100.4	100.8	102.2	99.5
辽　宁	99.4	100.5	101.9	100.9	104.8	103.1	100.7
吉　林	100.1	102.6	101.5	99.5	101.7	103.9	100.8
黑龙江	99.1	120.4	103.4	97.8	102.3	107.4	102.1
上　海							
江　苏	102.9	104.7	102.6	99.9	104.5	104.4	101.5
浙　江	105.3	109.8	103.7	102.3	109.8	106.1	100.5
安　徽	100.5	106.5	101.1	101.5	100.5	101.0	101.2
福　建	101.8	105.9	101.8	100.6	104.8	103.2	98.7
江　西	104.0	107.8	101.7	100.8	104.5	102.0	101.9
山　东	109.2	103.0	101.0	101.8	101.6	101.2	100.0
河　南	107.7	103.6	101.1	99.9	104.8	103.5	98.4
湖　北	103.1	101.8	102.5	101.0	106.1	104.3	101.1
湖　南	100.6	102.1	101.0	102.9	100.1	100.4	98.9
广　东	101.5	104.7	102.9	100.9	108.1	105.1	100.4
广　西	101.9	101.8	103.5	102.5	105.4	103.3	104.0
海　南	100.8	102.8	99.6	96.7	105.7	104.5	101.0
重　庆							
四　川	103.0	100.6	104.1	102.4	106.6	106.4	101.5
贵　州	104.3	108.9	101.4	103.4	104.6	100.2	100.8
云　南	102.4	101.2	102.6	102.9	100.6	103.0	101.9
西　藏	100.2	110.5	103.7	101.2	105.1	103.3	102.9
陕　西	106.2	99.2	103.3	101.1	106.6	105.2	101.4
甘　肃	102.2	100.6	102.8	100.9	106.3	104.6	102.9
青　海	99.7	103.0	103.0	98.4	110.2	104.7	102.5
宁　夏	103.2	103.7	102.0	101.1	109.2	110.5	99.4
新　疆	104.7	105.1	102.5	99.1	102.1	103.6	100.7

8—4 各地区农业生产资料价格分类指数

（上年价格=100）

地　区	农业生产资料价格指数	一、农用手工工具	二、饲料	三、产品畜	四、半机械化农具
全国平均	**101.4**	**103.0**	**104.5**	**100.3**	**100.7**
北　京					
天　津					
河　北	101.1	100.2	104.0	102.1	101.0
山　西	102.5	101.8	102.0	101.4	100.0
内蒙古	103.5	101.1	103.3	128.2	100.9
辽　宁	99.9	101.8	103.8	91.6	100.1
吉　林	100.8	101.9	105.7	102.5	100.7
黑龙江	104.1	102.1	103.9	104.3	100.4
上　海					
江　苏	102.4	101.9	104.3	101.1	102.0
浙　江	102.8	104.1	105.2	101.8	101.1
安　徽	100.9	102.5	105.1	102.7	100.0
福　建	99.5	101.7	102.5	97.6	100.5
江　西	102.4	106.3	103.4	99.7	100.9
山　东	101.2	101.8	104.7	104.2	99.3
河　南	101.3	105.0	106.4	98.5	102.3
湖　北	103.1	103.0	107.3	101.6	102.0
湖　南	102.3	105.0	103.3	98.3	104.6
广　东	99.7	102.0	104.9	89.7	100.9
广　西	99.9	104.3	103.8	90.3	99.7
海　南	101.0	106.5	102.2	90.2	100.8
重　庆					
四　川	101.5	103.9	103.5	100.6	100.1
贵　州	99.0	105.8	100.7	97.9	97.6
云　南	100.1	101.5	104.0	96.1	101.4
西　藏	101.8	100.9	100.7	103.3	100.9
陕　西	102.6	104.4	105.7	102.7	103.0
甘　肃	102.1	106.5	102.5	108.0	100.3
青　海	104.3	99.7	110.2	111.4	100.5
宁　夏	101.6	101.5	111.1	101.7	101.5
新　疆	102.6	102.4	106.6	112.3	101.0

8—4 续表 1

地　区	五、机械化农具	六、化学肥料	七、农药及农药械	1.化学农药	2.农药器械
全国平均	**100.5**	**97.7**	**101.6**	**101.7**	**101.5**
北　京					
天　津					
河　北	101.0	95.3	103.2	102.9	104.3
山　西	99.9	100.4	101.3	100.4	104.0
内 蒙 古	100.9	98.9	101.4	100.2	102.5
辽　宁	100.3	98.0	102.0	102.1	100.2
吉　林	100.7	96.3	104.7	105.3	100.2
黑 龙 江	100.4	98.8	100.6	100.7	100.0
上　海					
江　苏	100.6	98.2	102.4	102.3	103.3
浙　江	100.3	98.3	100.7	100.6	101.5
安　徽	100.5	95.7	101.4	101.4	102.1
福　建	100.4	96.3	100.4	100.5	100.0
江　西	102.7	99.6	100.9	101.1	100.2
山　东	100.9	97.2	102.0	102.0	102.3
河　南	100.3	95.4	102.1	102.4	99.6
湖　北	100.5	102.2	100.2	100.1	100.8
湖　南	100.4	101.6	101.2	101.1	103.5
广　东	99.5	98.4	100.7	100.9	99.2
广　西	99.6	93.3	102.4	102.7	101.0
海　南	103.2	101.8	102.9	103.0	102.7
重　庆					
四　川	100.2	99.1	102.4	102.2	103.5
贵　州	99.3	96.9	101.3	101.8	98.9
云　南	101.7	98.5	100.2	100.9	94.8
西　藏	101.7	101.5	100.0	100.0	100.0
陕　西	101.0	98.1	103.3	103.8	101.0
甘　肃	100.3	100.3	103.5	101.9	107.7
青　海	100.0	100.9	99.6	99.5	100.7
宁　夏	99.5	96.6	102.1	101.9	103.8
新　疆	100.5	98.3	101.0	100.9	101.5

8—4 续表 2

地　区	八、农用机油	九、其他农业生产资料	1.农用种子	2.其他	十、农业生产服务
全国平均	**100.5**	**103.9**	**105.0**	**101.3**	**106.5**
北　京					
天　津					
河　北	100.8	102.8	103.1	102.1	104.8
山　西	100.0	102.9	103.8	100.4	110.2
内蒙古	99.4	102.1	102.9	100.7	101.3
辽　宁	99.8	104.2	105.5	101.0	104.0
吉　林	101.9	101.3	101.4	101.0	105.8
黑龙江	99.0	108.8	113.9	100.8	113.1
上　海					
江　苏	100.7	102.2	102.5	101.1	105.5
浙　江	99.8	102.8	103.4	101.6	106.7
安　徽	99.5	102.5	103.7	100.3	104.4
福　建	100.1	101.3	102.1	100.2	104.0
江　西	99.8	103.6	105.1	100.8	112.3
山　东	102.6	104.3	106.4	101.5	105.7
河　南	99.3	106.0	106.6	102.0	106.1
湖　北	105.3	104.4	105.4	101.4	107.3
湖　南	102.6	102.7	103.6	100.4	106.9
广　东	99.1	101.5	102.2	100.1	102.0
广　西	99.7	107.4	110.3	102.3	105.4
海　南	99.7	106.7	109.3	101.5	107.3
重　庆					
四　川	99.1	101.9	102.0	101.4	109.7
贵　州	99.1	101.5	98.3	109.1	100.3
云　南	100.2	101.6	102.3	100.3	109.2
西　藏	100.8	101.6	101.6	101.6	103.7
陕　西	99.6	105.9	108.0	102.4	108.2
甘　肃	100.2	103.3	104.8	100.8	100.9
青　海	100.5	104.0	104.7	101.4	105.2
宁　夏	100.3	102.5	102.9	101.5	103.9
新　疆	101.9	103.5	103.9	102.2	106.8

8—5 农产品生产者价格指数

（上年=100）

指　　标	2010年	2011年	2012年	2013年
农产品生产者价格总指数	110.9	116.5	102.7	103.2
种植业产品	116.6	107.8	104.8	104.3
谷物	112.8	109.7	104.8	103.1
小麦	107.9	105.2	102.9	106.7
稻谷	112.8	113.3	104.1	102.2
玉米	116.1	109.9	106.6	100.2
豆类	110.4	105.0	103.0	105.7
油料	112.1	112.1	105.2	102.4
棉花	157.7	79.5	98.1	103.9
糖料	106.0	125.5	105.0	98.9
蔬菜	116.8	103.4	109.9	106.9
水果	118.9	106.2	103.9	106.2
林业产品	122.8	114.9	101.2	99.1
牧业产品	103.0	126.2	99.7	102.4
猪(毛重)	98.3	137.0	95.9	99.3
牛(毛重)	104.7	108.1	116.8	113.1
羊(毛重)	108.7	115.7	107.8	109.1
家禽(毛重)	107.0	112.0	103.8	103.2
蛋类	107.5	112.6	100.5	105.8
奶类	115.3	108.1	103.9	111.0
渔业产品	107.6	110.0	106.2	104.3
海水养殖产品		111.5	101.0	100.7
海水捕捞产品		111.2	110.9	107.7
淡水养殖产品		109.5	106.8	104.7
淡水捕捞产品		103.7	107.2	103.5

8—6 各地区农产品生产者价格指数

（上年=100）

地 区	总指数	一、种植业产品	二、林业产品	三、畜牧业产品	四、渔业产品
全 国	**103.2**	**104.3**	**99.1**	**102.4**	**104.3**
北 京	104.7	105.5	111.3	104.2	99.0
天 津	105.4	106.2		101.0	112.6
河 北	105.1	106.8	83.0	104.7	93.9
山 西	106.1	105.7	116.1	107.1	88.4
内蒙古	103.3	102.2	91.4	105.3	101.1
辽 宁	101.1	100.3	74.9	102.3	102.2
吉 林	100.4	98.9	92.3	105.0	103.5
黑龙江	101.0	100.2	81.2	105.7	93.4
上 海	104.1	104.5	97.1	101.9	106.9
江 苏	103.4	104.7	104.6	100.4	104.5
浙 江	103.0	102.5	97.5	101.4	108.3
安 徽	103.7	103.8	104.0	102.1	107.6
福 建	103.0	104.7	106.4	101.2	102.1
江 西	102.3	100.9	103.8	101.7	107.8
山 东	105.9	111.0	103.9	98.7	103.1
河 南	102.6	102.7	103.1	102.0	110.8
湖 北	101.8	101.3	104.4	99.8	109.1
湖 南	102.1	101.1	111.5	102.2	104.9
广 东	103.5	106.3	105.2	99.7	102.8
广 西	102.5	106.4	103.7	98.5	103.7
海 南	100.0	99.3	81.8	102.6	108.8
重 庆	103.0	103.1	102.3	102.9	102.0
四 川	102.6	102.3	102.1	102.6	104.4
贵 州	102.4	102.3	101.5	102.5	102.2
云 南	104.9	107.6	109.9	98.1	98.2
西 藏					
陕 西	107.4	110.3	95.2	101.9	104.6
甘 肃	105.9	105.7		106.3	108.4
青 海	110.4	108.3	101.6	112.3	
宁 夏	106.7	106.1		108.9	84.4
新 疆	108.5	101.1	101.4	113.3	105.2

8－7 各地区主要农产品分品种生产者价格指数

（上年＝100）

地区	一、种植业产品	谷物	小麦	稻谷	玉米	豆类
全国	**104.3**	**103.1**	**106.7**	**102.2**	**100.2**	**105.7**
北京	105.5	102.9	114.3		98.6	
天津	106.2	100.5	103.6	101.0	98.6	104.8
河北	106.8	105.3	113.3	103.8	100.0	103.5
山西	105.7	103.2	107.4		102.0	107.1
内蒙古	102.2	98.7	104.7	102.1	97.5	109.2
辽宁	100.3	99.1		103.1	96.2	111.1
吉林	98.9	97.5		102.5	95.4	103.6
黑龙江	100.2	98.8	105.3	105.5	94.0	102.4
上海	104.5	105.5	109.0	105.1	103.9	
江苏	104.7	104.7	106.9	102.8	102.7	104.4
浙江	102.5	104.3	102.3	104.5	100.5	104.5
安徽	103.8	103.4	109.2	100.3	100.5	105.0
福建	104.7	102.0		102.0		105.1
江西	100.9	99.2		99.2	106.2	106.6
山东	111.0	106.3	111.3	104.2	102.1	105.2
河南	102.7	106.2	108.0	103.5	103.4	102.8
湖北	101.3	99.6	105.2	98.3	102.4	101.2
湖南	101.1	98.1		97.9	102.7	104.9
广东	106.3	100.0		99.9	103.1	107.1
广西	106.4	98.3		97.6	100.7	102.2
海南	99.3	103.8		105.8	103.8	103.7
重庆	103.1	102.5	100.4	101.7	104.4	103.6
四川	102.3	100.6	104.6	99.2	102.1	104.9
贵州	102.3	99.7	101.7	99.3	100.0	106.3
云南	107.6	107.1	107.0	104.9	109.3	110.8
西藏						
陕西	110.3	105.3	110.9	98.5	102.5	107.4
甘肃	105.7	102.5	104.3		102.1	104.4
青海	108.3	104.3	106.3			98.7
宁夏	106.1	102.4	104.9	100.4	102.5	
新疆	101.1	106.9	111.2	105.7	100.8	110.1

8—7 续表 1

地　区							
	大　豆	薯　类	油　料	花　生	油菜籽	棉　花	糖　料
全　国	**105.7**	**111.5**	**102.4**	**98.9**	**104.6**	**103.9**	**98.9**
北　京							
天　津	104.8					113.7	
河　北	103.8	127.6	95.0	95.0		102.2	
山　西	107.1	121.1	101.1			108.3	
内 蒙 古	111.5	117.4	100.2	92.2	100.3		108.7
辽　宁	111.1	111.2	89.2	89.2			
吉　林	107.5	108.0	99.2	97.6			
黑 龙 江	102.4	121.7	143.4				
上　海			101.0		101.0		
江　苏	104.3	104.3	102.8	70.2	103.0	109.0	
浙　江	105.3	106.7	101.9	103.8	100.7	106.0	96.3
安　徽	105.0	100.8	101.3	90.8	103.6	103.7	104.7
福　建	105.1	109.6	107.6	105.5			
江　西	107.4	109.0	98.1	95.4	103.6	100.8	99.5
山　东	105.2	113.9	93.1	93.1		106.3	
河　南	102.8	103.2	99.8	98.1	104.5	102.9	
湖　北	101.2	116.0	103.2	97.5	103.6	99.5	
湖　南	104.9	106.2	103.9		104.1	99.1	103.6
广　东	107.1	110.5	99.9	99.9			93.6
广　西	102.2	97.3	102.8	102.6	102.0		95.9
海　南	103.7	107.7	95.0	95.0			84.6
重　庆	102.8	105.7	106.8	105.0	107.7		
四　川	106.2	102.4	104.7	102.9	105.5		106.7
贵　州	106.3	102.7	105.7	104.9	105.8		96.6
云　南	111.2	117.8	106.8	107.5	106.8		102.4
西　藏							
陕　西	108.5	122.6	107.9	105.7	109.3	109.6	
甘　肃	113.1	118.6	103.5		103.8	107.2	102.4
青　海		136.2	106.7		106.7		
宁　夏		136.4	108.7				
新　疆	110.1		93.7			105.0	100.0

8—7 续表 2

地　区	麻 类	烟 叶	蔬 菜	水 果	茶 叶
全　国	**92.82**	**110.7**	**106.9**	**106.2**	**100.5**
北　京			107.6	107.0	
天　津			109.0	105.6	
河　北			108.3	113.8	
山　西			112.6	102.3	
内蒙古		122.2	104.4	106.4	
辽　宁			106.2	100.8	
吉　林		110.4	110.1	102.8	
黑龙江		106.1	105.4	86.6	
上　海			104.1	108.9	
江　苏			105.1	108.6	104.9
浙　江			99.2	109.9	98.8
安　徽	101.06	113.1	105.4	116.0	100.3
福　建		112.7	104.0	104.6	104.5
江　西	99.23	112.7	104.8	106.4	99.2
山　东		112.3	123.6	105.4	94.5
河　南		105.6	94.5	101.3	
湖　北	80.32	102.4	104.7	106.4	98.3
湖　南		104.4	109.5	104.7	96.1
广　东		108.1	109.5	112.4	99.7
广　西	116.79	105.1	108.1	132.4	98.0
海　南			97.1	104.8	
重　庆		109.0	103.7	108.0	101.0
四　川	101.35	107.9	104.8	102.6	104.1
贵　州		103.2	102.8	106.6	106.5
云　南		107.3	108.4	113.4	109.3
西　藏					
陕　西		116.7	111.8	112.3	97.9
甘　肃	111.33		110.0	106.9	
青　海			104.3		
宁　夏			109.4	98.5	
新　疆			115.6	97.9	

8—7 续表 3

地　　区	二、林产品	三、畜产品	＃猪	＃家禽	＃蛋类	＃奶类
全　　国	**99.1**	**102.4**	**99.3**	**103.2**	**105.8**	**111.0**
北　　京	111.3	104.2	98.3	104.4	105.1	111.3
天　　津		101.0	99.2	99.1	101.3	109.0
河　　北	83.0	104.7	99.9	98.8	107.0	107.2
山　　西	116.1	107.1	99.6	100.0	107.8	113.0
内 蒙 古	91.4	105.3	100.8	105.5	102.0	104.5
辽　　宁	74.9	102.3	99.1	101.6	102.8	114.5
吉　　林	92.3	105.0	99.4	103.7	104.7	113.6
黑 龙 江	81.2	105.7	98.5	110.0	104.4	107.9
上　　海	97.1	101.9	99.6	99.4	108.1	107.8
江　　苏	104.6	100.4	99.0	99.5	102.4	104.7
浙　　江	97.5	101.4	99.3	100.9	110.8	117.6
安　　徽	104.0	102.1	99.7	101.2	102.3	
福　　建	106.4	101.2	99.4	103.9	111.8	
江　　西	103.8	101.7	100.5	104.5	106.8	
山　　东	103.9	98.7	98.8	96.1	102.4	112.0
河　　南	103.1	102.0	99.3	102.0	103.0	106.5
湖　　北	104.4	99.8	98.0	101.4	107.2	
湖　　南	111.5	102.2	99.5	105.8	105.8	
广　　东	105.2	99.7	97.2	99.6	105.1	
广　　西	103.7	98.5	97.2	102.7	119.7	
海　　南	81.8	102.6	100.3	103.9	108.4	
重　　庆	102.3	102.9	101.5	105.3	104.4	
四　　川	102.1	102.6	100.1	103.7	104.3	107.6
贵　　州	101.5	102.5	101.9	103.1	105.0	
云　　南	109.9	98.1	94.6	108.8	106.8	126.9
西　　藏						
陕　　西	95.2	101.9	97.1	107.0	105.8	109.5
甘　　肃		106.3	101.7	109.2	107.3	117.9
青　　海	101.6	112.3	100.5			112.0
宁　　夏		108.9	98.0	105.6	101.9	110.5
新　　疆	101.4	113.3	101.5	106.6	109.2	109.3

8-7续表4

地区	四、渔业产品	海水养殖产品	海水捕捞产品	淡水养殖产品	淡水捕捞产品
全国	**104.3**	**100.7**	**107.7**	**104.7**	**103.5**
北京	99.0			99.0	
天津	112.6	133.6		108.0	
河北	93.9			93.9	
山西	88.4			81.8	
内蒙古	101.1			99.6	117.8
辽宁	102.2	102.8		98.8	
吉林	103.5			103.5	
黑龙江	93.4			93.4	
上海	106.9		93.6	113.5	
江苏	104.5	105.1	104.3	105.0	103.7
浙江	108.3	110.4	108.6	106.5	104.4
安徽	107.6			107.6	
福建	102.1	102.6	102.7	100.3	
江西	107.8			107.8	
山东	103.1	95.4	111.2	105.5	
河南	110.8			110.8	
湖北	109.1			109.1	
湖南	104.9			104.9	
广东	102.8	100.0	106.6	102.5	105.2
广西	103.7	107.9	101.4	102.5	94.0
海南	108.8	105.2	112.0	110.7	
重庆	102.0			102.0	110.0
四川	104.4			104.4	
贵州	102.2			102.2	
云南	98.2			98.2	
西藏					
陕西	104.6			104.6	
甘肃	108.4			108.4	
青海					
宁夏	84.4			84.4	
新疆	105.2			105.2	

8—8 主要农产品集贸市场价格指数

(以上年为100)

品　　种	2001年	2010年	2012年	2013年
籼　　稻	104.70	109.85	108.63	99.35
粳　　稻	102.89	119.53	102.76	101.01
小　　麦	107.09	107.86	103.44	106.87
玉　　米	122.78	117.80	105.03	100.51
大　　豆	96.36	107.17	104.59	106.44
棉花(籽棉)	106.65	138.16	82.28	102.87
花生仁		127.90	111.24	92.89
油菜籽		102.93	107.31	104.39
活　　猪	105.31	101.86	91.12	98.26
仔　　猪	106.81	92.84	102.65	93.25
猪　　肉	105.27	101.97	92.31	99.04
牛　　肉	102.62	103.50	124.11	126.13
羊　　肉	100.14	108.94	119.86	115.87
活　　鸡		105.51	103.16	101.34
鸡　　蛋	104.27	110.14	93.44	102.92
草　　鱼	99.83	105.54	107.54	104.69
鲤　　鱼	97.31	105.18	105.20	94.25
带　　鱼		116.18	113.17	107.08
大白菜		132.77	116.67	119.34
黄　　瓜		110.95	118.52	106.49
西红柿		114.33	120.56	104.97
红富士苹果		116.18	102.53	103.38
香　　蕉		109.39	93.26	106.93

9

农产品进出口

9—1 海关出口主要农产品数量

单位：万头、万吨

年 份	活 猪	大 米	棉花(原棉)	蔬 菜	水 果	水 产 品
1980	316	109	1.0	34	24.2	11.2
1981	318	59		47	19.9	11.6
1982	324	47		51	20.8	10.3
1983	321	58	6.0	54	19.6	10.5
1984	308	116	19.0	52	17.4	12.4
1985	296	101	35.0	51	21.4	12.0
1986	310	95	56.0	64	22.4	16.7
1987	302	102	75.0	64	24.4	21.8
1988	303	70	47.0	77	29.8	28.7
1989	297	32	27.0	82	25.2	29.4
1990	300	33	17.0	98	22.6	35.8
1991	285	69	20.0	104	16.0	37.8
1992	290	95	14.0	138	14.6	44.0
1993	272	143	15.0	137	32.0	48.0
1994	270	152	11.0	154	39.2	57.0
1995	253	5	2.0	158	39.8	61.0
1996	240	26	0.4	167	56.0	64.0
1997	227	94	0.1	167	68.0	72.0
1998	219	375	4.5	201	66.0	79.0
1999	196	271	23.6	225	73.0	109.0
2000	203	295	29.2	245	82.0	120.0
2001	196	186	5.2	298	81.0	154.0
2002	188	199	15.0	360	113.0	163.0
2003	188	262	11.2	432	146.0	158.0
2004	197	91	0.9	470	175.0	177.0
2005	176	69	0.5	520	200.0	176.0
2006	172	124	1.3	568	198.0	194.0
2007	161	134	2.1	622	240.0	183.0
2008	164	97	1.6	624	285.0	175.0
2009	169	79	0.8	636	330.0	209.0
2010	172	62	0.6	655	300.0	243.0
2011	156	52	2.6	772	289.0	288.0
2012	164	28	1.8	741	304.0	368.0
2013	168	48	0.7	778	298.0	384.0

注：1. 水果 1996 年及以后为干、鲜水果及坚果数据。

2. 9—1 至 9—6 数据来源于海关统计。

9—2　海关进口主要农产品数量

单位:万吨

年　份	小　　麦	玉　　米	大　　豆	棉花(原棉)	食用植物油
1980	1057	163.8	56.5	88.5	9.2
1981	1300	67.6	56.8	80.1	4.4
1982	1380	156.9	36.2	47.3	5.6
1983	1111	211.0	…	23.0	3.5
1984	987	5.5	…	4.0	1.4
1985	541	9.1	0.1	…	3.5
1986	611	58.8	29.1	…	19.8
1987	1320	154.2	27.3	0.6	51.1
1988	1455	10.9	15.2	3.5	21.4
1989	1488	6.8	0.1	51.9	105.6
1990	1253	36.9	0.1	41.7	112.3
1991	1237	0.1	0.1	37.1	61.2
1992	1058	…	12.1	28.0	42.0
1993	642	…	9.9	1.0	24.0
1994	730	0.1	5.2	50.0	163.0
1995	1159	518.1	29.4	74.0	213.0
1996	825	44.1	111.4	65.0	263.1
1997	186	…	280.1	75.0	274.6
1998	149	25.1	319.7	20.0	205.5
1999	45	7.0	431.7	5.0	208.0
2000	88	…	1041.6	4.7	179.0
2001	69	…	1394.0	6.0	165.0
2002	63	1.0	1131.0	18.0	319.0
2003	45	…	2074.0	87.0	541.0
2004	726	…	2023.0	191.0	676.0
2005	354	…	2659.0	257.0	621.0
2006	61	7	2824.0	364.0	669.0
2007	10	4	3082.0	246.0	838.0
2008	4.3	5	3744.0	211.0	816.0
2009	90.4	8	4255.0	153.0	816.0
2010	123	157	5480.0	284.0	687.0
2011	125.8	175.3	5264.0	336.0	657.0
2012	370	520.8	5838.0	513.0	845.0
2013	554	326.6	6338.0	415.0	810.0

9—3 海关出口农副产品及加工品数量

指　　标	单位	1995 年	2000 年	2012 年	2013 年	2013 年为2012 年百分比(%)
活猪	万头	253	203	164	168	102.4
活家禽	万只	5263	4890	736	717	97.4
鲜、冻牛肉	万吨	2	2	1.2	0.6	50.0
鲜、冻猪肉	万吨	15	5	6.6	7.3	110.6
冻鸡	万吨	24.9	35.7	9	10.0	111.1
鲜、冻兔肉	吨	20187	22563			
鲜蛋	百万个	358	757	1230	1074	87.3
水产品	万吨	61	120	368	384	104.3
谷物及谷物粉	万吨	64	1378	96	95	99.0
其中:大米	万吨	5	295	27.9	47.8	171.3
小麦	万吨	1159	88			
玉米	万吨	11	1047	25.7	7.8	30.4
棉花(原棉)	万吨	2.2	29.2	1.8	0.7	38.9
蔬菜	万吨	158	245	741	778	105.0
鲜、干水果及坚果	万吨	49	82	304	298	98.0
其中:橘、橙	万吨	13.2	19.1	94.2	86.7	92.0
鲜苹果	万吨	10.9	29.8	97.6	99.5	101.9
食糖	万吨	48	41.4	4.7	4.8	102.1
天然蜂蜜	万吨	8.7	10.3	11	12	109.1
茶叶	万吨	16.7	22.8	31.3	32.6	104.2
辣椒干	万吨	3.6	5.4	5.2	4.7	90.4
猪肉罐头	万吨	6.4	3.8	4.8	4.9	102.1
蘑菇罐头	万吨	19.0	20.4	30.8	27.5	89.3
烤烟	万吨	5.7	9.4	10	10.2	102.0
生丝	万吨	1.3	1.3	0.8	0.7	87.5
山羊绒	吨	1829	3123	2342	2845	121.5
兔毛	吨	4395	4990			
猪鬃	吨	10511	12398			
肠衣	吨	44971	52316	82827	79463	95.9
填充用羽毛羽绒	吨	23345	36882	35810	38676	108.0
药材	万吨	13.7	17.6	19.7	19.7	100.0
食用油籽	万吨	121	76	69	57	82.6
其中:大豆	万吨	38	21	32	21	65.6
花生和花生仁	万吨	39	40	15	13	86.7
食用植物油	万吨	51	11.2	10.0	11.5	115.0

注:1. 1995 年鲜、干水果及坚果仅包括鲜、干水果。

2. 本表数据来源于《海关统计月刊》。

9—4 海关出口农副产品及加工品金额

单位:万美元

指　标	11995 年	2000 年	2012 年	2013 年	2013 年为2012 年百分比(%)
活猪	27771	23045	46056	45919	99.7
活家禽	12534	10411	3094	2976	96.2
鲜、冻牛肉	3391	2353	8060	4432	55.0
鲜、冻猪肉	24535	6862	29504	32539	110.3
冻鸡	55656	51302	22175	24212	109.2
鲜冻兔肉	4765	4581			
鲜蛋	1667	1712	11203	10688	95.4
水产品	208728	226755	1811804	1942860	107.2
谷物及谷物粉		169417	59386	66416	111.8
其中:大米	1624	56105	27227	41674	153.1
玉米		105170	10117	3319	32.8
棉花(原棉)	4680	30579	3680	1517	41.2
蔬菜	157130	157691	755957	900552	119.1
鲜、干水果及坚果	18175	34836	340455	382732	112.4
#橘、橙	5570	4537	83933	99121	118.1
鲜苹果	4530	9656	95991	103007	107.3
食糖	18710	8359	4349	4180	96.1
天然蜂蜜	8748	8412	21505	24655	114.6
茶叶	27475	34717	104213	124684	119.6
辣椒干	5872	3446	13751	10993	79.9
猪肉罐头	11853	5845	14967	14944	99.8
烤烟	7732	13206	46326	45783	98.8
生丝	30055	27159	36845	37358	101.4
山羊绒	13987	252266	23354	28597	122.5
兔毛	7109	6177			
猪鬃	6541	8396			
肠衣		31508	109724	96160	87.6
填充用羽毛羽绒	28142	30710	75434	100276	132.9
药材	43610	20795	84712	119791	141.4
食用油籽	39460	39428	90456	84157	93.0
其中:大豆		6414	27913	20194	72.3
花生和花生仁	25687	23175	27236	21908	80.4
食用植物油	20935	6702	18357	19313	105.2

注:鲜、干水果及坚果 1995 年为水果数据。

9—5 海关进口农副产品及加工品数量

指 标	单位	1990 年	1995 年	2000 年	2012 年	2013 年	2013 年为 2012 年百分比(%)
冻鱼	万吨			89	195	209	107.2
鲜、干水果及坚果	万吨				327	312	95.4
其中:香蕉	万吨			59	63	51	81.0
谷物及谷物粉	万吨			315	1398	1458	104.3
其中:玉米	万吨				521	327	62.8
小麦	万吨	1253	1159	88	370	554	149.7
#小麦粉	万吨				1	3	300.0
大麦	万吨	65	127	197	253	234	92.5
稻谷和大米	万吨			24	237	227	95.8
大豆	万吨	…	29	1042	5838	6338	108.6
食用植物油	万吨	112	213	179	845	810	95.9
#豆油	万吨				183	116	63.4
棕榈油	万吨				523	487	93.1
菜子油和芥子油	万吨				118	153	129.7
其他植物油	万吨	119	160	23			
食糖	万吨	113	295	64	375	455	121.3
饲料用鱼粉	万吨				125	98	78.4
豆饼、豆粕	吨				45422	16682	36.7
配制的动物饲料	吨						
纸烟	万条				1909	2485	130.2
天然橡胶(包括胶乳)	万吨				218	247	113.3
合成橡胶(包括胶乳)	万吨				144	153	106.3
原木	万立方米				3789	4516	119.2
锯材	万立方米				2063	2402	116.4
纸浆	万吨				1646	1685	102.4
羊毛(包括羊毛条)	万吨	3	28	30	31	35	112.9
棉花(原棉)	万吨	42	74	5	513	415	80.9
肥料	万吨	1626	1991	1189	843	793	94.1
化肥	万吨				839	789	94.0
尿素	吨				170978	30443	17.8
氮磷钾复合肥料	万吨				132	135	102.3
磷酸氢二胺	万吨				16	22	137.5
氯化钾	万吨				634	603	95.1
硫酸钾	万吨				17	11	64.7
农药	吨				68927	76903	111.6

9—6 海关进口农副产品及加工品金额

单位:万美元

指　　标	1990年	1995年	2000年	2012年	2013年	2013年为2012年百分比(%)
冻鱼			68437	334977	337998	100.9
鲜、干水果及坚果				367198	398222	108.4
其中:香蕉			16926	36582	33551	91.7
谷物及谷物粉	235297	358153	59375	478655	510055	106.6
其中:玉米				168927	93750	55.5
小麦	215653	202639	14737	110863	188055	169.6
＃小麦粉				717	1470	205.0
大麦	10909	24054	31330	78123	79856	102.2
稻谷和大米			11271	115316	108302	93.9
大豆	32	7549	227024	3498803	3798499	108.6
食用植物油	52829	145482	62714	969215	807829	83.3
＃豆油				227675	127539	56.0
棕榈油				544034	406265	74.7
菜子油和芥子油				151667	190872	125.8
其他植物油	41904	97673	12773			
食糖	37880	89758	11533	224382	206884	92.2
饲料用鱼粉				169037	167200	98.9
豆饼、豆粕				2125	1404	66.1
配制的动物饲料						
纸烟				7503	10035	133.7
天然橡胶(包括胶乳)				681268	639258	93.8
合成橡胶(包括胶乳)				509306	443129	87.0
原木				725094	931735	128.5
锯材				551733	682556	123.7
纸浆				1104202	1137353	103.0
羊毛(包括羊毛条)	14606	94414	103731	263734	276131	104.7
棉花(原棉)	71079	137782	7411	1180238	844230	71.5
肥料	260313	374150	173006	404891	339325	83.8
化肥				402235	337158	83.8
尿素				7135	1090	15.3
氮磷钾复合肥料				75393	75357	100.0
磷酸氢二胺				10295	11335	110.1
氯化钾				291853	237683	81.4
硫酸钾				8559	5762	67.3
农药				59223	69284	117.0

9—7 各地区出口农产品数量

单位:吨

地 区	大米产品	小麦产品	玉米产品	大 豆	棉花(原棉)	食用植物油	食 糖
全国合计	**478473**	**278389**	**77640**	**209254**	**6560**	**116781**	**47771**
北 京	4913	2468		5		328	188
天 津	320	2521		192	194	150	3288
河 北		2458	4	1953	211	198	
山 西			3	235			
内 蒙 古	5455	1499	25001	633		5	
辽 宁	34699	24665	27033	60754	92	79624	3695
吉 林	63049	9950	23964	62247		7860	124
黑 龙 江	307379	1358	585	79250		490	1
上 海	1	17		4	668	48	3
江 苏	28189	3085	42	1557	511	1422	1
浙 江						2	83
安 徽	17192	74880	10	233		147	
福 建	425			208		107	25
江 西	120			4			
山 东	15	37884		664	4188	5604	1
河 南		3272		1		255	
湖 北	1694			8		399	117
湖 南	2131						
广 东	341	113107		582	409	16291	37704
广 西	1012		165			3246	1574
海 南		79					
重 庆	735		1	10			12
四 川	8588			2		42	23
贵 州							
云 南	20		776				933
西 藏	51						
陕 西	165	1145		14		71	
甘 肃			57	2			
青 海							
宁 夏				697			
新 疆	1978				287	495	

9—8 各地区进口农产品数量

单位:吨

地　区	大米产品	小麦产品	玉米产品	大　豆	棉花(原棉)	食用植物油	食　糖
全国总计	**2271040**	**5535462**	**3265945**	**63375383**	**4147638**	**9221301**	**4545941**
北　京	336979	342368	12253	243247	114560	166203	121820
天　津	18557	383441	41808	4289403	101180	1506670	444844
河　北	598	96285	177068	3101929	171950	73743	6615
山　西		7809		175355	1234	79	2289
内蒙古	2000	5274				20	127049
辽　宁	6041	23648	65853	4349367	19811	69281	764952
吉　林	6015	229	1	1392083	2176	41	
黑龙江	120	2682	5210	67891		445	8505
上　海	38164	336522	459317	708834	372661	477984	14260
江　苏	133053	131076	375300	11261707	1089862	3448002	281075
浙　江	53227	291556	97751	2560898	174292	226540	6921
安　徽	32344	8701	157490	78512	42682	134234	2725
福　建	167074	263464	229417	4122823	30946	251287	95628
江　西	29110		44426	59111	8927	5	398
山　东	7852	469138	334117	13985367	1433336	724188	1845476
河　南	2827	17135	8856	1268540	123807	15786	53
湖　北	2009	2000	12359	169117	131880	19	675
湖　南	13186		52769	156893	24650	31597	4737
广　东	1210310	2504394	905750	8263562	196462	1372053	537638
广　西	106783	312815	112760	6170668	4136	217776	270295
海　南	45312	15470	24399			31	19
重　庆			4418	417695	7363	534	
四　川	304	45834	23124	293522	9758	295	
贵　州			2300		115		
云　南	48412		111114			500173	7597
西　藏	10763		21				
陕　西				208862	8276	46	
甘　肃		65343			571		
青　海		60397	8000				
宁　夏		141321				9	
新　疆		8561	62	30000	77004	4260	2367

10

农产品成本与收益

10—1 全国种植业产品成本与收益

项目	单位	三种粮食平均		稻谷	
		2012 年	2013 年	2012 年	2013 年
每亩					
主产品产量	千克	451.35	444.67	478.75	471.67
产值合计	元	1104.82	1099.13	1340.83	1305.90
主产品产值	元	1081.97	1077.29	1321.99	1287.83
副产品产值	元	22.85	21.84	18.84	18.07
总成本	元	936.42	1026.19	1055.10	1151.11
生产成本	元	770.23	844.83	880.13	957.83
物质与服务费用	元	398.28	415.12	453.51	468.52
人工成本	元	371.95	429.71	426.62	489.31
家庭用工折价	元	342.33	397.32	373.13	430.78
雇工费用	元	29.62	32.39	53.49	58.53
土地成本	元	166.19	181.36	174.97	193.28
流转地租金	元	21.81	26.28	36.36	44.11
自营地折租	元	144.38	155.08	138.61	149.17
净利润	元	168.40	72.94	285.73	154.79
现金成本	元	449.71	473.79	543.36	571.16
现金收益	元	655.11	625.34	797.47	734.74
成本利润率	%	17.98	7.11	27.08	13.45
每 50 公斤主产品					
平均出售价格	元	119.86	121.13	138.07	136.52
总成本	元	101.59	113.09	108.65	120.34
生产成本	元	83.56	93.10	90.63	100.13
净利润	元	18.27	8.04	29.42	16.18
现金成本	元	48.79	52.21	55.95	59.71
现金收益	元	71.07	68.92	82.12	76.81
附：					
每亩用工数量	日	6.43	6.17	7.20	6.87
每亩主产品出售数量	千克	279.72	287.32	283.03	292.53
每亩主产品出售产值	元	657.01	685.72	773.67	785.71
商品率	%	85.14	86.10	77.57	78.53
每亩成本外支出	元	0.89	0.83	1.01	0.95

10—1 续表 1

项　　目	单位	小　　麦		玉　　米	
		2012 年	2013 年	2012 年	2013 年
每亩					
主产品产量	千克	382.76	374.32	492.55	488.01
产值合计	元	851.73	901.93	1121.90	1089.56
主产品产值	元	829.17	882.01	1094.76	1062.04
副产品产值	元	22.56	19.92	27.14	27.52
总成本	元	830.44	914.71	924.22	1012.04
生产成本	元	688.09	760.86	742.98	815.08
物质与服务费用	元	396.69	417.08	344.58	359.71
人工成本	元	291.40	343.78	398.40	455.37
家庭用工折价	元	284.20	333.54	370.22	426.97
雇工费用	元	7.20	10.24	28.18	28.40
土地成本	元	142.35	153.85	181.24	196.96
流转地租金	元	10.71	13.97	18.35	20.76
自营地折租	元	131.64	139.88	162.89	176.20
净利润	元	21.29	-12.78	197.68	77.52
现金成本	元	414.60	441.29	391.11	408.87
现金收益	元	437.13	460.64	730.79	680.69
成本利润率	%	2.56	-1.40	21.39	7.66
每 50 公斤主产品					
平均出售价格	元	108.31	117.81	111.13	108.81
总成本	元	105.60	119.48	91.55	101.07
生产成本	元	87.50	99.38	73.60	81.40
净利润	元	2.71	-1.67	19.58	7.74
现金成本	元	52.72	57.64	38.74	40.83
现金收益	元	55.59	60.17	72.39	67.98
附:					
每亩用工数量	日	5.16	5.03	6.95	6.60
每亩主产品出售数量	千克	262.06	248.26	294.08	321.16
每亩主产品出售产值	元	555.02	578.68	642.35	692.78
商品率	%	81.54	82.18	96.30	97.59
每亩成本外支出	元	1.27	1.04	0.38	0.51

10－1续表2

项　目	单位	大　豆		两种油料平均	
		2012年	2013年	2012年	2013年
每亩					
主产品产量	千克	146.68	138.04	183.61	194.68
产值合计	元	706.83	659.58	1246.09	1093.78
主产品产值	元	693.46	647.03	1232.28	1078.17
副产品产值	元	13.37	12.55	13.81	15.61
总成本	元	578.20	625.90	949.61	1080.53
生产成本	元	382.23	405.22	813.77	919.84
物质与服务费用	元	204.73	204.27	324.56	329.35
人工成本	元	177.50	200.95	489.21	590.49
家庭用工折价	元	156.52	183.26	478.24	581.06
雇工费用	元	20.98	17.69	10.97	9.43
土地成本	元	195.97	220.68	135.84	160.69
流转地租金	元	45.68	53.70	9.78	12.70
自营地折租	元	150.29	166.98	126.06	147.99
净利润	元	128.63	33.68	296.48	13.25
现金成本	元	271.39	275.66	345.31	351.48
现金收益	元	435.44	383.92	900.78	742.30
成本利润率	%	22.25	5.38	31.22	1.23
每50公斤主产品					
平均出售价格	元	236.39	234.36	335.57	276.91
总成本	元	193.37	222.39	255.73	273.56
生产成本	元	127.83	143.98	219.15	232.87
净利润	元	43.02	11.97	79.84	3.35
现金成本	元	90.76	97.95	92.99	88.98
现金收益	元	145.63	136.41	242.58	187.93
附:					
每亩用工数量	日	3.04	2.88	8.71	8.67
每亩主产品出售数量	千克	111.67	100.43	123.41	131.90
每亩主产品出售产值	元	526.81	469.90	813.18	731.81
商品率	%	96.69	96.88	82.04	85.88
每亩成本外支出	元	0.04	0.05	0.65	0.39

10—1 续表 3

项　　目	单位	花　　生		油 菜 籽	
		2012 年	2013 年	2012 年	2013 年
每亩					
主产品产量	千克	237.11	250.21	130.11	139.15
产值合计	元	1839.33	1441.70	652.84	745.86
主产品产值	元	1821.90	1420.55	642.66	735.79
副产品产值	元	17.43	21.15	10.18	10.07
总成本	元	1164.13	1317.10	734.44	844.16
生产成本	元	984.40	1095.35	642.51	744.54
物质与服务费用	元	450.81	449.84	198.18	208.72
人工成本	元	533.59	645.51	444.33	535.82
家庭用工折价	元	518.34	636.14	437.64	526.32
雇工费用	元	15.25	9.37	6.69	9.50
土地成本	元	179.73	221.75	91.93	99.62
流转地租金	元	10.47	15.93	9.08	9.47
自营地折租	元	169.26	205.82	82.85	90.15
净利润	元	675.20	124.60	-81.60	-98.30
现金成本	元	476.53	475.14	213.95	227.69
现金收益	元	1362.80	966.56	438.89	518.17
成本利润率	%	58.00	9.46	-11.11	-11.64
每 50 公斤主产品					
平均出售价格	元	384.19	283.87	246.97	264.39
总成本	元	243.16	259.34	277.84	299.24
生产成本	元	205.62	215.67	243.06	263.92
净利润	元	141.03	24.53	-30.87	-34.85
现金成本	元	99.54	93.55	80.94	80.71
现金收益	元	284.65	190.32	166.03	183.68
附：					
每亩用工数量	日	9.50	9.48	7.91	7.86
每亩主产品出售数量	千克	149.07	154.04	97.75	109.75
每亩主产品出售产值	元	1151.81	889.13	474.55	574.48
商品率	%	83.13	88.47	80.95	83.29
每亩成本外支出	元	0.00	0.00	1.29	0.78

10－1 续表 4

项　目	单位	棉　花		烤　烟	
		2012 年	2013 年	2012 年	2013 年
每亩					
主产品产量	千克	91.53	88.24	151.56	141.40
产值合计	元	1964.99	1962.52	3315.74	3414.01
主产品产值	元	1669.70	1647.65	3308.75	3407.80
副产品产值	元	295.29	314.87	6.99	6.21
总成本	元	1939.73	2177.50	3091.29	3451.31
生产成本	元	1712.26	1925.19	2854.84	3173.70
物质与服务费用	元	541.55	565.35	1029.45	1034.28
人工成本	元	1170.71	1359.84	1825.39	2139.42
家庭用工折价	元	1061.09	1223.05	1580.43	1824.92
雇工费用	元	109.62	136.79	244.96	314.50
土地成本	元	227.47	252.31	236.45	277.61
流转地租金	元	32.03	37.21	32.65	35.72
自营地折租	元	195.44	215.10	203.80	241.89
净利润	元	25.26	-214.98	224.45	-37.30
现金成本	元	683.20	739.35	1307.06	1384.50
现金收益	元	1281.79	1223.17	2008.68	2029.51
成本利润率	%	1.30	-9.87	7.26	-1.08
每 50 公斤主产品					
平均出售价格	元	912.11	933.62	1091.56	1205.02
总成本	元	900.38	1035.89	1017.67	1218.19
生产成本	元	794.80	915.86	939.83	1120.20
净利润	元	11.73	-102.27	73.89	-13.17
现金成本	元	317.13	351.73	430.29	488.68
现金收益	元	594.98	581.89	661.27	716.34
附：					
每亩用工数量	日	20.42	19.44	31.78	31.13
每亩主产品出售数量	千克	84.60	82.53	150.89	140.45
每亩主产品出售产值	元	1539.44	1538.47	3293.41	3395.80
商品率	%	99.41	99.67	100.00	100.00
每亩成本外支出	元	1.49	0.67	0.33	

10—1 续表 5

项　　目	单位	甘　　蔗		甜　　菜	
		2012 年	2013 年	2012 年	2013 年
每亩					
主产品产量	千克	5028.81	5177.72	3438.78	3375.37
产值合计	元	2384.91	2294.58	1753.94	1741.42
主产品产值	元	2357.84	2268.24	1734.98	1722.88
副产品产值	元	27.07	26.34	18.96	18.54
总成本	元	1978.96	2177.77	1271.42	1390.51
生产成本	元	1786.52	1953.60	1019.85	1105.74
物质与服务费用	元	765.04	800.15	550.66	551.69
人工成本	元	1021.48	1153.45	469.19	554.05
家庭用工折价	元	545.16	604.38	318.08	383.11
雇工费用	元	476.32	549.07	151.11	170.94
土地成本	元	192.44	224.17	251.57	284.77
流转地租金	元	11.37	16.17	35.64	39.71
自营地折租	元	181.07	208.00	215.93	245.06
净利润	元	405.95	116.81	482.52	350.91
现金成本	元	1252.73	1365.39	737.41	762.34
现金收益	元	1132.18	929.19	1016.53	979.08
成本利润率	%	20.51	5.36	37.95	25.24
每 50 公斤主产品					
平均出售价格	元	23.44	21.90	25.23	25.52
总成本	元	19.45	20.79	18.29	20.38
生产成本	元	17.56	18.65	14.67	16.20
净利润	元	3.99	1.11	6.94	5.14
现金成本	元	12.31	13.03	10.61	11.17
现金收益	元	11.13	8.87	14.62	14.35
附：					
每亩用工数量	日	15.96	15.24	7.27	7.18
每亩主产品出售数量	千克	5005.65	5131.79	3438.78	3375.37
每亩主产品出售产值	元	2347.20	2248.38	1734.98	1722.88
商品率	%	99.99	100.00	100.00	100.00
每亩成本外支出	元	0.13	0.00	0.25	0.25

10－1 续表 6

项　　目	单位	桑蚕茧		苹　果	
		2012 年	2013 年	2012 年	2013 年
每亩					
主产品产量	千克	111.07	105.78	2058.55	1957.14
产值合计	元	3908.44	4132.74	8772.26	8141.33
主产品产值	元	3861.22	4082.21	8768.25	8138.87
副产品产值	元	47.22	50.53	4.01	2.46
总成本	元	3589.87	4136.37	4745.37	4894.61
生产成本	元	3406.60	3939.30	4424.27	4556.64
物质与服务费用	元	696.36	739.77	1904.42	1809.81
人工成本	元	2710.24	3199.53	2519.85	2746.83
家庭用工折价	元	2646.45	3116.58	1465.13	1752.56
雇工费用	元	63.79	82.95	1054.72	994.27
土地成本	元	183.27	197.07	321.10	337.97
流转地租金	元	28.40	31.60	27.35	79.14
自营地折租	元	154.87	165.47	293.75	258.83
净利润	元	318.57	-3.63	4026.89	3246.72
现金成本	元	788.55	854.32	2986.49	2883.22
现金收益	元	3119.89	3278.42	5785.77	5258.11
成本利润率	%	8.87	-0.09	84.86	66.33
每 50 公斤主产品					
平均出售价格	元	1738.19	1929.58	212.97	207.93
总成本	元	1596.51	1931.27	115.21	125.01
生产成本	元	1515.01	1839.26	107.41	116.38
净利润	元	141.68	-1.69	97.76	82.92
现金成本	元	350.69	398.88	72.51	73.64
现金收益	元	1387.50	1530.70	140.46	134.29
附：					
每亩用工数量	日	48.18	46.91	40.37	37.89
每亩主产品出售数量	千克	111.04	105.78	1909.88	1836.15
每亩主产品出售产值	元	3860.08	4082.10	8248.12	7752.44
商品率	%	99.97	100.00	99.18	99.01
每亩成本外支出	元	1.92	1.51	3.66	4.91

10－2 全国饲养业产品成本与收益

项　　目	单位	生猪平均		规模养猪平均		农户散养生猪	
		2012年	2013年	2012年	2013年	2012年	2013年
每头(百只、亩)							
主产品产量	千克	114.49	115.25	114.24	114.90	114.74	115.60
产值合计	元	1733.42	1733.85	1721.02	1720.81	1745.80	1746.87
主产品产值	元	1718.02	1718.59	1707.43	1707.25	1728.60	1729.92
副产品产值	元	15.40	15.26	13.59	13.56	17.20	16.95
总成本	元	1683.04	1734.94	1587.56	1616.90	1778.15	1853.02
生产成本	元	1681.58	1733.56	1584.92	1614.39	1777.87	1852.77
物质与服务费用	元	1410.13	1414.43	1446.51	1455.20	1373.61	1373.57
人工成本	元	271.45	319.13	138.41	159.19	404.26	479.20
家庭用工折价	元	248.64	294.10	92.79	109.48	404.26	478.86
雇工费用	元	22.81	25.03	45.62	49.71	0.00	0.34
土地成本	元	1.46	1.38	2.64	2.51	0.28	0.25
净利润	元	50.38	-1.09	133.46	103.91	-32.35	-106.15
成本利润率	%	2.99	-0.06	8.41	6.43	-1.82	-5.73
每50公斤主产品							
平均出售价格	元	750.29	745.59	747.30	742.93	753.27	748.24
总成本	元	728.48	746.06	689.35	698.07	767.23	793.71
生产成本	元	727.85	745.47	688.20	696.99	767.11	793.60
净利润	元	21.81	-0.47	57.95	44.86	-13.96	-45.47
附:							
每核算单位用工数量	日	4.79	4.66	2.34	2.27	7.22	7.05
平均饲养天数	日	152.63	153.64	142.66	143.40	162.59	163.87

10－2 续表 1

项　　目	单位	规模养殖蛋鸡平均		规模养殖肉鸡平均	
		2012 年	2013 年	2012 年	2013 年
每头(百只、亩)					
主产品产量	千克	1732.85	1752.59	243.04	231.57
产值合计	元	15900.81	15835.28	2726.36	2635.40
主产品产值	元	13886.19	13937.58	2700.20	2606.81
副产品产值	元	2014.62	1897.70	26.16	28.59
总成本	元	15338.31	15876.74	2580.34	2601.94
生产成本	元	15311.18	15853.81	2575.22	2594.10
物质与服务费用	元	14324.87	14735.73	2354.18	2354.63
人工成本	元	986.31	1118.08	221.04	239.47
家庭用工折价	元	647.53	739.64	165.93	191.96
雇工费用	元	338.78	378.44	55.11	47.51
土地成本	元	27.13	22.93	5.12	7.84
净利润	元	562.50	-41.46	146.02	33.46
成本利润率	%	3.67	-0.26	5.66	1.29
每 50 公斤主产品					
平均出售价格	元	400.67	397.63	555.51	562.86
总成本	元	386.50	398.67	525.76	555.71
生产成本	元	385.81	398.10	524.71	554.04
净利润	元	14.17	-1.04	29.75	7.15
附:					
每核算单位用工数量	日	16.21	15.59	3.71	3.39
平均饲养天数	日	356.40	356.67	65.80	68.85

10—2 续表 2

项　　目	单位	奶牛平均		规模奶牛平均		农户散养奶牛	
		2012 年	2013 年	2012 年	2013 年	2012 年	2013 年
每头(百只、亩)							
主产品产量	千克	5516.34	5572.56	5799.87	5862.53	5232.80	5282.59
产值合计	元	21189.05	23909.77	22637.71	25247.85	19740.37	22571.69
主产品产值	元	19464.74	21919.54	20819.71	23132.58	18109.76	20706.50
副产品产值	元	1724.31	1990.23	1818.00	2115.27	1630.61	1865.19
总成本	元	16242.27	17490.44	18102.29	19343.82	14382.18	15636.66
生产成本	元	16197.71	17443.44	18045.37	19282.39	14349.99	15604.09
物质与服务费用	元	13625.36	14449.52	15730.95	16691.02	11519.66	12207.90
人工成本	元	2572.35	2993.92	2314.42	2591.37	2830.33	3396.19
家庭用工折价	元	1686.44	2038.64	635.21	766.16	2737.73	3310.85
雇工费用	元	885.91	955.28	1679.21	1825.21	92.60	85.34
土地成本	元	44.56	47.00	56.92	61.43	32.19	32.57
净利润	元	4946.78	6419.33	4535.42	5904.03	5358.19	6935.03
成本利润率	%	30.46	36.70	25.05	30.52	37.26	44.35
每 50 公斤主产品							
平均出售价格	元	176.43	196.67	179.48	197.29	173.04	195.99
总成本	元	135.24	143.87	143.52	151.16	126.07	135.77
生产成本	元	134.87	143.48	143.07	150.68	125.79	135.49
净利润	元	41.19	52.80	35.96	46.13	46.97	60.22
附:							
每核算单位用工数量	日	42.00	41.12	33.99	32.59	50.01	49.64
平均饲养天数	日	365.00	365.00	365.00	365.00	365.00	365.00

11

收入与消费

11－1 全国居民收支情况

单位：元/人

指　　标	2013年
一、收入	
（一）可支配收入	18310.8
1.工资性收入	10410.8
2.经营净收入	3434.7
3.财产净收入	1423.3
4.转移净收入	3042.1
（二）现金可支配收入	17114.6
1.工资性收入	10348.6
2.经营净收入	3354.2
3.财产净收入	526.6
4.转移净收入	2885.2
二、支出	
（一）消费支出	13220.4
1.食品烟酒	4126.7
2.衣着	1027.1
3.居住	2998.5
4.生活用品及服务	806.5
5.交通和通信	1627.1
6.教育、文化和娱乐	1397.7
7.医疗保健	912.1
8.其他用品及服务	324.7
（二）现金消费支出	10917.4
1.食品烟酒	3822.8
2.衣着	1025.7
3.居住	1155.1
4.生活用品及服务	801.8
5.交通和通信	1624.8
6.教育、文化和娱乐	1396.5
7.医疗保健	772.1
8.其他用品及服务	318.7

注：从2013年起，国家统计局开展了城乡一体化住户收支与生活状况调查，11－1至11－3表数据来源于此调查样本，与2013年前的分城镇和农村住户调查的调查范围、调查方法、指标口径有所不同。

11—2　全国居民主要食品消费量

单位：公斤/人

指　　标	2013 年
一、粮食	148.7
（一）谷物	138.9
（二）薯类	2.3
（三）豆类	7.5
＃大豆	1.1
二、食用油	12.7
＃食用植物油	12.0
三、蔬菜及食用菌	97.5
＃鲜菜	94.9
四、肉禽及其制品	32.7
＃猪肉	19.8
牛肉	1.5
羊肉	0.9
家禽	6.4
五、水产品	10.4
六、蛋类	8.2
七、奶类	11.7
八、干鲜瓜果类	40.7
* 鲜瓜果	37.8
坚果类	3.0
九、食糖	5.5

11—3 全国居民年末主要耐用消费品拥有量

单位：平均每百户

指 标	单 位	2013 年
家用汽车	辆	16.9
摩托车	辆	38.5
电动助力车	台	39.5
洗衣机	台	80.8
电冰箱(柜)	台	82.0
微波炉	台	34.6
彩色电视机	台	116.1
空调	台	70.4
热水器	台	64.2
排油烟机	台	42.5
固定电话	线	41.6
移动电话	部	203.2
计算机	台	48.9
照相机	台	21.0

11－4 农村居民纯收入

单位:元/人

年 份	纯收入合计	比上年实际增长(%)	工资性收入	家庭经营纯收入	财产性收入	转移性收入
1949	43.8					
1952	57.0					
1957	73.0		43.4	21.5		8.1
1965	107.2		63.2	33.3		10.7
1978	133.6		88.3	35.8		9.5
1980	191.3	16.6	106.4	62.6		22.4
1985	397.6	7.8	72.2	296.0		29.5
1990	686.3	1.8	138.8	518.6		29.0
1991	708.6	2.0	151.9	523.6		33.0
1992	784.0	5.9	184.4	561.6		38.0
1993	921.6	3.2	194.5	678.5	7.0	41.6
1994	1221.0	5.0	263.0	881.9	28.6	47.6
1995	1577.7	5.3	353.7	1125.8	41.0	57.3
1996	1926.1	9.0	450.8	1362.5	42.6	70.2
1997	2090.1	4.6	514.6	1472.7	23.6	79.3
1998	2162.0	4.3	573.6	1466.0	30.4	92.0
1999	2210.3	3.8	630.3	1448.4	31.6	100.2
2000	2253.4	2.1	702.3	1427.3	45.0	78.8
2001	2366.4	4.2	771.9	1459.6	47.0	87.9
2002	2475.6	4.8	840.2	1486.5	50.7	98.2
2003	2622.2	4.3	918.4	1541.3	65.8	96.8
2004	2936.4	6.8	998.5	1745.8	76.6	115.5
2005	3254.9	6.2	1174.5	1844.5	88.5	147.4
2006	3587.0	7.4	1374.8	1931.0	100.5	180.8
2007	4140.4	9.5	1596.2	2193.7	128.2	222.3
2008	4760.6	8.0	1853.7	2435.6	148.1	323.2
2009	5153.2	8.5	2061.3	2526.8	167.2	397.9
2010	5919.0	10.9	2431.1	2832.8	202.2	452.9
2011	6977.3	11.4	2963.4	3222.0	228.6	563.3
2012	7916.6	10.7	3447.5	3533.4	249.1	686.7
2013	8895.9	9.3	4025.4	3793.2	293.0	784.3

注:1983年以前的工资性收入包括集体分配收入;1992年以前的转移性收入包括财产性收入。

11—5 农村居民消费支出

单位:元/人

年份	消费支出	比上年实际增长(%)	食品支出	衣着支出	居住支出	家庭设备及用品支出	交通和通信支出	文教娱乐支出	医疗保健支出	其他支出
1954	59.6		40.9	7.8	7.2					
1957	70.9		46.6	9.5	8.6					
1962	92.2		56.1	7.7	17.3					
1965	95.1		65.1	10.0	10.6					
1978	116.1		78.6	14.7	12.0					
1980	162.2	15.5	100.2	20.0	22.5	4.1	0.6	8.3	3.4	3.2
1985	317.4	7.7	183.4	30.8	57.9	16.2	5.6	12.4	7.7	3.6
1990	584.6	4.5	343.8	45.4	101.4	30.9	8.4	31.4	19.0	4.3
1991	619.8	3.6	357.1	51.1	102.3	35.3	10.3	36.4	22.3	5.0
1992	659.0	1.6	379.3	52.5	104.9	36.7	12.2	43.8	24.2	5.5
1993	769.7	2.7	446.8	55.3	106.8	44.7	17.4	58.4	27.2	13.1
1994	1016.8	7.1	598.5	70.3	142.3	55.5	24.0	75.1	32.1	19.0
1995	1310.4	9.7	768.2	89.8	182.2	68.5	33.8	102.4	42.5	23.1
1996	1572.1	11.2	885.5	113.8	219.1	84.2	47.1	132.5	58.3	31.7
1997	1617.2	0.4	890.3	109.4	233.2	85.4	53.9	148.2	62.5	34.3
1998	1590.3	-0.7	849.6	98.1	239.6	81.9	60.7	159.4	68.1	32.9
1999	1577.4	0.7	829.0	92.0	232.7	82.3	68.7	168.3	70.0	34.3
2000	1670.1	6.0	820.5	96.0	258.3	75.5	93.1	186.7	87.6	52.5
2001	1741.1	3.4	830.7	98.7	279.1	77.0	110.0	192.6	96.6	56.4
2002	1834.3	5.8	848.4	105.0	300.2	80.4	128.5	210.3	103.9	57.7
2003	1943.3	4.3	886.0	110.3	308.4	81.7	162.5	235.7	115.8	43.0
2004	2184.7	7.3	1031.9	120.2	324.3	89.2	192.6	247.6	130.6	48.3
2005	2555.4	11.5	1162.2	148.6	370.2	111.4	245.0	295.5	168.1	54.5
2006	2829.0	9.1	1217.0	168.0	469.0	126.6	288.8	305.1	191.5	63.1
2007	3223.9	8.1	1389.0	193.4	573.8	149.1	328.4	305.7	210.2	74.2
2008	3660.7	6.6	1598.7	211.8	678.8	174.0	360.2	314.5	246.0	76.7
2009	3993.5	9.4	1636.0	232.5	805.0	204.8	402.9	340.6	287.5	84.1
2010	4381.8	5.9	1800.7	264.0	835.2	234.1	461.1	366.7	326.0	94.0
2011	5221.1	12.6	2107.3	341.3	961.5	308.9	547.0	396.4	436.8	122.0
2012	5908.0	10.4	2323.9	396.4	1086.4	341.7	652.8	445.5	513.8	147.6
2013	6625.5	9.0	2495.5	438.3	1233.6	387.1	796.0	486.0	614.2	174.9

注:1979年以前消费支出中的各细项均为其中项。

11－6 农村居民主要食品消费量

单位：千克/人

年 份	粮食合计	细 粮	粗 粮	蔬 菜	食用油	植物油	动物油
1954	221.7	95.1	126.7	70.7	1.3	1.1	0.2
1957	227.0	110.1	116.9	102.3	1.6	1.3	0.3
1962	189.3	91.7	97.6	199.7	1.0	0.8	0.2
1965	226.5	113.0	113.5	130.0	1.5	1.1	0.4
1978	247.8	122.5	125.3	141.5	2.0	1.3	0.7
1980	257.2	162.9	94.2	127.2	2.5	1.4	1.1
1985	257.5	208.8	48.6	131.1	4.0	2.6	1.4
1990	262.1	215.0	47.1	134.0	5.2	3.5	1.6
1991	255.6	213.8	41.8	127.0	5.7	3.9	1.8
1992	250.5	210.6	39.9	129.1	5.9	4.1	1.8
1993	251.8	221.0	30.8	107.4	5.7	4.1	1.6
1994	257.6	212.0	45.6	107.9	5.7	4.1	1.6
1995	256.1	210.7	45.3	104.6	5.8	4.3	1.6
1996	256.2	206.5	49.7	106.3	6.1	4.5	1.6
1997	250.7	208.9	41.8	107.2	6.2	4.7	1.4
1998	248.9	209.0	39.9	109.0	6.1	4.6	1.5
1999	247.5	206.2	41.3	108.9	6.2	4.6	1.6
2000	250.2	207.1	43.1	106.7	7.1	5.5	1.6
2001	238.6	199.7	38.9	109.3	7.0	5.5	1.5
2002	236.5	199.4	37.1	110.6	7.5	5.8	1.8
2003	222.4	192.5	29.9	107.4	6.3	5.3	1.0
2004	218.3	189.8	28.5	106.6	5.3	4.3	1.0
2005	208.9	181.8	27.1	102.3	6.0	4.9	1.1
2006	205.6	178.0	27.6	100.5	5.8	4.7	1.1
2007	199.5	173.8	25.7	99.0	6.0	5.1	0.9
2008	199.1	173.7	25.4	99.7	6.2	5.4	0.9
2009	189.3	165.2	24.0	98.4	6.3	5.4	0.8
2010	181.4	159.4	22.0	93.3	6.3	5.5	0.8
2011	170.7	151.8	18.9	89.4	7.5	6.6	0.9
2012	164.3	144.9	19.4	84.7	7.8	6.9	0.9

11－6 续表

单位：千克/人

年 份	猪牛羊肉	猪 肉	牛羊肉	禽 类	禽蛋及制品	水产品	食糖	酒
1954	4.6	3.7	0.9		0.8	1.4	0.4	0.8
1957	4.5	3.5	1.1		0.8	1.1	0.5	0.5
1962	2.7	1.8	0.9		0.5	1.4	0.6	0.6
1965	4.8	3.8	1.0		0.9	1.3	0.7	0.6
1978	5.8	5.2	0.6	0.3	0.8	0.8	0.7	1.2
1980	7.7	7.3	0.5	0.7	1.2	1.1	1.1	1.9
1985	11.0	10.3	0.7	1.0	2.1	1.6	1.5	4.4
1990	11.3	10.5	0.8	1.3	2.4	2.1	1.5	6.1
1991	12.2	11.2	1.0	1.3	2.7	2.2	1.4	6.4
1992	11.8	10.9	1.0	1.5	2.9	2.3	1.5	6.6
1993	11.7	10.9	0.8	1.6	2.9	2.8	1.4	6.5
1994	11.0	10.2	0.8	1.6	3.0	3.0	1.3	6.0
1995	11.3	10.6	0.7	1.8	3.2	3.4	1.3	6.5
1996	12.9	11.9	1.1	1.9	3.4	3.7	1.4	7.1
1997	12.7	11.5	1.3	2.4	4.1	3.8	1.4	7.1
1998	13.2	11.9	1.3	2.3	4.1	3.7	1.4	7.0
1999	13.9	12.7	1.2	2.5	4.3	3.8	1.5	7.0
2000	14.4	13.3	1.1	2.8	4.8	3.9	1.3	7.0
2001	14.5	13.4	1.2	2.9	4.7	4.1	1.4	7.1
2002	14.9	13.7	1.2	2.9	4.7	4.4	1.6	7.5
2003	15.0	13.8	1.3	3.2	4.8	4.3	1.2	7.7
2004	14.8	13.5	1.3	3.1	4.6	4.5	1.1	7.8
2005	17.1	15.6	1.5	3.7	4.7	4.9	1.1	9.6
2006	17.0	15.5	1.6	3.5	5.0	5.0	1.1	10.0
2007	14.9	13.4	1.5	3.9	4.7	5.4	1.1	10.2
2008	13.9	12.6	1.3	4.4	5.4	5.2	1.1	9.7
2009	15.3	14.0	1.4	4.2	5.3	5.3	1.1	10.1
2010	15.8	14.4	1.4	4.2	5.1	5.2	1.0	9.7
2011	16.3	14.4	1.9	4.5	5.4	5.4	1.0	10.2
2012	16.4	14.4	2.0	4.5	5.9	5.4	1.2	10.0

11－7　农村居民家庭基本情况

指　　标	单位	1990年	1995年	2000年	2011年	2012年	2012年为下列各年%	
							1990年	2011年
调查户数	户	66960	67340	68116	73630	73750	110.1	100.2
平均每户常住人口	人	4.80	4.48	4.20	3.90	3.88	80.9	99.5
平均每户劳动力	人	2.92	2.88	2.76	2.78	2.76	94.6	99.4
平均每人经营耕地面积	亩	2.10	2.17	1.98	2.30	2.34	111.4	101.7
平均每人经营山地面积	亩	0.42	0.44	0.28	0.49	0.48	115.3	99.2
平均每户生产性固定资产原值	元	1258.1	2774.3	4673.1	16087.5	16974.1	1349.2	105.5
平均每人全年收入								
总收入	元	990.4	2337.9	3146.2	9833.1	10990.7	1109.7	111.8
#工资性收入	元	138.8	353.7	702.3	2963.4	3447.5	2483.8	116.3
家庭经营收入	元	815.8	1877.4	2251.3	5939.8	6461.0	792.0	108.8
纯收入	元	686.3	1577.7	2253.4	6977.3	7916.6	1153.5	113.5
#工资性收入	元	138.8	353.7	702.3	2963.4	3447.5	2483.8	116.3
家庭经营收入	元	518.6	1125.8	1427.3	3222.0	3533.4	681.4	109.7
现金收入	元	676.7	1595.6	2381.6	8638.5	9787.2	1446.4	113.3
#工资性收入	元	136.4	352.9	700.4	2959.7	3443.5	2524.0	116.3
家庭经营收入	元	481.2	1116.7	1498.8	4810.4	5313.1	1104.2	110.5
平均每人全年支出								
总支出	元	903.5	2138.3	2652.4	8641.6	9605.5	1063.2	111.2
#家庭经营费用支出	元	241.1	621.7	654.3	2431.1	2626.0	1089.2	108.0
税费支出	元	38.7	88.7	95.5	11.7	10.0	26.0	86.0
消费支出	元	584.6	1310.4	1670.1	5221.1	5908.0	1010.6	113.2
财产性和转移性支出	元	18.8	55.3	168.6	712.0	788.9	4196.0	110.8
现金支出	元	639.1	1545.8	2140.4	7984.9	8961.9	1402.3	112.2
#家庭经营费用现金支出	元	162.9	454.7	544.5	2269.2	2483.0	1524.3	109.4
税费支出	元	33.4	77.0	89.8	11.7	10.0	29.8	85.5
现金消费支出	元	374.7	859.4	1284.7	4733.4	5414.5	1444.9	114.4
财产性和转移性支出	元	47.6	92.4	157.4	705.0	781.8	1642.8	110.9

11—8 农村居民总收入和纯收入

单位:元/人

指　　标	1990年	1995年	2000年	2011年	2012年	2012年为下列各年%	
						1990年	2011年
一、总收入	990.4	2337.9	3146.2	9833.1	10990.7	1109.7	111.8
工资性收入	138.8	353.7	702.3	2963.4	3447.5	2483.8	116.3
家庭经营收入	815.8	1877.4	2251.3	5939.8	6461.0	792.0	108.8
财产性收入		41.0	45.0	228.6	249.1		109.0
转移性收入	35.8	65.8	147.6	701.4	833.2	2328.0	118.8
二、纯收入	686.3	1577.7	2253.4	6977.3	7916.6	1153.5	113.5
(一)工资性收入	138.8	353.7	702.3	2963.4	3447.5	2483.8	116.3
(二)家庭经营纯收入	518.6	1125.8	1427.3	3222.0	3533.4	681.4	109.7
1.第一产业收入	456.0	956.5	1090.7	2519.9	2722.2	596.9	108.0
农业收入	344.6	799.4	833.9	1896.7	2106.8	611.4	111.1
林业收入	7.5	13.5	22.4	99.5	103.7	1377.8	104.3
牧业收入	96.8	127.8	207.4	462.5	441.0	455.5	95.3
渔业收入	7.1	15.7	27.0	61.2	70.7	993.7	115.4
2.第二产业收入	21.3	48.2	99.4	192.6	213.7	1002.0	110.9
工业收入	9.2	13.6	52.7	104.7	118.2	1292.0	112.9
建筑业收入	12.2	34.5	46.7	87.9	95.5	784.1	108.6
3. 第三产业收入	41.2	121.2	237.2	509.4	597.4	1450.8	117.3
交通、运输和邮电业收入	13.5	27.8	63.6	153.0	180.1	1339.0	117.7
批发零售贸易、餐饮业收入	12.7	34.3	78.5	244.1	290.7	2291.0	119.1
社会服务业收入	6.6	17.2	28.1	57.0	67.4	1028.8	118.3
文教卫生业收入			6.9	22.6	26.5		117.5
其他家庭经营收入	8.5	42.0	60.1	32.8	32.7	385.3	99.9
(三)财产性和转移性收入	29.0	98.3	123.9	791.9	935.8	3231.2	118.2

11－9　各地区农村居民纯收入

单位:元/人

地　　区	1990 年	1995 年	2000 年	2012 年	2013 年	2013 年为下列各年%	
						1990 年	2012 年
全国总计	**686.3**	**1577.7**	**2253.4**	**7916.6**	**8895.9**	**1296.2**	**112.4**
北　　京	1297.1	3223.7	4604.5	16475.7	18337.5	1413.8	111.3
天　　津	1069.0	2406.4	3622.4	14025.5	15841.0	1481.8	112.9
河　　北	621.7	1668.7	2478.9	8081.4	9101.9	1464.1	112.6
山　　西	603.5	1208.3	1905.6	6356.6	7153.5	1185.3	112.5
内 蒙 古	607.2	1208.4	2038.2	7611.3	8595.7	1415.8	112.9
辽　　宁	836.2	1756.5	2355.6	9383.7	10522.7	1258.4	112.1
吉　　林	803.5	1609.6	2022.5	8598.2	9621.2	1197.4	111.9
黑 龙 江	759.9	1766.3	2148.2	8603.8	9634.1	1267.9	112.0
上　　海	1907.3	4245.6	5596.4	17803.7	19595.0	1027.4	110.1
江　　苏	959.1	2456.9	3595.1	12202.0	13597.8	1417.8	111.4
浙　　江	1099.0	2966.2	4253.7	14551.9	16106.0	1465.5	110.7
安　　徽	539.2	1302.8	1934.6	7160.5	8097.9	1501.9	113.1
福　　建	764.4	2048.6	3230.5	9967.2	11184.2	1463.1	112.2
江　　西	669.9	1537.4	2135.3	7829.4	8781.5	1310.9	112.2
山　　东	680.2	1715.1	2659.2	9446.5	10619.9	1561.3	112.4
河　　南	527.0	1232.0	1985.8	7524.9	8475.3	1608.4	112.6
湖　　北	670.8	1511.2	2268.6	7851.7	8867.0	1321.8	112.9
湖　　南	664.2	1425.2	2197.2	7440.2	8372.1	1260.4	112.5
广　　东	1043.0	2699.2	3654.5	10542.8	11669.3	1118.8	110.7
广　　西	639.5	1446.1	1864.5	6007.5	6790.9	1062.0	113.0
海　　南	696.2	1519.7	2182.3	7408.0	8342.6	1198.3	112.6
重　　庆			1892.5	7383.3	8332.0		112.8
四　　川	557.8	1158.3	1903.6	7001.4	7895.3	1415.5	112.8
贵　　州	435.1	1086.6	1374.2	4753.0	5434.0	1248.8	114.3
云　　南	540.9	1011.0	1478.6	5416.5	6141.3	1135.5	113.4
西　　藏	649.7	1200.3	1330.8	5719.4	6578.2	1012.5	115.0
陕　　西	530.8	962.9	1443.9	5762.5	6502.6	1225.1	112.8
甘　　肃	431.0	880.3	1428.7	4506.7	5107.8	1185.1	113.3
青　　海	559.8	1029.8	1490.5	5364.4	6196.4	1106.9	115.5
宁　　夏	578.1	998.8	1724.3	6180.3	6931.0	1198.9	112.1
新　　疆	683.5	1136.5	1618.1	6393.7	7296.5	1067.6	114.1

11—10 各地区农村居民纯收入

(按收入来源分)

单位:元/人

地　区	纯收入	工资性收入	家庭经营纯收入	财产性收入	转移性收入
全国总计	**8895.9**	**4025.4**	**3793.2**	**293.0**	**784.3**
北　京	18337.5	12034.9	833.4	2023.5	3445.7
天　津	15841.0	9091.5	4571.6	1120.0	1058.0
河　北	9101.9	5236.7	3219.2	161.6	484.4
山　西	7153.5	4041.1	2273.9	93.2	745.3
内蒙古	8595.7	1694.6	5348.4	371.0	1181.7
辽　宁	10522.7	4209.4	5160.2	283.2	870.0
吉　林	9621.2	1813.2	6855.1	187.9	765.0
黑龙江	9634.1	1991.4	6365.4	429.6	847.8
上　海	19595.0	12239.4	1062.0	1446.8	4846.8
江　苏	13597.8	7608.5	4258.4	572.1	1158.7
浙　江	16106.0	9204.3	4758.6	727.5	1415.7
安　徽	8097.9	3733.5	3681.4	113.6	569.3
福　建	11184.2	5193.9	4890.5	359.9	739.8
江　西	8781.5	4422.1	3683.8	191.0	484.6
山　东	10619.9	5127.2	4525.2	283.9	683.8
河　南	8475.3	3581.6	4285.4	160.3	448.1
湖　北	8867.0	3868.2	4381.6	99.1	518.1
湖　南	8372.1	4595.6	2962.0	147.7	666.9
广　东	11669.3	7072.4	2596.4	1040.5	960.0
广　西	6790.9	2712.3	3420.4	70.4	587.8
海　南	8342.6	3001.5	4153.8	347.9	839.3
重　庆	8332.0	4089.2	3136.5	234.7	871.7
四　川	7895.3	3542.8	3321.2	202.3	829.1
贵　州	5434.0	2572.6	2355.9	78.4	427.2
云　南	6141.3	1729.2	3650.4	229.8	532.0
西　藏	6578.2	1475.3	4157.0	88.9	857.1
陕　西	6502.6	3151.2	2500.0	212.3	639.0
甘　肃	5107.8	2203.4	2231.0	132.9	540.5
青　海	6196.4	2347.5	2570.3	165.9	1112.7
宁　夏	6931.0	2878.4	3250.0	133.3	669.3
新　疆	7296.5	1311.8	4654.5	230.1	1100.0

11－11 各地区农村居民纯收入构成

（按收入来源分）

单位：%

地 区	纯收入	一、工资性收入	二、家庭经营纯收入	三、财产性收入	四、转移性收入
全 国	**100.0**	**45.2**	**42.6**	**3.3**	**8.8**
北 京	100.0	65.6	4.5	11.0	18.8
天 津	100.0	57.4	28.9	7.1	6.7
河 北	100.0	57.5	35.4	1.8	5.3
山 西	100.0	56.5	31.8	1.3	10.4
内蒙古	100.0	19.7	62.2	4.3	13.7
辽 宁	100.0	40.0	49.0	2.7	8.3
吉 林	100.0	18.8	71.3	2.0	8.0
黑龙江	100.0	20.7	66.1	4.5	8.8
上 海	100.0	62.5	5.4	7.4	24.7
江 苏	100.0	56.0	31.3	4.2	8.5
浙 江	100.0	57.1	29.5	4.5	8.8
安 徽	100.0	46.1	45.5	1.4	7.0
福 建	100.0	46.4	43.7	3.2	6.6
江 西	100.0	50.4	41.9	2.2	5.5
山 东	100.0	48.3	42.6	2.7	6.4
河 南	100.0	42.3	50.6	1.9	5.3
湖 北	100.0	43.6	49.4	1.1	5.8
湖 南	100.0	54.9	35.4	1.8	8.0
广 东	100.0	60.6	22.2	8.9	8.2
广 西	100.0	39.9	50.4	1.0	8.7
海 南	100.0	36.0	49.8	4.2	10.1
重 庆	100.0	49.1	37.6	2.8	10.5
四 川	100.0	44.9	42.1	2.6	10.5
贵 州	100.0	47.3	43.4	1.4	7.9
云 南	100.0	28.2	59.4	3.7	8.7
西 藏	100.0	22.4	63.2	1.4	13.0
陕 西	100.0	48.5	38.4	3.3	9.8
甘 肃	100.0	43.1	43.7	2.6	10.6
青 海	100.0	37.9	41.5	2.7	18.0
宁 夏	100.0	41.5	46.9	1.9	9.7
新 疆	100.0	18.0	63.8	3.2	15.1

11—12 农村居民消费支出及构成

指 标	1990 年	1995 年	2000 年	2012 年	2013 年	2013 年为下列各年%	
						1990 年	2012 年
消费支出(元/人)	**584.6**	**1310.4**	**1670.1**	**5908.0**	**6625.5**	**1133.3**	**112.1**
一、食品	343.8	768.2	820.5	2323.9	2495.5	725.9	107.4
二、衣着	45.4	89.8	96.0	396.4	438.3	964.5	110.6
三、居住	101.4	182.2	258.3	1086.4	1233.6	1217.0	113.6
四、家庭设备及用品	30.9	68.5	75.5	341.7	387.1	1252.9	113.3
五、交通通信	8.4	33.8	93.1	652.8	796.0	9454.1	121.9
六、文教娱乐	31.4	102.4	186.7	445.5	485.9	1548.4	109.1
七、医疗保健	19.0	42.5	87.6	513.8	614.2	3229.4	119.5
八、其他	4.3	23.1	52.5	147.6	174.9	4029.2	118.5
消费支出构成(%)	**100.0**	**100.0**	**100.0**	**100.0**	**100.0**		
一、食品	58.8	58.6	49.1	39.3	37.7		
二、衣着	7.8	6.9	5.7	6.7	6.6		
三、居住	17.3	13.9	15.5	18.4	18.6		
四、家庭设备及用品	5.3	5.2	4.5	5.8	5.8		
五、交通通信	1.4	2.6	5.6	11.0	12.0		
六、文教娱乐	5.4	7.8	11.2	7.5	7.3		
七、医疗保健	3.3	3.2	5.2	8.7	9.3		
八、其他	0.7	1.8	3.1	2.5	2.6		

11—13 农村居民现金消费支出及构成

指　　标	1990 年	1995 年	2000 年	2012 年	2013 年	2013 年为下列各年%	
						1990 年	2012 年
现金消费支出(元/人)	**374.7**	**859.4**	**1284.7**	**5414.5**	**6112.9**	**1631.2**	**112.9**
一、食品支出	155.9	353.2	464.3	1863.1	2054.5	1318.2	110.3
二、衣着支出	44.0	88.7	95.2	396.1	437.7	994.0	110.5
三、居住支出	81.2	147.9	231.1	1054.2	1169.3	1440.9	110.9
四、家庭设备及用品支出	30.7	68.1	74.4	341.4	384.5	1250.9	112.6
五、交通和通信支出	8.4	33.7	93.1	652.8	795.8	9462.4	121.9
六、文教娱乐支出	31.3	102.4	186.7	445.5	485.6	1549.9	109.0
七、医疗保健支出	19.0	42.5	87.6	513.8	613.9	3234.6	119.5
八、其他支出	4.3	23.1	52.5	147.5	171.6	4037.4	116.3
现金消费支出构成(%)	**100.0**	**100.0**	**100.0**	**100.0**	**100.0**		
一、食品支出	41.6	41.1	36.1	34.4	33.6		
二、衣着支出	11.7	10.3	7.4	7.3	7.2		
三、居住支出	21.7	17.2	18.0	19.5	19.1		
四、家庭设备及用品支出	8.2	7.9	5.8	6.3	6.3		
五、交通和通信支出	2.2	3.9	7.2	12.1	13.0		
六、文教娱乐支出	8.4	11.9	14.5	8.2	7.9		
七、医疗保健支出	5.1	4.9	6.8	9.5	10.0		
八、其他支出	1.1	2.7	4.1	2.7	2.8		

11－14 各地区农村居民消费支出

单位:元/人

地区	消费支出	服务性支出	1.食品支出	2.衣着支出	3.居住支出
全国总计	**6625.5**	**1816.0**	**2495.5**	**438.3**	**1233.6**
北京	13553.2	3819.8	4695.9	1172.9	2387.0
天津	10155.0	2731.0	3539.7	927.6	1403.4
河北	6134.1	1597.3	1963.3	458.0	1266.8
山西	5812.7	1793.1	1920.7	471.8	1206.0
内蒙古	7268.3	2187.8	2583.5	564.7	1111.6
辽宁	7159.0	2005.3	2518.9	584.2	1279.3
吉林	7379.7	2205.4	2438.5	535.2	1288.4
黑龙江	6813.6	2114.1	2397.7	551.1	1120.9
上海	14234.7	4543.1	5334.6	770.7	2260.4
江苏	9909.8	2932.6	3283.2	685.1	1788.7
浙江	11760.2	3492.8	4190.9	848.1	1933.8
安徽	5724.5	1529.3	2269.7	335.2	1138.9
福建	8151.2	2098.8	3600.8	483.6	1418.4
江西	5653.6	1372.7	2389.1	308.6	1163.1
山东	7392.7	1792.0	2553.7	493.4	1409.6
河南	5627.7	1528.7	1938.5	481.8	1043.9
湖北	6279.5	1850.0	2308.5	347.7	1415.7
湖南	6609.5	1822.5	2537.0	342.3	1438.3
广东	8343.5	2427.6	3736.6	309.2	1337.9
广西	5205.6	1328.1	2084.7	170.9	1360.5
海南	5465.6	1364.9	2625.0	181.0	937.7
重庆	5796.4	1633.5	2539.0	411.0	674.4
四川	6308.5	1642.4	2665.0	467.3	986.8
贵州	4740.2	1227.4	2036.2	254.2	980.8
云南	4743.6	1178.1	2097.6	211.4	906.3
西藏	3574.0	375.1	1938.9	370.6	189.7
陕西	5724.2	1954.0	1821.3	385.1	1206.2
甘肃	4849.6	1338.2	1798.5	352.7	794.0
青海	6060.2	1447.6	1872.0	449.3	1449.1
宁夏	6489.7	1670.0	2021.8	453.3	1409.6
新疆	6119.1	1538.9	2072.0	484.7	1623.8

11—14 续表

单位:元/人

地　　区	家庭设备及用品支出	交通通信支　出	文教娱乐支　出	医疗保健支　出	其他支出
全国总计	**387.1**	**796.0**	**485.9**	**614.2**	**174.9**
北　京	898.2	1452.2	1330.9	1167.1	449.1
天　津	599.1	1816.2	750.4	732.6	386.0
河　北	382.6	792.3	399.0	696.0	176.1
山　西	288.2	699.1	502.5	559.0	165.4
内蒙古	302.3	1106.5	555.2	831.2	213.3
辽　宁	299.4	850.3	632.9	789.5	204.4
吉　林	273.1	961.2	691.4	968.6	223.4
黑龙江	288.7	809.3	601.4	839.2	205.2
上　海	693.7	1718.7	963.7	1990.9	501.9
江　苏	556.4	1420.8	1022.3	809.9	343.4
浙　江	564.9	1891.1	1048.0	943.9	339.5
安　徽	390.4	540.9	376.7	551.7	121.0
福　建	483.4	806.3	592.8	481.7	284.3
江　西	323.9	587.6	356.4	401.3	123.8
山　东	438.1	1040.5	571.7	738.8	146.8
河　南	416.0	616.0	408.1	603.7	119.7
湖　北	425.0	605.9	407.4	624.4	144.9
湖　南	420.3	640.0	426.3	638.3	167.1
广　东	474.1	1041.0	685.3	502.0	257.5
广　西	281.1	516.3	276.2	413.4	102.5
海　南	291.5	589.2	354.5	362.2	124.4
重　庆	474.3	581.8	443.3	535.9	136.7
四　川	446.6	665.0	385.8	557.4	134.5
贵　州	272.4	489.7	301.4	302.3	103.2
云　南	258.8	589.9	241.1	352.9	85.5
西　藏	273.1	522.8	63.6	71.5	143.9
陕　西	344.1	581.0	463.8	776.4	146.5
甘　肃	302.6	598.4	366.5	513.3	123.5
青　海	314.9	910.9	270.1	676.7	117.1
宁　夏	382.8	827.0	439.7	702.0	253.4
新　疆	256.4	693.9	286.9	593.4	108.0

11—15 各地区农村居民消费支出构成

单位:%

地区	消费支出	食品支出	衣着支出	居住支出	家庭设备及用品支出	交通和通信支出	文教娱乐用品及服务支出	医疗保健支出	其他支出
全国合计	**100.0**	**37.7**	**6.6**	**18.6**	**5.8**	**12.0**	**7.3**	**9.3**	**2.6**
北京	100.0	34.6	8.7	17.6	6.6	10.7	9.8	8.6	3.3
天津	100.0	34.9	9.1	13.8	5.9	17.9	7.4	7.2	3.8
河北	100.0	32.0	7.5	20.7	6.2	12.9	6.5	11.3	2.9
山西	100.0	33.0	8.1	20.7	5.0	12.0	8.6	9.6	2.8
内蒙古	100.0	35.5	7.8	15.3	4.2	15.2	7.6	11.4	2.9
辽宁	100.0	35.2	8.2	17.9	4.2	11.9	8.8	11.0	2.9
吉林	100.0	33.0	7.3	17.5	3.7	13.0	9.4	13.1	3.0
黑龙江	100.0	35.2	8.1	16.5	4.2	11.9	8.8	12.3	3.0
上海	100.0	37.5	5.4	15.9	4.9	12.1	6.8	14.0	3.5
江苏	100.0	33.1	6.9	18.0	5.6	14.3	10.3	8.2	3.5
浙江	100.0	35.6	7.2	16.4	4.8	16.1	8.9	8.0	2.9
安徽	100.0	39.6	5.9	19.9	6.8	9.4	6.6	9.6	2.1
福建	100.0	44.2	5.9	17.4	5.9	9.9	7.3	5.9	3.5
江西	100.0	42.3	5.5	20.6	5.7	10.4	6.3	7.1	2.2
山东	100.0	34.5	6.7	19.1	5.9	14.1	7.7	10.0	2.0
河南	100.0	34.4	8.6	18.5	7.4	10.9	7.3	10.7	2.1
湖北	100.0	36.8	5.5	22.5	6.8	9.6	6.5	9.9	2.3
湖南	100.0	38.4	5.2	21.8	6.4	9.7	6.5	9.7	2.5
广东	100.0	44.8	3.7	16.0	5.7	12.5	8.2	6.0	3.1
广西	100.0	40.0	3.3	26.1	5.4	9.9	5.3	7.9	2.0
海南	100.0	48.0	3.3	17.2	5.3	10.8	6.5	6.6	2.3
重庆	100.0	43.8	7.1	11.6	8.2	10.0	7.6	9.2	2.4
四川	100.0	42.2	7.4	15.6	7.1	10.5	6.1	8.8	2.1
贵州	100.0	43.0	5.4	20.7	5.7	10.3	6.4	6.4	2.2
云南	100.0	44.2	4.5	19.1	5.5	12.4	5.1	7.4	1.8
西藏	100.0	54.2	10.4	5.3	7.6	14.6	1.8	2.0	4.0
陕西	100.0	31.8	6.7	21.1	6.0	10.1	8.1	13.6	2.6
甘肃	100.0	37.1	7.3	16.4	6.2	12.3	7.6	10.6	2.5
青海	100.0	30.9	7.4	23.9	5.2	15.0	4.5	11.2	1.9
宁夏	100.0	31.2	7.0	21.7	5.9	12.7	6.8	10.8	3.9
新疆	100.0	33.9	7.9	26.5	4.2	11.3	4.7	9.7	1.8

11—16 各地区农村居民现金消费支出

单位:元/人

地区	消费支出	服务性支出	1.食品支出	2.衣着支出	3.居住支出
全国总计	**6112.9**	**1816.0**	**2054.5**	**437.7**	**1169.3**
北京	13470.2	3819.8	4635.1	1171.0	2377.6
天津	10088.6	2731.0	3485.2	927.4	1403.4
河北	5969.6	1597.3	1813.6	457.4	1254.7
山西	5463.2	1793.1	1711.2	470.5	1105.9
内蒙古	6763.3	2187.8	2090.3	564.6	1101.8
辽宁	6864.9	2005.3	2261.4	584.1	1246.7
吉林	6827.6	2205.4	2183.4	535.1	995.1
黑龙江	6542.1	2114.1	2212.6	550.9	1036.3
上海	13872.9	4543.1	5039.8	769.0	2228.3
江苏	9486.9	2932.6	2925.1	684.4	1731.4
浙江	11541.1	3492.8	4015.9	847.6	1902.5
安徽	5344.9	1529.3	1970.5	332.8	1064.3
福建	7552.5	2098.8	3136.5	483.4	1293.2
江西	4910.1	1372.7	1767.8	308.4	1041.7
山东	7184.2	1792.0	2352.8	492.3	1409.0
河南	5353.0	1528.7	1707.1	481.7	1001.1
湖北	5531.1	1850.0	1692.5	345.1	1286.9
湖南	5854.2	1822.5	1857.9	342.1	1365.1
广东	7881.5	2427.6	3374.0	309.5	1244.8
广西	4547.0	1328.1	1530.3	170.9	1271.0
海南	5090.7	1364.9	2335.1	180.8	875.6
重庆	5057.8	1633.5	1835.1	410.5	646.8
四川	5406.1	1642.4	1817.8	466.8	936.9
贵州	3888.3	1227.4	1230.1	254.0	944.1
云南	3953.0	1178.1	1393.6	211.2	824.6
西藏	2661.5	375.1	1037.4	369.5	180.9
陕西	5420.7	1954.0	1585.4	385.0	1141.0
甘肃	4393.7	1338.2	1362.4	352.7	781.4
青海	5506.6	1447.6	1319.9	449.1	1449.1
宁夏	5942.1	1670.0	1565.5	452.9	1407.0
新疆	5519.9	1538.9	1620.0	482.6	1481.1

11－16 续表 单位:元/人

地 区	家庭设备及用品支出	交通通信支出	文教娱乐支出	医疗保健支出	其他支出
全国总计	**384.5**	**795.8**	**485.6**	**613.9**	**171.6**
北 京	891.1	1451.9	1330.4	1167.0	446.1
天 津	593.3	1815.8	750.4	732.5	380.7
河 北	381.5	792.2	398.9	696.0	175.3
山 西	279.4	699.0	502.2	557.1	137.9
内蒙古	302.3	1106.5	555.1	830.7	212.1
辽 宁	298.7	849.5	632.7	789.3	202.5
吉 林	271.1	960.4	691.4	968.6	222.5
黑龙江	288.5	809.1	601.4	838.6	204.6
上 海	671.4	1714.2	962.8	1990.7	496.6
江 苏	552.9	1420.2	1021.8	809.9	341.2
浙 江	558.4	1889.9	1046.7	942.7	337.4
安 徽	388.0	540.7	376.4	551.7	120.5
福 建	476.4	806.1	592.6	481.5	282.8
江 西	323.4	587.5	356.4	401.2	123.6
山 东	435.6	1040.4	571.6	738.8	143.7
河 南	415.8	616.0	408.1	603.7	119.6
湖 北	424.4	605.8	407.1	624.4	144.8
湖 南	419.8	639.7	426.3	638.3	165.1
广 东	472.0	1040.9	683.5	500.8	256.0
广 西	273.2	516.2	275.9	413.4	96.1
海 南	269.6	589.2	354.4	362.2	123.7
重 庆	472.2	581.5	442.9	535.1	133.7
四 川	445.5	664.7	385.6	556.0	132.8
贵 州	270.8	489.6	301.4	302.3	96.1
云 南	258.2	589.8	241.1	352.9	81.6
西 藏	271.9	522.8	63.6	71.5	143.9
陕 西	342.5	580.8	463.1	776.3	146.4
甘 肃	300.9	598.3	366.5	513.2	118.3
青 海	313.9	910.9	270.1	676.6	117.0
宁 夏	371.0	826.4	438.9	701.4	178.9
新 疆	254.7	693.8	286.8	593.4	107.6

11－17 农村居民家庭年末主要耐用消费品拥有量

（平均每百户）

指标	单位	1990年	1995年	2000年	2011年	2012年	2012年为下列各年%	
							1990年	2011年
洗衣机	台	9.1	16.9	28.6	62.6	67.2	737.1	107.4
电冰箱	台	1.2	5.2	12.3	61.5	67.3	5518.2	109.4
空调	台			1.3	22.6	25.4		112.3
抽油烟机	台		0.6	2.8	13.2	14.7		111.0
吸尘器	台		0.3	0.4	1.2	1.5		122.6
自行车	辆	118.3	147.0	120.5	77.1	79.0	66.7	102.4
摩托车	辆	0.9	4.9	21.9	60.9	62.2	6988.4	102.2
彩色电视机	台	4.7	16.9	48.7	115.5	116.9	2476.6	101.2
黑白电视机	台	39.7	63.8	53.0	1.7	1.4	3.6	86.7
固定电话	部			26.4	43.1	42.2		98.0
移动电话	部			4.3	179.7	197.8		110.0
照相机	部	0.7	1.4	3.1	4.5	5.2	739.6	113.9
计算机	台			0.5	18.0	21.4		118.9

11－18 农村居民主要食物消费量

指标	单位	1990年	1995年	2000年	2011年	2012年	2012年为下列各年百分比(%)	
							1990年	2011年
粮食(原粮)	千克/人	262.1	256.1	250.2	170.7	164.3	62.7	96.2
＃细粮	千克/人	215.0	210.7	207.1	151.8	144.9	67.4	95.4
食用油	千克/人	5.2	5.8	7.1	7.5	7.8	151.4	104.6
蔬菜及制品	千克/人	134.0	104.6	106.7	89.4	84.7	63.2	94.8
猪肉	千克/人	10.5	10.6	13.3	14.4	14.4	136.6	99.8
牛肉	千克/人	0.4	0.4	0.5	1.0	1.0	249.3	104.3
羊肉	千克/人	0.4	0.4	0.6	0.9	0.9	241.2	102.2
禽类	千克/人	1.3	1.8	2.8	4.5	4.5	359.2	98.9
蛋及蛋制品	千克/人	2.4	3.2	4.8	5.4	5.9	243.5	108.7
奶及奶制品	千克/人	1.1	0.6	1.1	5.2	5.3	489.4	102.4
水产品	千克/人	2.1	3.4	3.9	5.4	5.4	251.6	100.0
食糖	千克/人	1.5	1.3	1.3	1.0	1.2	79.1	114.0
卷烟	盒/人	28.0	24.6	23.9	26.3	26.3	93.9	99.9
酒	千克/人	6.1	6.5	7.0	10.2	10.0	163.5	98.9

11－19　按五等份分组的农村居民家庭纯收入

单位:元/人

年　份	平均每人纯收入	低收入户（20%）	中等偏下户（20%）	中等收入户（20%）	中等偏上户（20%）	高收入户（20%）
2000	2253.4	802.0	1440.0	2004.0	2767.0	5190.0
2001	2366.4	818.0	1491.0	2081.0	2891.0	5534.0
2002	2475.6	857.0	1548.0	2164.0	3031.0	5903.0
2003	2622.2	865.9	1606.5	2273.1	3206.8	6346.9
2004	2936.4	1007.0	1842.2	2578.6	3608.0	6931.0
2005	3254.9	1067.2	2018.3	2851.0	4003.3	7747.4
2006	3587.0	1182.5	2222.0	3148.5	4446.6	8474.8
2007	4140.4	1346.9	2581.8	3658.8	5129.8	9790.7
2008	4760.6	1499.8	2935.0	4203.1	5928.6	11290.2
2009	5153.2	1549.3	3110.1	4502.1	6467.6	12319.1
2010	5919.0	1869.8	3621.2	5221.7	7440.6	14049.7
2011	6977.3	2000.5	4255.7	6207.7	8893.6	16783.1
2012	7916.6	2316.2	4807.5	7041.0	10142.1	19008.9
2013	8895.9	2583.2	5516.4	7942.1	11373.0	21272.7

11－20　东、中、西部及东北地区农村居民纯收入

单位:元/人

年　份	全　国	东部地区	中部地区	西部地区	东北地区
2005	3254.9	4720.3	2956.6	2378.9	3379.0
2006	3587.0	5188.2	3283.2	2588.4	3744.9
2007	4140.4	5855.0	3844.4	3028.4	4348.3
2008	4760.6	6598.2	4453.4	3517.7	5101.2
2009	5153.2	7155.5	4792.8	3816.5	5456.6
2010	5919.0	8142.8	5509.6	4417.9	6434.5
2011	6977.3	9585.0	6529.9	5246.7	7790.6
2012	7916.6	10817.5	7435.2	6026.6	8846.5
2013	8895.9	12052.1	8376.5	6833.6	9909.2

12

农村文化、教育、卫生及社会服务

12—1 农村普通中学、小学的学生与教师数

指　标	单位	1995年	2000年	2010年	2011年	2012年	2013年
一、高　中							
学校数	所	3112	2629	1428	848	718	708
班　数	万个	2.3	2.9	2.9	1.9	1.6	1.5
毕业生数	万人	33.1	39.2	56.3	33.6	26.4	26.0
招生数	万人	44.7	64.4	56.7	36.6	29.2	28.1
学生数	万人	113.2	157.8	162.9	103.4	83.4	81.5
专任教师	万人	9.4	10.4	10.5	6.8	5.6	5.5
二、初　中							
学校数	所	45626	39313	28670	20997	19408	18485
班数	万个	50.9	60.1	34.8	23.2	20.3	17.8
毕业生数	万人	684.6	903.8	617.0	417.3	364.0	313.9
招生数	万人	1017.3	1265.9	571.1	371.5	318.4	274.5
学生数	万人	2659.8	3428.5	1784.5	1163.0	974.1	814.5
专任教师	万人	149.9	168.2	127.2	85.7	97.4	73.1
三、小　学							
学校数	万所	55.9	44.0	21.1	16.9	15.5	14.0
班　数	万个	309.4	274.6	166.8	131.2	123.6	113.9
毕业生数	万人	1328.7	1567.6	942.7	681.2	624.2	560.3
招生数	万人	1791.1	1253.7	915.2	715.9	657.3	591.8
学生数	万人	9306.2	8503.7	5350.2	4065.2	3652.5	3217.0
教职工数	万人	419.9	398.3	340.7	244.3	229.8	218.9
其中:专任教师	万人	382.7	367.8	319.1	244.3	216.3	219.9

注:1. 高中包括完全中学在内。

2. 2011年,教育事业统计报表进行了全面改革,实施了国家统计局首次颁布的《统计用城乡划分代码》。新的城乡划分标准,将原来的城市、县镇、农村的三个分类调整为三大类七小类,即城区(含主城区、城乡结合部)、镇区(含镇中心区、镇乡结合区、特殊区域)、乡村(含乡中心区、村庄)。因城乡划分口径发生了变化,故城乡数据不与往年做比较。

12—2 农民成人教育基本情况

指　　标	单位	1995年	2000年	2010年	2011年	2012年	2013年
一、农民高等学校							
学 校 数	所	4	3	2	1	1	1
毕业生数	人	203	400	865	613	746	540
招 生 数	人	484	400	864	561	511	657
学 生 数	人	966	800	1614	1366	1072	1168
专任教师	人	146	100	128	89	89	89
二、农民技术培训学校							
学 校 数	万 所	38.5	48.6	10.7	10.3	10.9	8.9
毕业生数	万 人	7035.4	9047.1	3813.1	3794.7	3563.2	3416.0
招 生 数	万 人	5437.3	7744.7				
在校学生	万 人	4948.7	6209.6	3424.2	3497.0	4567.4	3043.0
专任教师	万 人	13.6	14.6	9.2	9.4	8.8	9.0
三、农民中学							
学 校 数	所	3821	2622	1985	2266	1316	2025
毕业生数	万 人	38.4	19.5	59.8	59.5	56.4	47.1
招 生 数	万 人	34.1	18.6				
学 生 数	万 人	40.7	25.2	60.9	53.4	54.5	49.8
专任教师	万 人	0.9	0.8	0.6	0.8	0.8	0.8
四、农民小学							
学 校 数	万 所	16.7	16.0	3.2	3.0	2.6	2.1
毕业生数	万 人	754.0	493.5	180.5	173.4	156.7	115.0
招 生 数	万 人	669.4	442.6				
学 生 数	万 人	763.7	473.5	190.6	161.2	158.2	122.1
专任教师	万 人	5.6	4.5	2.8	3.0	3.0	2.2

12—3 农村乡(镇)卫生院、床位和卫生人员

指 标	单位	1995 年	2000 年	2010 年	2011 年	2012 年	2013 年
一、乡(镇)卫 生 院	个	51797	49229	37836	37295	37097	37015
中心卫生院	个	10098	9631	10373	10590	10590	10538
乡卫生院	个	41699	39598	27463	26705	26507	26477
二、卫生人员	人	1051752	1169826	1151349	1165996	1204996	1233858
中心卫生院	人	373601	422753	488165	500583	517066	527532
乡卫生院	人	678151	747073	663184	665413	687930	706326
卫生技术人员	人	918870	1026244	973059	981227	1017096	1043441
三、床 位	张	733064	734807	994329	1026251	1099262	1136492
中心卫生院	张	289581	285638	421441	444726	477898	497944
乡卫生院	张	443483	449169	572888	581525	621364	638548

12—4 村卫生室及人员数

指 标	1985 年	1990 年	1995 年	2000 年	2010 年	2011 年	2012 年	2013 年
行政村数(万个)	94.1	74.3	73.7	73.5	59.5	59.0	58.8	58.9
设置卫生室的村数占行政村(%)	87.4	86.2	88.9	89.8	92.3	93.4	93.3	93.0
村卫生室数(万个)	77.8	80.4	80.4	70.9	64.8	66.3	65.3	64.9
村办	30.6	26.6	29.7	30.1	36.5	37.3	37.0	37.2
乡卫生院设点	3.0	3.0	3.6	4.7	5.0	5.6	5.8	6
联营	8.9	8.7	9.1	9.0	3.3	3.4	3.2	3.3
私人办	32.4	38.2	35.5	25.5	17.7	17.6	16.7	15.9
其他	3.0	3.9	2.3	1.6	2.4	2.5	2.6	2.6
乡村医生和卫生员数(万人)	129.3	123.2	133.1	131.9	109.2	112.6	137.2	123.4
其中:乡村医生	64.3	77.7	95.6	102.0	103.2	106.1	102.3	108.1
平均每村乡村医生和卫生员(人)	1.80	1.64	1.81	1.81	1.68	1.91	1.86	1.83
每千农业人口乡村医生和卫生员(人)	1.55	1.38	1.48	1.44	1.23	1.27	1.25	1.23
农村接生员(万人)	51.4	47.1	35.9	25.6				

12—5 各地区乡(镇)卫生院、床位数和卫生人员数

地　　区	卫生院(个)	卫生人员数(人)	床　位(张)
全国总计	**37015**	**1081063**	**1136492**
北　　京		3530	
天　　津	148	4581	3991
河　　北	1960	83849	60836
山　　西	1201	40856	28508
内 蒙 古	1329	19496	17855
辽　　宁	1014	25634	28855
吉　　林	775	19318	17789
黑 龙 江	996	25061	20852
上　　海	0	760	0
江　　苏	1064	39774	55025
浙　　江	1141	8945	15086
安　　徽	1387	51621	49781
福　　建	880	27922	29283
江　　西	1591	47485	43314
山　　东	1643	134372	104232
河　　南	2068	121349	93725
湖　　北	1152	42859	61845
湖　　南	2302	48544	77343
广　　东	1204	33280	51105
广　　西	1279	37073	55526
海　　南	299	3377	5299
重　　庆	960	23397	36777
四　　川	4594	73907	114388
贵　　州	1430	36302	36601
云　　南	1379	35937	42022
西　　藏	677	10434	3166
陕　　西	1603	34692	29806
甘　　肃	1382	21966	23380
青　　海	405	6740	4306
宁　　夏	228	3664	2804
新　　疆	924	14338	22992

12－6 各地区农村村卫生室和人员情况

地 区	村卫生室（个）	设置卫生室的村占行政村数（%）	乡村医生和卫生员（人）	每千农业人口村卫生室人员（人）
全国总计	**648619**	**93.0**	**1081063**	**1.66**
北 京	2888	73.3	3530	1.99
天 津	2247	60.1	4581	1.67
河 北	62311	100.0	83849	2.22
山 西	28241	100.0	40856	2.22
内蒙古	14028	100.0	19496	1.86
辽 宁	20006	100.0	25634	1.72
吉 林	11527	100.0	19318	1.77
黑龙江	11778	100.0	25061	1.72
上 海	1342	84.0	760	3.31
江 苏	15575	100.0	39774	2.01
浙 江	12504	43.7	8945	0.71
安 徽	15310	100.0	51621	1.33
福 建	19408	100.0	27922	1.52
江 西	31337	100.0	47485	1.72
山 东	53773	71.9	134372	2.95
河 南	56955	100.0	121349	1.94
湖 北	24941	97.5	42859	1.55
湖 南	44929	100.0	48544	1.25
广 东	28767	100.0	33280	1.33
广 西	21852	100.0	37073	1.12
海 南	2701	100.0	3377	1.03
重 庆	11009	100.0	23397	1.57
四 川	55165	100.0	73907	1.44
贵 州	21219	100.0	36302	1.20
云 南	13341	100.0	35937	1.27
西 藏	5313	100.0	10434	4.10
陕 西	26018	97.3	34692	1.83
甘 肃	16752	100.0	21966	1.52
青 海	4354	100.0	6740	2.86
宁 夏	2461	100.0	3664	1.27
新 疆	10567	100.0	14338	1.54

12—7 农村文化机构

指标	单位	1995年	2000年	2009年	2010	2011	2012	2013
一、乡镇文化站	个	41633	39348	33378	34121	34139	34101	34343
二、群众业余演出团(队)	个	35429	36151	259608	304505	267844	303342	342649
三、群众文化馆办文艺团体	个	7191	2940	5260	5590	7927	8750	6022

注:2009年后,群众业余演出团(队)包括乡镇综合文化站所指导团体。

12—8 农村养老服务机构情况

指标	单位	1995年	2000年	2010年	2011年	2012年	2013年
一、老年收养性福利机构个数	个	40387	25576	31472	32140	32787	30247
职工人数	万人	11.5	7.4	14.2	15.2	15.9	16.4
二、年末收养人数	万人	60.3	42.8	182.5	192.5	200.0	201.2
#老人	万人	56.3	41.2	175.6	184.7	193.0	194.7

注:1995年数据未区分城乡。

12—9 农村社会救济费和自然灾害救济费

指标	单位	1995年	2000年	2010年	2011年	2012年	2013年
一、农村社会救济费	亿元	3.04	8.73	663.13	958.92	995.83	1069.27
二、自然灾害救济费	亿元	23.48	35.19	237.18	128.70	163.38	178.70
其中:生活救济费	亿元	17.06	27.48	88.91	68.72	93.18	100.94
灾民抢救转移安置费	亿元	1.85	3.06	10.62	5.75	10.98	11.01
救灾储备	亿元	2.27	0.97	13.19	7.24	6.80	10.47
灾后重建补助	亿元			109.62	38.98	42.94	43.62
三、占民政事业费支出总额比重							
农村社会救济费	%	2.9	3.8	24.6	29.7	27	25.0
自然灾害救济费	%	22.7	15.3	8.8	4.0	4.4	4.2

注:农村社会救济费包括农村低保、其他农村社会救济和农村医疗救助费用。

12—10 各地区农村文化机构

地 区	乡镇文化站（个）	群众文化馆办文艺团体（个）	群众业余演出团(队)（个）
全国总计	**34343**	**6022**	**342649**
北 京	183	59	9623
天 津	135	44	3845
河 北	1981	250	19000
山 西	1196	194	9074
内蒙古	857	230	4164
辽 宁	955	171	10375
吉 林	626	166	4094
黑龙江	900	249	5890
上 海	109	108	8886
江 苏	920	325	17065
浙 江	931	335	34230
安 徽	1288	290	8079
福 建	977	165	7312
江 西	1630	196	5984
山 东	1240	287	31431
河 南	1907	436	24368
湖 北	1028	243	12903
湖 南	2238	134	17718
广 东	1173	268	12372
广 西	1127	359	13251
海 南	203	21	2262
重 庆	828	108	8217
四 川	4349	317	16870
贵 州	1435	243	7521
云 南	1288	244	23930
西 藏	531	10	445
陕 西	1502	188	11690
甘 肃	1228	127	4966
青 海	358	26	667
宁 夏	199	40	1488
新 疆	1021	189	4929

12—11　各地区农村养老服务机构情况

地　　区	机构数（个）	年末收养人数（人）	女性	老人
全国总计	**30247**	**2012116**	**370337**	**1947456**
北　京	259	16135	6578	15017
天　津	151	3975	1605	3910
河　北	966	83059	9190	81240
山　西	616	28381	1673	25541
内蒙古	483	27830	2731	26502
辽　宁	841	46143	5593	43584
吉　林	624	34245	4984	31048
黑龙江	411	62422	8092	59254
上　海	196	20784	11634	19469
江　苏	1544	142926	32485	140472
浙　江	1503	85985	26722	85136
安　徽	2113	174790	25075	171363
福　建	767	12674	2429	12455
江　西	1371	121517	30405	117192
山　东	1589	183754	41970	181988
河　南	2499	212744	33936	206442
湖　北	1677	131667	31892	125394
湖　南	2370	112957	21807	110191
广　东	1197	29037	7522	28377
广　西	1156	20901	2541	20820
海　南	206	2401	818	2378
重　庆	1225	60525	7580	58087
四　川	2831	256482	30001	248743
贵　州	1041	25964	2916	24688
云　南	656	30862	6730	29920
西　藏	155	2515	615	2451
陕　西	757	49641	5846	46600
甘　肃	459	11641	2183	10385
青　海	167	4455	909	3988
宁　夏	52	3554	578	3334
新　疆	365	12150	3297	11487

12—12 各地区农村社会救济费和自然灾害救济费

单位:万元

地区	农村社会救济	农村最低生活保障支出	农村居民最低生活保障人数(人)	自然灾害救济
全国合计	**10692679.2**	**8669039.1**	**53880178**	**1786987.6**
本级				43506.0
北京	32083.4	28402.2	59575	5774.6
天津	43433.7	34581.5	107444	2099.6
河北	414056.0	332240.1	2218981	51898.9
山西	306060.5	254169.2	1497629	40974.4
内蒙古	351935.1	310595.4	1253151	38708.6
辽宁	231463.8	168833.5	883982	66572.4
吉林	170099.9	131826.1	809162	49320.9
黑龙江	298313.3	244417.7	1215350	147381.2
上海	18361.9	16383.5	32796	2653.8
江苏	462093.7	342565.9	1301395	21365.3
浙江	230962.6	199429.4	551355	33198.7
安徽	483554.0	357833.9	2160542	38259.5
福建	173169.3	130251.5	736542	26787.9
江西	322431.2	245501.8	1606531	28361.3
山东	580902.0	472996.8	2598685	30255.5
河南	699778.1	544769.3	3909196	25747.0
湖北	416516.8	333181.1	2357011	63679.5
湖南	556856.2	407102.2	2893347	60529.1
广东	480067.0	340114.2	1632234	68783.5
广西	513850.7	419303.4	3458922	48792.6
海南	58367.1	42562.4	245488	5754.1
重庆	209449.8	129225.0	626612	42383.5
四川	752329.9	559692.3	4394553	288148.4
贵州	646100.9	612327.9	4770600	72189.8
云南	727134.3	664567.7	4665411	117987.0
西藏	45365.3	41111.6	329000	30154.6
陕西	524016.5	443694.1	1998903	129959.3
甘肃	521919.5	479567.2	3432860	125688.1
青海	84498.9	74937.2	402865	22423.4
宁夏	82063.0	74667.8	381821	15082.4
新疆	255444.8	232187.2	1348235	42566.7

注:农村社会救济费包括农村低保、其他农村社会救济和农村医疗救助费用。

13

国有农场

13—1 农垦系统国有农场基本情况

指　　标	单位	2003年	2012年	2013年	2013年比2012年增加	
					绝对数	%
一、农场数	个	1967.0	1786.0	1779.0	-7.0	-0.4
二、职工人数	万人	353.7	317.5	324.0	6.5	2.0
三、耕 地 面 积	千公顷	4690.1	6123.7	6210.5	86.8	1.4
四、农业机械总动力	亿瓦	129.9	245.7	262.1	16.4	6.7
大中型农用拖拉机	万台	7.0	17.4	17.7	0.3	1.6
小型及手扶拖拉机	万台	24.5	32.8	33.3	0.5	1.5
农用排灌动力机械	万台	17.7	27.7	28.8	1.1	4.1
联合收割机	万台	1.8	4.6	4.8	0.2	5.2
农用化肥施用量(折纯量)	万吨	143.9	248.3	260.97	12.7	5.1
农场用电量	亿千瓦小时	64.2	130.7	184.3	53.6	41.0
五、农业总产值						
按当年价格计算	亿元	846.3	3100.4	3356.3	255.9	8.3
六、主要农产品产量						
粮食总产量	万吨	1342.6	3371.4	3419.9	48.5	1.4
棉花总产量	万吨	103.4	172.3	176.2	3.9	2.3
油料总产量	万吨	71.9	78.3	80.4	2.1	2.7
肉类总产量	万吨	108.4	296.6	286.4	-10.3	-3.5

13－2 各地区农垦系统国有农场基本情况

地区	农场数(个)		职工人数(万人)		耕地面积(千公顷)	
	2012年	2013年	2012年	2013年	2012年	2013年
全国总计	**1786**	**1779**	**317.5**	**324.0**	**6123.7**	**6210.5**
北京	10	9	3.7	4.3	1.5	1.5
天津	15	15	0.8	0.5	2.8	2.7
河北	33	33	6.9	6.6	92.8	95.4
山西	26	26	0.5	0.5	6.7	6.8
内蒙古	105	103	10.7	1.0	654.1	660.2
辽宁	109	109	25.9	25.4	154.9	155.1
吉林	88	88	5.2	4.5	117.5	121.6
黑龙江	113	113	39.5	43.7	2879.7	2885.3
上海	19	19	9.3	9.4	29.4	29.4
江苏	19	19	6.6	6.3	71.4	67.7
浙江	57	56	0.2	0.2	4.1	4.0
安徽	20	20	2.7	2.6	29.4	29.8
福建	113	113	3.2	3.0	11.0	10.9
江西	154	154	33.7	34.3	52.6	81.1
山东	14	14	0.7	0.5	12.3	13.7
河南	97	97	3.7	3.7	27.6	29.8
湖北	53	53	38.4	38.3	137.6	135.9
湖南	69	69	14.6	14.8	67.2	67.2
广东	46	46	5.4	5.3	37.8	37.8
广西	43	41	3.3	3.2	32.8	33.8
海南	46	47	17.6	16.6	38.3	38.3
重庆	15	14	0.7	0.6	0.3	0.3
四川	38	36	0.4	0.3	0.9	0.9
贵州	38	38	0.5	0.5	1.7	1.7
云南	41	41	8.6	7.3	12.2	12.4
陕西	12	12	0.5	0.5	8.9	9.2
甘肃	17	18	2.2	2.0	59.3	63.7
青海	17	17	0.6	0.1	26.5	26.5
宁夏	14	14	1.9	1.9	39.6	41.3
新疆	345	345	69.5	86.0	1512.9	1546.3

13－2 续表 1

地　区	农业机械总动力(万千瓦)		大中型拖拉机(台)		农用载重汽车(辆)	
	2012 年	2013 年	2012 年	2013 年	2012 年	2013 年
全国总计	**2457.2**	**2621.0**	**174199**	**176750**	**78424**	**93966**
北　京	0.9	0.8	47	46	27	52
天　津	1.1	2.2	57	54	77	93
河　北	101.6	105.7	3647	4734	7910	7856
山　西	2.3	2.4	52	5	149	173
内蒙古	167.6	187.2	11946	10566	4124	4111
辽　宁	113.6	115.5	4097	4340	15099	18650
吉　林	95.0	104.6	3663	4191	3627	3291
黑龙江	818.6	895.3	62309	68544	4379	5070
上　海	17.8	18.3	1474	1354	33	29
江　苏	45.3	43.6	3475	3369	586	624
浙　江	2.5	2.4	130	86	48	53
安　徽	46.0	48.2	2606	2684	1215	1211
福　建	8.0	7.7	86	81	833	859
江　西	40.3	50.3	1276	1637	1006	1940
山　东	5.7	5.8	527	514	179	182
河　南	24.4	27.0	990	1186	487	1022
湖　北	163.1	176.2	7264	7861	6331	7161
湖　南	95.8	96.6	3805	3873	2112	2201
广　东	32.9	35.1	507	555	863	883
广　西	25.4	27.3	1184	1238	1021	1128
海　南	34.0	35.2	521	508	9	7
重　庆	0.6	0.7	2	6	5	
四　川	0.1	0.1			1	1
贵　州	2.0	2.0	56	56	238	
云　南	24.5	24.1	606	550	820	979
陕　西	4.4	4.4	166	170	676	680
甘　肃	28.8	28.0	8714	4433	1872	2017
青　海	4.8	5.2	264	309	143	143
宁　夏	25.6	27.9	2213	2254	1534	1650
新　疆	524.5	541.2	52515	51546	23020	31895

13—2 续表 2

地　区	化肥施用量(万吨)		现价农业总产值(万元)	
	2012 年	2013 年	2012 年	2013 年
全国总计	**248.3**	**261.0**	**31004186**	**33563443**
北　京	0.1	0.1	744624	699672
天　津	0.1	0.1	68010	84310
河　北	2.7	5.1	810969	845827
山　西	0.4	0.5	25140	27235
内 蒙 古	12.9	13.9	1008471	1039824
辽　宁	8.1	10.0	1593525	1784766
吉　林	9.2	8.0	352147	371082
黑 龙 江	58.0	58.0	10110213	10580586
上　海	2.0	2.6	405914	479985
江　苏	6.3	6.2	535694	591210
浙　江	0.7	0.7	87462	95074
安　徽	3.1	2.9	174326	186562
福　建	3.7	4.0	224406	231012
江　西	6.8	6.7	421325	461768
山　东	0.8	0.9	87571	104017
河　南	2.4	2.5	168716	178590
湖　北	15.6	16.3	1621446	1785045
湖　南	12.6	12.6	541186	560468
广　东	5.8	6.0	617210	767972
广　西	5.5	5.8	704439	759179
海　南	10.6	9.3	1315760	1256160
重　庆			60574	69154
四　川	0.2	0.1	9088	10508
贵　州	0.4	0.3	23561	28635
云　南	5.4	5.1	585094	606190
陕　西	0.8	0.9	34487	32580
甘　肃	3.2	3.7	160878	199343
青　海	0.4	0.6	28403	30820
宁　夏	3.8	3.8	214759	216961
新　疆	66.8	74.3	8268788	9478908

13－3 农垦系统国有农场种植业生产情况

指 标	单位	2000年	2007年	2012年	2013年	2013年比2012年增加	
						绝对数	%
农作物总播种面积	千公顷	4755.8	5633.4	6510.0	6665.0	155.0	2.4
一、粮食播种面积	千公顷	3163.9	3725.5	4725.9	4839.8	113.9	2.4
每公顷产量	千克	4631.0	5804.0	7134.0	7066.0	-68.0	-1.0
总产量	万吨	1465.2	2162.3	3371.4	3419.9	48.5	1.4
1.谷物	万吨	1252.1	1969.5	3202.6	3277.2	74.6	2.3
其中：稻谷	万吨	818.6	1180.9	1819.5	1855.7	36.2	2.0
小麦	万吨	255.0	234.8	266.4	277.9	11.5	4.3
玉米	万吨	147.4	479.8	1063.8	1099.6	35.8	3.4
2.豆类	万吨	200.6	154.7	130.2	98.3	-31.9	-24.5
其中：大豆	万吨	184.8	133.2	121.5	89.5	-32.0	-26.3
3.薯类	万吨	12.6	38.1	38.5	44.5	6.0	15.6
二、棉花播种面积	千公顷	527.3	803.8	732.5	770.0	37.5	5.1
每公顷产量	千克	1577.0	1960.0	2352.0	2288.0	-64.0	-2.7
总产量	吨	831595	1575568	1722665	1761834	39169.0	2.3
三、油料播种面积	千公顷	461.2	338.9	379.2	356.5	-22.6	-6.0
每公顷产量	千克	1545	1784	2064	2256	192.0	9.3
总产量	吨	712461	604419	782621	804248	21627.0	2.8
四、糖料播种面积	千公顷	103.6	121.2	112.0	111.2	-0.8	-0.7
每公顷产量	千克	56927.0	71327.0	75922.0	76063.0	141.0	0.2
总产量	吨	5894802	8643443	8506475	8461616	-44859.0	-0.5
五、麻类播种面积	千公顷	9.4	39.5	2.6	2.4	-0.2	-7.7
每公顷产量	千克	3175	3485	5230	4639	-591.0	-11.3
总产量	吨	29689	137611	13352	11057	-2295.0	-17.2

13－4　各地区农垦系统国有农场农作物主要产品产量

地　区	粮食（万吨）	棉花（吨）	油料（吨）	糖料（吨）	麻类（吨）
全国总计	**3419.9**	**1761834**	**804248**	**8461616**	**11057**
北　京	0.3				
天　津	1.8	61			
河　北	48.4	20444	1852	9082	
山　西	3.2	190	144	715	
内蒙古	187.6	11	255419	29090	172
辽　宁	139.0		13927	990	
吉　林	85.1		16784		
黑龙江	2120.9		10497	435866	772
上　海	33.3		550		
江　苏	88.6	2035	1007		
浙　江	1.0	86	261		
安　徽	31.4	2489	1526	5	
福　建	6.6		4328	26067	
江　西	68.7	8337	31109	8155	
山　东	6.6	3939	684		
河　南	27.6	1257	23267		
湖　北	95.0	66732	93601	7605	42
湖　南	62.0	14186	60754	61925	3074
广　东	5.9		8684	2265199	
广　西	1.6		4953	2421944	
海　南	17.7		5830	405194	5
重　庆	0.3				
四　川	0.4		30		
贵　州	0.6		810		
云　南	5.9		107	448049	1182
陕　西	5.5	1560	1232		
甘　肃	27.4	6504	22383	800	
青　海	3.3		13344		
宁　夏	35.7		4194		
新　疆	308.4	1634003	226971	2340930	5810

13－5 农垦系统国有农场茶、桑、果、林业生产情况

指　标	单位	2000年	2010年	2012年	2013年	2013年比2012年增加	
						绝对数	%
一、年末实有茶园面积	千公顷	34.1	31.3	28.9	30.2	1.3	4.5
茶叶总产量	万吨	3.9	4.6	4.4	4.4		
二、年末实有桑园面积	千公顷	3.9	1.5	1.9	2.0	0.1	5.3
三、年末实有果园面积	千公顷	193.6	371.9	391.5	402.1	10.6	2.7
水果总产量	万吨	118.6	323.4	409.4	484.2	74.8	18.3
其中:苹果	万吨	24.1	40.6	49.9	56.5	6.6	13.2
梨	万吨	27.1	53.6	51.7	51.6	-0.1	-0.2
柑桔	万吨	11.8	22.8	31.3	33.3	2.0	6.4
四、年末实有橡胶园面积	千公顷	382.3	469.4	443.0	447.8	4.8	1.1
当年橡胶平均开割面积	千公顷		320.6	315.0	318.3	3.3	1.0
每公顷产干胶	千克	1172.0	1023.0	1053.1	4616.0	3562.9	338.3
全年干胶总产量	万吨	34.7	32.8	33.2	33.1	-0.1	-0.3
五、当年造林面积	千公顷	75.8	88.2	60.2	57.2	-3.0	-5.0
用 材 林	千公顷	21.4	19.0	12.2	11.8	-0.4	-3.3
经 济 林	千公顷	6.1	11.6	13.1	16.5	3.4	26.0
防 护 林	千公顷	47.3	56.3	33.0	28.2	-4.8	-14.5
薪 炭 林	千公顷	0.3	0.3	0.1	0.1		
特种用材林	千公顷	0.7	1.0	0.8	0.7	-0.1	-12.5

13—6 各地区农垦系统国有农场茶、果、干胶、林业生产情况

地 区	茶 叶 （吨）	水 果 （吨）	苹果 （吨）	梨 （吨）	干胶 （吨）	造林面积 （公顷）
全国总计	**44082**	**4842303**	**565498**	**516033**	**331413**	**57233**
北 京		974	784	54		20
天 津		2499	94	1253		
河 北		18218	9451	2767		5236
山 西		543	312	100		
内 蒙 古		10549	2878	5612		4620
辽 宁		188427	116438	24299		3560
吉 林		19304	2387	16044		658
黑 龙 江		23053		293		4128
上 海	3	1537		95		112
江 苏	3	1959		1504		342
浙 江	3964	16327		565		
安 徽	8873	4199		1270		127
福 建	7081	111084		2050		1688
江 西	4212	80623	25	5028		4976
山 东		854	75			408
河 南	6	49629	22926	16134		93
湖 北	486	94404	168	20715		3954
湖 南	3094	33167		1720		2145
广 东	1021	651313			16012	1805
广 西	1068	252774		210	204	681
海 南	592	591299			172834	1005
重 庆		736		11		
四 川	994	2087	389	100		11
贵 州	4268	8772	53	61		
云 南	8418	160929			142363	200
陕 西		10716	5189	1473		347
甘 肃		47074	7220	32379		255
青 海						330
宁 夏		35735	12411	980		573
新 疆		2423517	384698	381317		19959

13－7 农垦系统国有农场畜牧业、渔业生产情况

指　标	单位	2000年	2010年	2012年	2013年	2013年比2012年增加	
						绝对数	%
一、大牲畜年末头数	万头	214.6	319.2	344.6	295.6	-49.0	-14.2
＃役畜	万头	55.0	18.9	15.8	13.6	-2.2	-13.9
牛	万头	173.1	292.0	312.9	265.6	-47.3	-15.1
＃良种及改良奶牛	万头	51.0	143.1	151.5	146.7	-4.8	-3.2
马	万匹	25.8	17.4	21.2	19.7	-1.5	-7.1
驴	万头	9.8	5.7	8.9	6.5	-2.4	-27.0
骡	万头	1.8	1.1	0.3	0.5	0.2	66.7
骆驼	万头	4.1	3.0	1.4	3.3	1.9	135.7
二、猪年末头数	万头	478.1	1134.2	1328.4	1313.5	-14.9	-1.1
三、羊年末只数	万只	1104.7	1298.8	1320.4	1302.5	-17.9	-1.4
山羊	万只	216.3	318.9	281.4	231.7	-49.7	-17.7
绵羊	万只	888.4	979.9	1039.0	1070.8	31.8	3.1
四、家禽年末只数	万只	4918.2	11811.2	12140.0	12252.3	112.3	0.9
五、兔年末只数	万只	74.3	72.7	76.0	73.8	-2.2	-2.9
六、畜产品产量							
肉猪出栏头数	万头	643.5	1943.8	2205.9	2109.4	-96.5	-4.4
猪牛羊肉产量	万吨	68.3	190.4	220.3	212.5	-7.8	-3.5
其中：猪肉产量	万吨	51.1	148.9	173.5	165.7	-7.8	-4.5
牛奶产量	万吨	116.5	366.1	435.0	402.1	-32.9	-7.6
禽蛋产量	万吨	20.4	39.7	47.7	47.8	0.1	0.2
鹿茸产量	吨	41.5	77.5	79.1	77.3	-1.8	-2.3
羊毛产量	吨	20866	27201.0	27771.0	32377.0	4606.0	16.6
七、水产品产量	万吨	49.1	115.2	137.8	151.0	13.2	9.6

13—8 各地区农垦系统国有农场畜牧业、渔业生产情况

地　区	大牲畜年末头数（万头）	牛年末头数（万头）	其中:奶牛	猪年末头数（万头）	羊年末只数（万只）	家禽年末只数（万只）
全国总计	**295.6**	**265.6**	**146.7**	**1313.5**	**1302.5**	**12252.3**
北　京	5.9	5.9	5.9	6.0		718.0
天　津	2.4	2.1	2.1	0.8		5.2
河　北	16.1	15.9	14.9	32.2	9.6	252.9
山　西	1.3	1.3	1.3	0.8	1.0	5.3
内蒙古	40.6	36.7	21.8	19.2	274.7	101.2
辽　宁	10.5	8.2	3.2	107.6	13.0	4744.0
吉　林	4.9	4.3	0.4	22.6	19.2	355.1
黑龙江	50.4	50.2	27.1	164.3	69.2	1007.5
上　海	5.9	5.9	5.9	45.1		53.4
江　苏	0.4	0.4	0.4	7.6	2.0	412.4
浙　江	0.1	0.1	0.1	29.6		3.6
安　徽	0.7	0.8	0.6	4.4	0.6	128.4
福　建	1.3	1.3	0.4	50.9	0.9	223.4
江　西	3.9	3.9	0.5	60.2	1.4	229.0
山　东	0.7	0.7	0.7	2.2	0.9	81.2
河　南	1.1	1.1	0.7	34.6	1.5	36.3
湖　北	4.0	4.0	1.0	136.0	5.6	1066.0
湖　南	5.6	5.6		126.3	3.0	357.0
广　东	3.3	3.3	1.5	65.2	0.2	468.8
广　西	0.7	0.7	0.2	145.7	0.1	244.5
海　南	6.0	6.0		65.2	10.6	508.8
重　庆	2.2	2.2	2.2	5.8		50.9
四　川	7.3	7.0	0.1	1.4	2.5	0.5
贵　州	2.8	2.8	2.7	0.5	0.7	6.0
云　南	0.5	0.5		7.0	0.4	104.1
陕　西	0.2	0.2	0.1	1.9	3.1	5.8
甘　肃	1.3	1.1	0.2	21.8	19.3	27.0
青　海	4.1	4.1	0.5	0.4	29.7	0.1
宁　夏	4.6	4.6	4.2	4.0	7.3	0.4
新　疆	106.6	84.7	48.1	144.4	826.3	1056.0

13—8 续表

地　　区	肉猪出栏头数（万头）	肉类总产量（吨）	奶产量（吨）	水产品产量（吨）
全国总计	**2109.4**	**2863505**	**4020673**	**1509641**
北　　京	6.6	220380	230167	
天　　津	1.3	1840	111459	7609
河　　北	45.4	62767	462094	138419
山　　西	1.3	1572	37602	6
内 蒙 古	20.0	79099	406407	6727
辽　　宁	141.0	298071	149070	488020
吉　　林	29.3	45202	12045	888
黑 龙 江	496.9	633378	1192199	36633
上　　海	63.7	50287	275762	38365
江　　苏	24.5	67678	10568	48477
浙　　江	36.0	24129	5200	4516
安　　徽	7.0	13564	21900	4673
福　　建	60.8	50913	8476	30176
江　　西	92.0	89732	13811	42223
山　　东	2.5	11929	33907	8154
河　　南	44.6	32997	5657	7860
湖　　北	205.9	194659	28234	414460
湖　　南	199.0	184580	744	79615
广　　东	98.4	107649	60434	35262
广　　西	180.0	137273	3989	17020
海　　南	91.2	114369		40554
重　　庆	7.2	10061	68898	966
四　　川	0.7	2843	8906	322
贵　　州	0.3	388	46823	63
云　　南	6.2	6908	299	5620
陕　　西	1.9	1866	3741	42
甘　　肃	1.4	3735	1853	85
青　　海	0.4	2873	550	
宁　　夏	4.4	6670	116731	11445
新　　疆	239.6	406093	703147	41441

14

区域农村经济

一、分类型区域农村经济情况

14－1－1　黄淮海地区农村经济情况

指　标	单位	2000 年	2011 年	2012 年	2013 年
县个数	个	319	319	319	319
户籍人口	万人	21299	22998	23100	23146
行政区域面积	万平方公里				37
农业机械总动力	万千瓦	18948	31059	31770	32478
全社会用电量	亿千瓦时		4764	5102	5496
第一产业增加值	亿元	3369	9257	9941	10562
农业	亿元	2291	5703	6174	6749
林业	亿元	87	174	205	234
牧业	亿元	757	2578	2692	2867
渔业	亿元	234	527	570	622
农作物播种面积	千公顷	31827	33454	33468	33379
粮食作物播种面积	千公顷	22175	24068	23672	23683
粮食总产量	万吨	11105			
棉花播种面积	千公顷	1670	1799	1576	1380
棉花产量	万吨	179	214	183	160
油料播种面积	千公顷	3029	2242	2222	2240
油料产量	万吨	923	870	890	905
糖料播种面积	千公顷	6	3	3	3
糖料产量	万吨	36	21	21	21
肉类总产量	万吨	1402	1933	2016	2043
奶类产量	万吨	138	930	967	951
水产品产量	万吨	701	856	888	913
普通中学专任教师数	万人	72	83	82	80
小学专任教师数	万人	103	97	96	95
普通中学在校学生数	万人	1501	1185	1131	1029
小学在校学生数	万人	2472	1798	1771	1663
医疗卫生机构床位数	床	305021	587865	654444	722582
医疗卫生机构技术人员	人	423654	596458	642874	763627
公共财政收入	亿元	401	2916	3602	4523
公共财政支出	亿元	616	6545	7939	9075
年末金融机构各项贷款余额	亿元	5968	24382	29275	34536

注：1. 黄淮海地区包括北京市、天津市、河北省、江苏省、安徽省、山东省、河南省等 7 个省(市)的 319 个县(市)。

2. 2000－2012 年为年末总人口，2013 年为户籍人口，下同。

14—1—2 长江中下游地区农村经济情况

指　标	单位	2000年	2011年	2012年	2013年
县个数	个	453	453	453	453
户籍人口	万人	26220	27624	27673	27721
行政区域面积	万平方公里				87
农业机械总动力	万千瓦	9323	19057	20123	18819
全社会用电量	亿千瓦时		7084	7264	7895
第一产业增加值	亿元	4017	10926	12016	12759
农业	亿元	2294	5785	6392	6864
林业	亿元	248	655	726	813
牧业	亿元	875	2690	2874	3040
渔业	亿元	600	1514	1699	1893
农作物播种面积	千公顷	34100	34439	34817	35073
粮食作物播种面积	千公顷	20800	21389	21602	21778
粮食总产量	万吨	11533			
棉花播种面积	千公顷	896	1045	978	936
棉花产量	万吨	98	141	141	128
油料播种面积	千公顷	4763	4543	4557	4577
油料产量	万吨	856	956	988	1024
糖料播种面积	千公顷	257	397	406	386
糖料产量	万吨	1487	2371	2575	2631
肉类总产量	万吨	1440	2060	2164	2215
奶类产量	万吨	18	100	106	114
水产品产量	万吨	1261	1768	1861	2010
普通中学专任教师数	万人	83	99	98	96
小学专任教师数	万人	118	99	98	98
普通中学在校学生数	万人	1541	1372	1284	1215
小学在校学生数	万人	2627	1882	1824	1773
医疗卫生机构床位数	床	428970	647727	729436	856387
医疗卫生机构技术人员	人	576508	745840	800032	956945
公共财政收入	亿元	657	5834	6863	8476
公共财政支出	亿元	934	10418	12334	14182
年末金融机构各项贷款余额	亿元	8373	57254	66799	77130

注：长江中下游地区包括上海市、江苏省、浙江省、安徽省、福建省、江西省、河南省、湖北省、湖南省、广东省、广西壮族自治区等11个省(区、市)的453个县(市)。

14－1－3　黄土高原地区农村经济情况

指　标	单位	2000 年	2011 年	2012 年	2013 年
县个数	个	211	211	211	211
户籍人口	万人	6828	7269	7293	7316
行政区域面积	万平方公里				39
农业机械总动力	万千瓦	3242	6025	6088	6541
全社会用电量	亿千瓦时		2289	2380	2498
第一产业增加值	亿元	510	2008	2260	2428
农业	亿元	359	1355	1533	1700
林业	亿元	27	61	68	83
牧业	亿元	120	509	564	608
渔业	亿元	4	12	15	18
农作物播种面积	千公顷	9678	10183	9860	9855
粮食作物播种面积	千公顷	7863	7753	7684	7703
粮食总产量	万吨	2161			
棉花播种面积	千公顷	75	93	76	56
棉花产量	万吨	7	12	10	7
油料播种面积	千公顷	759	656	637	626
油料产量	万吨	92	123	128	127
糖料播种面积	千公顷	5	1	1	1
糖料产量	万吨	9	2	2	2
肉类总产量	万吨	175	272	289	300
奶类产量	万吨	63	289	290	297
水产品产量	万吨	8	19	22	25
普通中学专任教师数	万人	24	34	33	34
小学专任教师数	万人	37	36	35	35
普通中学在校学生数	万人	412	463	432	391
小学在校学生数	万人	858	554	524	483
医疗卫生机构床位数	床	125543	199077	215963	236971
医疗卫生机构技术人员	人	151626	209178	230723	257551
公共财政收入	亿元	110	867	1047	1295
公共财政支出	亿元	214	2808	3424	3820
年末金融机构各项贷款余额	亿元	1745	6661	7850	9253

注：黄土高原地区包括河北省、山西省、河南省、陕西省、甘肃省、青海省、宁夏回族自治区等 7 个省(区)的 211 个县(市)。

14－1－4　民族地区农村经济情况

指　　标	单位	2000 年	2011 年	2012 年	2013 年
县个数	个	634	634	634	634
户籍人口	万人	15056	16704	16778	16826
行政区域面积	万平方公里				588
农业机械总动力	万千瓦	5758	12488	13709	14793
全社会用电量	亿千瓦时		3825	4113	4753
第一产业增加值	亿元	2031	6693	7546	8145
农业	亿元	1288	3688	4171	4653
林业	亿元	129	474	552	580
牧业	亿元	546	2162	2426	2587
渔业	亿元	69	213	233	270
农作物播种面积	千公顷	25340	28987	29768	30101
粮食作物播种面积	千公顷	16683	18356	18513	18527
粮食总产量	万吨	6119			
棉花播种面积	千公顷	996	1343	1382	1277
棉花产量	万吨	153	259	275	251
油料播种面积	千公顷	2372	2118	2204	2259
油料产量	万吨	338	414	429	469
糖料播种面积	千公顷	790	1305	1368	1379
糖料产量	万吨	4280	8443	9074	9486
肉类总产量	万吨	877	1468	1567	1584
奶类产量	万吨	235	1260	1346	1293
水产品产量	万吨	156	266	295	314
普通中学专任教师数	万人	42	59	58	59
小学专任教师数	万人	80	79	80	80
普通中学在校学生数	万人	756	860	838	825
小学在校学生数	万人	1705	1326	1291	1256
医疗卫生机构床位数	床	275117	469955	529503	574118
医疗卫生机构技术人员	人	354818	451769	502083	579899
公共财政收入	亿元	276	2135	2686	3331
公共财政支出	亿元	642	8050	9774	10965
年末金融机构各项贷款余额	亿元	3662	17451	21275	25387

注:民族地区包括河北省、内蒙古自治区、辽宁省、吉林省、黑龙江省、浙江省、湖北省、湖南省、广东省、广西壮族自治区、海南省、重庆市、四川省、贵州省、云南省、西藏自治区、甘肃省、青海省、宁夏回族自治区、新疆维吾尔自治区等 20 个省(区、市)的 634 个县(市、旗)。

14—1—5 扶贫工作重点县农村经济情况

指 标	单位	2000年	2011年	2012年	2013年
县个数	个	580	580	580	580
户籍人口	万人	21870	24142	24239	24343
行政区域面积	万平方公里				249
农业机械总动力	万千瓦	7375	16519	17733	18391
全社会用电量	亿千瓦时		2575	2872	3257
第一产业增加值	亿元	2146	7081	8036	8743
农业	亿元	1321	4004	4574	5099
林业	亿元	148	412	489	523
牧业	亿元	604	2257	2506	2704
渔业	亿元	74	248	296	347
农作物播种面积	千公顷	34828	38725	39291	39755
粮食作物播种面积	千公顷	25463	28062	28029	28174
粮食总产量	万吨	8470			
棉花播种面积	千公顷	574	562	515	463
棉花产量	万吨	61	73	69	63
油料播种面积	千公顷	3561	3186	3214	3316
油料产量	万吨	499	630	653	703
糖料播种面积	千公顷	339	454	498	515
糖料产量	万吨	1321	2485	2779	2973
肉类总产量	万吨	1071	1626	1769	1779
奶类产量	万吨	93	605	650	655
水产品产量	万吨	153	299	336	360
普通中学专任教师数	万人	58	85	85	84
小学专任教师数	万人	111	109	109	108
普通中学在校学生数	万人	1116	1346	1268	1182
小学在校学生数	万人	2634	2028	1916	1787
医疗卫生机构床位数	床	297755	518793	597598	667682
医疗卫生机构技术人员	人	416259	489888	543152	616017
公共财政收入	亿元	244	1449	1847	2296
公共财政支出	亿元	650	8243	10282	11486
年末金融机构各项贷款余额	亿元	3874	12778	16001	19880

注：扶贫工作重点县包括河北省、山西省、内蒙古自治区、吉林省、黑龙江省、安徽省、江西省、河南省、湖北省、湖南省、广西壮族自治区、海南省、重庆市、四川省、贵州省、云南省、陕西省、甘肃省、青海省、宁夏回族自治区、新疆维吾尔自治区等21个省(区、市)的580个县(市、旗)。

14—1—6　丘陵地区农村经济情况

指　　标	单位	2000 年	2011 年	2012 年	2013 年
县个数	个	534	534	534	534
户籍人口	万人	28191	29808	29851	29895
行政区域面积	万平方公里				204
农业机械总动力	万千瓦	11153	22225	23347	24103
全社会用电量	亿千瓦时		5945	6407	6932
第一产业增加值	亿元	4083	12153	13494	14346
农业	亿元	2394	6457	7251	7907
林业	亿元	148	475	533	606
牧业	亿元	1031	3675	3984	4150
渔业	亿元	510	1265	1407	1553
农作物播种面积	千公顷	39914	43533	44067	44180
粮食作物播种面积	千公顷	28307	31929	32069	31798
粮食总产量	万吨	12726			
棉花播种面积	千公顷	361	319	306	288
棉花产量	万吨	36	42	42	39
油料播种面积	千公顷	4296	3917	3978	4004
油料产量	万吨	769	883	934	961
糖料播种面积	千公顷	508	801	835	830
糖料产量	万吨	2481	5235	5559	5790
肉类总产量	万吨	1784	2693	2853	2776
奶类产量	万吨	139	961	978	958
水产品产量	万吨	1329	1733	1813	1898
普通中学专任教师数	万人	88	109	107	106
小学专任教师数	万人	131	115	113	113
普通中学在校学生数	万人	1670	1532	1442	1356
小学在校学生数	万人	2978	2036	1971	1887
医疗卫生机构床位数	床	463789	735120	818286	927391
医疗卫生机构技术人员	人	611455	768921	834814	960952
公共财政收入	亿元	561	4454	5501	6813
公共财政支出	亿元	890	10625	12656	14406
年末金融机构各项贷款余额	亿元	7686	35635	43333	50898

注：丘陵地区包括北京市、天津市、河北省、山西省、内蒙古自治区、辽宁省、吉林省、黑龙江省、江苏省、浙江省、安徽省、福建省、江西省、山东省、河南省、湖北省、湖南省、广东省、广西壮族自治区、海南省、重庆市、四川省、云南省、西藏自治区、陕西省、甘肃省、新疆维吾尔自治区等 27 个省(区、市)的 534 个县(市、旗)。

14—1—7 山区县农村经济情况

指　　标	单位	2000年	2011年	2012年	2013年
县个数	个	895	895	895	895
户籍人口	万人	29473	31928	32027	32202
行政区域面积	万平方公里				428
农业机械总动力	万千瓦	9154	19224	20914	21422
全社会用电量	亿千瓦时		6228	6687	7191
第一产业增加值	亿元	3602	10409	11790	12833
农业	亿元	2144	5783	6599	7323
林业	亿元	342	894	1020	1132
牧业	亿元	895	2962	3287	3542
渔业	亿元	222	550	648	729
农作物播种面积	千公顷	37964	40030	40915	42119
粮食作物播种面积	千公顷	26767	26605	26686	26711
粮食总产量	万吨	10556			
棉花播种面积	千公顷	81	111	113	109
棉花产量	万吨	7	15	15	15
油料播种面积	千公顷	3409	3735	3786	4255
油料产量	万吨	533	750	775	797
糖料播种面积	千公顷	406	540	579	593
糖料产量	万吨	2117	3267	3594	3782
肉类总产量	万吨	1511	2319	2602	2608
奶类产量	万吨	121	377	436	449
水产品产量	万吨	540	748	810	868
普通中学专任教师数	万人	88	118	117	116
小学专任教师数	万人	150	140	138	140
普通中学在校学生数	万人	1580	1743	1670	1607
小学在校学生数	万人	3289	2465	2372	2291
医疗卫生机构床位数	床	486446	824442	929796	1049624
医疗卫生机构技术人员	人	633694	825639	896470	1015695
公共财政收入	亿元	514	3725	4596	5807
公共财政支出	亿元	1117	12205	15026	17147
年末金融机构各项贷款余额	亿元	6811	31508	38405	46366

注：山区地区包括北京市、河北省、山西省、内蒙古自治区、辽宁省、吉林省、黑龙江省、浙江省、安徽省、福建省、江西省、山东省、河南省、湖北省、湖南省、广东省、广西壮族自治区、海南省、重庆市、四川省、贵州省、云南省、西藏自治区、陕西省、甘肃省、青海省、宁夏回族自治区、新疆维吾尔自治区等28个省(区、市)的895个县(市、旗)。

14—1—8 平原地区农村经济情况

指　　标	单位	2000 年	2011 年	2012 年	2013 年
县个数	个	650	650	650	650
户籍人口	万人	36734	39294	39407	39399
行政区域面积	万平方公里				260
农业机械总动力	万千瓦	24158	41768	43163	44044
全社会用电量	亿千瓦时		10399	10763	11957
第一产业增加值	亿元	5860	17246	18892	19889
农业	亿元	3833	10056	11075	12006
林业	亿元	137	377	445	460
牧业	亿元	1301	4780	5116	5392
渔业	亿元	588	1512	1669	1847
农作物播种面积	千公顷	57322	63220	63537	63501
粮食作物播种面积	千公顷	38351	43917	44011	44465
粮食总产量	万吨	19174			
棉花播种面积	千公顷	3308	3923	3658	3309
棉花产量	万吨	407	580	562	502
油料播种面积	千公顷	5995	4742	4719	4766
油料产量	万吨	1348	1351	1376	1419
糖料播种面积	千公顷	426	379	384	343
糖料产量	万吨	2082	2493	2636	2592
肉类总产量	万吨	2251	3384	3569	3595
奶类产量	万吨	338	2051	2184	2180
水产品产量	万吨	1270	1892	1989	2102
普通中学专任教师数	万人	117	146	145	143
小学专任教师数	万人	177	162	162	158
普通中学在校学生数	万人	2284	2091	1984	1806
小学在校学生数	万人	4080	2883	2810	2644
医疗卫生机构床位数	床	600580	1029434	1138590	1263381
医疗卫生机构技术人员	人	830538	1100146	1184963	1387460
公共财政收入	亿元	812	7255	8576	10366
公共财政支出	亿元	1227	14161	16837	19282
年末金融机构各项贷款余额	亿元	13920	69941	82032	94686

注：平原地区包括北京市、天津市、河北省、山西省、内蒙古自治区、辽宁省、吉林省、黑龙江省、上海市、江苏省、浙江省、安徽省、福建省、江西省、山东省、河南省、湖北省、湖南省、广东省、广西壮族自治区、海南省、四川省、陕西省、甘肃省、宁夏回族自治区、新疆维吾尔自治区等26个省(区、市)的650个县(市、旗)。

14—1—9 陆地边境县农村经济情况

指 标	单位	2000年	2011年	2012年	2013年
县个数	个	129	129	129	129
户籍人口	万人	1931	2115	2100	2104
行政区域面积	万平方公里				193
农业机械总动力	万千瓦	973	2034	2191	2403
全社会用电量	亿千瓦时		409	466	470
第一产业增加值	亿元	293	1087	1263	1327
农业	亿元	170	579	673	746
林业	亿元	27	133	154	146
牧业	亿元	79	275	328	347
渔业	亿元	17	67	79	86
农作物播种面积	千公顷	3992	5481	5537	5686
粮食作物播种面积	千公顷	2674	3943	4013	4121
粮食总产量	万吨	980			
棉花播种面积	千公顷	113	124	126	113
棉花产量	万吨	17	21	22	20
油料播种面积	千公顷	448	401	422	413
油料产量	万吨	68	73	79	79
糖料播种面积	千公顷	210	310	327	333
糖料产量	万吨	1095	2216	2352	2414
肉类总产量	万吨	102	187	200	212
奶类产量	万吨	52	185	188	185
水产品产量	万吨	41	81	92	96
普通中学专任教师数	万人	7	9	8	8
小学专任教师数	万人	13	11	12	11
普通中学在校学生数	万人	101	104	101	97
小学在校学生数	万人	210	157	153	148
医疗卫生机构床位数	床	52031	72184	79749	83906
医疗卫生机构技术人员	人	65775	71438	79956	88865
公共财政收入	亿元	45	366	478	579
公共财政支出	亿元	119	1512	1782	2032
年末金融机构各项贷款余额	亿元	804	2531	3182	3928

注：陆地边境县包括内蒙古自治区、辽宁省、吉林省、黑龙江省、广西壮族自治区、云南省、西藏自治区、甘肃省、新疆维吾尔自治区等9个省(区)129个县(市、旗)。

14—1—10 沿海开放县农村经济情况

指　　标	单位	2000 年	2011 年	2012 年	2013 年
县个数	个	201	201	201	201
户籍人口	万人	14449	14898	14925	15013
行政区域面积	万平方公里				32
农业机械总动力	万千瓦	7196	10400	10685	10897
全社会用电量	亿千瓦时		6565	6919	7526
第一产业增加值	亿元	2825	6981	7681	8031
农业	亿元	1574	3512	3880	4222
林业	亿元	97	249	298	303
牧业	亿元	449	1343	1414	1442
渔业	亿元	703	1639	1821	1995
农作物播种面积	千公顷	15182	13759	13761	13722
粮食作物播种面积	千公顷	9984	8725	8665	8513
粮食总产量	万吨	5386			
棉花播种面积	千公顷	232	272	229	194
棉花产量	万吨	27	32	28	25
油料播种面积	千公顷	1453	1107	1087	1086
油料产量	万吨	377	346	350	356
糖料播种面积	千公顷	199	213	219	226
糖料产量	万吨	1262	1656	1757	1889
肉类总产量	万吨	787	1139	1185	1195
奶类产量	万吨	75	295	300	299
水产品产量	万吨	1760	2207	2293	2399
普通中学专任教师数	万人	48	62	61	61
小学专任教师数	万人	65	58	58	58
普通中学在校学生数	万人	863	832	792	744
小学在校学生数	万人	1447	1001	988	985
医疗卫生机构床位数	床	268959	445016	487987	534744
医疗卫生机构技术人员	人	346017	515362	548401	647971
公共财政收入	亿元	543	5521	6428	7726
公共财政支出	亿元	699	7276	8519	9878
年末金融机构各项贷款余额	亿元	7954	53801	62719	71594

注:沿海开放县包括天津市、河北省、辽宁省、上海市、江苏省、浙江省、福建省、山东省、广东省、广西壮族自治区、海南省等 11 个省(区、市)的 201 个县(市)。

14－1－11 华南地区农村经济情况

指　标	单位	2000 年	2011 年	2012 年	2013 年
县个数	个	171	171	171	171
户籍人口	万人	9867	10788	10800	10918
行政区域面积	万平方公里				41
农业机械总动力	万千瓦	2703	4520	4797	5026
全社会用电量	亿千瓦时		2395	2531	2745
第一产业增加值	亿元	1741	4294	4751	5107
农业	亿元	1002	2181	2435	2661
林业	亿元	99	315	373	402
牧业	亿元	303	918	967	985
渔业	亿元	336	776	860	954
农作物播种面积	千公顷	9958	9390	9668	9767
粮食作物播种面积	千公顷	6346	5378	5358	5342
粮食总产量	万吨	3045			
棉花播种面积	千公顷	1	1		
棉花产量	万吨				
油料播种面积	千公顷	554	500	509	523
油料产量	万吨	117	120	126	132
糖料播种面积	千公顷	696	1046	1088	1122
糖料产量	万吨	3971	7318	7713	8182
肉类总产量	万吨	502	739	792	797
奶类产量	万吨	4	13	14	14
水产品产量	万吨	836	1119	1174	1228
普通中学专任教师数	万人	27	42	42	42
小学专任教师数	万人	48	48	48	48
普通中学在校学生数	万人	581	696	668	633
小学在校学生数	万人	1197	887	862	842
医疗卫生机构床位数	床	144114	247668	271927	301537
医疗卫生机构技术人员	人	192217	275375	294098	343036
公共财政收入	亿元	229	1505	1813	2315
公共财政支出	亿元	388	3508	4186	4874
年末金融机构各项贷款余额	亿元	3517	15596	18783	22155

注:华南地区包括福建省、广东省、广西壮族自治区、海南省、云南省等 5 个省(区)的 171 个县(市)。

二、西部大开发 12 省(区、市)农村经济情况

14—2—1 西部大开发 12 省(区、市)农业机械拥有量

指　　标	单位	1990 年	1995 年	2000 年	2010 年	2012 年	2013 年
农用机械总动力合计	万千瓦	5906.2	7534.3	10706.6	21318.5	24599.0	26043.6
大中型拖拉机	万混合台	20.3	16.3	30.2	134.0	168.8	185.9
小型拖拉机	万台	152.3	192.8	234.5	296.5	310.7	312.8
大中型拖拉机配套农具	万部	20.0	22.6	30.2	181.0	222.7	244.4
小型拖拉机配套农具	万部	108.9	165.2	253.0	409.7	449.6	449.6
农用排灌柴油机	万台	38.6	48.3	84.5	165.5	183.0	241.9
农用排灌电动机	万台	44.6	54.7	89.8	199.0	233.9	186.3
农用水泵	万台	78.0	97.9	164.9	375.3	421.4	433.7
节水灌溉机械	万套	2.4	2.8	7.1	18.4	27.0	30.1
联合收获机	万台	0.8	1.2	2.5	9.3	12.5	14.3
机动脱粒机	万台	34.7	56.9	115.7	351.3	420.5	449.5
农用运输车	万辆	5.3	13.9	39.1	216.3	237.1	233.8

14—2—2 西部大开发 12 省(区、市)农村电力和农田水利建设情况

指　　标	单位	1990 年	1995 年	2000 年	2010 年	2012 年	2013 年
一、乡村办水电站	个	17623	15320	10381	13137	13561	14391
装机容量	万千瓦	138.4	161.7	179.4	2755.4	3188.2	3641.2
发电量	亿千瓦		48.4	63.5	968.0	1093.7	1205.6
二、农村用电量	亿千瓦小时	145.7	237.6	331.5	652.2	721.3	778.5
三、农田水利建设情况							
有效灌溉面积	千公顷	12685.9	13639.3	15174.6	17747.3	18439.9	18611.7
旱涝保收面积	千公顷	8865.1	9371.5	10255.9	11477.4	11561.6	
机电排灌面积	千公顷	3558.1	4503.6	5348.2	7601.1	7881.9	

14—2—3　西部大开发 12 省(区、市)农用化肥、农膜、柴油和农药使用量

指　　标	单位	1990 年	1995 年	2000 年	2010 年	2012 年	2013 年
一、化肥施用量							
(按折纯法计算)	万吨	570.8	825.4	1008.6	1526.374396	1673.9	1717.9
氮肥	万吨	371.1	472.4	541.0	700.8	742.7	756.2
磷肥	万吨	105.5	161.2	182.6	247.3658464	264.6	271.5
钾肥	万吨	28.8	54.3	79.6	154.3269314	171.5	178.3
复合肥	万吨	65.4	137.8	205.4	406.9667898	492.3	509.8
二、农用塑料薄膜使用量	吨		219243	396198	717557.872	821000	884855
＃地膜使用量	吨		167323	304539	511543.413	587501	627447
地膜覆盖面积	千公顷		2573.7	4983.7	7341.37907	8402.9	8766.5
三、农用柴油使用量	万吨		253.2	288.2	445.2791	500.0	528.4
四、农药使用量	万吨		15.4	20.5	31.1832402	35.9	36.5

14—2—4　西部大开发 12 省(区、市)自然灾害情况

指　　标	单位	1990 年	1995 年	2000 年	2010 年	2012 年	2013 年
一、受灾面积	千公顷	11692.0	14531.0	15773.0	15532.0	9186.2	10394.9
旱灾	千公顷	7209.3	8552.0	11225.0	9084.8	3405.0	5191.8
水灾	千公顷	2174.0	3182.0	2509.0	3882.6	3316.2	2206.1
风雹灾	千公顷	1560.7	1487.0	1104.0	1101.6	1279.4	1638.7
霜冻灾	千公顷	748.0	964.0	935.0	1375.5	826.3	789.8
二、成灾面积	千公顷	5484.0	7680.0	9358.0	8463.5	4582.6	4805.2
旱灾	千公顷	3350.7	4573.0	7032.0	6269.9	1392.7	2384.2
水灾	千公顷	1080.0	1793.0	1492.0	1229.4	1827.0	1033.2
风雹灾	千公顷	652.0	755.0	536.0	413.2	759.3	936.6
霜冻灾	千公顷	401.3	496.0	298.0	532.4	419.6	322.6
三、成灾面积占受灾							
面积的比重	%	46.9	52.9	59.3	54.5	49.9	46.2

14—2—5　西部大开发12省(区、市)农作物播种面积及构成

单位:千公顷

指　　标	1990年	1995年	2000年	2010年	2012年	2013年
农作物总播种面积	43507.7	45890.4	49345.9	52038.4	53975.9	54790.9
一、粮食作物	33668.5	33920.3	34528.8	33796.4	34217.6	34491.0
1.谷物		26225.8	25756.1	24685.0	25287.3	25643.9
稻谷	7823.5	7467.6	7452.3	6870.3	6880.9	6918.3
小麦	9302.8	9019.6	7999.1	6174.2	6026.0	5895.2
玉米	6458.5	6678.5	7542.1	9952.1	10684.7	11239.2
谷子	603.5	400.1	320.8	272.3	223.1	213.2
高粱	318.2	292.6	257.3	287.3	354.1	321.8
2.豆类		3407.1	3617.6	3437.4	3139.0	3031.4
#大豆	1333.0	1593.2	1960.1	1853.0	1619.1	1540.2
杂豆		1813.9	1657.6	1584.3	1519.9	1491.2
3.薯类	3743.9	4287.6	5155.0	5674.0	5791.3	5815.7
#马铃薯	1847.9	2181.3	2920.0	4025.6	4294.7	4338.6
二、油料作物	3300.3	3687.7	4410.4	4443.8	4551.5	4624.0
#花生	415.1	496.3	652.0	621.1	654.0	663.4
油菜籽	1820.0	2132.3	2520.9	2779.2	2876.7	2910.2
芝麻	39.9	38.6	61.7	40.2	40.2	33.3
胡麻籽	500.4	443.6	323.0	220.6	220.2	216.8
向日葵籽	312.5	404.1	609.2	684.4	664.4	692.2
三、棉花	682.8	981.1	1154.3	1580.6	1837.3	1814.9
四、麻类	102.1	85.0	55.2	59.3	53.8	49.7
#黄红麻	56.9	34.4	12.7	5.6	5.1	4.8
五、糖料	693.9	932.0	945.4	1518.3	1631.1	1629.1
甘蔗	492.6	673.5	818.8	1400.8	1499.6	1512.4
甜菜	201.3	258.8	126.6	117.5	131.5	116.7
六、烟叶	761.7	942.8	814.4	841.2	1033.8	1044.7
#烤烟	631.1	856.6	719.6	775.8	966.1	988.3
七、药材	59.4	119.2	256.2	633.1	852.3	1074.7
八、蔬菜、瓜类	1766.7	2538.1	3929.9	6265.0	6910.1	7189.6
九、其他农作物	2039.4	2684.5	3252.5	2900.7	2888.5	2873.3

14—2—5续表　　（以农作物总播种面积为100）　　单位：%

指　标	1990年	1995年	2000年	2010年	2012年	2013年
农作物总播种面积	100	100	100	100	100.0	100.0
一、粮食作物	77.4	73.9	70.0	64.9	63.4	63.0
1.谷物		57.1	52.2	47.4	46.8	46.8
稻谷	18.0	16.3	15.1	13.2	12.7	12.6
小麦	21.4	19.7	16.2	11.9	11.2	10.8
玉米	14.8	14.6	15.3	19.1	19.8	20.5
谷子	1.4	0.9	0.7	0.5	0.4	0.4
高粱	0.7	0.6	0.5	0.6	0.7	0.6
2.豆类		7.4	7.3	6.6	5.8	5.5
＃大豆	3.1	3.5	4.0	3.6	3.0	2.8
杂豆		4.0	3.4	3.0	2.8	2.7
3.薯类	8.6	9.3	10.4	10.9	10.7	10.6
＃马铃薯	4.2	4.8	5.9	7.7	8.0	7.9
二、油料作物	7.6	8.0	8.9	8.5	8.4	8.4
＃花 生	1.0	1.1	1.3	1.2	1.2	1.2
油菜籽	4.2	4.6	5.1	5.3	5.3	5.3
芝 麻	0.1	0.1	0.1	0.1	0.1	0.1
胡麻籽	1.2	1.0	0.7	0.4	0.4	0.4
向日葵籽	0.7	0.9	1.2	1.3	1.2	1.3
三、棉花	1.6	2.1	2.3	3.0	3.4	3.3
四、麻类	0.2	0.2	0.1	0.1	0.1	0.1
＃黄红麻	0.1	0.1				
五、糖料	1.6	2.0	1.9	2.9	3.0	3.0
甘蔗	1.1	1.5	1.7	2.7	2.8	2.8
甜菜	0.5	0.6	0.3	0.2	0.2	0.2
六、烟叶	1.8	2.1	1.7	1.6	1.9	1.9
＃烤烟	1.5	1.9	1.5	1.5	1.8	1.8
七、药材	0.1	0.3	0.5	1.2	1.6	2.0
八、蔬菜、瓜类	4.1	5.5	8.0	12.0	12.8	13.1
九、其他农作物	4.7	5.8	6.6	5.6	5.4	5.2

14—2—6 西部大开发12省(区、市)主要农作物产量

单位:万吨

指 标	1990年	1995年	2000年	2010年	2012年	2013年
一、粮食作物	11168.3	11729.9	12896.3	14436.4	15494.7	15987.6
1.谷物		10135.3	10920.3	12179.5	13047.5	13478.8
稻谷	4506.9	4498.0	4735.7	4503.6	4518.9	4518.0
小麦	2512.2	2463.0	2307.1	2120.3	2217.1	2101.8
玉米	2372.9	2589.8	3351.1	5146.9	5908.7	6440.8
谷子	87.3	38.1	34.3	42.8	54.1	43.0
高粱	99.3	82.7	70.0	110.2	111.7	139.7
2.豆类		437.4	460.0	559.4	593.7	558.7
#大豆	166.6	187.2	250.4	339.8	317.9	306.1
杂豆		250.2	209.6	219.6	275.8	252.6
3.薯类	854.4	1157.3	1516.0	1697.5	1853.5	1950.1
#马铃薯	370.2	560.9	811.6	1163.2	1344.6	1445.0
二、油料作物	433.3	508.6	671.3	829.3	933.6	956.7
#花生	64.0	84.8	134.6	142.6	158.3	164.2
油菜籽	239.6	296.4	366.5	466.1	550.3	554.8
芝麻	2.1	2.4	5.4	4.4	5.0	4.6
胡麻籽	41.3	28.1	27.7	27.1	28.7	29.1
向日葵籽	67.0	83.9	116.5	176.7	178.7	190.5
三、棉花	67.1	117.1	160.5	264.3	370.7	366.4
四、麻类	17.0	12.9	10.5	12.1	12.3	10.1
#黄红麻	10.9	5.7	2.3	1.3	1.2	0.7
五、糖料	3013.1	4528.1	5047.5	9698.4	10844.9	11160.6
甘蔗	2423.7	3818.4	5600.9	9028.1	10074.9	10477.8
甜菜	589.4	709.7	446.6	670.3	770.0	682.8
六、烟叶	117.7	143.3	142.8	183.4	207.7	201.3
#烤烟	99.9	131.5	126.6	169.5	193.0	188.7
七、茶叶	13.8	16.5	19.1	51.9	67.3	74.1
八、水果	462.9	1070.3	1613.4	6084.1	7186.7	7661.2

14—2—7 西部大开发12省(区、市)主要农作物单位面积产量

指　　标	1990年	1995年	2000年	2010年	2012年	2013年
一、粮食作物	3317.1	3458.1	3734.9	4271.6	4528.3	4635.3
1.谷物		3864.6	4239.9	4934.0	5159.7	5256.1
稻谷	5760.7	6023.4	6354.7	6555.2	6567.2	6530.5
小麦	2700.5	2730.7	2884.2	3434.2	3679.2	3565.3
玉米	3674.1	3877.8	4443.2	5171.6	5530.1	5730.6
谷子	1446.5	952.3	1068.4	1571.2	2423.2	2015.9
高粱	3120.7	2826.4	2719.4	3837.3	3153.6	4340.8
2.豆类		1283.8	1271.7	1627.4	1891.4	1843.2
#大豆	1249.8	1175.0	1277.6	1833.5	1963.2	1987.4
杂豆		1379.3	1264.6	1386.3	1814.9	1694.3
3.薯类	2282.1	2699.2	2940.8	2991.7	3200.5	3353.2
#马铃薯	2003.4	2571.4	2779.4	2889.6	3130.8	3330.6
二、油料作物	1313.0	1379.1	1522.0	1866.3	2051.3	2069.1
#花生	1543.1	1709.2	2063.7	2295.6	2420.6	2474.5
油菜籽	1316.4	1389.9	1454.0	1677.3	1913.1	1906.4
芝麻	538.0	615.4	886.3	1083.8	1248.7	1379.8
胡麻籽	825.0	634.1	857.4	1226.7	1302.8	1342.3
向日葵籽	2142.7	2076.9	1912.8	2581.2	2689.3	2752.7
三、棉花	982.6	1193.5	1390.2	1671.9	2017.4	2019.1
四、麻类	1669.7	1520.1	1902.1	2034.3	2282.0	2029.3
#黄红麻	1916.5	1654.3	1840.0	2311.3	2300.3	1562.3
五、糖料	43425.3	48584.8	53392.3	63877.6	66489.6	68507.3
甘蔗	49202.2	56695.1	56192.8	64449.6	67186.2	69280.5
甜菜	29286.2	27422.1	35276.4	57059.3	58547.7	58488.0
六、烟叶	1544.7	1520.0	1753.4	2180.1	2009.2	1927.3
#烤烟	1583.4	1535.1	1759.4	2184.5	1997.8	1909.8

14—2—8　西部大开发12省(区、市)林业生产情况

单位:千公顷、万株、吨

指　　标	1990年	1995年	2000年	2011年	2012年	2013年
一、营林情况						
1.荒山荒(沙)地造林面积	2144.9	2183.7	2849.0	3245.7	2951.8	3179.9
按造林方式分:						
当年人工造林面积	1761.5	1894.0	2342.7	1998.9	1827.4	2003.4
当年飞机播种面积	383.4	289.7	506.3	153.6	114.1	132.7
无林地和疏林地新封				1093.3	1010.3	1043.8
按用途分:						
用材林	1262.0	785.9	540.3	400.3	268.3	363.5
经济林	278.3	710.1	711.5	826.4	718.5	753.1
防护林	500.5	623.8	1549.2	1977.2	1927.5	2040.7
薪炭林	88.5	60.1	40.6	26.3	26.2	11.6
特种用材林	15.7	4.1	7.4	15.5	11.4	11.0
2.年末实有封山(沙)育林面积	8016.6	12243.0	15424.8	13406.2	13238.1	13207.7
3.更新造林	160.5	173.4	422.4	91.5	81.0	96.5
4.零星(四旁)植树	155269	124739	101350	86037	82257	86761
5.育苗面积	55.1	49.8	79.8	138.2	213.4	252.4
6.未成林抚育作业面积(千公顷次)	3634.1	3953.7	3370.0	5784.8	3464.0	2767.2
7.中、幼龄林抚育面积	617.1	975.7	1660.1		3049.9	3431.4
二、主要林产品产量						
生漆	2076	2332	3786	7218	14332	14599
油桐籽	248892	294051	298754	217007	227667	228394
油茶籽	73923	103202	137637	207931	234731	242939
乌桕籽	16729	14959	9698	9732	5728	5653
五倍籽	3989	7977	4854	8188	13002	13896
棕片	21170	30428	29879	21993	21389	20174
松脂	184434	286008	278360	717750	736630	779325
竹笋干	9402	19771	34752	200763	118572	186922
核桃	94811	139110	179831	993105	1300402	1643170
板栗	16919	38062	75498	257156	309272	381939
紫胶(原胶)	798	2031	759	2352	1524	1958
木材(万立方米)	1650.3	2104.2	887.4	2939.0	3035.9	3412.5
竹材(万根)	1943.6	12738.6	7419.0	48150.8	47925.8	56058.9

14—2—9　西部大开发12省(区、市)畜牧业生产情况

指　标	单位	1999年	2000年	2004年	2011年	2012年	2013年
一、牲畜出栏量							
1.大牲畜出栏							
牛	万头	1071.1	1171.0	1579.8	1817.2	1879.2	1928.8
马	万头	67.6	74.4	81.8	107.1	106.8	102.7
驴	万头	65.6	68.1	86.0	112.6	120.8	117.1
骡	万头	14.4	16.5	19.7	22.0	23.3	21.4
骆驼	万头	6.7	6.7	6.6	6.4	7.0	7.7
2.猪	万头	15371.9	16111.1	17833.8	20133.1	20899.8	21537.6
3.羊	万只	7228.5	7890.7	11717.8	14076.8	14396.4	14685.4
4.家禽	万只	120780.6	136585.6	126901.8	210359.7	224664.1	226855.9
5.兔	万只	6845.0	8226.0	14717.6	25152.0	25534.3	26699.1
二、肉类总产量	万吨	1639.2	1737.5	1991.6	2371.1	2478.5	2551.3
#猪牛羊肉产量	万吨	1434.7	1504.0	1748.9	1966.2	2047.6	2115.8
1.猪肉产量	万吨	1194.0	1239.4	1370.1	1507.3	1574.6	1629.1
2.牛肉产量	万吨	123.0	135.7	184.2	230.5	239.2	248.2
3.羊肉产量	万吨	117.7	128.8	194.5	228.3	233.9	238.5
4.禽肉产量	万吨	183.3	207.0	197.1	340.2	364.4	367.2
5.兔肉产量	万吨	9.2	11.1	20.5	33.9	35.0	37.5
6.其他肉产量	万吨	12.0	15.5	25.1	9.3	9.2	8.2
三、其他畜产品产量	万吨						
奶类产量	万吨	320.1	356.7	988.8	1589.7	1611.5	1463.6
#牛奶产量	万吨	281.0	315.7	938.4	1508.3	1526.3	1387.5
山羊毛产量	吨	11718	12955	16999	24760.9	24764.5	23191.4
绵羊毛产量	吨	182044	183782	237855	271444.9	273522.3	282503.9
#细羊毛	吨	74101	74432	85510	103525.3	95042.3	99401.1
半细羊毛	吨	35706	38780	52876	51328.3	56459.0	59053.5
羊绒产量	吨	6984	7138	9825	12839.8	12859.2	13111.7
蜂蜜产量	万吨	5.0	5.1	6.8	9.5	10.4	10.8
禽蛋产量	万吨	244.4	264.9	359.7	390.6	400.6	411.0

14—2—10 西部大开发12省(区、市)牲畜年末存栏量

指标	单位	1997年	2000年	2010年	2011年	2012年	2013年
一、大牲畜头数	万头	6814.4	7070.6	6715.1	6560.8	6509.0	6495.9
1.牛	万头	5489.9	5770.4	5589.1	5433.0	5416.2	5459.1
黄牛*	万头	3716.9	3865.6				
水牛*	万头	1161.2	1223.6				
肉牛*				3488.8	3474.2	3443.1	3526.3
奶牛*				649.9	644.0	663.6	635.6
2.马	万头	595.1	583.7	532.7	534.3	506.6	481.8
3.驴	万头	450.7	445.5	384.4	386.0	379.0	360.1
4.骡	万头	237.5	238.5	183.3	180.2	177.7	163.4
5.骆驼	万头	35.0	32.6	25.6	27.3	29.5	31.6
二、猪	万头	14788.5	16322.7	15967.4	15860.1	16106.7	15989.7
三、羊	万只	14797.0	15699.6	17468.8	17509.6	17818.6	18260.9
山羊	万只	5692.9	6081.2	6764.7	6885.6	6885.4	6799.3
绵羊	万只	9104.1	9618.4	10704.1	10624.1	10933.2	11461.6
四、家禽	万只	50701.6	63932.1	115414.4	117958.6	120904.1	120285.6

注:从2008年起牛的品种修正为肉牛和奶牛。

14—2—11 西部大开发12省(区、市)渔业生产情况

指标	单位	1990年	1995年	2000年	2011年	2012年	2013年
一、水产品总产量	吨	716131	1730062	3587609	5178874	5594899	6055708
1.按海水、内陆分							
海水产品产量	吨	202672	645706	1594505	1593225	1647922	1709849
内陆水产品产量	吨	513459	1084356	1993104	3585649	3946977	4345859
2.按生产性质分							
捕捞产量	吨	283759	632198	1100582	954330	967165	962413
养殖产量	吨	432372	1097864	2487027	4224544	4627734	5093295
3.按品种分							
鱼类	吨	673010	1459932	2509894	3925048	4279748	4658759
甲壳类	吨	30234	81959	197308	342522	368932	394769
贝类	吨	12286	178552	820903	771913	803667	856152
藻类	吨	7	110	15	2216	2349	2437
其他类	吨	594	9509	59489	133035	140203	143591
二、水产养殖面积	千公顷	602.2	723.9	823.3	974.5	1017.0	1044.3
1.海水养殖面积	千公顷	5.4	41.0	61.4	52.2	53.2	54.0
浅海养殖	千公顷		16.4	16.5			
滩涂养殖	千公顷		20.6	41.5			
其他养殖	千公顷		4.0	3.4			
2.内陆养殖面积	千公顷	596.8	682.9	761.9	922.3	963.7	990.3
池塘养殖	千公顷		226.2	262.2			
湖泊养殖	千公顷		88.4	102.7			
河沟养殖	千公顷		21.9	35.9			
水库养殖	千公顷		340.2	354.1			
其他养殖	千公顷		6.2	7.0			
三、稻田养殖面积	千公顷		561.7	577.8		626.2	651.4

注:因农业部门报表制度修改,故水产养殖面积2009年无法分出细项。

14—2—12 西部大开发12省(区、市)按人口平均的主要农产品产量

单位:千克/人

	1990年	1995年	2000年	2010年	2012年	2013年
一、粮食作物	348.0	342.1	363.0	396.8	426.6	437.6
(一)谷物		295.6	307.3	334.8	359.2	369.0
#稻谷	140.4	131.2	133.3	123.8	124.4	123.7
小麦	78.3	71.8	64.9	58.3	61.0	57.5
玉米	73.9	75.5	94.3	141.5	162.7	176.3
谷子	2.7	1.1	1.0	1.2	1.5	1.2
高粱	3.1	2.4	2.0	3.0	3.1	3.8
(二)豆类		12.8	12.9	15.4	16.3	15.3
#大豆	5.2	5.5	7.0	9.3	8.8	8.4
杂豆		7.3	5.9	6.0	7.6	6.9
(三)薯类	26.6	33.8	42.7	46.7	51.0	53.4
#马铃薯	11.5	16.4	22.8	32.0	37.0	39.6
二、油料作物	13.5	14.8	18.9	22.8	25.7	26.2
#花生	2.0	2.5	3.8	3.9	4.4	4.5
油菜籽	7.5	8.6	10.3	12.8	15.2	15.2
芝麻	0.1	0.1	0.2	0.1	0.1	0.1
胡麻籽	1.3	0.8	0.8	0.7	0.8	0.8
向日葵籽	2.1	2.4	3.3	4.9	4.9	5.2
三、棉花	2.1	3.4	4.5	7.3	10.2	10.0
四、麻类	0.5	0.4	0.3	0.3	0.3	0.3
#黄红麻	0.3	0.2	0.1			
五、糖料	93.9	132.1	142.1	266.6	298.6	305.5
(一)甘蔗	75.5	111.4	157.6	248.1	277.4	286.8
(二)甜菜	18.4	20.7	12.6	18.4	21.2	18.7
六、水果	14.4	31.2	45.4	167.2	197.8	209.7
七、烟叶	3.7	4.2	4.0	5.0	5.7	5.5
#烤烟	3.1	3.8	3.6	4.7	5.3	5.2

14—2—13 西部大开发12省(区、市)按人口平均的畜产品、水产品产量

单位:千克/人

指 标	1990年	1995年	2000年	2011年	2012年	2013年
一、猪牛羊肉产量	37.3	39.2	41.5	54.4	56.4	57.9
猪肉	31.4	32.8	34.6	41.7	43.3	44.6
牛肉	3.1	3.3	3.6	6.4	6.6	6.8
羊肉	2.8	3.1	3.4	6.3	6.4	6.5
二、奶类产量	7.5	8.5	9.3	44.0	44.4	40.1
#牛奶产量	6.5	7.4	8.1	41.7	42.0	38.0
三、禽蛋产量	6.3	6.4	7.1	10.8	11.0	11.3
四、水产品产量	8.0	9.0	10.4	15.0	16.5	16.6
鱼类	5.7	6.3	7.3	10.9	12.6	12.8
虾蟹类	0.4	0.5	0.6	0.9	1.1	1.1

14—2—14 西部大开发12省(区、市)农林牧渔业总产值及构成

(按当年价格计算)

指　　标	1995年	2000年	2001年	2012年	2013年
一、绝对数(亿元)					
农林牧渔业总产值合计	4690.6	5753.0	5970.6	23596.4	25795.2
#农业	2890.8	3478.8	3525.3	13362.2	14736.2
林业	177.4	242.8	238.8	956.5	1130.8
牧业	1516.5	1848.9	2012.7	7867.5	8350.8
渔业	105.9	182.5	193.8	703.7	787.3
二、构成(%)					
(以农林牧渔业合计为100)	100.0	100.0	100.0	100.0	100.0
#农业	61.6	60.5	59.0	56.6	57.1
林业	3.8	4.2	4.0	4.1	4.4
牧业	32.3	32.1	33.7	33.3	32.4
渔业	2.3	3.2	3.2	3.0	3.1
三、占全国的比重(%)					
农林牧渔业总产值合计	23.1	23.1	23.2	26.4	26.6
#农业	24.3	25.1	24.6	28.5	28.6
林业	24.1	25.9	26.0	27.7	29.0
牧业	24.7	25.0	25.9	28.9	29.4
渔业	6.2	6.7	6.9	8.1	8.2

注:2003年起农林牧渔业总产值执行新国民经济行业分类标准,包括农林牧渔服务业产值。

14—2—15　西部大开发12省(区、市)农林牧渔业中间消耗及构成

(按当年价格计算)

指　　标	1995年	2000年	2006年	2011年	2012年	2013年
一、绝对数(亿元)						
农林牧渔业合计	1728.4	2081.3	3987.5	8323.2	9263.9	10093.3
1.农业	937.2	1148.8	1817.6	4050.8	4630.5	5108.7
2.林业	44.2	64.6	133.2	266.8	300.4	355.9
3.牧业	716.4	813.7	1818.1	3447.8	3709.3	3929.1
4.渔业	30.6	54.3	102.5	214.9	243.9	273.7
二、构成(%)						
(以农林牧渔业合计为100)	100.0	100.0	100.0	100.0	100.0	100.0
1.农业	54.2	55.2	69.4	48.7	50.0	50.6
2.林业	2.6	3.1	5.1	3.2	3.2	3.5
3.牧业	41.5	39.1	69.4	41.4	40.0	38.9
4.渔业	1.8	2.6	3.9	2.6	2.6	2.7

14—2—16　西部大开发12省(区、市)农林牧渔业增加值及构成

(按当年价格计算)

指　　标	1995年	2000年	2001年	2011年	2012年	2013年
一、绝对数(亿元)						
农林牧渔业合计	2962.2	3671.6	3798.2	12771.1	14332.6	15701.9
＃农业	1953.6	2330.1	2353.3	7618.2	8731.7	9627.5
林业	133.2	178.2	175.1	617.7	656.1	774.9
牧业	800.1	1035.2	1133.6	3839.8	4158.2	4421.7
渔业	75.3	128.1	136.3	406.7	459.8	513.6
二、构成(%)						
(以农林牧渔业合计为100)	100.0	100.0	100.0	100.0	100.0	100.0
＃农业	66.0	63.5	62.0	59.7	60.9	61.3
林业	4.5	4.9	4.6	4.8	4.6	4.9
牧业	27.0	28.2	29.8	30.1	29.0	28.2
渔业	2.5	3.5	3.6	3.2	3.2	3.3

14—2—17 西部大开发12省(区、市)扶贫工作重点县基本情况及占全部扶贫工作重点县的比重

指　标	单位	2000年	2011年	2012年	2013年
县个数	个	365	365	365	365
户籍人口	万人	11756	12987	13050	13110
行政区域面积	万平方公里				196
农业机械总动力	万千瓦	2991	7117	7777	8477
全社会用电量	亿千瓦时		1475	1678	1970
第一产业增加值	亿元	1050	3514	4060	4454
农业	亿元	660	1972	2289	2625
林业	亿元	70	219	264	274
牧业	亿元	305	1187	1358	1464
渔业	亿元	15	54	65	76
农作物播种面积	千公顷	19073	21127	21528	21851
粮食作物播种面积	千公顷	14388	15144	15055	15037
粮食总产量	万吨	4230			
棉花播种面积	千公顷	205	190	188	170
棉花产量	万吨	24	29	30	27
油料播种面积	千公顷	1469	1480	1502	1566
油料产量	万吨	155	241	251	282
糖料播种面积	千公顷	261	406	441	464
糖料产量	万吨	1116	2239	2492	2690
肉类总产量	万吨	542	891	995	978
奶类产量	万吨	63	302	326	320
水产品产量	万吨	26	75	89	101
普通中学专任教师数	万人	28	47	47	47
小学专任教师数	万人	60	62	62	62
普通中学在校学生数	万人	510	742	710	681
小学在校学生数	万人	1468	1106	1048	986
医疗卫生机构床位数	床	156140	283006	333548	371509
医疗卫生机构技术人员	人	205941	255055	287364	327700
公共财政收入	亿元	120	766	988	1209
公共财政支出	亿元	381	5101	6401	7065
年末金融机构各项贷款余额	亿元	1832	6782	8768	11261

注:2000—2012年为年末总人口,2013年为户籍人口,下同。

14－2－17 续表

单位：%

指　　标	2000 年	2011 年	2012 年	2013 年
县个数	62.9	62.9	62.9	62.9
户籍人口	53.8	53.8	53.8	53.9
行政区域面积				78.8
农业机械总动力	40.6	43.1	43.9	46.1
全社会用电量		57.3	58.4	60.5
第一产业增加值	48.9	49.6	50.5	50.9
农业	50.0	49.3	50.0	51.5
林业	47.3	53.1	54.0	52.4
牧业	50.4	52.6	54.2	54.1
渔业	20.8	21.6	22.0	21.9
农作物播种面积	54.8	54.6	54.8	55.0
粮食作物播种面积	56.5	54.0	53.7	53.4
粮食总产量	49.9			
棉花播种面积	35.7	33.8	36.5	36.7
棉花产量	39.6	39.7	43.3	43.6
油料播种面积	41.3	46.5	46.7	47.2
油料产量	31.1	38.3	38.4	40.1
糖料播种面积	76.9	89.4	88.5	90.0
糖料产量	84.5	90.1	89.7	90.5
肉类总产量	50.6	54.8	56.2	55.0
奶类产量	68.6	49.9	50.2	48.9
水产品产量	17.0	25.1	26.4	28.0
普通中学专任教师数	48.3	55.0	55.4	56.3
小学专任教师数	53.5	56.6	57.1	57.4
普通中学在校学生数	45.7	55.1	56.0	57.6
小学在校学生数	55.7	54.5	54.7	55.2
医疗卫生机构床位数	52.4	54.6	55.8	55.6
医疗卫生机构技术人员	49.5	52.1	52.9	53.2
公共财政收入	49.1	52.9	53.5	52.7
公共财政支出	58.6	61.9	62.3	61.5
年末金融机构各项贷款余额	47.3	53.1	54.8	56.6

14－2－18　西部大开发12省（区、市）牧区、半牧区县基本情况及占全部牧区、半牧区县的比重

指　　标	单位	2000年	2011年	2012年	2013年
县个数	个	228	228	228	228
户籍人口	万人	2828	3133	3163	3168
行政区域面积	万平方公里				376
农业机械总动力	万千瓦	1607	3440	3945	4222
全社会用电量	亿千瓦时		960	1121	1116
第一产业增加值	亿元	438	1594	1791	1917
农业	亿元	238	824	910	1011
林业	亿元	19	55	55	68
牧业	亿元	178	667	780	812
渔业	亿元	4	11	13	17
农作物播种面积	千公顷	6669	8522	8468	8521
粮食作物播种面积	千公顷	4678	6103	6050	6039
粮食总产量	万吨	1326			
棉花播种面积	千公顷	183	278	291	289
棉花产量	万吨	29	53	57	57
油料播种面积	千公顷	902	715	721	735
油料产量	万吨	110	144	140	151
糖料播种面积	千公顷	69	49	52	46
糖料产量	万吨	282	262	272	237
肉类总产量	万吨	206	355	370	351
奶类产量	万吨	129	461	461	470
水产品产量	万吨	6	9	9	10
普通中学专任教师数	万人	9	12	12	12
小学专任教师数	万人	18	17	17	18
普通中学在校学生数	万人	122	160	156	150
小学在校学生数	万人	296	255	242	235
医疗卫生机构床位数	床	61677	91584	102471	112673
医疗卫生机构技术人员	人	81746	96670	112161	116968
公共财政收入	亿元	60	728	893	1081
公共财政支出	亿元	165	2479	2998	3373
年末金融机构各项贷款余额	亿元	850	5084	6042	7039

14－2－18 续表 单位：%

指　　标	2000 年	2011 年	2012 年	2013 年
县个数	86.4	86.4	86.4	86.4
户籍人口	66.6	67.8	68.3	68.5
行政区域面积				95.8
农业机械总动力	67.0	62.3	64.0	64.0
全社会用电量		85.3	86.4	86.0
第一产业增加值	70.8	61.6	61.0	61.2
农业	70.5	59.7	58.1	59.5
林业	75.8	66.3	63.6	65.4
牧业	73.0	63.8	65.1	63.4
渔业	31.3	38.6	42.0	47.6
农作物播种面积	61.7	59.5	58.3	58.5
粮食作物播种面积	59.6	55.5	54.3	54.0
粮食总产量	60.8			
棉花播种面积	98.9	97.6	98.5	98.8
棉花产量	99.7	97.7	98.5	98.9
油料播种面积	65.6	61.3	60.4	61.2
油料产量	73.3	54.3	50.9	52.6
糖料播种面积	50.9	68.2	67.4	67.1
糖料产量	75.7	76.9	73.7	70.6
肉类总产量	67.8	60.1	59.3	57.2
奶类产量	66.4	51.1	48.2	48.2
水产品产量	23.9	26.2	24.4	26.6
普通中学专任教师数	62.3	70.1	70.0	70.9
小学专任教师数	67.5	72.2	73.1	74.9
普通中学在校学生数	59.6	71.2	72.2	73.1
小学在校学生数	69.2	76.7	76.0	77.4
医疗卫生机构床位数	68.5	70.8	72.0	72.1
医疗卫生机构技术人员	65.4	69.2	72.6	71.4
公共财政收入	76.9	80.6	80.1	81.2
公共财政支出	76.5	81.4	80.2	80.3
年末金融机构各项贷款余额	56.9	80.0	79.8	78.7

14－2－19　西部大开发12省(区、市)民族县基本情况及占全部民族县的比重

指　标	单位	2000年	2011年	2012年	2013年
县个数	个	572	572	572	572
户籍人口	万人	13016	14530	14603	14641
行政区域面积	万平方公里				567
农业机械总动力	万千瓦	5126	10914	11988	12983
全社会用电量	亿千瓦时		3469	3748	4367
第一产业增加值	亿元	1761	5743	6480	7016
农业	亿元	1134	3164	3578	4012
林业	亿元	101	389	446	472
牧业	亿元	472	1895	2132	2273
渔业	亿元	55	157	178	208
农作物播种面积	千公顷	22273	25381	26021	26322
粮食作物播种面积	千公顷	14504	15901	15960	15996
粮食总产量	万吨	5358			
棉花播种面积	千公顷	992	1341	1380	1276
棉花产量	万吨	153	259	275	251
油料播种面积	千公顷	2085	1785	1855	1900
油料产量	万吨	298	343	354	385
糖料播种面积	千公顷	769	1283	1344	1353
糖料产量	万吨	4198	8307	8918	9311
肉类总产量	万吨	752	1262	1337	1348
奶类产量	万吨	223	1173	1248	1198
水产品产量	万吨	131	216	242	260
普通中学专任教师数	万人	35	51	51	52
小学专任教师数	万人	68	70	71	71
普通中学在校学生数	万人	642	764	748	737
小学在校学生数	万人	1485	1192	1159	1127
医疗卫生机构床位数	床	229337	401116	456113	493308
医疗卫生机构技术人员	人	291516	382314	429844	501067
公共财政收入	亿元	242	1850	2333	2851
公共财政支出	亿元	551	7073	8580	9622
年末金融机构各项贷款余额	亿元	2997	15496	18922	22561

14－2－19 续表

单位:%

指　　标	2000 年	2011 年	2012 年	2013 年
县个数	90.2	90.2	90.2	90.2
户籍人口	86.5	87.0	87.0	87.0
行政区域面积				96.6
农业机械总动力	89.0	87.4	87.4	87.8
全社会用电量		90.7	91.1	91.9
第一产业增加值	86.7	85.8	85.9	86.1
农业	88.0	85.8	85.8	86.2
林业	78.3	82.1	80.8	81.4
牧业	86.5	87.6	87.9	87.8
渔业	79.2	74.0	76.4	77.0
农作物播种面积	87.9	87.6	87.4	87.4
粮食作物播种面积	86.9	86.6	86.2	86.3
粮食总产量	87.6			
棉花播种面积	99.6	99.9	99.9	99.9
棉花产量	99.9	100.0	100.0	100.0
油料播种面积	87.9	84.3	84.2	84.1
油料产量	88.4	82.9	82.5	81.9
糖料播种面积	97.3	98.3	98.3	98.1
糖料产量	98.1	98.4	98.3	98.2
肉类总产量	85.7	86.0	85.4	85.1
奶类产量	95.0	93.1	92.7	92.7
水产品产量	83.9	81.2	82.1	82.8
普通中学专任教师数	83.4	87.2	87.5	87.7
小学专任教师数	85.1	88.3	88.6	88.6
普通中学在校学生数	84.9	88.8	89.3	89.3
小学在校学生数	87.1	89.9	89.8	89.8
医疗卫生机构床位数	83.4	85.4	86.1	85.9
医疗卫生机构技术人员	82.2	84.6	85.6	86.4
公共财政收入	87.4	86.6	86.9	85.6
公共财政支出	85.8	87.9	87.8	87.8
年末金融机构各项贷款余额	81.8	88.8	88.9	88.9

14—2—20 西部大开发 12 省(区、市)陆地边境县基本情况及占全部陆地边境县的比重

指　标	单位	2000 年	2011 年	2012 年	2013 年
县个数	个	102	102	102	102
户籍人口	万人	1424	1628	1622	1614
行政区域面积	万平方公里				176
农业机械总动力	万千瓦	708	1396	1491	1609
全社会用电量	亿千瓦时		330	389	397
第一产业增加值	亿元	212	748	852	913
农业	亿元	117	376	423	485
林业	亿元	20	94	108	105
牧业	亿元	68	230	276	290
渔业	亿元	6	22	25	30
农作物播种面积	千公顷	2999	3633	3669	3801
粮食作物播种面积	千公顷	1830	2206	2252	2340
粮食总产量	万吨	651			
棉花播种面积	千公顷	113	124	126	113
棉花产量	万吨	17	21	22	20
油料播种面积	千公顷	404	376	402	395
油料产量	万吨	63	69	76	76
糖料播种面积	千公顷	206	310	326	333
糖料产量	万吨	1086	2216	2351	2413
肉类总产量	万吨	84	154	163	173
奶类产量	万吨	48	170	173	169
水产品产量	万吨	18	29	37	38
普通中学专任教师数	万人	4	6	6	6
小学专任教师数	万人	9	9	10	9
普通中学在校学生数	万人	70	81	80	79
小学在校学生数	万人	166	129	127	125
医疗卫生机构床位数	床	35791	54891	60653	63166
医疗卫生机构技术人员	人	42775	52185	59984	67502
公共财政收入	亿元	30	258	336	416
公共财政支出	亿元	88	1158	1355	1542
年末金融机构各项贷款余额	亿元	402	1709	2220	2755

14－2－20 续表

单位：%

指　　标	2000 年	2011 年	2012 年	2013 年
县个数	79.1	79.1	79.1	79.1
户籍人口	73.7	76.9	77.2	76.7
行政区域面积				91.1
农业机械总动力	72.8	68.6	68.0	66.9
全社会用电量		80.6	83.6	84.5
第一产业增加值	72.3	68.8	67.5	68.8
农业	68.9	64.9	62.9	65.1
林业	75.0	70.6	70.2	71.9
牧业	86.3	83.8	84.2	83.8
渔业	38.0	32.8	31.5	34.7
农作物播种面积	75.1	66.3	66.3	66.9
粮食作物播种面积	68.5	55.9	56.1	56.8
粮食总产量	66.4			
棉花播种面积	100.0	100.0	100.0	100.0
棉花产量	100.0	100.0	100.0	100.0
油料播种面积	90.1	93.7	95.4	95.7
油料产量	93.3	95.1	95.8	96.0
糖料播种面积	98.2	100.0	100.0	100.0
糖料产量	99.1	100.0	100.0	100.0
肉类总产量	82.3	82.3	81.7	81.6
奶类产量	92.6	91.9	91.9	91.3
水产品产量	42.7	36.1	39.9	39.2
普通中学专任教师数	65.3	74.7	76.3	77.9
小学专任教师数	73.9	80.7	83.0	81.0
普通中学在校学生数	69.2	77.8	78.5	81.3
小学在校学生数	78.9	82.4	83.0	85.0
医疗卫生机构床位数	68.8	76.0	76.1	75.3
医疗卫生机构技术人员	65.0	73.0	75.0	76.0
公共财政收入	67.7	70.4	70.5	71.9
公共财政支出	74.0	76.6	76.0	75.9
年末金融机构各项贷款余额	50.0	67.5	69.8	70.1

14－2－21　西部大开发 12 省(区、市)棉花生产大县基本情况及占全部棉花生产大县的比重

指　　标	单位	2000 年	2011 年	2012 年	2013 年
县个数	个	21	21	21	21
户籍人口	万人	1205	1280	1287	1281
行政区域面积	万平方公里				21
农业机械总动力	万千瓦	383	719	799	994
全社会用电量	亿千瓦时		120	136	154
第一产业增加值	亿元	168	502	568	609
农业	亿元	123	301	330	397
林业	亿元	4	24	38	14
牧业	亿元	37	160	180	180
渔业	亿元	4	8	10	12
农作物播种面积	千公顷	2118	2388	2358	2355
粮食作物播种面积	千公顷	1148	1257	1248	1237
粮食总产量	万吨	589			
棉花播种面积	千公顷	599	576	582	572
棉花产量	万吨	92	97	105	103
油料播种面积	千公顷	147	143	144	138
油料产量	万吨	34	36	36	35
糖料播种面积	千公顷	3	14	3	5
糖料产量	万吨	15	58	17	21
肉类总产量	万吨	77	136	137	113
奶类产量	万吨	12	37	42	44
水产品产量	万吨	8	13	14	14
普通中学专任教师数	万人	3	5	5	5
小学专任教师数	万人	5	5	5	5
普通中学在校学生数	万人	65	72	66	59
小学在校学生数	万人	144	92	87	82
医疗卫生机构床位数	床	18656	35408	39477	43438
医疗卫生机构技术人员	人	22125	30433	33516	38747
公共财政收入	亿元	14	104	130	150
公共财政支出	亿元	29	449	520	604
年末金融机构各项贷款余额	亿元	239	865	1035	1302

14－2－21 续表 单位：%

指　　标	2000 年	2011 年	2012 年	2013 年
县个数	16.2	16.2	16.2	16.2
户籍人口	11.5	11.5	11.5	11.5
行政区域面积				54.7
农业机械总动力	5.8	5.9	6.3	7.6
全社会用电量		5.8	6.0	6.2
第一产业增加值	9.9	10.8	11.2	11.3
农业	10.5	10.8	10.9	11.9
林业	11.6	23.3	30.6	12.5
牧业	11.3	13.8	14.3	13.5
渔业	2.3	1.9	2.0	2.3
农作物播种面积	12.4	12.9	12.7	12.6
粮食作物播种面积	11.7	10.9	10.8	10.5
粮食总产量	11.0			
棉花播种面积	28.3	27.9	31.0	33.0
棉花产量	35.1	34.0	37.9	40.1
油料播种面积	6.9	7.8	8.0	7.7
油料产量	6.0	6.9	7.0	6.6
糖料播种面积	12.6	66.3	33.2	42.0
糖料产量	11.4	64.6	36.0	42.8
肉类总产量	12.6	14.8	14.3	12.0
奶类产量	53.3	24.4	25.9	27.6
水产品产量	2.4	2.2	2.3	2.2
普通中学专任教师数	10.4	14.0	13.7	14.1
小学专任教师数	11.0	11.9	12.0	12.1
普通中学在校学生数	9.7	12.8	12.6	12.5
小学在校学生数	12.5	11.3	11.3	11.3
医疗卫生机构床位数	11.7	13.2	13.2	12.5
医疗卫生机构技术人员	10.0	11.0	11.2	10.9
公共财政收入	7.0	6.6	7.0	6.7
公共财政支出	10.3	13.6	13.0	13.3
年末金融机构各项贷款余额	8.2	6.3	6.4	6.8

14—2—22 西部大开发12省(区、市)黄土高原县基本情况及占全部黄土高原县的比重

指　　标	单位	2000年	2011年	2012年	2013年
县个数	个	112	112	112	112
户籍人口	万人	3575	3799	3818	3848
行政区域面积	万平方公里				24
农业机械总动力	万千瓦	1307	2616	2672	2877
全社会用电量	亿千瓦时		899	977	1124
第一产业增加值	亿元	261	1120	1286	1385
农业	亿元	188	789	910	1022
林业	亿元	11	17	22	28
牧业	亿元	60	272	305	329
渔业	亿元	1	3	4	5
农作物播种面积	千公顷	5679	6065	5765	5766
粮食作物播种面积	千公顷	4596	4303	4239	4262
粮食总产量	万吨	1120			
棉花播种面积	千公顷	22	40	39	29
棉花产量	万吨	2	6	5	4
油料播种面积	千公顷	450	475	465	458
油料产量	万吨	49	87	90	90
糖料播种面积	千公顷	4	1	1	1
糖料产量	万吨	6	2	2	2
肉类总产量	万吨	82	136	141	144
奶类产量	万吨	49	197	200	210
水产品产量	万吨	3	5	6	7
普通中学专任教师数	万人	11	18	18	18
小学专任教师数	万人	19	19	18	18
普通中学在校学生数	万人	205	252	231	208
小学在校学生数	万人	489	282	261	243
医疗卫生机构床位数	床	54689	93250	106358	118052
医疗卫生机构技术人员	人	69215	101608	112907	130583
公共财政收入	亿元	45	270	332	427
公共财政支出	亿元	107	1516	1884	2080
年末金融机构各项贷款余额	亿元	756	2578	3158	3897

14—2—22 续表

单位：%

指　　标	2000 年	2011 年	2012 年	2013 年
县个数	53.1	53.1	53.1	53.1
户籍人口	52.4	52.3	52.4	52.6
行政区域面积				61.9
农业机械总动力	40.3	43.4	43.9	44.0
全社会用电量		39.3	41.0	45.0
第一产业增加值	51.2	55.8	56.9	57.0
农业	52.4	58.2	59.4	60.1
林业	39.3	28.2	31.8	33.1
牧业	50.5	53.5	54.1	54.1
渔业	37.9	27.3	27.4	27.1
农作物播种面积	58.7	59.6	58.5	58.5
粮食作物播种面积	58.4	55.5	55.2	55.3
粮食总产量	51.8			
棉花播种面积	29.6	42.7	51.2	52.2
棉花产量	28.7	47.1	53.3	54.4
油料播种面积	59.2	72.5	73.1	73.1
油料产量	53.6	70.8	70.8	70.7
糖料播种面积	78.6	100.0	100.0	99.9
糖料产量	66.7	100.0	100.0	99.9
肉类总产量	46.6	49.8	48.8	48.2
奶类产量	77.8	68.2	69.1	70.8
水产品产量	42.3	25.3	25.6	27.7
普通中学专任教师数	47.3	52.3	53.4	53.9
小学专任教师数	52.3	52.2	51.5	52.8
普通中学在校学生数	49.7	54.5	53.5	53.1
小学在校学生数	57.0	50.8	49.8	50.3
医疗卫生机构床位数	43.6	46.8	49.2	49.8
医疗卫生机构技术人员	45.6	48.6	48.9	50.7
公共财政收入	40.5	31.2	31.7	32.9
公共财政支出	50.1	54.0	55.0	54.4
年末金融机构各项贷款余额	43.3	38.7	40.2	42.1

14－2－23　西部大开发12省(区、市)平原县基本情况及占全部平原县的比重

指　　标	单位	2000年	2011年	2012年	2013年
县个数	个	179	179	179	179
户籍人口	万人	5439	5906	5972	5939
行政区域面积	万平方公里				189
农业机械总动力	万千瓦	2774	5256	5512	6039
全社会用电量	亿千瓦时		1752	1840	2311
第一产业增加值	亿元	806	2910	3263	3418
农业	亿元	590	1846	2053	2271
林业	亿元	20	69	89	71
牧业	亿元	176	843	947	989
渔业	亿元	18	59	65	75
农作物播种面积	千公顷	9005	10458	10364	10257
粮食作物播种面积	千公顷	5434	5827	5800	5875
粮食总产量	万吨	2693			
棉花播种面积	千公顷	1008	1383	1414	1297
棉花产量	万吨	155	264	279	254
油料播种面积	千公顷	964	753	764	798
油料产量	万吨	191	193	192	212
糖料播种面积	千公顷	149	148	148	131
糖料产量	万吨	790	910	966	920
肉类总产量	万吨	296	514	536	507
奶类产量	万吨	138	754	814	793
水产品产量	万吨	61	85	89	94
普通中学专任教师数	万人	19	26	26	27
小学专任教师数	万人	29	27	28	27
普通中学在校学生数	万人	320	338	318	298
小学在校学生数	万人	632	396	382	370
医疗卫生机构床位数	床	115387	215772	244886	258327
医疗卫生机构技术人员	人	156279	220737	247306	277213
公共财政收入	亿元	119	1010	1215	1461
公共财政支出	亿元	206	2854	3313	3819
年末金融机构各项贷款余额	亿元	2032	9688	11491	13568

14—2—23 续表

单位:%

指　　标	2000 年	2011 年	2012 年	2013 年
县个数	27.5	27.5	27.5	27.5
户籍人口	14.8	15.0	15.2	15.1
行政区域面积				72.5
农业机械总动力	11.5	12.6	12.8	13.7
全社会用电量		16.8	17.1	19.3
第一产业增加值	13.7	16.9	17.3	17.2
农业	15.4	18.4	18.5	18.9
林业	14.9	18.3	20.0	15.4
牧业	13.5	17.6	18.5	18.3
渔业	3.1	3.9	3.9	4.1
农作物播种面积	15.7	16.5	16.3	16.2
粮食作物播种面积	14.2	13.3	13.2	13.2
粮食总产量	14.0			
棉花播种面积	30.5	35.3	38.7	39.2
棉花产量	38.1	45.6	49.8	50.6
油料播种面积	16.1	15.9	16.2	16.7
油料产量	14.2	14.3	13.9	14.9
糖料播种面积	34.9	39.0	38.7	38.1
糖料产量	37.9	36.5	36.6	35.5
肉类总产量	13.2	15.2	15.0	14.1
奶类产量	40.8	36.8	37.3	36.4
水产品产量	4.8	4.5	4.5	4.5
普通中学专任教师数	15.8	17.7	17.7	18.6
小学专任教师数	16.3	16.9	17.3	16.9
普通中学在校学生数	14.0	16.2	16.0	16.5
小学在校学生数	15.5	13.7	13.6	14.0
医疗卫生机构床位数	19.2	21.0	21.5	20.4
医疗卫生机构技术人员	18.8	20.1	20.9	20.0
公共财政收入	14.7	13.9	14.2	14.1
公共财政支出	16.8	20.2	19.7	19.8
年末金融机构各项贷款余额	14.6	13.9	14.0	14.3

14－2－24　西部大开发12省(区、市)丘陵县基本情况及占全部丘陵县的比重

指　　标	单位	2000年	2011年	2012年	2013年
县个数	个	224	224	224	224
户籍人口	万人	10325	11070	11075	11084
行政区域面积	万平方公里				140
农业机械总动力	万千瓦	2996	6368	6861	7333
全社会用电量	亿千瓦时		1785	2053	2248
第一产业增加值	亿元	1315	4187	4624	4961
农业	亿元	833	2337	2605	2902
林业	亿元	54	205	221	252
牧业	亿元	377	1438	1566	1570
渔业	亿元	51	133	150	178
农作物播种面积	千公顷	15765	16769	16966	17039
粮食作物播种面积	千公顷	11390	11673	11672	11419
粮食总产量	万吨	4491			
棉花播种面积	千公顷	92	53	54	50
棉花产量	万吨	10	8	8	8
油料播种面积	千公顷	1464	1425	1504	1517
油料产量	万吨	211	288	311	320
糖料播种面积	千公顷	378	741	765	770
糖料产量	万吨	2041	4918	5192	5430
肉类总产量	万吨	699	1007	1054	920
奶类产量	万吨	58	488	475	450
水产品产量	万吨	101	178	197	197
普通中学专任教师数	万人	28	37	36	36
小学专任教师数	万人	44	40	40	40
普通中学在校学生数	万人	560	552	524	492
小学在校学生数	万人	1099	710	689	661
医疗卫生机构床位数	床	153556	260673	299204	347744
医疗卫生机构技术人员	人	200189	248329	282830	328090
公共财政收入	亿元	155	1147	1418	1642
公共财政支出	亿元	292	3966	4682	5245
年末金融机构各项贷款余额	亿元	1910	9210	11954	13699

14—2—24 续表 单位：%

指　　标	2000 年	2011 年	2012 年	2013 年
县个数	41.9	41.9	41.9	41.9
户籍人口	36.6	37.1	37.1	37.1
行政区域面积				68.6
农业机械总动力	26.9	28.7	29.4	30.4
全社会用电量		30.0	32.0	32.4
第一产业增加值	32.2	34.5	34.3	34.6
农业	34.8	36.2	35.9	36.7
林业	36.5	43.2	41.5	41.6
牧业	36.5	39.1	39.3	37.8
渔业	10.0	10.5	10.6	11.5
农作物播种面积	39.5	38.5	38.5	38.6
粮食作物播种面积	40.2	36.6	36.4	35.9
粮食总产量	35.3			
棉花播种面积	25.6	16.5	17.6	17.5
棉花产量	28.3	18.5	19.7	19.4
油料播种面积	34.1	36.4	37.8	37.9
油料产量	27.5	32.6	33.2	33.3
糖料播种面积	74.4	92.5	91.6	92.8
糖料产量	82.3	93.9	93.4	93.8
肉类总产量	39.2	37.4	36.9	33.1
奶类产量	41.6	50.7	48.5	47.0
水产品产量	7.6	10.2	10.9	10.4
普通中学专任教师数	31.9	33.5	34.2	33.9
小学专任教师数	33.5	34.9	35.0	35.3
普通中学在校学生数	33.5	36.0	36.3	36.3
小学在校学生数	36.9	34.9	35.0	35.0
医疗卫生机构床位数	33.1	35.5	36.6	37.5
医疗卫生机构技术人员	32.7	32.3	33.9	34.1
公共财政收入	27.6	25.7	25.8	24.1
公共财政支出	32.8	37.3	37.0	36.4
年末金融机构各项贷款余额	24.9	25.8	27.6	26.9

14—2—25 西部大开发12省(区、市)山区县基本情况及占全部山区县的比重

指　　标	单位	2000年	2011年	2012年	2013年
县个数	个	502	502	502	502
户籍人口	万人	13039	14431	14503	14603
行政区域面积	万平方公里				324
农业机械总动力	万千瓦	3433	7543	8504	9231
全社会用电量	亿千瓦时		2655	2910	3250
第一产业增加值	亿元	1265	3826	4467	4948
农业	亿元	790	2057	2431	2768
林业	亿元	90	271	318	361
牧业	亿元	366	1340	1543	1690
渔业	亿元	20	72	89	105
农作物播种面积	千公顷	18965	20711	21364	21744
粮食作物播种面积	千公顷	13734	13733	13801	13911
粮食总产量	万吨	4575			
棉花播种面积	千公顷	11	7	8	8
棉花产量	万吨	1	1	1	1
油料播种面积	千公顷	1544	1751	1764	1800
油料产量	万吨	194	298	312	318
糖料播种面积	千公顷	338	498	538	553
糖料产量	万吨	1790	3003	3330	3512
肉类总产量	万吨	650	1050	1254	1226
奶类产量	万吨	83	175	217	224
水产品产量	万吨	33	101	121	137
普通中学专任教师数	万人	31	51	51	52
小学专任教师数	万人	65	69	68	70
普通中学在校学生数	万人	542	845	823	802
小学在校学生数	万人	1577	1279	1219	1164
医疗卫生机构床位数	床	196253	362359	413027	470429
医疗卫生机构技术人员	人	238186	313738	348549	402971
公共财政收入	亿元	180	1314	1688	2040
公共财政支出	亿元	488	6007	7533	8457
年末金融机构各项贷款余额	亿元	2460	11111	14162	17706

14—2—25 续表　　单位:%

指　标	2000 年	2011 年	2012 年	2013 年
县个数	56.1	56.1	56.1	56.1
户籍人口	44.2	45.2	45.3	45.3
行政区域面积				75.7
农业机械总动力	37.5	39.2	40.7	43.1
全社会用电量		42.6	43.5	45.2
第一产业增加值	35.1	36.8	37.9	38.6
农业	36.8	35.6	36.8	37.8
林业	26.3	30.4	31.2	31.9
牧业	40.9	45.3	46.9	47.7
渔业	9.0	13.0	13.7	14.4
农作物播种面积	50.0	51.7	52.2	52.4
粮食作物播种面积	51.3	51.6	51.7	52.1
粮食总产量	43.3			
棉花播种面积	13.7	6.4	7.2	7.0
棉花产量	10.7	5.9	6.9	6.5
油料播种面积	45.3	46.9	46.6	46.8
油料产量	36.4	39.7	40.2	39.9
糖料播种面积	83.2	92.3	93.0	93.3
糖料产量	84.6	91.9	92.7	92.9
肉类总产量	43.0	45.3	48.2	47.0
奶类产量	68.3	46.5	49.7	49.9
水产品产量	6.1	13.5	15.0	15.7
普通中学专任教师数	34.9	43.2	43.8	44.5
小学专任教师数	43.2	49.2	49.4	49.8
普通中学在校学生数	34.3	48.5	49.3	49.9
小学在校学生数	47.9	51.9	51.4	50.8
医疗卫生机构床位数	40.3	44.0	44.4	44.8
医疗卫生机构技术人员	37.6	38.0	38.9	39.7
公共财政收入	35.0	35.3	36.7	35.6
公共财政支出	43.7	49.2	50.1	49.3
年末金融机构各项贷款余额	36.1	35.3	36.9	38.2

15

各地区主要农村经济指标排序

15—1 粮食总产量与人均占有量

地 区	粮食总产量(万吨)		平均每人占有量(千克/人)	
	指标值	位 次	指标值	位 次
全国总计	**60193.8**		**443.5**	
北 京	96.1	31	45.9	31
天 津	174.7	27	121.1	29
河 北	3365.0	7	460.3	11
山 西	1312.8	18	362.6	19
内蒙古	2773.0	10	1112.0	3
辽 宁	2195.6	12	500.2	8
吉 林	3551.0	4	1290.9	2
黑龙江	6004.1	1	1565.8	1
上 海	114.2	28	47.6	30
江 苏	3423.0	5	431.7	15
浙 江	734.0	23	133.7	27
安 徽	3279.6	8	545.8	7
福 建	664.4	24	176.6	26
江 西	2116.1	13	468.9	9
山 东	4528.2	3	466.4	10
河 南	5713.7	2	607.2	5
湖 北	2501.3	11	432.1	14
湖 南	2925.7	9	439.0	13
广 东	1315.9	17	123.9	28
广 西	1521.8	15	323.8	20
海 南	190.9	26	214.3	24
重 庆	1148.1	20	388.2	18
四 川	3387.1	6	418.6	16
贵 州	1030.0	22	294.9	23
云 南	1824.0	14	390.3	17
西 藏	96.2	30	310.3	22
陕 西	1215.8	19	323.5	21
甘 肃	1138.9	21	441.5	12
青 海	102.4	29	177.9	25
宁 夏	373.4	25	573.9	6
新 疆	1377.0	16	612.4	4

15－2　棉花总产量与人均占有量

地　区	棉花总产量(吨)		平均每人占有量(千克/人)	
	指标值	位　次	指标值	位　次
全国总计	**6298989**		**4.64**	
北　京	151	23	0.01	23
天　津	48483	12	3.36	6
河　北	456822	4	6.25	4
山　西	30634	13	0.85	13
内蒙古	1573	19	0.06	18
辽　宁	999	20	0.02	21
吉　林	5751	16	0.21	15
黑龙江				
上　海	3930	17	0.16	16
江　苏	209317	6	2.64	10
浙　江	27958	14	0.51	14
安　徽	251125	5	4.18	5
福　建	73	25		26
江　西	130880	9	2.90	8
山　东	620961	2	6.40	3
河　南	189721	8	2.02	11
湖　北	459694	3	7.94	2
湖　南	198000	7	2.97	7
广　东				
广　西	2423	18	0.05	19
海　南				
重　庆	90	24		24
四　川	13050	15	0.16	17
贵　州	959	21	0.03	20
云　南	377	22	0.01	22
西　藏				
陕　西	57917	11	1.54	12
甘　肃	70536	10	2.73	9
青　海				
宁　夏	17	26		25
新　疆	3517549	1	156.44	1

15－3 油料总产量与人均占有量

地区	油料总产量(吨)		平均每人占有量(千克/人)	
	指标值	位次	指标值	位次
全国总计	**35169950**		**25.9**	
北京	9762	30	0.5	30
天津	5752	31	0.4	31
河北	1511261	8	20.7	16
山西	194660	24	5.4	27
内蒙古	1581369	7	63.4	1
辽宁	1136411	11	25.9	14
吉林	840162	14	30.5	9
黑龙江	190241	25	5.0	28
上海	14967	29	0.6	29
江苏	1503712	9	19.0	18
浙江	377794	21	6.9	26
安徽	2254320	5	37.5	5
福建	288261	23	7.7	25
江西	1192859	10	26.4	12
山东	3496095	2	36.0	6
河南	5890800	1	62.6	2
湖北	3331726	3	57.6	3
湖南	2244391	6	33.7	8
广东	1010094	12	9.5	24
广西	572054	19	12.2	23
海南	109185	27	12.3	22
重庆	531375	20	18.0	19
四川	2904439	4	35.9	7
贵州	915304	13	26.2	13
云南	606771	16	13.0	21
西藏	63771	28	20.6	17
陕西	595182	18	15.8	20
甘肃	697199	15	27.0	10
青海	325652	22	56.6	4
宁夏	168080	26	25.8	15
新疆	606301	17	27.0	11

15－4 糖料总产量与人均占有量

地 区	糖料总产量(吨)		平均每人占有量(千克/人)	
	指标值	位 次	指标值	位 次
全国总计	**137461273**		**101.3**	
北 京				
天 津				
河 北	742424	9	10.2	13
山 西	224571	18	6.2	16
内蒙古	1813605	6	72.7	6
辽 宁	171219	20	3.9	18
吉 林	61992	23	2.3	22
黑龙江	1231731	8	32.1	8
上 海	6766	24	0.3	24
江 苏	95594	22	1.2	23
浙 江	638939	12	11.6	11
安 徽	202087	19	3.4	20
福 建	586246	13	15.6	9
江 西	645998	11	14.3	10
山 东	67	27		27
河 南	283127	16	3.0	21
湖 北	287211	15	5.0	17
湖 南	736817	10	11.1	12
广 东	15532282	3	146.3	5
广 西	81042553	1	1724.1	1
海 南	4407722	5	494.7	2
重 庆	109360	21	3.7	19
四 川	571315	14	7.1	15
贵 州	1593469	7	45.6	7
云 南	21462549	2	459.3	3
西 藏				
陕 西	1600	25	0.04	25
甘 肃	247223	17	9.60	14
青 海	150	26		26
宁 夏				
新 疆	4764656	4	211.90	4

15—5 肉类总产量与人均占有量

地 区	肉类总产量(万吨)		平均每人占有量(千克/人)	
	指标值	位 次	指标值	位 次
全国总计	**8535.0**		**63.2**	
北 京	41.8	27	20.0	30
天 津	46.5	26	32.2	26
河 北	448.8	5	61.4	17
山 西	83.2	24	23.0	29
内蒙古	244.9	15	98.2	1
辽 宁	420.1	8	95.7	2
吉 林	262.7	14	95.5	3
黑龙江	221.3	16	57.7	18
上 海	23.8	31	9.9	31
江 苏	383.2	11	48.3	22
浙 江	174.3	20	31.8	27
安 徽	403.8	10	67.2	15
福 建	211.2	17	56.2	20
江 西	321.9	13	71.3	13
山 东	774.8	1	79.8	8
河 南	699.1	2	74.3	12
湖 北	430.1	7	74.3	11
湖 南	519.2	4	77.9	9
广 东	435.2	6	41.0	24
广 西	420.0	9	89.4	5
海 南	82.9	25	93.0	4
重 庆	207.8	18	70.3	14
四 川	690.4	3	85.3	7
贵 州	199.7	19	57.2	19
云 南	359.4	12	76.9	10
西 藏	26.8	30	86.6	6
陕 西	112.6	22	30.0	28
甘 肃	91.0	23	35.3	25
青 海	31.8	28	55.3	21
宁 夏	27.4	29	42.1	23
新 疆	139.4	21	62.0	16

15－6　水产品总产量与人均占有量

地　区	水产品总产量(吨)		平均每人占有量(千克/人)	
	指标值	位　次	指标值	位　次
全国总计	**61720029**		**45.5**	
北　京	63611	27	3.0	27
天　津	398562	18	27.6	13
河　北	1230636	14	16.8	15
山　西	45621	28	1.3	28
内蒙古	141321	24	5.7	24
辽　宁	5050252	6	115.1	3
吉　林	185827	21	6.8	22
黑龙江	488615	16	12.7	18
上　海	288787	20	12.0	19
江　苏	5093844	5	64.2	9
浙　江	5508186	4	100.4	4
安　徽	2155341	11	35.9	11
福　建	6584802	3	175.1	2
江　西	2426460	9	53.8	10
山　东	8631599	1	88.9	5
河　南	850130	15	9.0	21
湖　北	4103732	7	70.9	7
湖　南	2340595	10	35.1	12
广　东	8161268	2	76.9	6
广　西	3193444	8	67.9	8
海　南	1831423	12	205.6	1
重　庆	385000	19	13.0	17
四　川	1260578	13	15.6	16
贵　州	166997	22	4.8	25
云　南	486300	17	10.4	20
西　藏	400	31	0.1	31
陕　西	125150	26	3.3	26
甘　肃	13884	29	0.5	30
青　海	6000	30	1.0	29
宁　夏	144930	23	22.3	14
新　疆	131704	25	5.9	23
中农发集团	225030			

注：水产品总产量包括中农发集团产量。

15－7 水果总产量与人均占有量

地　区	水果总产量(万吨)		平均每人占有量(千克/人)	
	指标值	位　次	指标值	位　次
全国总计	**25093.0**		**184.9**	
北　京	103.8	27	49.6	26
天　津	54.2	29	37.5	28
河　北	1863.3	3	254.9	8
山　西	711.8	16	196.6	12
内蒙古	294.8	22	118.2	20
辽　宁	944.7	8	215.2	10
吉　林	234.7	25	85.3	24
黑龙江	274.4	23	71.6	25
上　海	74.7	28	31.2	29
江　苏	814.2	13	102.7	23
浙　江	715.7	15	130.4	19
安　徽	905.1	10	150.6	14
福　建	744.3	14	197.9	11
江　西	637.8	17	141.3	15
山　东	3028.8	1	312.0	5
河　南	2599.7	2	276.3	7
湖　北	920.5	9	159.0	13
湖　南	879.4	11	132.0	18
广　东	1485.4	5	139.9	16
广　西	1433.4	6	304.9	6
海　南	439.5	20	493.3	2
重　庆	319.3	21	107.9	21
四　川	840.1	12	103.8	22
贵　州	167.7	26	48.0	27
云　南	634.5	18	135.8	17
西　藏	1.3	31	4.2	31
陕　西	1764.4	4	469.5	3
甘　肃	611.5	19	237.0	9
青　海	3.0	30	5.2	30
宁　夏	264.3	24	406.2	4
新　疆	1326.9	7	590.1	1

15－8　奶类总产量与人均占有量

地　　区	奶类总产量(万吨)		平均每人占有量(千克/人)	
	指标值	位　次	指标值	位　次
全国总计	**3649.5**		**27.0**	
北　　京	61.5	13	29.4	11
天　　津	68.5	12	47.5	9
河　　北	465.7	3	63.7	5
山　　西	87.2	10	24.1	14
内 蒙 古	778.6	1	312.2	1
辽　　宁	125.7	8	28.6	13
吉　　林	48.3	16	17.6	15
黑 龙 江	522.5	2	136.3	3
上　　海	26.5	20	11.1	18
江　　苏	59.9	14	7.6	20
浙　　江	18.2	22	3.3	23
安　　徽	25.3	21	4.2	21
福　　建	15.3	24	4.1	22
江　　西	12.2	26	2.7	25
山　　东	281.2	5	29.0	12
河　　南	328.8	4	34.9	10
湖　　北	15.8	23	2.7	24
湖　　南	8.9	28	1.3	29
广　　东	14.1	25	1.3	30
广　　西	9.6	27	2.0	27
海　　南	0.2	31	0.3	31
重　　庆	6.8	29	2.3	26
四　　川	71.1	11	8.8	19
贵　　州	5.5	30	1.6	28
云　　南	59.3	15	12.7	17
西　　藏	33.0	18	106.4	4
陕　　西	188.5	6	50.2	7
甘　　肃	39.1	17	15.2	16
青　　海	28.7	19	49.9	8
宁　　夏	104.2	9	160.1	2
新　　疆	139.2	7	61.9	6

15—9 各地区农村居民人均纯收入位次

单位:元/人

地 区	1995年		2000年		2012年		2013年	
	实际数	位 次	实际数	位 次	实际数	位 次	实际数	位 次
全国总计	**1577.7**		**2253.4**		**7916.6**		**8895.9**	
北 京	3223.7	2	4604.6	2	16475.7	2	18337.5	2
天 津	2406.4	6	3622.4	5	14025.5	4	15841.0	4
河 北	1668.7	11	2478.9	9	8081.4	12	9101.9	12
山 西	1208.3	22	1905.6	20	6356.6	23	7153.5	23
内蒙古	1208.4	21	2038.2	16	7611.3	15	8595.7	15
辽 宁	1756.5	9	2355.6	10	9383.7	9	10522.7	9
吉 林	1609.6	12	2022.5	17	8598.2	11	9621.2	11
黑龙江	1766.3	8	2148.2	14	8603.8	10	9634.1	10
上 海	4245.6	1	5596.4	1	17803.7	1	19595.0	1
江 苏	2456.9	5	3595.1	6	12202.0	5	13597.8	5
浙 江	2966.2	3	4253.7	3	14551.9	3	16106.0	3
安 徽	1302.8	18	1934.6	19	7160.5	20	8097.9	20
福 建	2048.6	7	3230.5	7	9967.2	7	11184.2	7
江 西	1537.4	13	2135.3	15	7829.4	14	8781.5	14
山 东	1715.1	10	2659.2	8	9446.5	8	10619.9	8
河 南	1232.0	20	1985.8	18	7524.9	16	8475.3	16
湖 北	1511.2	15	2268.6	11	7851.7	13	8867.0	13
湖 南	1425.2	17	2197.2	12	7440.2	17	8372.1	17
广 东	2699.2	4	3654.5	4	10542.8	6	11669.3	6
广 西	1446.1	16	1864.5	23	6007.5	25	6790.9	25
海 南	1519.7	14	2182.3	13	7408.0	18	8342.6	18
重 庆	1270.4	19	1892.4	22	7383.3	19	8332.0	19
四 川	1158.3	24	1903.6	21	7001.4	21	7895.3	21
贵 州	1086.6	26	1374.2	30	4753.0	30	5434.0	30
云 南	1011.0	28	1478.6	27	5416.5	28	6141.3	29
西 藏	1200.3	23	1330.8	31	5719.4	27	6578.2	26
陕 西	962.9	30	1443.9	28	5762.5	26	6502.6	27
甘 肃	880.3	31	1428.7	29	4506.7	31	5107.8	31
青 海	1029.8	27	1490.5	26	5364.4	29	6196.4	28
宁 夏	998.8	29	1724.3	24	6180.3	24	6931.0	24
新 疆	1136.5	25	1618.1	25	6393.7	22	7296.5	22

16

国外主要农业指标

16－1　总人口与农业人口

国家或地区	总人口(万人)			农业人口(万人)			农业人口占总人口的比重(%)		
	2000 年	2012 年	2013 年	2000 年	2012 年	2013 年	2000 年	2012 年	2013 年
世　界	**612769**	**708007**	**716212**	**326342**	**335204**	**335743**	**53.3**	**47.3**	**46.9**
印　度	104226	123669	125214	75390	84551	85150	72.3	68.4	68.0
美　国	28459	31751	32005	5951	5509	5476	20.9	17.4	17.1
印度尼西亚	20894	24686	24987	12118	11977	11932	58.0	48.5	47.8
巴　西	17451	19866	20036	3282	3000	2972	18.8	15.1	14.8
巴基斯坦	14383	17916	18214	9617	11374	11503	66.9	63.5	63.2
尼日利亚	12288	16883	17362	7084	8399	8530	57.6	49.7	49.1
孟加拉国	13238	15470	15660	10115	11005	11063	76.4	71.1	70.6
俄罗斯	14676	14317	14283	3911	3724	3691	26.6	26.0	25.8
日　本	12572	12725	12714	2684	1028	952	21.4	8.1	7.5
墨西哥	10387	12085	12233	2626	2610	2608	25.3	21.6	21.3
菲律宾	7765	9671	9839	4039	4927	4989	52.0	50.9	50.7
埃塞俄比亚	6602	9173	9410	5629	7591	7763	85.3	82.8	82.5
越　南	8089	9080	9168	6117	6204	6206	75.6	68.3	67.7
德　国	8351	8280	8273	2249	2149	2136	26.9	25.9	25.8
埃　及	6614	8072	8206	3783	4549	4611	57.2	56.4	56.2
伊　朗	6591	7642	7745	2370	2354	2374	36.0	30.8	30.7
土耳其	6317	7400	7493	2228	2037	1994	35.3	27.5	26.6
刚　果	4695	6571	6751	3319	4283	4363	70.7	65.2	64.6
泰　国	6234	6679	6701	4293	4378	4368	68.9	65.6	65.2
法　国	5921	6394	6429	1368	871	843	23.1	13.6	13.1
英　国	5918	6303	6338	1273	1287	1286	21.5	20.4	20.3
意大利	5699	6089	6099	1868	1915	1907	32.8	31.5	31.3
缅　甸	4845	5280	5326	3527	3527	3527	72.8	66.8	66.2
南　非	4485	5239	5278	1933	1968	1959	43.1	37.6	37.1
韩　国	4598	4900	4926	937	809	800	20.4	16.5	16.2
坦桑尼亚	3402	4778	4925	2643	3480	3564	77.7	72.8	72.4
哥伦比亚	3990	4770	4832	1114	1165	1167	27.9	24.4	24.2
西班牙	4028	4676	4693	956	1049	1046	23.7	22.4	22.3
乌克兰	4906	4553	4524	1612	1408	1390	32.9	30.9	30.7
肯尼亚	3129	4318	4435	2506	3266	3336	80.1	75.6	75.2
阿根廷	3690	4109	4145	364	301	298	9.9	7.3	7.2
阿尔及利亚	3172	3848	3921	1244	1007	993	39.2	26.2	25.3
波　兰	3835	3821	3822	1468	1498	1501	38.3	39.2	39.3
苏　丹		3720	3796		2611	2660		70.2	70.1
乌干达	2428	3635	3758	2134	3054	3142	87.9	84.0	83.6
加拿大	3070	3484	3518	630	670	673	20.5	19.2	19.1
伊拉克	2380	3278	3377	766	1101	1135	32.2	33.6	33.6
摩洛哥	2871	3252	3301	1340	1386	1394	46.7	42.6	42.2
阿富汗	2060	2983	3055	1636	2272	2318	79.4	76.2	75.9
委内瑞拉	2441	2996	3041	247	188	185	10.1	6.3	6.1
秘　鲁	2600	2999	3038	701	672	670	27.0	22.4	22.1

资料来源：联合国 FAO 数据库

16－2　农业生产指数

（2004－2006年＝100）

国家或地区	2009	2010	2011	2012
世　　界	**110**	**113**	**117**	**117**
孟加拉国	121	129	133	107
印　　度	114	125	132	130
印度尼西亚	119	121	126	132
伊　　朗	107	107	108	112
以 色 列	104	104	107	111
日　　本	103	100	99	102
哈萨克斯坦	123	107	143	112
朝　　鲜	98	98	99	94
韩　　国	109	102	100	103
马来西亚	109	110	119	120
蒙　　古	146	115	126	133
缅　　甸	130	135	133	140
巴基斯坦	113	110	119	119
菲 律 宾	113	113	115	119
斯里兰卡	112	124	119	121
泰　　国	113	114	119	125
越　　南	118	120	126	129
埃　　及	116	109	114	119
尼日利亚	91	102	103	108
南　　非	116	118	116	120
加 拿 大	104	102	102	103
墨 西 哥	104	108	108	114
美　　国	105	106	102	102
阿 根 廷	96	116	116	107
巴　　西	117	122	128	127
委内瑞拉	105	105	113	116
白俄罗斯	117	117	114	121
捷　　克	98	91	97	89
法　　国	99	97	99	98
德　　国	106	102	104	105
意 大 利	99	95	96	87
荷　　兰	109	111	113	112
波　　兰	106	101	103	107
罗马尼亚	91	91	100	79
俄罗斯联邦	109	94	116	108
西 班 牙	101	103	106	90
土 耳 其	105	110	116	122
乌 克 兰	109	106	128	121
英　　国	100	102	104	99
澳大利亚	101	100	108	117
新 西 兰	103	104	106	113

资料来源：联合国FAO数据库。

16－3 谷物总产量、收获面积与单产

国家或地区	总产量(万吨)			收获面积(千公顷)			单产(千克/公顷)		
	2000 年	2011 年	2012 年	2000 年	2011 年	2012 年	2000 年	2011 年	2012 年
世　界	**205817**	**259164**	**254500**	**673029**	**707367**	**703197**	**3058**	**3664**	**3619**
孟加拉国	3950	5263	3620	11672	12575	12147	3384	4185	2980
印　度	23493	28786	28650	102402	100516	97000	2294	2864	2954
印度尼西亚	6158	8337	8842	15293	17063	17403	4026	4886	5081
伊　朗	1287	2070	2083	7022	9122	9521	1833	2269	2188
以色列	18	25	32	75	76	84	2443	3354	3863
日　本	1037	1145	1173	2045	1904	1912	5069	6012	6134
哈萨克斯坦	1154	2683	1279	12240	15796	14713	943	1698	869
朝　鲜	294	471	417	1234	1307	1335	2385	3604	3128
韩　国	750	651	662	1165	922	911	6436	7062	7271
马来西亚	221	264	280	726	697	702	3040	3780	3994
蒙　古	14	45	48	183	300	306	775	1485	1565
缅　甸	2213	3108	3510	7135	8512	9122	3101	3652	3848
巴基斯坦	3046	3919	3803	12650	13304	13226	2408	2946	2876
菲律宾	1690	2366	2544	6549	7081	7284	2581	3341	3493
斯里兰卡	290	404	405	868	1147	1055	3338	3521	3843
泰　国	3053	3978	4301	11228	13282	13888	2719	2995	3097
越　南	3454	4724	4847	8398	8778	8873	4112	5381	5462
埃　及	2011	2201	2376	2762	3038	3268	7280	7247	7269
尼日利亚	2137	2217	2633	18242	16627	17440	1172	1333	1510
南　非	1453	1292	1427	5272	3210	3871	2755	4024	3686
加拿大	5109	4727	5007	18210	13404	14145	2806	3527	3540
墨西哥	2799	2841	3361	10137	8766	9732	2761	3241	3454
美　国	34263	38682	35696	58526	56733	60272	5854	6818	5923
阿根廷	3875	4910	4096	11221	10898	9843	3454	4506	4162
巴　西	4589	7759	8991	17244	19216	19611	2661	4038	4585
委内瑞拉	295	403	483	909	1137	1186	3244	3545	4074
白俄罗斯	457	798	883	2339	2457	2532	1952	3248	3486
捷　克	647	797	660	1656	1470	1457	3906	5422	4529
法　国	6570	6386	7098	9075	9629	9434	7240	6632	7524
德　国	4527	4194	4494	7016	6491	6513	6453	6461	6900
意大利	2066	1952	1905	4137	3438	3548	4994	5677	5368
荷　兰	173	161	173	219	206	203	7906	7801	8545
波　兰	2234	2651	2826	8814	7719	7704	2535	3434	3668
罗马尼亚	1050	2084	1282	5644	5220	5425	1860	3993	2364
俄罗斯联邦	6433	9179	6877	41145	40602	36988	1563	2261	1859
西班牙	2456	2204	1696	6802	5944	5875	3610	3708	2886
土耳其	3225	3520	3337	13954	11900	11289	2311	2958	2956
乌克兰	2381	5626	4574	12204	14985	14412	1951	3754	3174
英　国	2399	2148	1952	3348	3076	3141	7165	6985	6213
澳大利亚	3445	3999	4337	17554	19069	19425	1962	2097	2233
新西兰	85	100	117	136	144	146	6278	6951	8012

资料来源:联合国 FAO 数据库。

16—4 小麦总产量、收获面积与单产

国家或地区	总产量(万吨)			收获面积(千公顷)			单产(千克/公顷)		
	2000年	2011年	2012年	2000年	2011年	2012年	2000年	2011年	2012年
世界	**58569**	**69949**	**67088**	**215437**	**220312**	**215489**	**2719**	**3175**	**3113**
孟加拉国	184	97	100	832	374	358	2210	2601	2779
印度	7637	8687	9488	27486	29069	29900	2779	2989	3173
伊朗	809	1234	1380	5101	6376	7000	1586	1935	1971
以色列	9	12	19	64	61	68	1465	2013	2783
日本	69	75	86	183	212	209	3761	3529	4100
哈萨克斯坦	907	2273	984	10050	13694	12457	903	1660	790
朝鲜	5	13	12	59	63	60	848	2016	1967
韩国		4	4	1	13	9	2545	3348	3911
蒙古	14	44	47	179	291	297	777	1496	1565
缅甸	9	17	19	80	95	103	1159	1809	1806
巴基斯坦	2108	2521	2347	8463	8901	8666	2491	2833	2709
泰国				1	1	1	655	1053	870
埃及	656	841	880	1035	1285	1336	6342	6543	6582
尼日利亚	7	17	10	52	99	90	1404	1667	1111
南非	243	201	192	934	605	511	2600	3316	3748
加拿大	2654	2526	2701	10855	8544	9353	2445	2957	2888
墨西哥	349	363	327	708	662	579	4936	5478	5657
美国	6064	5441	6176	21474	18496	19826	2824	2942	3115
阿根廷	1615	1450	820	6476	4494	3019	2493	3226	2715
巴西	166	569	442	1066	2139	1913	1559	2660	2310
委内瑞拉				1	1	1	369	318	286
白俄罗斯	97	213	255	452	644	713	2137	3309	3582
捷克	408	491	352	970	863	815	4209	5692	4316
法国	3735	3599	4030	5248	5825	5303	7117	6179	7599
德国	2162	2280	2243	2969	3248	3061	7283	7019	7328
意大利	746	664	777	2323	1733	1880	3213	3834	4132
荷兰	114	118	130	137	151	152	8359	7781	8587
波兰	850	934	861	2635	2259	2077	3227	4135	4144
罗马尼亚	446	713	530	1928	1946	1992	2311	3665	2659
俄罗斯联邦	3446	5624	3772	21346	24836	21278	1614	2265	1773
西班牙	729	688	465	2353	1995	1759	3100	3448	2644
土耳其	2101	2180	2010	9400	8096	7530	2235	2693	2670
乌克兰	1020	2232	1576	5162	6657	5630	1976	3353	2800
英国	1670	1526	1326	2086	1969	1992	8008	7749	6657
澳大利亚	2211	2741	2991	12141	13502	13902	1821	2030	2151
新西兰	33	38	49	53	53	55	6210	7286	8925

资料来源：联合国 FAO 数据库。

16—5 稻谷总产量、收获面积与单产

国家或地区	总产量(万吨)			收获面积(千公顷)			单产(千克/公顷)		
	2000 年	2011 年	2012 年	2000 年	2011 年	2012 年	2000 年	2011 年	2012 年
世　界	**59693**	**72496**	**71974**	**154061**	**163626**	**163199**	**3875**	**4431**	**4410**
孟加拉国	3763	5063	3389	10801	12000	11553	3484	4219	2933
印　度	12746	15790	15260	44712	43970	42500	2851	3591	3591
印度尼西亚	5190	6574	6905	11793	13201	13443	4401	4980	5136
伊　朗	197	275	240	534	574	480	3690	4784	5000
日　本	943	1050	1065	1770	1576	1581	5330	6662	6739
哈萨克斯坦	21	35	35	72	93	93	2972	3721	3770
朝　鲜	169	248	174	535	571	570	3159	4342	3053
韩　国	720	630	642	1072	851	847	6711	7410	7581
马来西亚	214	258	275	699	688	692	3064	3747	3973
缅　甸	2132	2901	3300	6302	7567	8150	3383	3834	4049
巴基斯坦	720	919	940	2377	2571	2700	3031	3576	3482
菲律宾	1239	1668	1803	4038	4537	4690	3068	3678	3845
斯里兰卡	286	389	385	832	1091	990	3437	3570	3885
泰　国	2584	3459	3780	9891	11944	12600	2613	2896	3000
越　南	3253	4240	4366	7666	7655	7753	4243	5538	5632
埃　及	600	568	591	659	593	620	9103	9567	9530
尼日利亚	330	457	483	2199	2580	2685	1500	1771	1800
南　非				1	1	1	2947	2497	2727
墨西哥	35	17	18	84	34	32	4181	5096	5623
美　国	866	839	905	1230	1059	1084	7040	7921	8349
阿根廷	90	175	157	189	257	235	4780	6790	6662
巴　西	1109	1348	1155	3655	2753	2413	3034	4896	4786
委内瑞拉	68	142	133	138	250	235	4897	5700	5660
法　国	12	13	12	20	22	21	5836	5885	5952
意大利	123	149	158	220	247	247	5581	6045	6420
罗马尼亚		7	5	1	13	11	2571	5150	4500
俄罗斯联邦	59	106	105	168	207	192	3495	5095	5490
西班牙	83	93	88	117	122	114	7066	7580	7756
土耳其	35	90	88	58	99	120	6035	9054	7351
乌克兰	9	17	16	25	30	26	3560	5740	6194
澳大利亚	110	72	92	133	76	103	8257	9544	8910

资料来源:联合国 FAO 数据库。

16—6 玉米总产量、收获面积与单产

国家或地区	总产量(万吨)			收获面积(千公顷)			单产(千克/公顷)		
	2000年	2011年	2012年	2000年	2011年	2012年	2000年	2011年	2012年
世　界	**59248**	**88801**	**87207**	**137005**	**172048**	**177380**	**4325**	**5161**	**4916**
孟加拉国	1	102	130	5	166	197	2060	6151	6584
印　度	1204	2176	2106	6611	8710	8400	1822	2498	2507
印度尼西亚	968	1763	1938	3500	3861	3960	2765	4565	4893
伊　朗	112	275	122	182	574	350	6166	4784	3494
以色列	7	10	9	6	3	3	12669	33816	25556
日　本							2575	2578	2615
哈萨克斯坦	25	48	52	75	97	100	3335	4990	5188
朝　鲜	104	186	200	496	503	520	2099	3692	3846
韩　国	6	7	8	16	16	17	4062	4652	4894
马来西亚	7	6	5	27	10	9	2407	6132	5535
缅　甸	36	148	150	210	411	415	1706	3609	3615
巴基斯坦	164	427	463	944	1083	1085	1741	3943	4268
菲律宾	451	697	741	2510	2545	2594	1797	2740	2856
斯里兰卡	3	14	20	29	51	59	1084	2726	3419
泰　国	447	482	481	1218	1122	1080	3672	4293	4457
越　南	201	484	480	730	1121	1118	2747	4313	4295
埃　及	647	688	809	843	888	1041	7680	7741	7772
尼日利亚	411	918	941	3159	6008	5200	1300	1528	1810
南　非	1143	1036	1183	4012	2372	3141	2849	4367	3766
加拿大	695	1069	1170	1107	1202	1400	6284	8895	8361
墨西哥	1756	1764	2207	7131	6069	6924	2462	2906	3187
美　国	25185	31395	27383	29316	33990	35360	8591	9237	7744
阿根廷	1678	2380	2120	3089	3748	3696	5433	6350	5735
巴　西	3188	5566	7107	11615	13219	14198	2745	4211	5006
委内瑞拉	169	212	300	483	642	700	3500	3299	4286
白俄罗斯	3	121	95	13	184	189	2308	6595	5039
捷　克	30	76	93	47	110	119	6429	6918	7780
法　国	1602	1591	1561	1765	1596	1719	9077	9973	9085
德　国	332	518	499	361	488	510	9212	10623	9786
意大利	1014	975	819	1064	995	981	9528	9803	8358
荷　兰	22	20	19	20	17	16	11000	12336	12342
波　兰	92	239	400	152	333	544	6064	7177	7348
罗马尼亚	490	1172	595	3049	2587	2722	1606	4529	2187
俄罗斯联邦	153	696	821	721	1603	1938	2123	4345	4239
西班牙	399	420	423	433	369	387	9216	11374	10945
土耳其	230	420	460	555	589	623	4144	7131	7388
乌克兰	385	2284	2096	1279	3544	4372	3009	6445	4795
澳大利亚	41	36	45	82	62	70	4936	5739	6465
新西兰	18	21	21	18	19	19	10226	11361	10865

资料来源：联合国 FAO 数据库。

16－7　大豆总产量、收获面积与单产

国家或地区	总产量(万吨)			收获面积(千公顷)			单产(千克/公顷)		
	2000年	2011年	2012年	2000年	2011年	2012年	2000年	2011年	2012年
世　界	**1765**	**2318**	**2360**	**23891**	**30432**	**29291**	**739**	**762**	**806**
孟加拉国	5	5	6	80	58	60	677	888	917
印　度	285	433	363	5845	11000	9100	487	394	399
印度尼西亚	29	34	29	339	297	248	855	1148	1159
伊　朗	18	26	25	110	113	95	1651	2290	2632
日　本	10	7	9	57	41	40	1832	1713	2134
哈萨克斯坦	2			10			1550	5667	2500
朝　鲜	32	34	25	360	380	245	889	895	1020
韩　国	1	1	1	14	5	7	948	1054	938
缅　甸	129	375	390	1762	2712	2750	729	1383	1418
巴基斯坦	13	10	11	265	165	168	492	629	643
菲律宾	3	3	3	40	45	46	693	730	730
斯里兰卡	1	1	1	13	9	9	902	1201	1222
泰　国	23	10	10	280	141	139	807	723	741
越　南	14	22	22	209	249	250	691	872	880
埃　及	3	10	7	11	35	27	2924	2886	2618
南　非	8	4	5	72	42	40	1156	1002	1200
加拿大	26	14	27	158	66	120	1650	2178	2266
墨西哥	89	57	108	1503	895	1559	591	634	693
美　国	120	90	145	654	468	684	1840	1923	2117
阿根廷	30	33	35	276	273	280	1076	1220	1250
巴　西	304	344	279	4332	3673	2709	701	935	1032
委内瑞拉	3	5	5	31	53	55	815	847	862
白俄罗斯	17	16	23	123	57	84	1371	2752	2693
法　国	1	1	1	3	3	4	3046	2072	2106
意大利	2	1	1	11	6	6	1835	1894	1919
荷　兰				1	1	2	2866	3249	3001
波　兰	5	3	3	25	18	13	1863	1989	2170
罗马尼亚	2	2	2	26	24	25	832	886	654
俄罗斯联邦	1	1	1	5	4	4	1219	1724	1839
西班牙	1	1	1	12	7	7	1067	1674	1500
土耳其	23	20	20	176	95	93	1307	2121	2147
乌克兰	6	3	3	33	23	21	1690	1509	1587
英　国									
澳大利亚	6	7	5	52	80	60	1115	812	833

资料来源：联合国FAO数据库。

16—8 薯类作物总产量、收获面积与单产

国家或地区	总产量(万吨)			收获面积(千公顷)			单产(千克/公顷)		
	2000 年	2011 年	2012 年	2000 年	2011 年	2012 年	2000 年	2011 年	2012 年
世　界	**69989**	**81872**	**80931**	**53305**	**55599**	**55347**	**13130**	**14726**	**14623**
孟加拉国	331	862	846	284	491	455	11655	17579	18589
印　度	3212	5146	5422	1678	2198	2238	19140	23415	24227
印度尼西亚	1927	2758	2787	1615	1479	1428	11934	18642	19519
伊　朗	366	558	540	169	186	180	21663	30033	30000
以 色 列	40	64	58	12	21	20	34431	30510	29768
日　本	448	368	378	170	145	146	26292	25343	25850
哈萨克斯坦	169	308	313	159	184	188	10639	16718	16590
朝　鲜	216	220	225	211	171	174	10237	12836	12968
韩　国	105	88	95	46	45	50	23034	19568	19057
马来西亚	16	6	7	12	5	6	12946	12116	12006
蒙　古	6	20	25	8	15	17	7473	13114	14621
缅　甸	37	134	128	40	100	94	9152	13374	13549
巴基斯坦	230	399	459	136	188	213	16883	21244	21570
菲 律 宾	252	299	300	369	361	353	6824	8285	8497
斯里兰卡	35	40	41	41	34	34	8429	11586	11924
泰　国	1937	2239	2299	1152	1168	1284	16809	19173	17905
越　南	391	1169	1161	520	744	732	7527	15706	15855
埃　及	207	472	494	87	177	179	23867	26634	27578
尼日利亚	6516	9718	10000	7569	8441	8627	8609	11513	11592
南　非	177	225	231	77	82	84	22950	27453	27618
加 拿 大	457	417	459	159	141	148	28682	29586	31016
墨 西 哥	182	168	207	77	65	79	23703	25722	26165
美　国	2392	2071	2037	584	489	510	40971	42399	39956
阿 根 廷	266	270	279	115	116	115	23192	23322	24298
巴　西	2663	3006	2750	1943	1952	1893	13708	15400	14525
委内瑞拉	110	128	131	84	82	84	13089	15555	15677
白俄罗斯	872	715	691	661	341	332	13189	20956	20800
捷　克	148	81	66	69	26	24	21330	30447	27924
法　国	643	744	634	163	159	154	39559	46899	41113
德　国	1369	1180	1067	304	259	238	44991	45613	44757
意 大 利	207	156	160	83	63	61	24862	24883	26166
荷　兰	823	733	677	180	159	150	45655	46055	45173
波　兰	2423	820	909	1251	401	373	19376	20466	24375
罗马尼亚	347	408	247	283	248	229	12274	16415	10762
俄罗斯联邦	3398	3268	2953	3229	2203	2197	10523	14838	13441
西 班 牙	310	248	220	120	81	75	25817	30515	29135
土 耳 其	537	461	482	205	144	175	26159	32138	27626
乌 克 兰	1984	2425	2325	1631	1443	1444	12163	16804	16100
英　国	664	612	455	166	146	149	39976	41884	30557
澳大利亚	123	117	133	43	34	35	28518	34574	37608
新 西 兰	52	54	57	13	12	13	39725	44929	44198

资料来源:联合国 FAO 数据库。

16－9 油菜籽总产量、收获面积与单产

国家或地区	总产量(吨)			收获面积(公顷)			单产(千克/公顷)		
	2000 年	2011 年	2012 年	2000 年	2011 年	2012 年	2000 年	2011 年	2012 年
世　界	**39526177**	**62698873**	**65058240**	**25843898**	**33780487**	**34085066**	**1529**	**1856**	**1909**
孟加拉国	249000	230000	230000	328609	250000	255000	758	920	902
印　度	5788400	8179000	6776000	6026800	6506400	5920000	960	1257	1145
伊　朗		345000	350000		165000	170000		2091	2059
日　本	650	1950	1870	319	1700	1610	2038	1147	1162
哈萨克斯坦	2940	148400	116900	7500	154600	201600	392	960	580
韩　国	2737	1739	1800	1787	1530	1550	1532	1137	1161
巴基斯坦	297300	288000	575000	327300	268000	203000	908	1075	2833
南　非		58800	79000		43510	44000		1351	1796
加拿大	7205300	14164500	15409500	4859200	7471300	8379900	1483	1896	1839
墨西哥	14000	30	150	10000	185	10	1400	162	15000
美　国	909026	698910	1112230	607804	422620	700560	1496	1654	1588
阿根廷	6015	23335	50620	3725	11405	29465	1615	2046	1718
巴　西	41000	52000	61000	24000	42000	44000	1708	1238	1386
白俄罗斯	73000	379296	704456	110000	295871	421497	664	1282	1671
捷　克	844428	1046071	1109137	323842	373386	401319	2608	2802	2764
法　国	3476819	5369011	5463063	1186255	1556026	1607186	2931	3451	3399
德　国	3585661	3869500	4821100	1078010	1328600	1306200	3326	2913	3691
意大利	41016	44033	24725	36294	18834	10301	1130	2338	2400
荷　兰	2900	6757	7475	800	1965	2129	3625	3439	3511
波　兰	958145	1861807	1865598	436768	830149	720308	2194	2243	2590
罗马尼亚	76100	738971	157511	68400	390020	97142	1113	1895	1622
俄罗斯联邦	148200	1056130	1035459	172000	839500	976100	862	1258	1061
西班牙	49600	63902	51500	31400	32091	28600	1580	1991	1801
土耳其	187	91239	110000	82	26830	30000	2281	3401	3667
乌克兰	131800	1437500	1204400	156700	832700	547000	841	1726	2202
英　国	1157000	2758000	2557000	402000	705000	756000	2878	3912	3382
澳大利亚	1775000	2358735	3427294	1459000	2077542	2358735	1217	1135	1453
新西兰	4000	2650	2700	2000	2500	2500	2000	1060	1080

资料来源：联合国 FAO 数据库。

16－10 花生总产量、收获面积与单产

国家或地区	总产量(万吨)			收获面积(千公顷)			单产(千克/公顷)		
	2000 年	2011 年	2012 年	2000 年	2011 年	2012 年	2000 年	2011 年	2012 年
世　界	**3473**	**4013**	**4119**	**23246**	**24622**	**24709**	**1494**	**1630**	**1667**
印　度	648	696	578	6559	5310	4900	988	1312	1179
尼日利亚	290	296	307	1934	2343	2420	1500	1265	1269
美　国	148	166	306	541	437	651	2740	3795	4699
缅　甸	63	140	137	560	887	880	1132	1578	1559
苏　丹	95	119	103	1463	1698	1620	647	698	637
坦桑尼亚	5	65	81	117	675	840	444	965	965
印度尼西亚	129	69	71	684	539	560	1890	1281	1274
阿根廷	42	70	69	219	265	307	1914	2652	2232
塞内加尔	106	53	67	1095	866	709	969	609	949
喀麦隆	20	56	57	204	403	410	964	1398	1390
加　纳	21	47	48	218	357	345	959	1304	1376
越　南	36	47	47	245	224	221	1451	2094	2134
马拉维	12	30	38	169	292	353	723	1045	1090
刚果(金)	38	39	37	491	473	477	778	833	779
乍　得	36	41	37	438	480	410	819	863	905
巴　西	18	31	33	103	107	110	1793	2920	3028
马　里	19	32	33	200	340	344	967	941	954
布基纳法索	17	27	31	237	389	398	714	683	781
几内亚	20	29	30	153	215	218	1301	1349	1376
乌干达	14	33	30	199	409	421	699	800	701
尼日尔	11	40	29	360	691	741	314	573	394
埃　及	19	21	21	60	65	62	3103	3176	3288
尼加拉瓜	10	18	20	22	34	35	4345	5420	5714
中　非	10	16	15	84	99	96	1241	1612	1560
埃塞俄比亚	1	10	12	14	64	90	880	1605	1380
贝　宁	12	13	12	139	137	140	874	964	868
土耳其	8	9	12	28	25	37	2756	3550	3210
冈比亚	14	8	12	118	112	117	1169	749	1027
墨西哥	14	8	11	92	61	58	1550	1301	1986
赞比亚	5	28	11	132	209	176	393	1332	642
莫桑比克	12	10	11	269	288	389	461	332	290
科特迪瓦	7	9	9	80	80	77	899	1150	1213
津巴布韦	19	9	9	268	200	220	712	429	422
塞拉利昂	1	9	9	19	121	125	773	706	720
巴基斯坦	9	9	7	82	95	92	1122	921	776
安哥拉	1	16	7	39	314	232	331	513	288
南　非	14	6	6	83	55	45	1648	1165	1298
孟加拉国	3	5	5	29	32	31	1098	1690	1666
老　挝	1	7	5	13	33	22	1031	2141	2129
泰　国	13	5	5	83	30	30	1593	1589	1523
几内亚比绍	2	4	5	16	30	32	1185	1172	1413
多　哥	3	5	4	54	69	66	482	689	671
摩洛哥	4	4	4	18	18	15	2133	2226	2347
马达加斯加	4	3	3	47	53	55	742	585	600
刚　果	2	3	3	39	46	47	600	620	681
柬埔寨	1	2	3	10	16	18	729	1402	1679
菲律宾	3	3	3	27	27	26	999	1105	1116
巴拉圭	2	2	3	29	26	25	752	931	1028
澳大利亚	4	2	2	17	7	11	2017	2526	2234

资料来源：联合国 FAO 数据库。

16－11 籽棉总产量、收获面积与单产

国家或地区	总产量(万吨)			收获面积(千公顷)			单产(千克/公顷)		
	2000年	2011年	2012年	2000年	2011年	2012年	2000年	2011年	2012年
世　界	**5308**	**7697**	**7653**	**31816**	**34711**	**34700**	**1668**	**2217**	**2206**
印　度	513	1918	1660	8577	12178	11700	598	1575	1419
美　国	958	826	891	5282	3829	3793	1814	2158	2349
巴基斯坦	548	661	664	2928	2839	2879	1871	2327	2306
巴　西	201	507	497	802	1405	1382	2508	3609	3596
乌兹别克斯坦	300	298	319	1445	1320	1350	2078	2258	2362
澳大利亚	179	215	287	464	588	596	3848	3662	4812
土耳其	226	258	230	654	542	489	3456	4760	4708
希　腊	130	89	85	412	300	290	3148	2967	2931
阿根廷	42	103	71	332	623	528	1258	1656	1342
墨西哥	22	75	67	77	193	155	2898	3857	4314
布基纳法索	21	44	61	209	395	531	1016	1116	1143
土库曼斯坦	103	59	60	575	550	525	1793	1073	1143
阿拉伯	108	67	59	270	175	168	4003	3835	3525
马　里	24	45	50	228	480	540	1066	927	926
塔吉克斯坦	34	42	42	239	204	200	1406	2041	2090
埃　及	55	63	41	218	218	142	2543	2905	2901
缅　甸	18	53	41	322	326	300	545	1635	1350
哈萨克斯坦	29	34	40	152	154	152	1892	2181	2620
坦桑尼亚	12	16	35	213	227	487	579	723	723
尼日利亚	40	28	31	538	260	300	742	1091	1017
津巴布韦	33	28	28	370	390	430	884	726	661
赞比亚	6	13	27	55	122	314	1129	1078	857
喀麦隆	20	21	27	199	150	200	1027	1420	1345
莫桑比克	3	11	26	106	189	189	329	593	1386
科特迪瓦	40	26	26	291	220	225	1381	1159	1158
马拉维	4	5	24	40	60	252	905	880	968
贝　宁	34	27	24	319	208	335	1065	1275	716
伊　朗	50	24	20	246	115	110	2020	2052	1818
西班牙	29	18	19	92	67	70	3214	2723	2745
苏　丹	15	5	19	171	42	152	858	1099	1231
秘　鲁	15	12	11	89	46	51	1723	2664	2205
玻利维亚	5	11	11	90	122	120	500	885	875
埃塞俄比亚	5	6	10	43	89	80	1058	725	1300
乍　得	18	8	10	280	175	185	643	446	541
吉尔吉斯斯坦	9	10	8	34	37	31	2603	2718	2740
多　哥	12	8	8	141	100	106	831	838	762
哥伦比亚	11	8	7	48	43	40	2304	1796	1700
孟加拉国	4	5	6	16	15	16	2502	3550	3519
阿塞拜疆	9	7	6	101	43	29	905	1551	1949
乌干达	8	14	5	250	160	70	304	903	769
几内亚	7	4	4	53	42	43	1251	952	977
朝　鲜	4	3	4	19	19	19	1842	1684	2084
以色列	4	4	4	11	9	9	3935	4902	4457
阿富汗	6	3	4	50	33	33	1140	1000	1061
伊拉克	3	3	4	20	14	14	1671	2549	2500
塞内加尔	2	4	3	22	30	34	917	1179	1030
南　非	7	5	3	51	13	9	1368	3565	3623
刚果(金)	3	3	3	68	66	67	427	409	418
加　纳	4	3	3	50	26	27	710	1039	1037
巴拉圭	25	3	2	195	25	18	1266	1232	1167

资料来源：联合国FAO数据库。

16—12 麻类总产量、收获面积与单产

国家或地区	总产量(吨)			收获面积(公顷)			单产(千克/公顷)		
	2000 年	2011 年	2012 年	2000 年	2011 年	2012 年	2000 年	2011 年	2012 年
世　界	**23280139**	**31162812**	**30860940**	**35183684**	**38010483**	**38018225**	**662**	**820**	**812**
印　度	3521324	8060080	7351000	9593100	13069000	12592000	367	617	584
美　国	3742350	3412550	3598000	5282000	3828730	3792670	709	891	949
巴基斯坦	1827552	2312440	2215441	2930606	2839702	2880203	624	814	769
巴　西	962932	2068001	1827610	1001473	1703346	1638179	962	1214	1116
孟加拉国	838110	1543090	1473369	469029	727555	781027	1787	2121	1887
乌兹别克斯坦	995000	1002330	1072000	1446500	1321795	1351850	688	758	793
澳大利亚	740500	843572	973497	464300	588294	596497	1595	1434	1632
土耳其	881191	954613	851013	655060	542020	488523	1345	1761	1742
希　腊	432300	233200	367000	412000	300000	290000	1049	777	1266
墨西哥	185877	299666	246113	141826	232793	194277	1311	1287	1267
阿根廷	137095	298917	214200	336162	627901	532811	408	476	402
布基纳法索	108000	150000	206000	209113	395089	531242	517	380	388
土库曼斯坦	232600	195000	198000	574500	550000	525000	405	355	377
缅　甸	92867	196458	151500	360111	343106	317497	258	573	477
马　里	101865	121600	144600	230171	482800	542800	443	252	266
坦桑尼亚	72291	87793	133658	255880	282603	545491	283	311	245
哈萨克斯坦	95463	111000	131200	151800	154100	151800	629	720	864
埃　及	240200	191400	125700	233731	229451	153100	1028	834	821
塔吉克斯坦	93000	103400	121000	238608	204110	200000	390	507	605
贝　宁	152000	93000	115000	319318	208057	335142	476	447	343
尼日利亚	147875	104388	112888	539000	260570	301000	274	401	375
科特迪瓦	177150	76503	112016	291457	220000	225000	608	348	498
苏　丹	53280	27340	101120	171393	42000	152040	311	651	665
阿拉伯	345000	151320	99000	270290	175147	168145	1276	864	589
俄罗斯联邦	103100	95961	98565	130720	65369	67369	789	1468	1463
津巴布韦	129630	92298	97900	373085	394117	434200	348	234	226
莫桑比克	15501	40590	92590	114655	198400	198400	135	205	467
越　南	78960	97981	92168	33400	24562	18431	2364	3989	5001
赞比亚	20000	42000	86240	54937	121857	314490	364	345	274
喀麦隆	85094	65081	80590	198748	150245	200250	428	433	402
菲律宾	85489	76077	76118	116147	147467	147545	736	516	516

资料来源:联合国 FAO 数据库。

16－13 甜菜总产量、收获面积与单产

国家或地区	总产量(万吨)			收获面积(千公顷)			单产(千克/公顷)		
	2000年	2011年	2012年	2000年	2011年	2012年	2000年	2011年	2012年
世　界	**25010**	**27808**	**26987**	**6010**	**5062**	**4901**	**41615**	**54933**	**55065**
俄罗斯联邦	1405	4764	4506	747	1216	1102	18825	39174	40887
法　国	3112	3811	3369	410	393	390	75905	96929	86479
美　国	3254	2621	3197	556	491	487	58565	53392	65593
德　国	2787	2958	2789	452	398	402	61660	74297	69363
乌克兰	1320	1874	1844	746	516	449	17684	36332	41076
土耳其	1882	1613	1500	410	297	281	45902	54250	53381
波　兰	1313	1167	1235	333	204	212	39427	57364	58248
埃　及	289	749	913	57	152	178	50722	49252	51276
英　国	908	850	729	173	113	120	52480	75257	60758
荷　兰	680	586	573	111	73	72	61243	79886	79556
比利时	615	541	544	91	62	62	67679	86962	88286
白俄罗斯	147	449	477	52	99	98	28339	45354	48544
伊　朗	433	410	415	163	100	105	26621	41000	39524
捷　克	281	390	387	61	58	61	45826	66844	63216
日　本	367	355	376	69	61	59	53078	58628	63373
西班牙	793	419	348	125	45	39	63309	93222	89522
奥地利	256	346	313	43	47	49	59224	74200	63427
丹　麦	334	270	277	59	40	41	56530	67500	67610
意大利	1237	355	250	268	62	46	46241	57009	54971
塞　班		282	233		56	65		50729	35949
瑞　典	260	249	218	55	40	39	46900	62899	55849
智　利	309	195	182	49	20	19	63413	96416	93563
瑞　士	141	183	167	18	19	19	79439	94343	86775
摩洛哥	288	304	163	54	47	29	53298	64483	56323
阿拉伯	118	181	103	27	26	23	42780	69393	45498
立陶宛	88	88	99	28	18	20	31827	49875	51000
克罗地亚	48	117	96	21	22	24	22979	53769	40000
斯洛伐克	96	116	89	32	18	20	30374	64141	45564
匈牙利	198	86	77	57	15	17	34389	57067	44491
罗马尼亚	67	66	72	48	19	27	13779	35140	26586
加拿大	82	78	66	17	12	10	49458	64050	65509
摩尔多瓦	94	59	59	63	25	31	15058	23733	19147
希　腊	303	32	43	48	6	8	63193	58875	53691
芬　兰	105	68	41	32	14	12	32485	47922	35043
土库曼斯坦	23	24	24	22	22	22	10455	10930	10682
阿塞拜疆	5	25	17						
哈萨克斯坦	27	20	15	18	11	9	15407	18906	16659
吉尔吉斯斯坦	45	16	10	24	8	5	19134	19712	19233
亚美尼亚		6	6		4	4	16000	15694	15000
阿尔巴尼亚	4	4	4	1	2	2	30000	20000	20000
哥伦比亚	1	2	3	1	1	1	22582	25806	25176
巴基斯坦	16	2	3	6	1	1	26283	26125	25000
委内瑞拉	2	2	2	1	1	1	19364	17826	18333
伊拉克	1	2	2		2	2	22727	10000	10323
阿富汗		2	1		1	1	5000	13000	12000
葡萄牙	46	1	1	8			58514	24782	26667

资料来源：联合国 FAO 数据库。

16—14 甘蔗总产量、收获面积与单产

国家或地区	总产量(万吨)			收获面积(千公顷)			单产(千克/公顷)		
	2000年	2011年	2012年	2000年	2011年	2012年	2000年	2011年	2012年
世　界	**125746**	**181942**	**183254**	**19397**	**25581**	**26089**	**64827**	**71124**	**70243**
巴　西	32770	73401	72108	4846	9601	9705	67624	76449	74297
印　度	29932	34238	34787	4220	4944	5090	70935	69247	68344
泰　国	5405	9595	9650	893	1259	1300	60505	76197	74231
巴基斯坦	4633	5531	5840	1010	988	1046	45883	55997	55829
墨西哥	4410	4974	5095	618	714	735	71327	69674	69303
哥伦比亚	3500	4200	3800	406	370	350	86204	113514	108571
菲律宾	2449	3000	3000	395	440	433	62013	68229	69236
美　国	3611	2666	2790	418	353	370	86447	75484	75405
印度尼西亚	2390	2400	2634	366	435	457	65307	55172	57678
澳大利亚	3816	2518	2596	419	308	339	91085	81732	76654
阿根廷	1840	2696	2500	280	350	350	65714	77029	71429
危地马拉	1655	2059	2180	182	239	250	90947	86040	87200
越　南	1504	1754	1904	302	282	298	49766	62141	64003
南　非	2388	1680	1728	330	272	320	72352	61765	53994
埃　及	1571	1577	1650	134	137	144	117216	115320	114983
古　巴	3640	1580	1440	1041	506	361	34970	31219	39856
秘　鲁	754	988	1037	64	80	81	118074	123455	127812
缅　甸	580	969	1000	133	153	155	43681	63220	64516
委内瑞拉	883	920	935	129	118	120	68672	77966	77917
洪都拉斯	397	767	860	47	76	78	84669	101468	110256
尼加拉瓜	352	594	750	51	60	80	69081	99167	93750
厄瓜多尔	540	813	738	77	86	95	69821	94058	77478
玻利维亚	360	587	650	84	139	158	42961	42094	41139
苏　丹	498	606	617	64	60	62	78406	100119	100120
伊　朗	237	585	600	26	70	70	92697	84173	85714
萨尔瓦多	514	583	583	69	68	71	74932	85664	82291
肯尼亚	394	534	582	57	64	85	68856	83297	68569
巴拉圭	224	534	545	59	104	106	37761	51310	51659
瑞　士	388	500	540	37	52	56	106427	96154	96429
多米尼加	451	464	487	119	100	105	37890	46625	46510
孟加拉国	691	467	460	170	116	108	40558	40210	42771
哥斯达黎加	380	400	401	47	57	64	80509	69589	62590
毛里求斯	511	423	395	73	57	54	69940	74648	72910
赞比亚	160	350	390	15	33	39	106667	106061	100000
津巴布韦	423	306	370	43	43	45	98314	71402	82222
莫桑比克	40	340	339	27	43	46	14714	79536	73914
马达加斯加	219	305	330	67	96	105	32508	31771	31429
尼泊尔	210	272	293	58	63	64	36187	43148	45447
圭亚那	271	278	290	44	49	45	61305	57202	64444
坦桑尼亚	136	251	290	15	25	29	90333	100400	100000
马拉维	210	250	280	20	23	27	105000	108696	103704
埃塞俄比亚	218	250	270	22	22	22	97038	113020	120595
乌干达	148	325	250	20	47	41	73811	69893	60976
巴拿马	179	226	230	34	33	33	51916	69481	68856
刚果(金)	167	195	195	36	45	45	46361	43333	43333
留尼汪	184	189	190	24	25	25	75791	75530	76000
科特迪瓦	167	194	187	26	26	26	63239	76020	73206
斐　济	360	212	162	63	46	42	57111	45978	38571
牙买加	203	152	148	39	28	28	51409	54419	52498
尼日利亚	70	145	145	24	74	74	28958	19595	19595

资料来源:联合国 FAO 数据库。

16—15 烟叶总产量、收获面积与单产

国家或地区	总产量(吨)			收获面积(公顷)			单产(千克/公顷)		
	2000年	2011年	2012年	2000年	2011年	2012年	2000年	2011年	2012年
世界	**6737541**	**7461994**	**7490661**	**4167004**	**4211885**	**4291014**	**1617**	**1772**	**1746**
印度	520000	830000	875000	433400	490000	495000	1200	1694	1768
巴西	578451	951933	810550	309989	454501	410225	1866	2095	1976
美国	477753	271363	345837	189970	131539	136068	2515	2063	2542
印度尼西亚	204329	214600	226700	168300	228800	249800	1214	938	908
马拉维	98675	174928	151500	118752	162714	160000	831	1075	947
阿根廷	114509	145000	148000	59612	76395	77000	1921	1898	1922
坦桑尼亚	26384	130000	120000	44000	168488	155527	600	772	772
津巴布韦	227726	111570	115000	90769	92554	93000	2509	1206	1237
巴基斯坦	107700	102834	98000	56400	51307	46000	1910	2004	2130
孟加拉国	35000	79234	85419	31161	48866	50905	1123	1622	1678
意大利	129937	82175	84000	38788	28761	29000	3350	2857	2897
朝鲜	63000	79000	80000	44000	52000	53000	1432	1519	1509
土耳其	200280	45000	75000	236569	76658	108000	847	587	694
泰国	60624	67900	69000	31363	31565	32000	1933	2151	2156
赞比亚	9533	60329	61500	9000	58955	59000	1059	1023	1042
莫桑比克	9470	70000	54450	9000	66000	54000	1052	1061	1008
菲律宾	49529	44944	48075	44042	32235	34025	1125	1394	1413
越南	27100	49395	47407	24400	25889	24835	1111	1908	1909
老挝	39926	43000	40600	6700	7755	6975	5959	5545	5821
韩国	68198	35000	36000	24300	14000	14500	2807	2500	2483
波兰	29545	34428	35338	14057	15895	15000	2102	2166	2356
加拿大	53010	33575	34500	23800	15055	15000	2227	2230	2300
西班牙	42908	33692	33200	14078	10175	10100	3048	3311	3287
乌干达	22837	28444	31000	13712	19600	20000	1666	1451	1550
缅甸	50900	28825	29000	33185	16436	16500	1534	1754	1758
保加利亚	32296	40607	28060	28523	21702	18151	1132	1871	1546
马其顿	22175	26537	27333	22785	19679	19639	973	1349	1392
希腊	136593	23900	24000	61000	14900	15700	2239	1604	1529
危地马拉	18630	22378	24000	8374	8707	9000	2225	2570	2667
爷们	11613	22138	23251	5347	10049	10220	2172	2203	2275
哥伦比亚	27767	9790	21231	14692	10217	11710	1890	958	1813
伊朗	20980	19232	21000	19685	12230	12500	1066	1573	1680
日本	60803	23600	19700	23991	13000	9000	2534	1815	2189
古巴	32237	19900	19500	45323	13631	16130	711	1460	1209
尼日利亚	22000	17000	17500	37000	17925	18000	595	948	972
南非	29700	15000	17010	15600	5400	5139	1904	2778	3310
柬埔寨	7665	15082	16000	9669	10465	11000	793	1441	1455
阿拉伯	26112	17059	15620	18100	11406	10881	1443	1496	1436
墨西哥	45164	9648	15235	22674	4525	6963	1992	2132	2188
肯尼亚	17960	14000	15000	14160	22604	23000	1268	619	652
法国	25252	13999	12584	9282	5990	5011	2721	2337	2511
乌兹别克斯坦	19000	11422	12000	6700	3673	3750	2836	3110	3200
克罗地亚	9714	10643	11800	5678	5905	6000	1711	1802	1967
科特迪瓦	10200	10088	11000	20000	16631	16700	510	607	659
黎巴嫩	10800	10200	10500	8726	8400	85000	1238	1214	124
匈牙利	10485	10923	9297	5764	6366	5630	1819	1716	1651
多米尼加	17229	10176	9072	13250	7398	6455	1300	1376	1405
塞班		10437	8521		6549	6287		1594	1355
厄瓜多尔	5080	8960	8500	4174	4052	4000	1217	2211	2125

资料来源：联合国FAO数据库。

16－16　茶叶总产量、收获面积与单产

国家或地区	总产量(吨)			收获面积(公顷)			单产(千克/公顷)		
	2000年	2011年	2012年	2000年	2011年	2012年	2000年	2011年	2012年
世　界	**2987516**	**4624401**	**4818118**	**2368710**	**3267712**	**3275991**	**1261**	**1415**	**1471**
印　度	826000	966733	1000000	490000	600000	605000	1686	1611	1653
肯尼亚	236286	377912	369400	120390	187855	190600	1963	2012	1938
斯里兰卡	305840	327500	330000	188970	221969	221969	1619	1475	1487
土耳其	138770	221600	225000	76750	75890	75860	1808	2920	2966
越　南	69900	206600	216900	70300	114399	115964	994	1806	1870
伊　朗	49874	103890	158000	32107	23937	24000	1553	4340	6583
印度尼西亚	162586	150200	150100	121200	123300	122500	1342	1218	1225
阿根廷	74256	96572	100000	38620	36989	38000	1923	2611	2632
日　本	85000	82100	85900	50400	46200	45900	1687	1777	1872
泰　国	32327	73320	75000	6058	20214	21500	5336	3627	3488
孟加拉国	46000	60500	61500	48600	56670	58000	947	1068	1060
马拉维	42400	52000	53500	18162	24569	25000	2335	2117	2140
乌干达	29236	35194	50915	15701	21000	27000	1862	1676	1886
坦桑尼亚	23600	32000	32812	19138	8551	3750	1233	3742	8750
缅　甸	19000	31000	32000	66908	78604	79000	284	394	405
卢旺达	14481	24066	22503	12300	15065	14000	1177	1598	1607
莫桑比克	10466	27000	22000	5631	15800	13000	1859	1709	1692
津巴布韦	22000	18223	19000	6500	9446	9600	3385	1929	1979
尼泊尔	5085	17438	18726	8700	17451	18149	585	999	1032
马来西亚	5642	16632	17464	3003	2459	2582	1879	6764	6764
阿塞拜疆	1082	10950	11663	5391	544	543	201	20129	21479
布隆迪	7134	8817	9140	8500	10500	10500	839	840	871
埃塞俄比亚	3776	7319	7500	4029	9546	9600	937	767	781
巴布亚新几内亚	6200	4400	4600	4000	3000	3000	1550	1467	1533
喀麦隆	4004	4297	4500	1546	1717	1800	2590	2503	2500
秘　鲁	6259	3158	3434	2541	2228	2370	2463	1417	1449
刚果(金)	1879	3129	3200	2723	8255	8400	690	379	381
韩　国	1434	2849	3000	1179	2397	2400	1216	1189	1250
厄瓜多尔	1211	2605	2700	815	838	850	1486	3109	3177
格鲁吉亚	24000	2900	2600	24000	3000	3000	1000	967	867
毛里求斯	1312	1787	1577	670	651	669	1958	2745	2357
巴　西	8400	3520	1496	3911	2291	867	2148	1536	1726
玻利维亚	840	1219	1300	415	261	265	2024	4671	4906
赞比亚	850	878	900	650	638	650	1308	1376	1385
老　挝	307	802	890	560	2715	2705	548	295	329
南　非	12514	1795	870	6821	1100	600	1835	1632	1450
留尼汪	529	726	750	338	530	530	1565	1370	1415
马达加斯加	490	547	600	241	593	600	2033	922	1000
危地马拉	450	481	500	450	483	490	1000	996	1020
萨尔瓦多	300	450	460	150	225	230	2000	2000	2000
巴拿马	135	166	168	180	212	215	750	783	781
马　里	66	140	145	100	110	115	660	1273	1261
哥伦比亚	72	134	137	60	55	56	1200	2436	2446

资料来源：联合国FAO数据库。

16—17 水果总产量、收获面积与单产

（不包括瓜类）

国家或地区	总产量(万吨)			收获面积(千公顷)			单产(千克/公顷)		
	2000年	2011年	2012年	2000年	2011年	2012年	2000年	2011年	2012年
世　界	**47627**	**63732**	**63654**	**49416**	**56598**	**56571**	**9638**	**11261**	**11252**
印　度	4300	7391	7107	3806	6278	6288	11297	11773	11304
巴　西	3699	4100	3837	2388	2447	2325	15492	16754	16500
美　国	3280	2707	2655	1303	1139	1138	25174	23763	23334
印度尼西亚	841	1747	1774	501	775	797	16807	22549	22277
菲律宾	1080	1614	1637	940	1234	1240	11480	13077	13199
墨西哥	1331	1623	1592	1078	1257	1257	12353	12911	12666
土耳其	1086	1439	1497	1008	1079	1103	10777	13333	13580
西班牙	1612	1558	1400	1831	1597	1539	8801	9758	9094
意大利	1799	1769	1389	1371	1215	1126	13121	14562	12340
伊　朗	1229	1170	1197	1131	1000	1024	10862	11700	11686
泰　国	1047	1076	1126	1012	1164	1168	10342	9244	9635
尼日利亚	928	1079	1106	1855	1839	1858	5004	5867	5950
埃　及	697	994	1068	415	493	509	16790	20149	20983
乌干达	1009	1023	983	1741	1863	1838	5797	5492	5345
柬埔寨	685	810	853	613	658	658	11171	12306	12962
厄瓜多尔	767	879	838	461	416	409	16655	21160	20465
阿根廷	717	807	826	432	479	487	16590	16839	16975
法　国	1128	951	775	1032	885	880	10928	10746	8813
越　南	436	645	660	450	508	514	9704	12691	12827
智　利	389	639	651	298	368	374	13058	17377	17438
巴基斯坦	519	622	640	617	774	792	8399	8045	8079
南　非	511	613	630	306	290	301	16723	21133	20955
哥斯达黎加	381	508	544	132	170	165	28874	29884	32933
肯尼亚	218	288	536	149	197	187	14664	14592	28652
喀麦隆	199	522	526	311	401	405	6416	13007	12971
秘　鲁	319	481	500	282	350	358	11283	13749	13974
加　纳	239	460	458	322	402	405	7432	11439	11307
危地马拉	197	401	407	74	161	165	26532	24951	24633
坦桑尼亚	185	456	396	644	931	848	2880	4898	4668
波　兰	225	346	389	391	407	420	5741	8498	9248
阿尔及利亚	143	368	384	296	502	500	4821	7320	7681
摩洛哥	268	364	377	284	360	364	9434	10114	10363
孟加拉国	136	369	366	178	416	420	7626	8859	8704
卢旺达	230	340	359	376	386	391	6121	8807	9195
安哥拉	45	328	351	54	162	188	8263	20300	18720
希　腊	415	333	344	298	255	253	13944	13085	13588
多米尼加	141	299	326	108	147	172	13029	20286	18902
澳大利亚	308	312	324	238	292	277	12986	10662	11728
乌兹别克斯坦	142	296	307	238	302	311	5950	9793	9884
日　本	382	295	306	232	194	193	16459	15177	15853
苏　丹	129	290	297	140	241	243	9179	12006	12219
俄罗斯联邦	340	292	292	821	462	452	4141	6319	6454
韩　国	263	264	277	181	168	167	14525	15723	16556
德　国	509	257	257	294	179	178	17304	14393	14401
委内瑞拉	319	238	246	212	171	175	15038	13912	14019
缅　甸	142	235	243	306	434	435	4623	5427	5581
乌克兰	192	231	237	463	279	277	4144	8267	8546
巴布亚新几内亚	167	218	231	168	205	209	9902	10612	11039
科特迪瓦	235	222	217	559	573	573	4198	3872	3791

资料来源：联合国 FAO 数据库。

16－18 牲畜存栏数

（2011 年）

单位：万头、万只

国家或地区	牛	马	山羊	绵羊	猪
世　界	**148521**	**5890**	**99612**	**116900**	**96617**
孟加拉国	2315		5500	189	
印　度	21800	53	16000	7500	940
印度尼西亚	1603	42	1786	1277	783
伊　朗	865	14	2400	4875	
以 色 列	44		10	54	22
日　本	417	2	2	1	974
哈萨克斯坦	570	161	289	1520	120
朝　鲜	59	5	360	17	226
韩　国	348	3	25		992
马来西亚	78		51	12	180
蒙　古	258	233	1756	1814	4
缅　甸	1450	12	390	86	1050
巴基斯坦	3690	40	6310	2840	
菲 律 宾	249	24	372	3	1186
斯里兰卡	124		38	1	9
泰　国	539	1	45	5	750
越　南	519	8	134		2649
埃　及	480	7	434	545	1
尼日利亚	1920	22	5760	3850	790
南　非	1389	31	614	2439	158
加 拿 大	1222	41	3	89	1267
墨 西 哥	3193	636	874	841	1586
美　国	9077	1025	286	537	6641
阿 根 廷	4750	365	435	1630	240
巴　西	21128	536	865	1679	3880
委内瑞拉	1740	52	150	59	350
白俄罗斯	425	10	7	5	399
捷　克	135	3	2	22	158
法　国	1901	41	131	746	1376
德　国	1248	50	16	166	2813
意 大 利	609	31	96	702	935
荷　兰	388	14	40	104	1223
波　兰	578	22	9	27	1158
罗马尼亚	199	60	124	853	536
俄罗斯联邦	2013	136	209	2077	1726
西 班 牙	581	25	269	1681	2525
土 耳 其	1239	15	728	2503	
乌 克 兰	443	40	65	109	737
英　国	990	39	9	3222	448
澳大利亚	2842	27	355	7472	214
新 西 兰	1018	6	9	3126	31

资料来源：联合国 FAO 数据库。

16－19 肉类产量

（2012 年）

单位:万吨

国家或地区	肉类总产量	＃猪肉	＃牛肉	＃羊肉	＃禽肉
世界	**30239.0**	**10912.2**	**6688.6**	**1377.1**	**10563.6**
美国	4254.8	1055.5	1184.9	7.3	1979.6
巴西	2496.1	346.5	930.7	11.5	1205.1
德国	819.4	547.4	114.6	3.7	142.8
俄罗斯联邦	813.7	255.9	164.2	19.0	334.6
印度	629.2	32.9	262.6	89.7	225.8
墨西哥	607.9	123.9	182.1	9.9	283.3
法国	569.0	218.0	149.2	12.6	172.0
西班牙	543.9	346.6	59.1	13.2	116.5
阿根廷	466.2	30.5	250.0	5.9	171.1
加拿大	448.3	199.8	120.5	1.7	123.3
意大利	425.0	165.1	98.2	4.8	126.1
越南	420.6	316.0	39.3	0.8	61.8
澳大利亚	416.1	35.0	212.5	58.2	107.7
波兰	379.3	183.6	38.4	0.1	154.6
英国	360.6	82.5	88.5	27.5	161.2
日本	326.8	129.7	51.9		144.5
印度尼西亚	316.8	72.9	54.1	11.5	178.1
菲律宾	302.3	167.8	29.7	5.3	97.9
巴基斯坦	289.9		158.7	45.0	83.9
土耳其	286.2		80.1	32.1	173.7
南非	277.6	21.1	84.4	17.8	149.6
荷兰	268.6	133.2	37.4	1.5	96.4
伊朗	250.0		25.1	26.9	196.2
泰国	243.9	88.6	20.3	0.2	134.8
哥伦比亚	227.3	23.9	85.4	2.2	111.2
乌克兰	221.0	70.1	38.9	2.0	107.5
缅甸	212.2	62.0	26.2	4.8	119.3
埃及	203.1		86.5	13.1	91.7
韩国	198.4	98.2	30.0	0.1	69.5
丹麦	198.2	166.9	12.7	0.1	18.1
比利时	193.8	115.0	26.2	0.3	52.1
委内瑞拉	179.0	17.5	50.0	0.9	83.1
马来西亚	159.2	23.6	3.0	0.2	132.4
尼日利亚	156.3	24.9	39.0	46.9	29.0
秘鲁	156.0	12.1	18.4	4.3	117.1
智利	142.8	54.0	19.5	1.7	66.7
新西兰	130.3	5.0	60.3	44.9	17.2
苏丹	107.9		35.8	48.1	4.5
摩洛哥	105.8	0.1	20.4	17.2	61.5
白俄罗斯	105.6	43.5	29.8	0.1	32.0

资料来源:联合国 FAO 数据库。

16—20 鸡蛋产量

单位:万吨

国家或地区	2000 年	2008 年	2009 年	2010 年	2011 年	2012 年
世 界	**5104.6**	**6170.0**	**6279.4**	**6420.3**	**6523.4**	**6637.3**
美 国	499.8	532.6	534.9	541.2	541.6	543.5
印 度	203.5	304.7	323.0	337.8	349.0	360.0
日 本	253.5	255.4	250.8	251.5	248.3	250.7
俄罗斯联邦	189.5	211.9	219.5	226.1	228.4	233.4
墨西哥	178.8	233.7	236.0	238.1	245.9	231.8
巴 西	150.9	184.5	192.2	194.8	203.7	208.4
乌克兰	49.7	85.5	88.4	97.4	106.4	109.3
印度尼西亚	64.2	112.3	107.2	112.1	102.8	105.9
土耳其	81.0	82.4	86.5	74.0	81.0	93.2
法 国	103.8	80.1	87.6	90.6	84.0	85.4
德 国	90.1	79.0	69.9	66.2	78.2	83.2
意大利	68.6	75.0	81.3	73.7	75.5	76.5
西班牙	65.8	81.2	82.9	81.2	81.9	69.3
荷 兰	66.8	62.7	63.8	67.0	69.2	67.2
泰 国	51.5	56.6	57.7	58.5	60.1	65.6
马来西亚	39.1	47.9	51.0	58.7	62.1	64.3
尼日利亚	40.0	58.1	61.3	62.3	63.6	64.0
哥伦比亚	38.6	54.2	58.1	58.5	64.0	63.6
英 国	56.9	60.0	60.3	65.8	65.3	63.0
伊 朗	57.9	72.7	72.5	68.7	55.9	62.5
巴基斯坦	34.4	50.3	52.9	55.6	58.5	61.8
阿根廷	32.7	46.8	50.7	55.4	59.1	60.0
韩 国	47.9	56.6	60.2	59.0	59.5	60.0
南 非	31.8	47.3	45.0	47.3	51.1	53.5
波 兰	42.4	58.2	60.5	63.7	58.7	53.0
加拿大	37.2	41.9	42.2	43.3	43.7	44.3
菲律宾	24.3	35.1	36.8	38.7	40.3	42.1
缅 甸	11.2	26.3	31.8	34.2	37.2	38.0
越 南	18.5	24.7	27.3	32.1	34.5	35.0
秘 鲁	16.2	26.7	26.9	28.5	31.8	31.4
罗马尼亚	26.3	33.4	29.7	29.8	30.4	31.2
埃 及	17.7	35.6	24.9	29.1	30.6	31.0
阿尔及利亚	10.1	18.4	19.4	26.0	26.6	30.9
摩洛哥	23.5	19.2	20.0	24.4	26.5	27.2
危地马拉	8.1	20.9	21.4	22.0	22.5	22.6
沙特阿拉伯	12.8	17.0	19.1	21.9	21.8	22.0
乌兹别克斯坦	6.9	13.3	14.9	17.1	19.2	21.9
白俄罗斯	18.2	18.4	19.0	19.8	20.4	21.5
澳大利亚	14.3	16.0	15.9	17.4	20.5	21.5
孟加拉国	12.5	18.6	15.4	18.8	19.9	20.5
哈萨克斯坦	9.4	16.6	18.4	20.7	20.7	20.5
智 利	11.0	14.3	19.0	19.1	19.8	20.0
比利时	19.4	16.1	15.3	15.8	16.1	16.5
委内瑞拉	17.5	15.8	16.0	16.0	16.0	16.2
阿拉伯	12.7	15.1	16.2	16.3	17.2	14.7
厄瓜多尔	7.2	9.1	9.4	11.0	13.0	14.0
匈牙利	17.6	16.0	15.6	15.2	13.7	13.1
巴拉圭	6.8	12.4	12.8	12.8	12.8	13.0
朝 鲜	11.0	10.7	10.4	11.4	12.0	12.5

资料来源:联合国 FAO 数据库。

16－21 禽蛋产量

单位:万吨

国家或地区	2000 年	2008 年	2009 年	2010 年	2011 年	2012 年
世　　界	**5510.4**	**6672.4**	**6804.7**	**6955.5**	**7066.8**	**7191.9**
美　　国	499.8	532.6	534.9	541.2	541.6	543.5
印　　度	203.5	304.7	323.0	337.8	349.0	360.0
日　　本	253.5	255.4	250.8	251.5	248.3	250.7
俄罗斯联邦	190.3	213.5	221.0	227.4	230.5	236.5
墨 西 哥	178.8	233.7	236.0	238.1	245.9	231.8
巴　　西	156.9	193.9	203.7	208.7	219.3	224.4
印度尼西亚	78.3	132.4	130.8	138.2	128.4	133.5
乌 克 兰	50.5	86.9	93.8	101.8	109.0	111.7
泰　　国	80.7	88.5	97.0	98.0	99.6	105.1
土 耳 其	81.0	82.4	86.5	74.0	81.0	93.2
法　　国	103.8	80.1	87.6	90.6	84.0	85.4
德　　国	90.1	79.0	69.9	66.2	78.2	83.2
意 大 利	68.6	75.0	81.3	73.7	75.5	76.5
西 班 牙	66.1	81.4	83.1	81.4	82.1	69.5
荷　　兰	66.8	62.7	63.8	67.0	69.2	67.2
马来西亚	40.1	49.0	52.4	60.1	63.5	65.7
英　　国	58.4	61.3	61.6	67.1	66.9	64.5
尼日利亚	40.0	58.1	61.3	62.3	63.6	64.0
哥伦比亚	38.6	54.2	58.1	58.5	64.0	63.6
韩　　国	50.0	59.7	63.4	62.1	62.7	63.2
巴基斯坦	35.1	51.1	53.6	56.4	59.3	62.6
伊　　朗	57.9	72.7	72.5	68.7	55.9	62.5
阿 根 廷	32.7	46.8	50.7	55.4	59.1	60.0
南　　非	31.8	47.3	45.0	47.3	51.1	53.5
波　　兰	42.4	58.2	60.5	63.7	58.7	53.0
菲 律 宾	31.6	42.3	44.2	46.5	48.1	49.9
加 拿 大	37.2	41.9	42.2	43.3	43.7	44.3
缅　　甸	12.2	29.3	35.3	38.1	41.4	42.2
中国台湾	39.1	35.2	34.7	36.4	36.1	35.8
越　　南	18.5	24.7	27.3	32.1	34.5	35.0
罗马尼亚	28.6	34.5	31.1	31.0	31.6	32.0
秘　　鲁	16.2	26.7	26.9	28.5	31.8	31.4
埃　　及	17.7	35.6	24.9	29.1	30.6	31.0
阿尔及利亚	10.1	18.4	19.4	26.0	26.6	30.9
孟加拉国	17.8	26.5	22.0	26.8	28.4	29.2
摩 洛 哥	23.5	19.2	20.0	24.4	26.5	27.2
危地马拉	8.1	20.9	21.4	22.0	22.5	22.6
乌兹别克斯坦	7.1	13.6	15.3	17.5	19.7	22.4
沙特阿拉伯	12.8	17.0	19.1	21.9	21.8	22.0
白俄罗斯	18.4	18.6	19.2	20.0	20.7	21.8
澳大利亚	14.3	16.0	15.9	17.4	20.5	21.5
哈萨克斯坦	9.5	16.8	18.5	20.9	20.8	20.6
智　　利	11.0	14.3	19.0	19.1	19.8	20.0
比 利 时	19.4	16.1	15.3	15.8	16.1	16.5
委内瑞拉	17.5	15.8	16.0	16.0	16.0	16.2
阿 拉 伯	12.7	15.1	16.2	16.3	17.2	14.7
厄瓜多尔	7.2	9.1	9.4	11.0	13.0	14.0
匈 牙 利	18.0	16.4	16.0	15.6	14.0	13.5
巴 拉 圭	6.9	12.5	12.9	12.9	12.9	13.1
朝　　鲜	11.0	10.7	10.4	11.4	12.0	12.5

资料来源:联合国 FAO 数据库。

16—22 奶类产量

单位:万吨

国家或地区	2000年	2008年	2009年	2010年	2011年	2012年
世　界	**58209**	**70106**	**70870**	**72480**	**73899**	**75392**
印　度	7966	11142	11587	12185	12340	12485
美　国	7602	8618	8588	8747	8902	9087
巴基斯坦	2557	3326	3436	3549	3666	3786
巴　西	2053	2858	2923	3086	3225	3245
俄罗斯联邦	3228	3236	3257	3184	3164	3182
德　国	2835	2868	2918	2963	3034	3052
法　国	2574	2438	2352	2425	2529	2488
新西兰	1224	1522	1648	1701	1789	2005
土耳其	979	1224	1254	1354	1506	1740
英　国	1449	1372	1385	1407	1385	1388
波　兰	1189	1245	1247	1230	1243	1268
荷　兰	1123	1146	1166	1181	1184	1189
阿根廷	1012	1032	1037	1050	1121	1182
乌克兰	1266	1176	1161	1125	1109	1154
意大利	1330	1212	1120	1113	1111	1121
墨西哥	944	1094	1071	1084	1089	1104
澳大利亚	1085	922	939	902	910	948
加拿大	816	814	821	824	840	845
日　本	850	798	791	772	747	763
苏　丹	579	736	741	747	749	752
伊　朗	589	685	752	725	723	739
西班牙	694	727	727	746	751	731
乌兹别克斯坦	361	543	578	617	677	725
白俄罗斯	449	622	658	662	650	677
哥伦比亚	615	743	629	629	628	648
埃　及	378	596	561	576	579	602
厄瓜多尔	481	534	524	572	639	569
爱尔兰	516	537	523	533	554	538
丹　麦	472	472	481	491	488	501
罗马尼亚	462	613	581	506	516	498
肯尼亚	271	423	473	482	492	497
哈萨克斯坦	373	520	530	538	523	486
瑞　士	391	410	409	411	414	413
埃塞俄比亚	103	358	320	443	362	409
孟加拉国	214	306	322	340	350	352
比利时	369	286	296	308	311	344
奥地利	336	322	326	329	334	341
南　非	254	314	310	323	326	337
阿尔及利亚	151	200	226	263	298	299
瑞　典	335	303	297	290	289	290
捷　克	281	281	279	269	275	282
索马里	211	224	232	258	275	269
智　利	200	256	236	254	263	266
摩洛哥	125	179	188	200	230	261
阿拉伯	167	242	241	224	256	245
委内瑞拉	141	222	220	230	238	240
芬　兰	245	231	233	234	230	230
土库曼斯坦	99	207	215	215	215	218
乌拉圭	142	170	187	182	206	210
葡萄牙	214	208	205	200	201	204

注:资料来源:联合国FAO数据库。

16—23 羊毛产量

单位:吨

国家或地区	2000 年	2008 年	2009 年	2010 年	2011 年	2012 年
世界	**2311416**	**2087428**	**2061476**	**2017283**	**2042060**	**2066695**
澳大利亚	671000	407880	370600	352740	368330	362100
新西兰	257200	157500	185800	176300	163700	165000
英国	64000	63290	65393	67000	67500	68000
伊朗	75000	73700	74655	60000	61000	61500
摩洛哥	40000	53449	55029	55300	55500	56000
苏丹	45500	53098	54668	55000	55000	56000
俄罗斯联邦	39241	53491	54658	53521	52575	55253
阿根廷	58000	65000	65000	54000	54000	55000
土耳其	43139	44166	40270	42823	46586	51180
印度	48400	42901	43224	42991	44400	45500
巴基斯坦	38900	41000	41540	42000	42500	43000
南非	52671	41583	43320	41091	41197	39904
哈萨克斯坦	22924	35200	36400	37600	38500	39500
土库曼斯坦	23000	35800	37500	38000	38000	39000
乌拉圭	57218	45085	41057	34700	34700	36000
印度尼西亚	22281	28816	30598	30750	30750	30750
乌兹别克斯坦	15834	23779	24980	26510	28687	27500
阿尔及利亚	17709	25000	25739	25900	26000	27000
西班牙	32104	27705	27049	22688	22333	22935
阿拉伯	32000	41300	21856	18670	21069	22000
罗马尼亚	17997	17700	18038	17600	18000	18600
阿富汗	18000	12800	14700	15900	17100	17500
伊拉克	15800	16750	17000	17200	17000	17000
蒙古	21700	20800	21000	15000	16000	16500
阿塞拜疆	10916	14770	15257	15626	16203	16464
法国	14438	14000	14000	14000	14000	14500
爱尔兰	11707	13270	13711	14000	14200	14500
美国	20662	14952	13770	13776	13286	14000
德国	9799	12000	12500	12800	13000	13500
埃及	7373	10996	11183	12000	12000	12500
巴西	13301	11642	11394	11646	11805	11991
沙特阿拉伯	10000	10500	9000	10500	10800	11500
秘鲁	12729	10895	10300	10200	10300	11000
突尼斯	8935	10048	10345	10400	10600	11000
吉尔吉斯斯坦	11250	10843	11006	10857	11095	10803
利比亚	9518	9124	9394	9400	9400	9500
意大利	11000	9203	9071	8939	8558	8432
智利	17000	9758	8886	7808	7808	8000
埃塞俄比亚	12000	7329	7596	8000	8000	8000
也门	4391	7375	7593	7693	7900	8000
希腊	9645	8000	7420	7600	7750	7800
保加利亚	6976	7215	7353	7000	7000	7000
坦桑尼亚	2821	6469	5792	6600	6750	6800
玻利维亚	8752	9333	9530	6641	6641	6641
塔吉克斯坦	2059	5178	5434	5771	6027	6100
葡萄牙	8731	7105	6409	6369	5864	6000
墨西哥	4176	4509	4754	4683	4696	5000
挪威	4957	4466	4372	4368	4368	4351
哥伦比亚	2975	4400	4007	4000	4000	4000
匈牙利	3369	4535	4444	4070	3820	3820

资料来源:联合国 FAO 数据库。

16－24　鱼类产量

单位：万吨

国家或地区	鱼类总计		海域		内陆水域	
	2011年	2012年	2011年	2012年	2011年	2012年
印　　度	888.0	907.7	327.4	370.8	560.6	530.8
秘　　鲁	834.7	491.7	827.0	485.4	7.7	6.3
印度尼西亚	1365.1	1542.2	1059.0	1292.7	306.1	249.5
智　　利	443.7	408.4	439.4	402.5	4.3	6.0
俄罗斯联邦	439.2	448.4	402.3	408.7	36.9	39.8
越　　南	555.5	594.2	269.4	359.8	286.1	234.4
美　　国	556.0	555.8	529.5	530.8	26.5	25.0
缅　　甸	415.0	446.5	217.3	239.1	197.7	207.3
挪　　威	357.3	361.2	357.2	361.1	0.1	0.1
日　　本	475.6	481.7	468.2	475.0	7.4	6.7
菲 律 宾	497.5	486.9	416.5	436.3	81.0	50.6
孟加拉国	312.5	326.2	54.6	72.9	257.8	253.2
泰　　国	287.0	306.8	178.9	243.7	108.1	63.1
韩　　国	326.1	318.7	322.9	315.9	3.2	2.8
墨 西 哥	170.9	172.5	157.6	158.2	13.3	14.3
马来西亚	190.9	209.7	171.3	194.0	19.6	15.7
冰　　岛	116.0	147.5	115.6	147.5	0.3	0.1
巴　　西	143.3	155.1	57.4	67.2	86.0	87.9
摩 洛 哥	96.6	117.8	95.6	116.4	1.0	1.4
埃　　及	136.2	137.2	12.2	11.4	124.0	125.8
西 班 牙	126.6	119.5	124.1	117.2	2.4	2.3
中国台湾	122.3	125.6	100.6	110.5	21.7	15.0
丹　　麦	75.1	54.1	72.8	51.9	2.3	2.2
尼日利亚	85.7	92.3	33.4	35.7	52.2	56.6
阿 根 廷	79.6	74.1	77.5	72.4	2.1	1.7
巴基斯坦	59.5	61.2	33.5	34.9	26.0	26.3
加 拿 大	103.9	100.2	100.5	96.6	3.3	3.7
英　　国	78.2	83.4	77.6	82.1	0.6	1.3
土 耳 其	70.4	64.5	56.6	49.8	13.8	14.8
厄瓜多尔	81.7	83.5	76.8	79.4	4.9	4.1
南　　非	54.5	72.2	54.2	72.0	0.4	0.3
柬 埔 寨	16.9	64.1	7.0	52.0	9.9	12.1
乌 干 达	52.3	50.4			52.3	50.4
塞内加尔	42.7	46.2	39.4	42.9	3.4	3.4
新 西 兰	54.5	54.2	54.4	54.0	0.2	0.2
法　　国	68.0	67.3	63.5	63.2	4.5	4.1
法罗群岛	34.5	43.7	34.5	43.7		
纳米比亚	41.5	46.9	41.2	46.6	0.3	0.3
荷　　兰	41.3	39.3	40.4	38.8	0.8	0.6
斯里兰卡	44.5	48.5	37.4	41.0	7.1	7.4
加　　纳	35.3	39.2	24.4	27.5	10.9	11.7
安 哥 拉	26.3	27.7	25.3	26.7	1.0	1.0
德　　国	27.3	23.4	23.9	20.5	3.4	2.8
爱 尔 兰	28.8	34.2	28.7	34.1	0.1	0.1
波　　兰	22.1	23.1	17.3	18.0	4.8	5.1
乌 克 兰	20.4	17.8	17.6	15.0	2.8	2.8
巴布亚新几内亚	18.7	25.9	17.2	24.4	1.5	1.5
意 大 利	37.8	36.5	32.9	32.2	4.9	4.3
巴 拿 马	16.5	15.4	15.6	15.3	0.9	0.2
瑞　　典	19.5	0.3	18.5		1.0	0.3

资料来源：联合国FAO数据库。

16—25　土地利用情况

（2011 年）

单位：千公顷

国家或地区	国土面积	陆地面积	农业用地	耕地与多年生作物	耕地面积	多年生作物	永久性草场
世　界	**13461135**	**13003420**	**4911623**	**1552977**	**1396280**	**153937**	**3358646**
孟加拉国	14400	13017	9128	8528	7628	900	600
印　度	328726	297319	179799	169650	157350	12300	10149
印度尼西亚	190457	181157	54500	43500	23500	20000	11000
伊　朗①	174515	162855	48957	19433	17541	1892	29524
以色列②	2207	2164	521	384	302	82	137
日　本③	37796	36450	4561	4561	4254	307	
哈萨克斯坦	272490	269970	209115	24115	24035	80	185000
朝　鲜	12054	12041	2555	2505	2300	205	50
韩　国	9990	9710	1756	1698	1492	206	58
马来西亚	33080	32855	7870	7585	1800	5785	285
蒙　古	156412	155356	113507	614	612	2	112893
缅　甸	67659	65329	12558	12250	10786	1464	308
巴基斯坦	79610	77088	26550	21550	20714	836	5000
菲律宾	30000	29817	12100	10600	5400	5200	1500
斯里兰卡	6561	6271	2620	2180	1200	980	440
泰　国	51312	51089	21060	20260	15760	4500	800
越　南	33096	31007	10842	10200	6500	3700	642
埃　及	100145	99545	3665	3665	2870	795	
尼日利亚	92377	91077	76200	39200	36000	3200	37000
南　非	121909	121309	96374	12446	12033	413	83928
加拿大	998467	909351	62597	47894	42968	4926	14703
墨西哥	196438	194395	103166	28166	25491	2675	75000
美　国	983151	914742	411263	162763	160163	2600	248500
阿根廷	278040	273669	147548	39048	38048	1000	108500
巴　西	851488	845942	275030	79030	71930	7100	196000
委内瑞拉	91205	88205	21250	3250	2600	650	18000
白俄罗斯	20760	20291	8875	5651	5529	122	3224
捷克共和国	7887	7724	4229	3240	3164	76	989
法　国	54919	54766	29090	19390	18370	1020	9700
德　国	35713	34857	16719	12075	11875	200	4644
意大利	30134	29414	13933	9321	6800	2521	4612
荷　兰	4154	3373	1895	1079	1042	36	816
波　兰④	31268	30415	14779	11488	11098	390	3291
罗马尼亚	23839	23016	13982	9439	8995	444	4543
俄罗斯⑤	1709824	1637687	215250	123270	121500	1770	91980
西班牙	50560	49880	27534	17210	12512	4698	10324
土耳其	78356	76963	38247	23630	20539	3091	14617
乌克兰⑥	60355	57932	41281	33395	32499	896	7886
英　国	24361	24193	17164	6107	6062	45	11057
澳大利亚	774122	768230	409673	48078	47678	400	361595
新西兰	26771	26331	11371	542	471	71	10829

注：①永久性草场是指条件好及条件一般的牧场，不包括条件差的牧场。②国土面积和陆地面积均包括戈兰高地。③永久性草场包括在耕地中。④农业用地仅包括被农业相关物品占用土地。⑤国土面积不包括白海和亚速海面下土地。⑥国土面积不包括亚速海面下土地。

资料来源：联合国 FAO 数据库。

16－26　农业机械拥有量

（2008 年）

单位：台

国家或地区	农用拖拉机	挤奶机	联合收割机
世　　界①	**29320418**		**4382366**
孟加拉国①	3000		2
印　　度①	3149000		477000
印度尼西亚①	5200		108000
伊　　朗①	308422	24065	10880
以 色 列	21591②	1600①	238①
日　　本①	1877000	160000	957000
哈萨克斯坦①	40228	559	18802
朝　　鲜①	64200		
韩　　国	253531		85338
马来西亚①		44	
蒙　　古	3232		700
缅　　甸	160506②		24391②
巴基斯坦①	470000		1572
菲 律 宾①	63000		1360
斯里兰卡①	21500		10
泰　　国	830000①	620①	48175
越　　南①	163000		223000
埃　　及	110304②		3161
尼日利亚①	24800	35	4
南　　非①	63000		10500
加 拿 大①	733314		81258
墨 西 哥①	238830		22500
美　　国①	4389812		346935
阿 根 廷①	254011	8200	50000
巴　　西①	776905		53621
委内瑞拉①	49000		5800
白俄罗斯	48100②	13500②	12200②
捷　　克①	83813	6794	10442
法　　国①	1135000	200000	76500
德　　国①	681200②	250000	85480
意 大 利①	1913000	150000	54800
荷　　兰①	144000	37500	5600
波　　兰	1577290②	272000①	160000①
罗马尼亚	176841②		25679②
俄罗斯联邦	329980②	33164②	86122②
西 班 牙	1320599②	130000①	52042②
土 耳 其	1052975	183846	13084
乌 克 兰	369131②	10547②	56580②
英　　国①	443000	157000	40000
澳大利亚①	315000	200000	56500
新 西 兰①	76611	13800	3100

注：①2007 年数据。②2009 年数据。

资料来源：联合国 FAO 数据库。

16－27 化肥施用量

（2011 年）

单位：万吨

国家或地区	化肥施用总量	氮 肥	磷 肥	钾 肥
世 界	**18308.2**	**11234.9**	**4037.0**	**3036.2**
孟加拉国	193.4	136.6	27.0	29.8
印 度	2783.5	1732.0	794.8	256.7
印度尼西亚	465.2	292.3	57.9	115.0
伊 朗	46.0	25.7	16.2	4.0
以色列	6.7	3.8	0.6	2.4
日 本	110.9	44.0	44.3	22.6
哈萨克斯坦	4.2	2.4	1.7	0.1
韩 国	49.8	22.0	13.9	14.0
马来西亚	213.8	105.3	10.1	98.4
缅 甸	13.0	8.4	3.3	1.3
巴基斯坦	417.6	335.8	80.0	1.8
菲律宾	70.3	46.5	7.1	16.7
斯里兰卡	33.5	20.9	6.2	6.3
泰 国	254.5	153.2	45.9	55.4
越 南	163.5	80.8	38.8	44.0
埃 及	168.6	134.5	31.3	2.8
尼日利亚	15.2	11.6	2.6	1.1
南 非	65.0	39.0	16.0	10.0
加拿大	348.4	239.5	73.9	35.0
墨西哥	200.5	141.7	24.2	34.6
美 国	1999.2	1178.4	396.8	424.0
阿根廷	175.5	100.2	72.1	3.2
巴 西	1232.9	357.5	404.8	470.6
委内瑞拉	46.0	28.5	7.3	10.2
白俄罗斯	166.0	60.1	29.2	76.7
捷 克	38.8	28.3	4.8	5.7
法 国	257.6	194.5	23.8	39.3
德 国	227.4	164.0	24.7	38.6
意大利	96.4	51.7	19.9	24.8
荷 兰	24.8	21.2	1.5	2.1
波 兰	233.1	145.4	43.0	44.7
罗马尼亚	48.7	31.3	12.6	4.7
俄罗斯联邦	196.9	126.3	42.7	28.0
西班牙	152.4	84.7	36.3	31.5
土耳其	184.9	125.9	48.9	10.0
乌克兰	126.3	89.9	19.5	16.9
英 国	144.7	100.0	18.8	25.9
澳大利亚	215.9	109.9	88.0	18.0
新西兰	75.8	25.4	49.5	1.0

资料来源：联合国 FAO 数据库。

16—28 农业集约化经营程度

(2011 年)

国家或地区	农业经济活动人口(万人)	耕地面积(千公顷)	人均耕地面积(公顷/人)	每千公顷耕地使用农用拖拉机(台/千公顷)	每千公顷耕地使用联合收割机(台/千公顷)	每千公顷耕地化肥施用量(吨/千公顷)
世　界	**131207**	**1396280**	**1.06**	**21.24**	**3.2**	**132**
孟加拉国	3198	7628	0.24	0.38		253
印　度	27271	157350	0.58	19.91	3.0	177
印度尼西亚	4949	23500	0.47	0.24	4.9	198
伊　朗	656	17541	2.67	18.10	0.6	26
以色列	5	302	6.04	70.60	0.7①	222
日　本	133	4254	3.21	435.70	222.1	261
哈萨克斯坦	118	24035	20.35	1.77	0.8	2
朝　鲜	303	2300	0.76	23.78		
韩　国	120	1492	1.24	163.23	54.9	334
马来西亚	159	1800	1.14			1188
蒙　古	22	612	2.81	3.76	0.8	
缅　甸	1897	10786	0.57	1.09	2.0	12
巴基斯坦	2502	20714	0.83	23.10	0.1	202
菲律宾	1347	5400	0.40	11.89	0.3	130
斯里兰卡	404	1200	0.30	17.20		279
泰　国	1910	15760	0.83		3.2	162
越　南	2993	6500	0.22	25.87	35.4	252
埃　及	660	2870	0.43	37.22	1.2	588
尼日利亚	1228	36000	2.93	0.66		4
南　非	115	12033	10.43	4.34	0.7	54
加拿大	33	42968	131.80	16.26	1.8	81
墨西哥	781	25491	3.27	9.63	0.9	79
美　国	246	160163	65.24	25.75	2.0	125
阿根廷	140	38048	27.26	7.94	1.6	46
巴　西	1076	71930	6.68	12.74	0.9	171
委内瑞拉	71	2600	3.66	18.15	2.1	177
白俄罗斯	42	5529	13.26	8.97	2.3	300
捷克共和国	32	3164	9.95	27.69	3.4	123
法　国	55	18370	33.64	62.16	4.2	140
德　国	63	11875	18.79	64.30	7.2	191
意大利	81	6800	8.41	268.23	7.7	142
荷　兰	21	1042	5.01	135.01	5.3	238
波　兰	288	11098	3.85	124.60	12.7①	210
罗马尼亚	82	8995	10.96	20.04	2.9	54
俄罗斯	610	121500	19.91	3.00	0.8	16
西班牙	98	12512	12.83	82.43	4.2	122
土耳其	796	20539	2.58	48.85	0.6	90
乌克兰	233	32499	13.92	10.33	1.8	39
英　国	47	6062	12.93	73.77	6.7	239
澳大利亚	46	47678	104.10	7.16	1.3	45
新西兰	19	471	2.52	169.09	6.8	1610

注:①2007 年数据。②农用拖拉机和联合收割机数据为 2008 年数据。

资料来源:联合国 FAO 数据库。

16－29 中国农业主要指标占世界的比重

单位：%

指 标	1978	1980	1990	2000	2005	2010	2012
农业人口			33.98	32.99	32.30	31.86	31.68③
耕地面积	7.20	7.17	8.81	8.75	8.51	8.02	7.99③
森林面积			3.77	4.33	4.75	5.13	5.20③
谷物产量	17.26	18.08	20.72	19.77	18.93	20.46	21.25
小麦产量	12.13	12.54	16.58	17.00	15.55	17.70	17.97
稻谷产量	36.35	36.00	36.95	31.67	28.70	29.35	28.38
玉米产量	14.24	15.81	20.11	17.92	19.55	21.03	23.87
大豆产量	10.09	9.83	10.15	9.56	7.62	6.62	6.14
油菜籽产量	17.71	22.18	28.48	28.80	26.10	22.15	21.52
花生产量	13.37	21.82	27.86	41.80	37.45	41.73	40.79
籽棉产量	16.80	19.72	25.05	25.05	24.59	26.22	26.81
甘蔗产量	3.80	4.35	6.02	5.51	6.67	6.61	6.74
茶叶产量	16.27	17.35	22.28	23.77	26.30	32.48	35.28
水果产量①	2.82	2.77	5.93	13.62	17.02	20.06	21.53
肉类产量②	8.70	10.81	16.88	26.60	27.43	27.57	26.27
牛奶产量	0.28	0.28	0.91	1.76	5.12	5.66	5.60
羊毛产量	5.19	6.30	7.15	12.66	17.41	18.93	19.35

注：①不包括瓜类。②1990年以前为猪、牛、羊肉产量的比重。③2011年数据。

资料来源：联合国FAO数据库。

16－30 中国农业主要指标居世界的位次

指 标	1978	1980	1990	2000	2005	2010	2012
农业人口			1	1	1	1	1③
耕地面积	4	4	4	3	3	4	4③
谷物产量	2	1	1	1	1	1	1③
小麦产量	2	3	2	1	1	1	1
稻谷产量	1	1	1	1	1	1	1
玉米产量	2	2	2	2	2	2	2
大豆产量	3	3	3	4	4	4	4
油菜籽产量	2	2	1	1	1	1	2
花生产量	2	2	2	1	1	1	1
籽棉产量	2	2	1	1	1	1	1
甘蔗产量	7	5	4	3	3	3	3
茶叶产量	2	2	2	2	1	1	1
水果产量①	9	8	4	1	1	1	1
肉类产量②	3	3	1	1	1	1	1
牛奶产量	34	35	20	17	5	3	3
羊毛产量	5	4	4	2	2	1	1

注：①不包括瓜类。②1990年以前为猪、牛、羊肉产量的位次。③2011年数据。

资料来源：联合国FAO数据库。

如何使用《中国农村统计年鉴》

如何使用《中国农村统计年鉴》

为了使广大读者更好地使用《中国农村统计年鉴》,我们编写了《如何使用农村统计年鉴》一章,主要对农村统计改革和发展进行了概述,对各章资料的来源进行说明,对主要统计指标的统计含义和口径作了诠注。

一、农村统计制度方法改革概述

改革开放以来,我国农村统计适应农村经济改革的要求,取得了长足的发展和进步,农村统计范围由农业统计向农村统计转变;农村统计制度方法由以全面统计为主向以普查为基础、抽样调查为主体、辅之以全面报表、重点调查、科学核算等多种方法综合运用的方法体系转变。

1. 抽样调查得到恢复和全面发展。1978 年以后,中国进入改革开放的新时期,国家统计局和地方统计局陆续恢复。从农村开始的中国经济体制改革,带来了两方面的巨大变化。一是在经济结构上,由过去单一的农业经济向农业、工业、商业、建筑业、运输业、服务业等全面发展,农业统计面临向农村统计的转变。二是在经营体制上,由三级所有、队为基础的"一大二公"式的集体经营向以家庭联产承包责任制为主要形式的双层经营体制转变,农村统计的对象由 600 多万个生产队变为 2 亿多农户。面对大量分散的、小规模经营的农户,继续实行全面统计的方法,依靠层层报表的形式搜集数据,越来越困难。1983 年,国务院办公厅转发了国家统计局《关于加强农村统计工作等问题的报告》。提出"根据农村多种经营的新情况,农村统计首先要认真搞准粮食产量和经济作物产量;同时还要调查农村工业、交通运输业、商业等情况,调查农村的人口、教育、文化、卫生等社会情况。今后,除了改进全面报表制度外,一定要大力推行抽样调查"。随后,全国农村抽样调查队在原有 1600 人的基础上扩大到 6100 人,正式成为国家统计局直属的事业单位,并于 1985 年底完成了全国 857 个抽样调查县的建队工作。在进行组织建设的同时,业务建设也加快了步伐。一是农村住户调查由以前的收支调查扩展为全面反映农民社会经济活动,增加了农户生产经营情况、主要生活消费品实物消费量,以及农民家庭基本情况等方面的内容。二是农产量抽样调查增加了"农作物种植意向调查","播种面积调查"和"夏收、早稻、秋粮预测和实测产量调查"等,到 1988 年由粮食产量调查发展为种植业调查,全面调查反映粮、棉、油、麻、糖、烟、蔬菜和瓜果的生产情况。三是增加了农村社会经济抽样调查,内容包括农村劳动力、固定资产投资等生产要素和农村社区状况等。

抽样调查网点的抽选也逐步实现了科学化。1979 年采用多阶段、半距起点、等距抽样方法,住户调查抽样框按各单位人均从集体分配的收入排队,参加分配的人口作辅助资料进行编制。农产量调查抽样框按平均亩产排队,以平均播种面积作为辅助资料进行编制。1984 年开始启用多阶段、随机起点、对称等距抽样方法。为了克服样本老化的问题,从 1990 年开始在县以下实施样本轮换制度,每四年轮换一次样本。

2. 全面统计不断完善并发挥了独特的作用。由于全面统计在满足我国政府分层决策和分层管理方面具有优势,所以对于行政记录比较健全、起报单位较高或一时还不具备实施抽样调查条件的统计项目,如农村基层组织状况,农业自然资源、人力资源和机械、电力、化学肥料等物质、技术装备情况,农田水利建设和农业灾害情况等,继续采用全面统计的方法取得数据。此外,还有一部分综合性内容,如农村社会总产值、农业总产值、农业增加值、农业商品产值、经济收益分配等,主要是由县以上综合统计部门根据相关基础资料,按照全国统一方案测算的。

全面统计的源头数据按照村、乡(镇)、县(市)、省(区、市)、国家的顺序层层汇总并逐级上报,它的基础是乡镇统计网络。

3. 第二次全国农业普查取得了圆满成功。根据国务院决定,我国开展了第二次全国农业普查。这次普查的标准时点为 2006 年 12 月 31 日,时期资料为2006年度。普查对象为我国境内的农村住户、城镇农业生产经营户、农业生产经营单位、村民委员会和乡镇人民政府。本次普查共调查了40656个乡级行政单位，656026个村级组织，22592万个住户。普查主要内容包括：农业生产条件、农业生产经营活动、农业土地利用、农村劳动力及就业、农村基础设施、农村社会服务、农村居民生活，以及乡镇、村民委员会和社区环境等方面的情况。农业普查采用全面调查的方法，对所有普查对象由普查员进行逐个查点和填报。全国共组织动员了普查员、普查指导员和各级普查机构的工作人员近700万人，填报普查表近5亿张。通过普查获得了大量数据，掌握了我国有关农业、农村、农民的基本情况，填补了反映我国基本国情国力数据的缺陷和空白，矫正了常规统计数据因各种原因引起的系统性偏差。它不仅为党和政府的决策提供了科学依据，而且为农村统计改革与发展打下了很好的基础。第二次全国农业普查的成功，标志着我国农村统计事业进入了新的发展阶段。

二、资料来源

《中国农村统计年鉴》资料绝大部分是由国家统计局农村司根据《农林牧渔业综合统计报表制度》、《乡村社会经济调查方案》、《农产量抽样调查制度》、《农村住户调查方案》和《县(市)社会经济调查卡片》的有关资料整理提供。

部分章节资料来自于部门统计。农业生态与环境资料主要来源于国家环保总局、水利部和国家林业局统计报表；农村市场与价格资料主要是根据国家工商行政管理局统计报表和国家统计局城市司的价格统计资料整理而成；农产品生产成本资料主要是根据国家发改委农产品成本调查报表整理而成；农产品进出口主要依据海关总署有关资料加工整理的；农村文化、教育、卫生资料是国家统计局社会科技统计司根据文化部、教育部、卫生部有关资料加工整理而成的；国外农业统计资料是国家统计局国际统计中心根据联合国粮农组织提供的资料加工整理而成的。

三、主要统计指标解释

国内生产总值(GDP)：指一个国家(或地区)所有常住单位在一定时期内生产活动的最终成果。国内生产总值有三种表现形态，即价值形态、收入形态和产品形态。从价值形态看，它是所有常住单位在一定时期内生产的全部货物和服务价值超过同期中间投入的全部非固定资产货物和服务价值的差额，即所有常住单位的增加值之和；从收入形态看，它是所有常住单位在一定时期内创造并分配给常住单位和非常住单位的初次收入分配之和；从产品形态看，它是所有常住单位在一定时期内最终使用的货物和服务价值与货物和服务净出口价值之和。在实际核算中，国内生产总值有三种计算方法，即生产法(总产出减中间投入)、收入法(由劳动者报酬、生产税净额、固定资产折旧、营业盈余组成)和支出法(由最终消费、资本形成总额、货物和服务净出口组成)。三种方法分别从不同的方面反映国内生产总值及其构成。

劳动者报酬：指劳动者因从事生产活动所获得的全部报酬。包括劳动者获得的工资、奖金和津贴，既包括货币形式的，也包括实物形式的；还包括劳动者所享受的公费医疗和医药卫生费、上下班交通补贴和单位支付的社会保险费等。对于个体经济来说，其所有者所获得的劳动报酬和经营利润不易区分，这两部分统一作为劳动者报酬处理。

生产税净额：指生产税减生产补贴后的余额。生产税指政府对生产单位生产、销售和从事经营活动以及因从事生产活动使用某些生产要素(如固定资产、土地、劳动力)所征收的各种税、附加费和规费。生产补贴与生产税相反，指政府对生产单位的单方面收入转移，因此视为负生产税，包括政策亏损补贴、粮食系统价格补贴、外贸企业出口退税收入等。

固定资产折旧：指为弥补固定资产损耗按照核定的固定资产折旧率提取的固定资产折旧，或按国民经济核算统一规定的折旧率虚拟计算的固定资产折旧。各类企业和企业化管理的事业单位的固定资产折旧是指实际计提并计入成本费中的折旧费；不计提折旧的政府机关、非企业化管理的事业单位和居民住房的固定资产折旧是按照统一规定的折旧率和固定资产原值计算其虚拟折旧。原则上，固定资产折旧应按固定资产的重置价值计算，但是目前我国尚不具备对全社会固定资产进行重新估价的基础，所以暂时只能采用上述办法。

营业盈余：指常住单位创造的增加值扣除劳动者报酬、生产税净额和固定资产折旧后的余额。它相当于企业的营业利润加上生产补贴，但要扣除从利润中开支的工资和福利等。

支出法国内生产总值：指一个国家(或地区)所

有常住单位在一定时期内用于最终消费、资本形成总额，以及货物和服务的净出口总额，它反映本期生产的国内生产总值的使用及构成。

最终消费：指常住单位在一定时期内对于货物和服务的全部最终消费支出，也就是常住单位为满足物质、文化和精神生活的需要，从本国经济领土和国外购买的货物和服务的支出；不包括非常住单位在本国经济领土内的消费支出。最终消费分为居民消费和政府消费。

资本形成总额：指常住单位在一定时期内获得的减去处置的固定资产加存货的变动，包括固定资本形成总额和存货增加。

货物和服务净出口：指货物和服务出口减货物和服务进口的差额。出口包括常住单位向非常住单位出售或无偿转让的各种货物和服务的价值；进口包括常住单位从非常住单位购买或无偿得到的各种货物和服务的价值。由于服务活动的提供与使用同时发生，因此服务的进出口业务并不发生出入境现象，一般把常住单位从国外得到的服务作为进口，非常住单位从本国得到的服务作为出口。货物的出口和进口都按离岸价格计算。

三次产业：指根据社会生产活动历史发展的顺序对产业结构的划分，产品直接取自自然界的部门称为第一产业，对初级产品进行再加工的部门称为第二产业，为生产和消费提供各种服务的部门称为第三产业。我国的三次产业划分是：第一产业为农业（包括种植业、林业、牧业和渔业），第二产业为工业（包括采掘业，制造业，电力、煤气及水的生产和供应业）和建筑业，第三产业为除第一、第二产业以外的其他各业。

当年价格：也称现行价格，指报告期内的实际市场价格。按现行价格计算的各种综合指标可以反映当年国民经济发展水平及比例关系，但因其变化受实物数量增减和价格升降因素的影响，在不同时期之间缺乏可比性。

可比价格：指计算各种总量指标所采用的扣除了价格变动因素的价格，可进行不同时期总量指标的对比。按可比价格计算总量指标有两种方法：一种是直接用产品产量乘某一年的不变价格计算；另一种是用价格指数进行缩减。

不变价格：指以同类产品某年的平均价格作为固定价格，用于计算各年的产品价值。按不变价格计算的产品价值消除了价格变动因素，不同时期对比可以反映生产的发展速度。新中国成立后，随着工农业产品价格水平的变化，国家统计局先后五次制定了全国统一的工业产品不变价格和农业产品不变价格。从 1952 年到 1957 年使用 1952 年工（农）业产品不变价格，从 1957 年到 1970 年使用 1957 年不变价格，从 1971 年到 1980 年使用 1970 年不变价格，从 1981 年到 1990 年使用 1980 年不变价格，从 1991 年开始使用 1990 年不变价格。从 2003 年起使用可比价计算产值，取消不变价产值。

人口数：指一定时点、一定地区范围内有生命的个人总和。年度统计的年末人口数指每年 12 月 31 日 24 时的人口数。年度统计的全国人口总数内未包括台湾省和港澳同胞以及海外华侨人数。

从业人员：指从事一定社会劳动并取得劳动报酬或经营收入的人员，包括全部职工、再就业的离退休人员、私营业主、个体户主、私营和个体从业人员、乡镇企业从业人员、农村从业人员和其他从业人员（包括民办教师、宗教职业者、现役军人等）。

固定资产投资额：指以货币表现的建造和购置固定资产活动的工作量，分为基本建设投资、更新改造投资、房地产开发投资和其他固定资产投资四个部分。

财政收入：指国家财政参与社会产品分配所取得的收入，是实现国家职能的财力保证。财政收入所包括的内容几经变化，目前主要包括各项税收、专项收入、其他收入（如基本建设贷款归还收入、基本建设收入、捐赠收入等）和国有企业计划亏损补贴。

财政收入按财政体制划分为中央本级收入和地方本级收入。1994 年分税制财政体制以后，属于中央财政的收入包括关税、海关代征消费税和增值税，消费税，中央企业所得税，地方银行和外资银行及非银行金融企业所得税，铁道、银行总行、保险总公司等集中缴纳的营业税、所得税、利润和城市维护建设税，增值税的 75％部分，证券交易税（印花税）50％部分和海洋石油资源税。属于地方财政的收入包括营业税，地方企业所得税，个人所得税，城镇土地使用税，固定资产投资方向调节税，城镇维护建设税，房产税，车船使用税，印花税，耕地占用税，契税，增值税 25％部分，证券交易税（印花税）50％部分和除海洋石油资源税以外的其他资源税。

财政支出：国家财政将筹集起来的资金进行分配使用，以满足经济建设和各项事业的需要，主要包括基本建设支出、企业挖潜改造资金、地质勘探费用、科技三项费用、支援农村生产支出、农林水利气象等部门的事业费用、工业交通商业等部门的事业费、文教科学卫生事业费、抚恤和社会福利救济费、国防支出、行政管理费和价格补贴支出。

财政支出按照政府在经济和社会活动中的不同职权，划分为中央财政支出和地方财政支出。中央财政支出包括国防支出，武装警察部队支出，中央级行政管理费和各项事业费，重点建设支出以及中央政府调整国民经济结构、协调地区发展、实施宏观调控的支出。地方财政支出主要包括地方行政管理和各项事业费，地方统筹的基本建设、技术改造支出，支援农村生产支出，城市维护和建设经费，价格补贴支出等。

城镇居民家庭可支配收入：指被调查的城镇居民家庭在支付个人所得税、财产税及其他经常性转移支出后所余下的实际收入。

社会消费品零售总额：指国民经济各行业直接售给城乡居民和社会集团的消费品总额。社会消费品零售总额包括售给城乡居民作为生活用的商品和修建房屋用的建筑材料；售给社会集团的各种办公用品和公用消费品；售给机关、团体、学校、部队、企业、事业单位的职工食堂和旅店（招待所）附设专门供本店旅客食用，不对外营业的食堂的各种食品、燃料；企业、单位和国营农场直接售给本单位职工和职工食堂的自己生产的产品；售给部队干部、战士生活用的粮食、副食品、衣着品、日用品、燃料；售给来华的外国人、华侨、港澳台同胞的消费品；居民自费购买的中、西药品，中药材及医疗用品；报社、出版社直接售给居民和社会集团的报纸、图书、杂志，集邮公司出售的新、旧纪念邮票、特种邮票、首日封、集邮册、集邮工具等；旧货寄售商店自购、自销部分的商品；煤气公司、液化石油气站售给居民和社会集团的煤气灶具和罐装液化石油气；农民售给非农业居民和社会集团的商品。

海关进出口总额：指实际进出我国国境的货物总金额。包括对外贸易实际进出口货物，来料加工装配进出口货物，国家间、联合国及国际组织无偿援助物资和赠送品，华侨、港澳台同胞和外籍华人捐赠品，租赁期满归承租人所有的租赁货物，进料加工进出口货物，边境地方贸易及边境地区小额贸易进出口货物（边民互市贸易除外），中外合资、中外合作、外商独资经营企业进出口货物和公用物品，到、离岸价格在规定限额以上的进出口货样和广告品（无商业价值、无使用价值和免费提供出口的除外），从保税仓库提取在中国境内销售的进口货物，以及其他进出口货物。我国规定出口货物按离岸价格统计，进口货物按到岸价格统计。

农业机械总动力：指用于农、林、牧、渔业生产的各种动力机械的动力之和，包括耕作机械、农用排灌机械、收获机械、植保机械、林业机械、渔业机械、农产品加工机械、农用运输机械、其他农用机械。按能源又分为柴油、汽油、电力和其他动力。总动力按法定计量单位千瓦计算。（注：1 马力＝735.5 瓦特＝0.735 千瓦）

农用大中型拖拉机：指发动机额定功率为 14.7 千瓦及以上的专门用于农作物田间作业和以农作物田间作业为主进行综合利用的拖拉机，包括轮式和履带式两种。不包括用于森工、基建、营林等方面的拖拉机。

小型拖拉机：指专门或主要用于农作物田间作业的不足 14.7 千瓦的拖拉机。包括四轮拖拉机和手扶拖拉机。

农用载重汽车：指主要用于农林牧渔业生产运输的载重汽车。

有效灌溉面积：指具有一定的水源，地块比较平整，灌溉工程或设备已经配套，在一般年景下当年能够进行正常灌溉的耕地面积。在一般情况下，有效灌溉面积应等于灌溉工程或设备已经配备，能够进行正常灌溉的水田和水浇地面积之和。

（1）灌溉工程或设备已经配套，可以灌溉，但由于雨水及时或所种作物不需要灌溉等原因，当年没有进行灌溉的，应统计为有效灌溉面积。

（2）灌溉工程或设备不配套（如只有深水井，没有安装机器）、渠系不健全（如只有水库，没有修渠）、地块不平整，当年不能发挥灌溉效益的灌溉面积，不应统计为有效灌溉面积。

（3）北方地区没有灌溉工程或设备的引洪淤灌的耕地面积，不应统计为有效灌溉面积。

（4）南方地区没有灌溉工程或设备，完全靠雨蓄水的“冬水田”、“屯水田”、“望天田”、“雷响田”等水田面积，不应统计为有效灌溉面积。

（5）没有灌溉工程或设备，遇到旱年临时抗旱点种的耕地面积，不应统计为有效灌溉面积。

（6）原有的灌溉工程或设备，由于受到破坏等原因不能起灌溉作用，这部分耕地面积不应统计为有效灌溉面积。

旱涝保收面积：指在有效灌溉面积中，灌溉设施齐全，抗灾能力较强，土地肥力较高，遇到较大的旱涝灾害能保证遇旱能灌、遇涝能排的耕地面积。灌溉设施的抗旱能力和排涝能力，全国各地根据当地的气候执行不同的标准。一般抗旱能力；南方在50—100天，北方在30—50天；排涝能力达到5年至10年一遇的标准，防洪一般达到20年一遇的标准。旱涝保收面积应小于或等于有效灌溉面积。

化肥施用量：指本年度内实际用于农业生产的化学肥料数量，包括氮肥、磷肥、钾肥和复合肥。施用量要求按折纯量计算数量，即各类化学肥料的实际施用数量按其含氮、含五氧化二磷、含氧化钾的比例折成百分之百计算。

农村用电量：指本年度内，扣除在农村中的国有工业、交通、基建等单位的用电量以后的农村生产和生活的全年用电总量。包括国家电网供电和农村自办电站供电量。

农作物总播种面积：指本日历年度内收获农产品的作物播种面积之和，包括实际播种或移植有农作物面积。凡是实际种植有作物面积，不论种植在耕地上还是种植在非耕地上，均包括在农作物播种面积中。在播种季节基本结束后，因遭受灾害而重新改种和补种的农作物面积也包括在内。

农作物包括范围

(1)谷物包括稻谷、小麦、玉米、谷子、高粱和其他谷物，不包括豆类和薯类。谷类作物一律按脱粒后的原粮计算。

(2)豆类作物是以食用种籽及其制成品的豆科植物，包括大豆和杂豆。大豆包括黄豆、黑豆、青豆三类。产量按去荚后的干豆计算。

(3)薯类作物包括甘薯和马铃薯。不包括芋头、木薯等。芋头一般应作为"蔬菜"计算，木薯作为其他作物计算。城市郊区以蔬菜种植为主把马铃薯产量统计在蔬菜内。

(4)油料作物是以榨取油脂为主要用途的一类作物。种子含油率约达20%—60%。包括花生、油菜籽、芝麻、胡麻籽、向日葵籽等。不包括木本油料和野生油料。花生以带壳干花生计算。

(5)棉花不包括木棉，按去籽后的皮棉计算，3公斤籽棉折1公斤皮棉。棉花产量从1999年起在主产区实行抽样调查(河北、江苏、安徽、山东、河南、湖北、湖南、新疆)，非主产区仍按全面统计。

(6)糖料包括甘蔗和甜菜。甘蔗以蔗杆计算，甜菜以块根计算。

(7)药材指人工栽培的各种药材作物，不包括野生药材。

(8)蔬菜 包括菜用瓜、茭白、芋头、生姜等在内。

(9)瓜类作物 指果用瓜，如西瓜、甜瓜(香瓜)、白兰瓜、哈密瓜、脆瓜等，但不包括菜用瓜。

(10)其他作物 包括饲料作物、荸子、莲子、席草等。

(11)饲料作物 指人工栽培的主要用于喂养牲畜的作物，如苜蓿等。有些地方在饲料地上种植粮食作物，除了种植目的就是作为青饲料用的可作为饲料作物统计以外，收获主产品以后，副产品不管是否作为饲料的，仍应分别列入谷物，豆类作物，薯类等项下统计产量，不得列入饲料作物内。

粮食总产量：指全社会的产量。包括国营农场等国有经济的、集体统一经营的和农民家庭经营的产量，还包括工矿企业办的农场和其他生产单位的产量。粮食除包括稻谷、小麦、玉米、高粱、谷子、其他杂粮外，还包括薯类和大豆。其产量计算方法，豆类按去豆荚后的干豆计算，薯类(包括甘薯和马铃薯，不包括芋头和木薯)1963年以前按每4千克鲜薯折1千克粮食计算，从1964年以后按5千克鲜薯折1千克粮食计算。其他粮食一律按脱粒后的原粮计算。

粮食比国际上通行的谷物口径大，相当于谷物＋薯类＋大豆。

茶叶产量：指本年度内生产的全部茶叶产量。包括从成片茶园和零星种植的茶树以及荒芜未垦复的茶树上所采摘的全部产量。不论自食的或出售的，都应统计在内。茶叶的产量按经过初步加工的干毛茶的重量计算。由于加工毛茶的方法不同，以分为红毛茶、绿毛茶、乌龙茶、紧压茶、其他茶。紧压茶是指作紧压茶原料的茶叶产量。其他茶是上述四种毛茶之外的毛茶。

水果产量：指本年度内从果树上收获的全部水果产量。不论自食的或出售的，都应计算在内。但不包括果用瓜(如西瓜、甜瓜、白兰瓜、哈密瓜、脆瓜等)和主要作蔬菜食用的藕、西红柿等。不包括采集的野生水果。水果的产量按鲜果计算，干枣、葡萄干、柿饼、桔饼等应统一折成鲜果计算。香蕉不包括大蕉、龙牙蕉、粉蕉、西贡蕉等。

林产品产量 指从人工栽培的竹木上，不经砍伐竹木的根而取得的各种林产品数量。包括生漆、棕片、五倍子、松脂、笋干、油桐籽、油茶籽、乌桕籽、核桃、板栗等各种林木果实以及修剪竹木所获得的枝叶(如荆条、柳条、蒲葵叶)等。不包括桑叶、茶叶、水果，也不包括野生的林产品。如果某些林产品人工栽培和野生的混在一起，不易划分，则应根据它的主要来源决定其应计入林产品产量统计中还是其他农业内采集野生植物果实产量统计中，但不要两方面都算，以免重复。

林产品产量的计算方法为：

(1)油茶籽、油桐籽、乌桕籽、核桃、文冠果 按去掉果皮、外壳的干籽计算产量。

(2)五倍子 以干籽计算产量。

(3)生漆、松脂 按从树上割下来的生漆、松脂计算产量。

(4)棕片和竹笋 按干片和笋干计算产量。

(5)板栗 按除去毛荚的果实计算产量。

(6)油橄榄 按果实计算产量。

(7)紫胶(虫胶) 按原胶计算产量。

畜牧业生产

猪、牛、羊、禽等主要畜禽的存栏、出栏及产品产量。1999 年畜牧调查和数据采集方式发生变化。非农户生产经营单位按全面统计的组织方式逐级上报；农户(含规模饲养农户)采取抽样调查，全部调查工作在国家调查(行政)村进行。抽中村中规模饲养农户(制定的规模养殖参照标准)要进行逐个调查。非规模饲养农户，应按随机原则，抽选 10 个有代表性的农户进行入户调查访问。同时，在调查村要建立畜牧业统计台账 ，并按要求定期填报有关资料。根据 1996 年农业普查结果，国家统计局农调总队对猪、牛、羊等主要畜产品存栏、出栏及肉产量等指标常规年报数据与农业普查数据进行衔接。2000 年以后的生猪存栏、出栏和肉产量均为抽样调查数据。

当年出栏的畜禽数 指当年(报告期内)乡村各种合作经济和农民、国有农场、机关、团体、学校、工矿企业、部队等单位及城镇居民饲养的，已屠宰或出售的全部畜禽数，包括交售给国家，集市上出售和农民自食的部分。不包括个别地区习惯吃的“烤小猪”或出口的“乳猪”。

期初(末)畜禽存栏头(只数) 指本期(报告期)期初(末)，农村与城市的全部畜禽存栏头(只)数。除科学研究单位专门用于试验研究的牲畜和军马以外，农村各种合作经济组织和国营农场、农民个人、机关、团体、学校、工矿企业、部队等单位以及城镇居民饲养的各种畜禽，不分大小、公母、品种、用途一律包括在内。专业运输组织的运输用牲畜也应包括在内。但商业部门库存的和运输途中的活牲畜不进行统计。

肉类总产量 指当年出栏并已屠宰的畜禽肉产量，即屠宰后除去头蹄下水后带骨肉的重量，也叫酮体重。

牛奶产量、羊奶产量 指全社会产量。包括出售给国家、农贸市场交易和农牧民自食部分。无论是纯种牛、杂种牛、黄牛或兼用牛产的奶；无论是奶山羊、绵羊或其他改良羊所产的奶都要计算为产量。牛犊、羊羔直接吮食部分，不统计产量。

细羊毛 指细毛及其改良羊所产的羊毛量。

半细羊毛 指半细毛羊及其改良羊所产的羊毛产量。

禽蛋产量 指鸡、鸭、鹅三种家禽的禽蛋产量，包括出卖和农民自食以及种蛋。

蚕茧产量 指本年度内生产的全部蚕茧产量，无论自用的或出售的，都应计算在内。在计算产量时，要把土茧、改良茧和种茧包括在内，桑蚕茧、柞蚕茧均按鲜茧计算，木薯蚕茧和蓖麻蚕茧等的产量均按茧壳的重量计算。

渔业生产

水产品产量 指当年捕捞的水产品(包括人工养殖并捕捞的水产品和捕捞天然生长的水产品)产量。

海水产品产量 指从海洋和海水养殖水域中捕捞的海水产品产量。包括海水中的鱼类、虾蟹类、贝类、藻类。

内陆水域水产品产量 指淡(咸)水湖泊、水库、河沟和池塘以及其他内陆水域内捕捞的水产品产量。包括鱼类、虾蟹类、贝类，不包括淡水水生植物。

养殖产量 指从海水养殖面积和内陆水域养殖面积中捕捞的产量。

捕捞产量:指捕捞天然生长的水产品产量。

农林牧渔业总产值:指以货币表现的农、林、牧、渔业全部产品和对农林牧渔业生产活动进行的各种支持性服务活动的价值总量，它反映一定时期内农业生产总规模和总成果。1957 年以前的农业总产值中包括了厩肥和农民自给性手工业(如农民自制衣服、鞋、袜，自己从事粮食初步加工等)。1958 年及以后的农业总产值，林业中增加了村及村以下竹木采伐产值；牧业中取消了厩肥产值；副业中取消了农民自给性手工业产值，增加了村及村以下办的工业产值；渔业中增加了海洋捕捞水产品产值。1980 年及以后，在副业中增加了农民家庭兼营工业商品部分产值。从1984年起村及村以下工业产值划归工业。从1993年起取消副业，将野生动物的捕猎划入牧业、野生植物采集和农民家庭兼营商品性工业划归农业。从2003年起，执行新的国民经济行业分类标准，农林牧渔业总产值中包括了农林牧渔服务业产值。林业中增加了森林采运业产值。农业中取消了家庭兼营商品性工业产值，将野生林产品的采集划归林业。第一次农业普查以后，由于畜牧业产品年报数据与普查数据之间存在一定的差距，国家统计局农村司对畜牧业年报数据与普查数据进行衔接，相应的畜牧业产值进行调整。

农林牧渔业总产值的计算方法通常是按农、林、牧、渔业产品及其副产品的产量分别乘以各自单位产品价格求得；少数生产周期较长，当年没有产品或产品产量不易统计的，则采用间接方法匡算其产值；然后将四业产品产值相加即为农林牧渔业总产值。

农林牧渔业增加值:用生产法计算的一定时期内农业生产活动的最终成果。其计算方法是用现价计算的农林牧渔业产值扣除各项中间投入。

1996年第一次农业普查以后，由于畜牧业产品产量年报数据与普查数据之间存在一定的差距，国家统计局农村司对畜牧业年报数据与普查数据进行衔接，相应的畜牧业产值、增加值进行调整。

农村固定资产:是指使用年限在一年以上，单位价值在规定的标准以上，并在使用过程中保持原来物质形态的资产。企事业单位所有的使用期限在一年以上、单位价值在200元以上的房屋建筑物、机器设备、器具、工具等资产应作为固定资产统计；不属于生产经营的物品，单位价值在200元以上，并且使用期限超过两年的也应作为固定资产统计。农户所有的使用年限在一年以上、单位价值在50元以上的房屋建筑物、机器设备、器具等资产应作为固定资产统计。

农村固定资产统计调查方式由全面统计改为抽样调查。九十年代初，农村固定资产投资统计进行了初步改革，即集体部分的投资由统计部门中负责投资统计的单位通过全面统计的方式，逐级汇总、层层上报取得数据；农户部分则以抽样调查方式取得数据。由于全面统计数据存在行政干扰，农户抽样调查不太规范等原因，从1999年年报开始，农村固定资产投资全面实行抽样调查。根据农村固定资产投资调查的现实情况，本着“不重不漏、方便调查”的原则，界定了调查范围，即城关镇以下(不包括城关镇，但包括城关镇所辖的行政村)属于农村固定资产投资调查的范围。但为了保持工作的衔接，在此范围内的大中型工矿企业、县级以上直属单位所属的企业和单位的投资活动不列入农村固定资产投资调查的范围。统计原则由按所属统计改革为按所在地原则调查。具体划分为三个层次：一是乡政府所在地或镇区所在地范围内的非农户投资单位；二是行政村范围内的非农户投资单位；三是农户投资。

除涝

(1)易涝耕地面积：是指抗涝能力标准低的低洼涝耕地面积。即经过治理的“除涝面积”和尚未经过治理的或虽经过治理，但抗涝标准尚未达到三年一遇的“现有易涝面积”之和。

(2)除涝面积：指由于兴修治涝工程或安装排涝机械等水利设施(或进行改种)，使易涝耕地免除淹涝，除涝标准达到三年一遇以上者。易涝面积虽经过治理，但标准尚未达到三年一遇标准的，不做为除涝面积统计。

易涝面积＝除涝面积＋现有易涝面积(即尚未治理面积＋虽经过治理，标准尚未达到三年一遇的标准)

除涝面积＝三年至五年治理面积＋五年至十年治理面积＋十年以上治理面积

除涝面积＝上年除涝面积(上年基数)＋本年新增除涝面积－本年减少面积

治碱

(1)盐碱耕地面积：是指土壤中含有盐碱，影响农作物生长，成苗率(促苗率)不足70%的耕地面积。盐碱耕地面积包括未改良的老盐碱耕地以及未改良的次生盐碱耕地和盐碱耕地改良面积之和。

(2)盐碱耕地改良面积：是指在老盐碱地、次生盐碱地上进行水利、农业、土壤改良等措施，在正常年景使作物成苗率(促苗率)达到70%以上的盐碱耕地面积。在同一块耕地上，除涝、治碱并举，应分别统计除涝面积和盐碱耕地改良面积。

(3)本年新增改良面积：是指在报告期当年(日历年度)，对尚未经过治理的盐碱耕地，采取水利、农业、化学等改碱措施，使其脱盐(碱)，达到盐碱地改良标准的面积。不包括在已改良过(已被统计除涝面积)的面积上，采取治碱措施，而被改善、提高的面积。

(4)本年减少改良面积;是指已被改良的盐碱地面积中由于建设占地、退耕养殖、工程老化失修或不合理的人为措施重又退化积盐,沦为严重影响农作物生长的盐碱耕地的面积。

盐碱耕地改良面积＝上年盐碱耕地改良面积(上年基数)＋本年新增改良面积－本年减少改良面积

水土保持

(1)水土流失面积 是指自然因素和人为因素,使山丘地区地表土壤及母质受到各种破坏和移动,造成水土流失的面积。水土流失面积应为解放初期实有的水土流失面积和解放后发展的水土流失面积之和。

(2)水土流失治理面积(又称水土保持面积)是指在山丘地区水土流失面积上,按照综合治理的原则,采取各种治理措施,如:水平梯田、淤地坝、谷坊、造林种草、封山育林育草(指有造林、种草补植任务的)等,以及按小流域综合治理措施所治理的水土流失面积总和。

(3)小流域治理面积 是以小流域为单元,根据流域内的自然条件,按照土壤侵蚀的类型特点和农业区划,在全面规划的基础上,合理安排农、林、牧各业用地,布置水土保持农业技术措施,林草措施与工程措施,相互协调、相互促进形成综合的水土流失防治体系。凡列入县级以上治理规划,并进行重点治理的,流域面积在5平方公里以上的小流域治理面积均进行统计。

(4)本年新增治理面积(也称本年新增水土保持面积)是指在山丘水土流失区,由于采取各种水土措施,或进行小流域综合治理,在报告期年度,新增加的水土流失治理面积。不包括已治理的水土流失面积,以往年度已经统计,而在本年度内又增建或更新改造水保措施,而得到提高改善的面积。

(5)本年减少的治理面积 是指在报告期内,由于各种原因,如基建占地、人为破坏、自然灾害、各类生产活动、工程老化失修等,使原已治理的水土流失面积重又产生水土流失的面积。

水土流失治理面积＝上年累计达到治理面积＋本年新增治理面积－本年减少治理面积

水库

(1)已建成水库 是指主、副坝、溢洪道、输水洞和专门建筑物,如电站、过船过水建筑物等,已全部建成或基本建成,无重大遗留问题达到设计蓄水能力,经过验收鉴定合格,正式交付使用的水库。

(2)总库容:即校核水位以下的库容。包括死库容、兴利库容、防洪库容(减掉和兴利库容重复部分)之总和,称总库容,它是水库兴建的总规模。

大、中、小型水库的划分标准

大型水库 总库容在一亿立方米及以上;

中型水库 总库容在一千(含一千)万立方米至一亿立方米;

小型水库 库容在十万立方米至一千万立方米。

堤防总长度 指建成或基本建成的河堤、江堤、海堤、湖堤、围堤,包括防洪墙等各类防洪,防潮堤防之总和,包括建国前建成或需要加固加高培厚的老堤防。但不包括单纯除涝河道的堤防和弃土形成的堤防,也不包括子埝和生产堤。所谓基本建成,是指按设计标准已经完成,已能发挥设计效益,但还留有少量尾工的工程。

农场个数:指报告期末实有农场个数。包括农垦系统内全民所有制、集体所有制和合资经营的农、林、牧、渔场个数,不包括家庭农场个数。农场应具备三个条件:进行农林牧渔业生产;设有场部组织结构;实行独立核算。

农村居民家庭基本情况

常住人口:是指全年经常在家或在家居住六个月以上,而且经济生活和本户连成一体的人口。在外劳动的合同工、临时工和其他副业工,他们在外劳动虽然超过六个月,但其收入主要带回家中,仍要计算在内。在家居住,生活和本户连成一体的国家职工、退休人员也要计算在内。但是参军、在外居住的职工等,则不应计人。

常住人口中整半劳动力:整劳动力是指男子18周岁到50周岁,女子18周岁到45周岁;半劳动力是指男子16周岁到17周岁,51周岁到60周岁;女子16周岁到17周岁,46周岁到55周岁,同时具有劳动能力的人。虽然在劳动年龄之内,但已丧失劳动能力的人,不应算为劳动力;在劳动年龄以外,但能经常参加劳动,能顶上一个整劳动力或半劳动力的人,应计入劳动力数内。常住人口中的职工,若这些职工为劳动力,就包括在本户的整半劳动力中。

总支出:指农村住户用于生产、生活和再分配的全部支出。包括家庭经营费用支出、购置生产性固定资产支出、生产性固定资产折旧、税费支出、生活消费支出、财产性支出和转移性支出。

家庭经营费用支出:指农村住户以家庭为基本生产经营单位从事生产经营活动而消费的商品和服务、自产自用产品。所消费的未计算为住户收入的自产自用产品,不计算为费用支出。库存的化肥、农药也不应该计算费用支出。

现金收入:指农村居民家庭年内所有家庭成员的全部现金收入。包括基本收入(即以工资形式支付的劳动报酬收入和家庭经营现金收入)、财产性收入、转移性收入和储蓄借贷现金收入。

现金支出:指农村居民家庭年内全部现金支出。包括用于承包经营生产的家庭经营费用支出的各项现金,向国家缴纳的各种税金,按承包合同上交的集体提留或承包任务的现金,购买生产用固定资产支付的现金,用于生活消费支出,转移性支出和储蓄借贷支出的现金等。

农村居民家庭平均每人总收入和纯收入

总收入:是指调查期内农村住户和住户成员从各种来源渠道得到的收入总和。按收入的性质划分为工资性收入、家庭经营收入、转移性收入和财产性收入。

(1)工资性收入:指农村住户成员受雇于单位或个人,靠出卖劳动而获得的收入。

(2)家庭经营收入:指农村住户以家庭为生产经营单位进行生产筹划和管理而获得的收入。农村住户家庭经营活动按行业划分为农业、林业、牧业、渔业、工业、建筑业、交通运输邮电业、批发和零售贸易餐饮业、社会服务业、文教卫生业和其他家庭经营。

家庭经营产品的计价:凡是出售部分,按实际出售价格计算;非出售部分(包括自用的和结存的)按出售该产品的综合平均价计算。

转移性收入:指农村住户和住户成员无需付出任何对应物而获得的货物、服务、资金或资产所有权等,不包括无偿提供的用于固定资本形成的资金。一般情况下,指农村住户在二次分配中的所有收入。

财产性收入:指金融资产或有形非生产性资产的所有者向其他机构单位提供资金或将有形非生产性资产供其支配,作为回报而从中获得的收入。

纯收入:是农村住户当年从各个来源得到的总收入相应地扣除所发生的费用后的收入总和。纯收入主要用于再生产投入和当年生活消费支出,也可用于储蓄和各种非义务性支出。"农民人均纯收入"按人口平均的纯收入水平,反映的是一个地区或一个农户农村居民的平均收入水平,反映的是一个地区或一个农户农村居民的平均收入水平。计算方法为:

纯收入=总收入－家庭经营费用支出－税费支出－生产性固定资产折旧－赠送农村亲友支出。

农村居民家庭平均每人生活消费支出

生活消费支出:指农村住户用于物质生活和精神生活方面的支出。生活消费支出包括:食品,衣着,居住,家庭设备、用品及服务,医疗保健,交通和通讯,文化教育娱乐用品及服务,其他商品和服务等消费支出。各消费类别的具体内容如下:

(1)食品消费支出:指农村居民年内消费各类食品支出。包括主食、副食、其他食品、在外饮食支出和食品加工费支出。其中的**主食**:是指各种粮食和粮食复制品的消费量折价。粮食复制品:指利用原粮加工而成的食品,如挂面、年糕等。但不包括用粮食加工成豆油、豆腐、粉条、酒。**副食**:包括蔬菜、豆制品、油脂类、食糖、肉、禽及其制品、蛋类、水产品、调味品等。**其他食品**:包括烟草类、酒类、饮料类、干鲜果品、糖果糕点、奶和奶制品、罐头类等。**在外饮食**:包括在外面饭馆、小吃部、小卖部、茶馆、饮食摊内吃饭、喝茶、吃冷饮时消费的各种食品。开会和住院的伙食费也应包括在内。**食品加工费**:指加工食品所需的费用,包括把原粮加工成副食品和其他食品的费用。

(2)衣着:指农村住户各种穿着用品及加工穿用品的各种材料等支出。包括棉花、丝棉、化纤棉、驼毛、棉布、各种化纤布、绸、缎、呢绒、各类成衣、棉、毛、丝、麻纺织品,背心、汗衫、棉毛衫裤、卫生衫裤、袜子等针织品,毛线、毛线织品、各种鞋、帽等消费品及衣着的加工修理费。但不包括用各种布料做的床上用品,室内装饰品。

(3)居住:指农村住户与居住有关的所有支出,包括新建(购)房屋、房屋维修、居住服务、租赁服务、租赁住户所付的租金、生活用水、生活用电、用于生活的燃料等支出。

(4)家庭设备、用品及服务:指农村住户消费的各种家庭设备、用品及设备、用品的加工修理费用。包括耐用消费品、室内装饰品、床上用品、家庭日用杂品等。

(5)医疗保健:指农村住户用于医疗和保健的药品、医疗器械和服务费用。包括医药卫生保健用品、医疗保健服务费和医疗卫生设备、用品加工修理费等。

(6)交通和通讯:指农村住户用于交通和通讯的工具、各种服务费、维修费用支出。

(7)文化教育娱乐用品及服务:指农村住户用于文化、教育、娱乐方面的支出。包括文化教育娱乐用品支出和文化教育娱乐服务支出。

(8)其他商品和服务:是指上述各类支出以外的商品的服务支出。其中商品性支出:包括化装品、金银珠宝饰品和其他商品。服务支出:指生活消费的服务。包括旅店住宿费、洗澡费、照相费、殡殓费等。

农村居民家庭房屋使用情况

房屋:是指有顶有墙,能遮风避雨,可用于住人放物从事生产等用的房屋。包括住房、仓库、牧区的蒙古包、帐棚,但不包括船屋。它是反映农村住户生活水平的重要标志。

新建房屋:是指全年从无到有"平地起家"的新建筑房屋。包括新址上新建和旧址上新建的房屋。在原来的房屋基础上按原有规模对房屋进行翻修或一般维修的不包括在内。新建房屋仅包括年内建成的新建房屋,未完工的在建房屋不要统计在内。

房屋面积:是指室内面积,从房屋的内墙线算起的面积,不包括房屋结构(如墙、柱)占用的面积。多层建筑,按各层面积总和计算。其中:**砖(石)木结构:**是指房屋的梁、柱、承重墙等主要部分是用砖、石、木料建造的,如木房架、砖、石墙、木柱、砖柱建造的房屋。**钢筋混泥土结构:**是指房屋的梁、柱、承重墙等主要部分是用钢筋混泥土建造的。

房屋的价值:购买房屋按购买价格计算。新建房屋价值,可按实际消耗的建筑材料和人工的报酬计算,有的地方,人工不要报酬,只管吃喝,可将吃喝的费用,当作报酬,计入房价内。原有房屋,按房屋质量和新旧程度,根据当地实际情况进行估价。对原有房屋进行大翻修的,也应考虑在内。

生活用房屋面积:指实际住人或可以用来住人的房屋面积。与住房连成一体的起居室或放置灶具的地方、专用厨房,均应包括在内。但不包括专用仓库等生产用房面积。其中的**楼房面积:**是指二层和二层以上的多层建筑的房屋面积,楼房面积按各层面积总和计算。

农村居民家庭平均每户生产性固定资产原值

生产性固定资产:是指在生产过程中使用年限较长、单位价值较高,并在使用过程中保持原有物质形态的资产,包括厂房、机器设备等。农村家庭使用的固定资产,需同时具备两个条件,即使用年限在两年以上,单位价值在50元以上。在乡村企业及其他部门中,规定单位价值在200元以上,使用年限在一年以上。如果企业的主要设备虽低于200元,但使用年限在一年以上,也划为固定资产。

生产用固定资产原值:是以购入该项固定资产的原始价值量,反映农村住户拥有的生产规模和能力。各类固定资产的原值,也可按开始占有这项固定资产的重新估计的价值计算。

农村居民家庭平均每人经营耕地情况

经营耕地面积:是指农村住户年末经营的全部耕地面积,包括承包集体生产的耕地面积和家庭自营地面积(自留地、饲料地和零星开荒地),经营耕地面积中,应包括因各种原因休闲和抛荒的耕地面积、改种植为养殖的耕地面积。还包括经营他人的转包耕地面积,但不包括代为他人临时耕种的承包地面积。

经营山地面积:是指农村住户年末经营的全部山地面积,包括承包集体的山地面积和家庭自留山面积。还包括经营他人的转包山地面积,但不包括代为他人临时经营承包的山地面积。

经营山地面积中植树造林面积:是按当年造林面积计算。当年造林面积按年末实际成活率达到80%以上的面积,有一亩算一亩。

经营水面面积:是指农村住户年末经营的全部水面面积,包括承包集体的水面和家庭自营水面面积。经营水面面积,包括原水面面积、新挖塘养殖面积,未挖深但已停止种植粮食作物的蓄水养殖面积。

四大地区划分:分为东部、中部、西部和东北四个地区。东部地区:北京、天津、河北、上海、江苏、浙江、福建、山东、广东和海南共10个省市。中部地区:山西、安徽、江西、河南、湖北和湖南共6个省。西部地区:内蒙古、广西、重庆、四川、贵州、云南、西藏、陕西、甘肃、青海、宁夏和新疆共12个省区市。东北地区:辽宁、吉林和黑龙江共3个省。